I CHING

I CHING
EDIÇÃO COMPLETA

*A tradução definitiva para o inglês
pelo
mestre taoísta Alfred Huang*

Tradução
Cássia Maria Nasser

Revisão da tradução
Luiz Gonzaga de Carvalho Neto
Marcelo Brandão Cipolla

SÃO PAULO 2012

Esta obra foi publicada originalmente em inglês com o título
THE COMPLETE I CHING – The Definitive Translation,
por Inner Traditions International, Rochester, Vermont, EUA.
Copyright © 1998 by Alfred Huang.
Publicado por acordo com Inner Traditions International.
Copyright © 2007, Livraria Martins Fontes Editora Ltda.
Copyright © 2012, Editora WMF Martins Fontes Ltda.,
São Paulo, para a presente edição.

1ª edição 2007
2ª edição 2012

Tradução
CÁSSIA MARIA NASSER

Revisão da tradução
Luiz Gonzaga de Carvalho Neto
Marcelo Brandão Cipolla
Acompanhamento editorial
Luzia Aparecida dos Santos
Revisões gráficas
Maria Regina Ribeiro Machado
Marisa Rosa Teixeira
Dinarte Zorzanelli da Silva
Produção gráfica
Geraldo Alves
Paginação/Fotolitos
Studio 3 Desenvolvimento Editorial

Dados Internacionais de Catalogação na Publicação (CIP)
(Câmara Brasileira do Livro, SP, Brasil)

I Ching : edição completa / a tradução definitiva para o inglês pelo mestre taoísta Alfred Huang ; tradução Cássia Maria Nasser ; revisão da tradução Luiz Gonzaga de Carvalho Neto, Marcelo Brandão Cipolla. – 2ª ed. – São Paulo : Editora WMF Martins Fontes, 2012.

Título original: The complete I Ching : the definitive translation
ISBN 978-85-7827-623-2

1. I Ching I. Huang, Alfred.

12-10595   CDD-299.51482

Índices para catálogo sistemático:
1. I Ching : Livros sagrados chineses   299.51482

Todos os direitos desta edição reservados à
Editora WMF Martins Fontes Ltda.
Rua Prof. Laerte Ramos de Carvalho, 133 01325.030 São Paulo SP Brasil
Tel. (11) 3293.8150 Fax (11) 3101.1042
e-mail: info@wmfmartinsfontes.com.br http://www.wmfmartinsfontes.com.br

Nesta época de grandes mudanças, este livro é dedicado àqueles que anseiam pelo novo e estão dispostos a mudar para uma vida plena de sentido e próspera de abundância e felicidade.

Se a minha vida durasse mais alguns anos, eu dedicaria cinqüenta deles ao estudo do Livro do I, e então talvez eu me tornasse um homem sem grandes defeitos.

Confúcio, aos 70 anos de idade

ÍNDICE

Agradecimentos	XIII
Prefácio	XV
Dez contribuições desta tradução	XX
Sobre a tradução inglesa	XXVII
Como usar este livro	XXIX
Introdução	1
Voar com o I Ching	7

O CÂNONE SUPERIOR

1.	Qian • Iniciar		21
2.	Kun • Corresponder		38
3.	Zhun • O Começo		55
4.	Meng • Infância		65
5.	Xü • Necessidade		73
6.	Song • Disputa		80
7.	Shi • Multidão		87
8.	Bi • União		94
9.	Xiao Xü • Pequeno Acúmulo		101
10.	Lü • Cumprimento		108
11.	Tai • Progresso		115
12.	Pi • Obstáculo		124
13.	Tong Ren • Busca de Harmonia		132
14.	Da You • Grande Colheita		140
15.	Qian • Humildade		147
16.	Yü • Contentamento		154

17.	Sui • Seguir	䷐	162
18.	Gu • Remediar	䷑	169
19.	Lin • Aproximação	䷒	176
20.	Guan • Observação	䷓	183
21.	Shi He • Erradicação	䷔	190
22.	Bi • Ornamentação	䷕	197
23.	Bo • Queda	䷖	204
24.	Fu • Retorno	䷗	210
25.	Wu Wang • Sem Falsidade	䷘	218
26.	Da Xü • Grande Acúmulo	䷙	225
27.	Yi • Nutrição	䷚	232
28.	Da Guo • Grande Excedente	䷛	239
29.	Kan • Escuridão	䷜	246
30.	Li • Brilho	䷝	253

O CÂNONE INFERIOR

31.	Xian • Influência Mútua	䷞	263
32.	Heng • Longa Duração	䷟	271
33.	Dun • Recuar	䷠	279
34.	Da Zhuang • Grande Força	䷡	285
35.	Jing • Prosseguir	䷢	292
36.	Ming Yi • Brilho Ferido	䷣	298
37.	Jia Ren • Lar	䷤	305
38.	Kui • Diversidade	䷥	311
39.	Jian • Tribulação	䷦	318
40.	Jie • Alívio	䷧	325
41.	Sun • Diminuição	䷨	332
42.	Yi • Aumento	䷩	338
43.	Guai • Eliminação	䷪	345
44.	Gou • Encontro	䷫	351
45.	Cui • Reunir	䷬	358
46.	Sheng • Crescimento Ascendente	䷭	365
47.	Kun • Exaustão	䷮	372
48.	Jing • Reabastecimento	䷯	380
49.	Ge • Abolir o Antigo	䷰	387
50.	Ding • Instituir o Novo	䷱	395
51.	Zhen • Agir	䷲	403
52.	Gen • Quietude	䷳	410

53.	Jian • Desenvolvimento Gradual	䷴	416
54.	Gui Mei • A Jovem que se Casa	䷵	423
55.	Feng • Abundância	䷶	430
56.	Lü • Viagem	䷷	437
57.	Xun • Prosseguir Humildemente	䷸	443
58.	Dui • Alegre	䷹	449
59.	Huan • Dispersão	䷺	454
60.	Jie • Restrição	䷻	460
61.	Zhong Fu • Sinceridade Profunda	䷼	466
62.	Xiao Guo • Pequeno Excedente	䷽	473
63.	Ji Ji • Já Realizado	䷾	481
64.	Wei Ji • Ainda Não Realizado	䷿	489

Um resumo da história da Dinastia Zhou   496
Glossário   499
Índice remissivo   504

Agradecimentos

Gostaria de expressar minha profunda gratidão a três pessoas importantíssimas; sem seu incentivo e apoio este livro não teria sido possível. Em primeiro lugar, meu venerável professor, Mestre Yin; sem seus sábios ensinamentos eu não teria sido capaz de traduzir este livro.

Em segundo lugar, meu querido amigo Bill Smith, que pratica o I Ching diariamente desde 1973 e faz anotações diárias sem interrupção. Depois de ler a quinta revisão de meu manuscrito, ele me disse: "Alfred, há cinqüenta anos, a tradução do I Ching feita por Richard Wilhelm é a padrão. Espero que o seu livro seja o padrão pelos próximos cinqüenta anos." Não sei se minha tradução será a padrão pelos próximos cinqüenta anos, mas o incentivo e o desafio de Bill foram a motivação para o aprimoramento constante de meu trabalho.

A terceira pessoa importante é Jon Graham, diretor de aquisições da Inner Traditions International. Seu empenho entusiástico em recomendar à empresa a publicação de meu livro me faz lembrar uma antiga história.

Não é raro encontrar cavalos capazes de percorrer mil *li* em um dia, mas Ba-le é raro. No período final dos Anais da primavera e do outono (770-476 a.C.), havia um homem, Ba-le, que era perito em discernir o valor de um cavalo a olho nu. Entre uma manada de cavalos, podia apontar aquele capaz de cavalgar mil *li* em um dia. (*Li* é uma unidade chinesa de comprimento, equivalente a meio quilômetro.)

A história sugere que, sem Ba-le, os cavalos capazes de percorrer mil *li* em um dia passariam freqüentemente despercebidos ou seriam negligenciados. Embora minha nova tradução do I Ching não seja um cavalo que cavalga mil *li* em um dia, sem Jon Graham ela não seria reconhecida.

Gostaria também de agradecer a Steve Thomson e Linda Millar. Na época em que comecei a trabalhar nesta tradução, fiquei no Mosteiro Zen da fazenda Akahi, em Haiku, Maui, onde conheci Steve. Quando ele viu que eu estava fazendo uma nova tradução do I Ching, demonstrou grande interesse em ler o manuscrito. Durante os três primeiros meses, ele ia à minha casa todas as noites para ler minha nova tradução e apontar os erros de inglês. Depois que fiz a quinta revisão, Linda corrigiu o texto.

Gostaria de expressar minha gratidão a Marguerite Dinkins pelo amor que ela me deu. Dedicou todo o seu precioso tempo a mim, lendo meu manuscrito e aprimorando o inglês de minha tradução durante suas férias em Maui. Nós apreciamos as belas paisagens, o tempo sempre bom, a atmosfera harmoniosa e nossa adorável semelhança de opiniões.

No período em que trabalhei na sétima revisão, Courtney Collins entrou em minha vida. Através de sua pureza de coração e amor sincero, vivenciei a harmonia de yin e yang, a dança das almas e a interação entre o Céu e a Terra. A virtude de sua feminilidade me transportou a um novo patamar de entendimento do verdadeiro significado de Qian e Kun, o primeiro e o segundo hexagramas do I Ching.

Gostaria de agradecer também a Bill Smith o entendimento do Tao de I e a compreensão da importância de encontrar as palavras mais adequadas em inglês para os nomes dos guá. Durante a oitava revisão, constatei que meu manuscrito original não era totalmente objetivo. Com a ajuda de Bill, cotejei o manuscrito palavra por palavra com o texto chinês e na maioria das vezes obedeci à ordem das palavras em chinês. Sem a ajuda de Bill, seria quase impossível à minha revisão final revelar a verdadeira essência do I Ching.

Gostaria ainda de expressar minha gratidão à Inner Traditions International que, publicando este livro, e assim apresentando e divulgando a cultura chinesa, faz uma grande contribuição. Minha sincera gratidão, em particular, a Tim Jones, pela bela capa* que capta verdadeiramente a essência do livro, e a Kristin Camp, pelo projeto do corpo do livro e pela preparação do ideograma antigo para cada hexagrama**. Manifesto ainda minha profunda gratidão à editora Rowan Jacobsen e à copidesque Marcia Means pela paciência, apoio e sugestões que me ajudaram a transformar um clássico chinês dos mais profundos e complexos em um livro acessível.

---

* O autor se refere à edição inglesa. (N. do E.)

** Nesta edição brasileira foram mantidos os ideogramas antigos, um deles também reproduzido na capa (o mesmo da edição original). (N. do E.)

Prefácio

I

Em 1980 vim da China continental para os Estados Unidos. Depois de dezesseis anos na América, constatei que no mundo ocidental há muita gente interessada no *I Ching: O Livro das Mutações*. Em sua terra natal, porém, a história era outra.

Desde muito jovem ouvi dizer que o I Ching era um Tian Shu, um livro sagrado; sem os ensinamentos orais de um estudioso competente, era impossível compreendê-lo. Depois que os comunistas subiram ao poder na China, em 1949, o I Ching foi denunciado como livro de feudalismo e superstição. Foi banido do mercado e sua leitura, proibida. No início dos anos 60, antes da chamada Revolução Cultural, o Dr. Ting Jihua, eminente médico chinês em Xangai, o professor Liu Yen-wen, conhecido professor de literatura chinesa clássica, e eu freqüentamos as reuniões particulares do reverenciado Mestre Yin, nas quais ele nos ensinou o I Ching. Era uma atividade completamente clandestina. Na época, todos nós tínhamos sido tachados de anti-revolucionários de direita. Se nossas reuniões fossem descobertas por algum membro do partido comunista ou pela polícia, sem dúvida teríamos sido presos. Mestre Yin tinha mais de oitenta anos de idade. Ele sentia que uma calamidade logo se abateria sobre a China e desejava transmitir seus ensinamentos antes de morrer. Ofereceu-se, por iniciativa própria, para nos ensinar os conhecimentos esotéricos do I Ching, os quais herdara de seu venerando mestre. Enquanto estudávamos, a situação na China piorava e nossos corações se apertavam cada vez mais. Percebemos que muitas famílias seriam divididas e muitas pessoas, perseguidas.

Embora soubéssemos que depois da longa noite viria o amanhecer, este não veio logo. Após dois anos, o Mestre Yin e o Dr. Ting faleceram, um depois do outro. O professor Liu perdeu a vontade de viver e tentou o suicídio várias vezes. Embora eu o incentivasse a perseverar, no fundo do coração achava que os que já tinham morrido eram os verdadeiramente abençoados. O sofrimento deles acabara; podiam finalmente desfrutar a paz eterna. Os que ainda estavam vivos tinham que enfrentar todo tipo de sofrimento inimaginável e lutar pela sobrevivência.

De acordo com o I Ching, cada país e cada indivíduo tem seu destino, mas todos têm liberdade de escolha. Dos quatro estudiosos, eu era o mais jovem. Os outros pertenciam à geração de meu pai. Ao conviver com eles, percebi que tinha muito o que aprender e vivenciar. Do fundo do coração escolhi viver, viver o máximo possível e ver o destino da China, quaisquer que fossem as tribulações vindouras. Em julho de 1957 submeteram-me a trabalhos forçados diários e, em setembro de 1966, prenderam-me. Durante nove anos na prisão, interrogavam-me quase todos os dias sobre minhas atividades "anti-revolucionárias". Como eu me formara em uma escola missionária e era diretor de um colégio cristão, meus captores pressionavam-me para que eu confessasse ser espião americano. Em cada interrogatório, eu negava as acusações contra mim. Finalmente eles se desesperaram e condenaram-me à morte. Contudo, porque eu era uma figura popular para o povo chinês, não ousaram executar a sentença imediatamente, mas todo dia diziam-me que eu ia morrer.

Durante vinte e dois anos de confinamento, embora não me lembrasse dos 64 guá (hexagramas), compreendi inteiramente o Tao do I, a essência do I Ching, que diz que, quando os acontecimentos chegam ao extremo, dão origem aos seus opostos. Todo dia eu lia minuciosamente as seis páginas do jornal oficial, sem perder uma única palavra. Enquanto eu via a situação de meu país deteriorar-se, meu coração ficava mais leve. Eu sabia que, depois da longa escuridão, a aurora viria. Quanto mais profunda é a escuridão, mais perto está o amanhecer.

II

O I Ching é um livro antiqüíssimo. Já existia há mais de dois mil anos antes de Confúcio (c. 551-479 a.C.). No início, a linguagem do I Ching era simples e fácil de entender. Infelizmente, esse idioma antigo tornou-se arcaico há muito, muito tempo. Naquela época, o número de caracteres chineses era pequeno. Conseqüentemente, muitos caracteres tinham a mesma forma, mas significados inteiramente distintos. Por outro lado, muitos caracteres tinham formas distintas, mas o mesmo som. Seu uso era intercambiável. Assim, o texto fica aberto a muitas interpretações. Além disso, o antigo idioma chinês escrito não tinha pontuação. Dependendo de como pontuamos uma frase ou oração, surgem diversos significados. Por isso, mesmo os chineses quase nunca conseguem entender o I Ching verdadeira e completamente sem a orientação oral de um professor competente. Quando cheguei aos Estados Unidos, fiquei surpreso com a existência de tantas traduções do I Ching em inglês. Não consigo imaginar como todos esses tradutores teriam encontrado os eruditos do I Ching para com eles estudar as décadas necessárias ao verdadeiro aprendizado do I Ching.

Para os chineses, o I Ching é como a Bíblia Sagrada escrita pelos quatro sábios mais venerandos de nossa história – Fu Xi, Rei Wen, Duque de Zhou e Confúcio. A tradução chinesa de Bíblia Sagrada é Sheng Ching. Sheng equivale a "sagrado", e Ching significa "clássico". Os chineses entendem que Ching é o Tao, a Verdade, o mais sagrado dos livros antigos, e por reverenciarem e respeitarem os textos sagrados dos judeus e da igreja cristã honram a Bíblia ao denominá-la Ching. Conseqüentemente, as traduções chinesas da Bíblia Sagrada nunca se afastam do texto original. Por isso, acho que nenhuma tradução do I Ching deve afastar-se do texto original; caso contrário, deixa de ser o I Ching.

De todas as traduções, a de Richard Wilhelm (publicada em inglês em 1950) e a de James Legge (publicada em 1882) são as melhores. Mas todas as traduções, segundo meu ponto de vista chinês, não são inteiramente fiéis ao I Ching chinês original; são ocidentalizadas. Para aprimorar o inglês ou captar determinado conceito, os tradutores acrescentaram seu próprio entendimento do texto e assim limitaram as possíveis interpretações de uma obra famosa por sua abertura. A tradução ideal seria inglesa na forma, mas chinesa na essência. Como livro de adivinhação, os comentários de Confúcio são fundamentais. Os chineses os denominam de Dez Asas. Eles acreditam que o I Ching depende das Dez Asas para poder voar. Ou seja, sem os comentários de Confúcio não se pode compreender o I Ching. Trata-se de um típico ponto de vista chinês ortodoxo. Conseqüentemente, toda vez que leio traduções que demonstram pouca consideração com a sabedoria de Confúcio, sinto que falta alguma coisa. Nas vezes em que usei traduções em inglês para adivinhar, senti-me tão deprimido que desisti delas. Quando uso o texto em chinês, é completamente diferente; sempre há esperança.

O I Ching é um livro muito profundo. É a fonte de grande parte da cultura chinesa. Na origem, era um manual de adivinhação. Depois que

Confúcio e seus discípulos escreveram os comentários, passou a ser conhecido como livro de sabedoria antiga. É um livro que, além de informar a quem o consulta sobre a situação presente e seu potencial futuro, também dá instruções sobre o que fazer e o que não fazer para alcançar a boa fortuna e evitar o infortúnio. Mas o indivíduo ainda tem liberdade de escolha. A orientação baseia-se em observações abrangentes que os sábios antigos fizeram das leis naturais e em suas profundas experiências do princípio de causa e efeito.

Em 1979, o Superior Tribunal Chinês declarou minha inocência. Ao sair da prisão, eu pesava menos de quarenta quilos e mal andava. Decidi emigrar para os Estados Unidos. Durante meus dezesseis anos na América, conheci pessoas que se dedicaram de corpo e alma a consultar o I Ching, mas não conseguiram apreender sua essência genuína nem compreender sua antiga sabedoria porque não havia uma tradução autêntica.

Esperei uma tradução que revelasse verdadeiramente a essência do livro. Meu desejo não foi atendido. Quando me mudei para Maui em julho de 1993, meu plano era escrever uma série de sete livros sobre o Chi Kung taoísta. Certa manhã, no início de julho, durante minha meditação, ouvi uma voz incitando-me a fazer uma nova tradução do I Ching. A princípio, ignorei-a. A idéia nunca me tentara e eu tinha minhas dúvidas. Entendia que, para colocá-la em prática, seria preciso primeiro traduzir a antiga língua morta dos ideogramas originais para o chinês contemporâneo, depois traduzi-la novamente para o inglês. Se eu me comprometesse a tal, a tarefa seria extremamente árdua. Contudo, a voz ficou cada vez mais alta. Não pude evitá-la. Senti que não tinha escolha porque, quanto mais eu meditava, mais me sentia na obrigação de realizar uma tradução do I Ching baseada inteiramente em conceitos chineses. Comecei a perceber que, durante os últimos anos de vida do Mestre Yin, sua proposta de me ensinar o I Ching não ocorrera por acaso. Havia um motivo. Agora entendo que nesta era de grandes mudanças, em que as pessoas estão ansiosas para se transformar e a situação é propícia, uma nova tradução do I Ching, baseada na antiga sabedoria e experiência chinesas, pode ser útil para aqueles que estão fazendo suas escolhas para entrar no século XXI com confiança.

III

Depois que aceitei o desafio, a primeira coisa que decidi foi escrever um livro pequeno – um livro pequeno é muito mais prático. Confúcio disse que o I Ching é um livro que deveria estar sempre à mão. Um livro pequeno é mais fácil de carregar e ter sempre à mão para desfrutarmos a antiga sabedoria como orientação na vida cotidiana. Obviamente fracassei neste propósito. O projeto cresceu além de minhas expectativas. Fiz novas revisões, o livro foi ficando cada vez maior. Ao final da sétima revisão, estava muito maior do que eu imaginara.

O I Ching original consiste em apenas 64 Decisões elaboradas pelo Rei Wen e 386 Textos dos Yao compostos pelo Duque de Zhou. As Decisões são resumos do significado de cada hexagrama, densas em conteúdo simbólico, mas sucintas em estilo. Os Textos dos Yao são análises, que empregam parábolas e metáforas, de cada uma das seis linhas em um dado hexagrama, correspondentes aos seis estágios de determinada situação. No total, existem menos de 5.000 caracteres chineses. Traduzido para o inglês, o número máximo de páginas não ultrapassa quarenta. Contudo, este livreto revela uma antiga cosmologia chinesa na qual o Céu e os seres humanos estão integrados em uma união. Além disso, revela o Tao da Mutação ou, em terminologia chinesa, o Tao do I. Esses dois conceitos são a fonte da cultura chinesa e permeiam o pensamento chinês há milhares de anos. Para compreender verdadeiramente a linguagem original e o espírito do I Ching, é preciso entender que sua estrutura é muito bem tecida e o vocabulário, absolutamente rigoroso. A maioria das traduções não compreende essa vinculação.

À medida que eu tentava explicar os aspectos peculiares do I Ching da maneira mais clara possível, o livro se expandia. Percebi enfim que era preferível escrever um volume completo revelando a essência do I Ching. Depois que os leitores alcançarem o entendimento verdadeiro dos símbolos, nomes, textos e inter-relações do I Ching, poderão voar sozinhos, ignorando os comentários e as explicações.

DEZ CONTRIBUIÇÕES DESTA TRADUÇÃO

1. EXPOR O TAO DO I

Muitos ocidentais conhecem o I Ching, mas desconhecem o Tao do I. Dos vários tesouros contidos no I Ching, o que mais valorizo é o Tao do I. O tema principal do I Ching é que tudo está em processo de contínua mutação, subindo e descendo em um progressivo avanço evolutivo. Embora este seja o tema principal do I Ching, nunca é mencionado no texto, sendo revelado apenas nas entrelinhas e, em particular, incorporado na sucessão dos nomes dos hexagramas e nas seqüências e estruturas dos hexagramas e dos yao (linhas).

Além disso, o Tao do I revela que as situações, quando ultrapassam seus extremos, alternam para seus opostos. É um lembrete para se aceitarem as mudanças necessárias e estar preparado para se transformar, avisando que é preciso adaptar a ação às mudanças de momento e situação. O Tao do I também diz: em uma situação e ocasião favoráveis, nunca despreze o potencial desfavorável. Em uma situação e ocasião desfavoráveis, nunca aja brusca e cegamente. E, em circunstâncias adversas, nunca fique deprimido nem se desespere.

2. COMPREENDER A ESTRUTURA E O SIGNIFICADO

Nos tempos antigos, este livro era conhecido como o I da dinastia Zhou (1122-221 a.C.). Antes dessa época havia outros dois I, o I da dinastia Xia (2005-1766 a.C.) e o I da dinastia Shang (1766-1122 a.C.). Destes, infelizmente, apenas fragmentos sobreviveram.

Dando seqüência ao trabalho de Fu Xi, que criou os oito trigramas (três linhas), o Rei Wen, da dinastia Zhou, dispôs os 64 hexagramas e escreveu as Decisões sobre estes; seu filho, o Duque de Zhou, compôs os Textos dos Yao e Confúcio escreveu os Comentários (as Dez Asas). As contribuições desses três sábios da dinastia Zhou concederam ao I da dinastia Zhou acepções significativas. Depois que os comentários de Confúcio foram escritos, o I da dinastia Zhou passou a ser chamado de I Ching.

Como o I Ching é um livro antiqüíssimo, a compreensão de seu idioma original deixou de ser espontânea e é muito difícil compreendê-lo sem os comentários de Confúcio. Depois que os comentários foram escritos, abriu-se o caminho para o estudo mais acadêmico do I Ching. Na dinastia Han (206 a.C. a 220 d.C.) surgiu uma nova edição do I Ching com cinco dos dez comentários de Confúcio impressos ao lado do texto original. Dessa forma, os comentários elucidaram grande parte do texto. As pessoas confiam neste tipo de apresentação há mais de dois mil anos. Neste livro, sigo a mesma forma, bem como o mesmo objetivo prático, mesclando o texto com os cinco comentários, deixando as palavras originais de Confúcio elucidarem o texto. Minha contribuição está em explicar os nomes e as estruturas dos 64 hexagramas e o significado dos hexagramas e dos yao.

3. A SEQÜÊNCIA E OS NOMES DOS HEXAGRAMAS

O Tao do I está incorporado na seqüência e nos nomes dos hexagramas. Legge conhecia bem o antigo idioma chinês escrito, mas não acreditava no I Ching. Wilhelm acreditava no I Ching, mas sua tradução dependia da interpretação oral de outrem. Nenhum dos dois livros oferece um conceito claro de como os 64 hexagramas representam 64 etapas distintas em uma seqüência vinculada, ascendente e descendente, de mudanças cíclicas.

Dediquei muito tempo à meditação e contemplação dos nomes dos hexagramas para encontrar os equivalentes corretos em inglês. Não faz nenhum sentido considerar cada nome isoladamente, fora de sua seqüência e contexto. A seqüência dos 64 hexagramas é bem organizada. O sistema do Cânone Superior mantém uma correspondência perfeita com o do Cânone Inferior. Por exemplo, após o primeiro e o segundo hexagramas, Qian e Kun, Wilhelm traduz o nome do terceiro como Dificuldade Inicial. John Blofeld o traduz como Dificuldade. Não me sinto à vontade com a idéia de que depois de Qian, cujo significado é Iniciar, e Kun, Corresponder, venha Dificuldade, dando-nos a impressão de que a Criação não foi boa. O pensamento chinês não é assim. Confúcio disse: "Depois que Céu e Terra passaram a existir, foi produzida uma miríade de coisas, as quais, por sua vez, preencheram o espaço entre o Céu e a Terra." Não há nisto nada de negativo.

Na Decisão do Rei Wen, não há nenhuma indicação de "dificuldade". Ao contrário, ele concede ao terceiro hexagrama os quatro atributos mais auspiciosos no I Ching. Estes trazem a promessa de boa fortuna. Assim, minha tradução do nome do terceiro hexagrama é O Começo.

4. OS ANTIGOS IDEOGRAMAS CHINESES COMO EXPLICAÇÕES DOS NOMES DOS HEXAGRAMAS

Para bem compreender o significado dos nomes dos hexagramas, uso antigos ideogramas chineses chamados *jin wen*. Os *Jin wen* eram inscritos em objetos de bronze da dinastia Zhou. Empregar os *jin wen* da dinastia Zhou para explicar os nomes dos 64 hexagramas é a maneira mais adequada de descobrir seu significado verdadeiro, porque esses ideogramas são desenhos, e os desenhos são fundamentais para entender o significado exato das palavras chinesas. Por exemplo, o ideograma do caractere chinês do terceiro hexagrama, Zhun, mostra um broto minúsculo que acaba de emergir da terra. Esse broto jovem indica a criação, o nascimento de miríades de seres. (O ideograma de Zhun está na margem esquerda.) Portanto, o melhor nome para o terceiro hexagrama é O Começo.

5. ENTENDIMENTOS TIRADOS DA SITUAÇÃO HISTÓRICA

Tradicionalmente, o Rei Wen é reconhecido como o autor do *Zhou I* (o título abreviado do livro). No início deste século, a maioria dos estudiosos chineses ainda acreditava que o Rei Wen reorganizara os 64 hexagramas durante os sete anos em que esteve preso pelo tirano da dinastia Shang (ver Um resumo da história da Dinastia Zhou no apêndice). Acredito que, durante o tempo que passou na prisão, o Rei Wen teve a idéia de reorganizar os 64 hexagramas de acordo com sua filosofia da unidade de Céu e humanidade. Depois de ser solto, acho que ele fez várias revisões baseadas em sua experiência de vida política e pessoal.

Durante a década de 1960, estudei a história da dinastia Zhou, familiarizando-me com os antecedentes históricos das atividades do Rei Wen relacionadas aos hexagramas. Posteriormente, quando fiz a sétima revisão desta tradução, reexaminei a história com mais profundidade. No início não pensei que o estudo da história da dinastia Zhou poderia aumentar minha compreensão dos hexagramas, do começo ao fim. Fiquei surpreso quando isso aconteceu. Muitos incidentes de importância histórica ocorreram depois da morte do Rei Wen, uma descoberta inesperada para mim. Tomando como base esta realidade, mudei minha maneira de pensar. Depois do Rei Wen, devem ter existido sábios que reformularam o Zhou I várias vezes até chegar à forma atual.

Esses conhecimentos nos dão uma idéia mais verdadeira do contexto no qual o I Ching se desenvolveu. De acordo com eles, o primeiro e segundo hexagramas, Iniciar e Corresponder, servem de introdução à filosofia do Rei Wen que prega a unidade de Céu e humanidade. O primeiro hexagrama representa a função do Céu e atua como diretriz do Cânone Superior; o segundo representa a função da humanidade e atua como diretriz do Cânone Inferior. O terceiro hexagrama, O Começo, representa o início de um novo ciclo de conquistas do Rei Wen, e o quarto, Infância, diz respeito à infância do povo de Zhou, que começou uma nova era de iluminação sob o Rei Wen. Os dois últimos hexagramas, Já Realizado e Ainda Não Realizado, indicam que as realizações da dinastia Shang estavam completas e que as da dinastia Zhou, ainda não.

6. A UNIFICAÇÃO DAS TRADUÇÕES DOS JULGAMENTOS

O I Ching é um manual de adivinhação. Ao lado das Decisões do Rei Wen e do Texto dos Yao do Duque de Zhou, o julgamento de boa fortuna e infortúnio é decisivo para os adivinhos. Há mais de 500 julgamentos distribuídos entre as 386 yao. Cada yao contém ao menos um julgamento. Esses julgamentos são expressos em uma terminologia rigorosa e são precisamente dispostos em diversos graus. A padronização e a unificação desses julgamentos de boa fortuna e infortúnio, como fiz nesta tradução, proporcionam ao adivinho uma visão mais clara e apropriada do resultado da consulta.

7. APRESENTAÇÃO DE MANEIRAS MAIS SIMPLES DE CONSULTA

A maneira tradicional de consultar o I Ching é por meio do uso de cinqüenta varetas de caule de milefólio. Três manipulações das varetas geram uma linha. Para chegar a seis yao, é preciso manipular as cinqüenta varetas 18 vezes. Gasta-se no mínimo meia hora para obter um hexagrama. Mais de dois mil anos depois de o I Ching ter sido escrito, durante a dinastia Tang (618-907), criou-se uma manipulação mais simples usando-se três moedas. Esses são os dois métodos mais comumente usados no mundo ocidental. Contudo, no decorrer da história chinesa, empregaram-se muitos outros métodos. Em muitos casos, usando as varetas de caule de milefólio ou as três moedas, aparece mais de uma linha móvel. A linha móvel representa o estágio atual de desenvolvimento de certas circunstâncias. Por isso, se aparecerem várias linhas móveis, os textos podem entrar em contradição entre si e gerar confusão. Neste livro, apresento maneiras de solucionar o problema. Além disso, apresento novos métodos de adivinhação:

1. Uma versão simples do uso de varetas de caule de milefólio
2. Magia das oito moedas
3. Augúrio das oito pedras semipreciosas

No primeiro método, manipulam-se as cinqüenta varetas de caule de milefólio três vezes de modo que se obtenha um hexagrama de seis linhas e apenas uma linha móvel. O segundo método usa oito moedas em vez de três, de forma que, manipulando-as três vezes, o resultado será um hexagrama de seis linhas e uma linha móvel. Um método ainda mais simples que criei usa oito pedras semipreciosas ou cartas e um dado. Esses métodos são simples e rápidos. Em poucos segundos conseguimos o que o método das varetas de caule de milefólio consegue em meia hora. Todos estes métodos são explicados detalhadamente no livro, mais à frente.

8. Compreender a situação

Na adivinhação, a situação atual do indivíduo é revelada pelo nome e estrutura do hexagrama, em conjunto com as Decisões do Rei Wen, o Comentário de Confúcio sobre a Decisão e o Comentário de Confúcio sobre os Símbolos. As seis linhas indicam as seis etapas de mudança. Portanto, para alcançar boa fortuna ou evitar o infortúnio, é fundamental entender a posição do indivíduo dentro da situação. Confúcio disse: "O sábio, pela simples contemplação da decisão do hexagrama, é capaz de entender a maior parte de seu conteúdo." A Decisão é a interpretação de todo o hexagrama, as seis linhas consideradas em conjunto. De acordo com Confúcio, o verdadeiro entendimento do símbolo, de seu nome e da Decisão do Rei Wen sobre o hexagrama é fundamental para obter uma perspectiva sobre a situação atual do indivíduo. Vi muitas pessoas que, ao consultarem o I Ching, prestam atenção às linhas mas desconsideram a situação geral. Dessa forma, elas vêem as partes, mas não o todo. Esta não é a maneira adequada de consultar o I Ching. Traduzo o texto com a maior fidelidade possível para que os leitores possam entender toda a situação e seu lugar dentro dela. No início do texto de cada hexagrama há uma seção denominada "Nome e estrutura". Explico o significado do hexagrama – seu nome, seqüência e estrutura – e esquematizo a derivação do nome. Ao final do texto há uma seção chamada "Significado", que explica a importância e as implicações das linhas. Essas interpretações baseiam-se nas idéias de Confúcio e nos provérbios chineses tradicionais.

9. Informações atuais sobre o potencial futuro

Quando as pessoas consultam o I Ching, desejam conhecer seu potencial futuro e suas circunstâncias atuais. Esses dois estão intimamente relacionados. Vivemos atualmente em uma era de profundas mudanças. Se aceitarmos que cada ação que realizamos é uma causa que tem um efeito e que cada efeito tem uma causa, poderemos ver com mais clareza os resultados de nossas ações. A intenção por trás de cada ação determina seu efeito. Nossas intenções e ações afetam não apenas a nós mesmos, mas também ao próximo. Se acreditarmos que toda intenção e ação evoluem enquanto avançamos em nossa jornada espiritual, então, se agirmos conscientemente, evoluiremos conscientemente; mas, se agirmos inconscientemente, *involuiremos* inconscientemente.

Neste livro, as interpretações das linhas não se limitam à situação atual. São associadas ao "hexagrama futuro", que indica o potencial futuro ou a tendência. No início da interpretação de cada linha, há informações sobre a situação a que a linha conduzirá, se mudar.

10. Informações adicionais para cada hexagrama

Os estudiosos avançados do I Ching costumam explorar cada situação a partir de uma perspectiva holística. Não se satisfazem apenas com as informações referentes à situação atual e ao potencial futuro. Desejam entender a situação sob vários ângulos, além de explorar sua essência. Neste livro, há informações adicionais ao final de cada hexagrama, como mostra o seguinte exemplo do terceiro hexagrama, O Começo.

Imagem:	Água sobre Trovão
Fórmula para recitação:	Nuvem sobre Trovão, O Começo
Elemento:	Água
Estrutura:	Duas linhas yang (sólidas) com quatro linhas yin (interrompidas)
Mês:	O décimo segundo mês do ano lunar, ou janeiro
Linha principal do hexagrama:	Nove na primeira posição
Hexagrama oposto:	Instituir o Novo (50)
Hexagrama inverso:	Infância (4)
Hexagrama correspondente:	Queda (23)

Dessa maneira, os estudiosos avançados conseguem olhar a situação tanto de cima quanto de baixo, do anverso e do reverso, de fora e de dentro, do presente e do futuro. Grande parte dessas informações está além do alcance de estudiosos iniciantes do I Ching, mas, à medida que forem usando este livro e se tornando cada vez mais conscientes da natureza infinitamente inter-relacionada da existência, vão considerá-las cada vez mais úteis.

Sobre a tradução inglesa

O I Ching é um livro que fala por imagens, não por palavras. O antigo idioma chinês era composto de ideogramas – desenhos. Estes não se ligam da mesma maneira que os anglófonos concebem a interconexão das palavras. Não há tempo verbal, gênero, plural, artigo, preposição nem pontuação e, muitas vezes, nem sujeito nem objeto. A beleza desse antigo idioma, e do I Ching, está em simplesmente apresentar os desenhos e deixar a imaginação do leitor interagir com a cena. É impossível traduzir essas "frases" para o inglês formal sem limitar gravemente a riqueza dos possíveis significados. As pessoas consultam o I Ching em busca de orientação. Cada palavra acrescentada ou desprezada pelo tradutor pode influenciar as ações dos leitores. Isto dá ao tradutor a enorme responsabilidade moral de não influenciar o leitor desnecessariamente.

O I Ching é uma obra de poesia, não de prosa. Tem sua linguagem oracular própria e oculta seu significado em metáforas, parábolas e imagens. Há até mesmo uma relação entre as palavras e a ordem das palavras, e às vezes os sons, nas linhas. Para preservar essas características únicas do I Ching nesta tradução, segui dois princípios chineses. O primeiro é "shu er bu zuo", que significa "narre, não escreva". Ou seja, ao tentar transmitir as idéias de outro autor, simplesmente narre-as, não escreva as suas. Levei três anos para tornar esta tradução compreensível, e fiquei muito satisfeito com ela. Mas, inconscientemente, acrescentei à tradução minhas próprias interpretações. A profundidade do I Ching é tal que, sem precisar de ajuda, gera novas idéias em quantos o lêem. Em minha revisão final, procurei eliminar todas as minhas interpretações e trabalhei arduamente para restaurar a natureza pura do I Ching.

O segundo princípio é "ning xing bu da", que significa "melhor ater-se à verdade que suavizar a tradução". Este princípio teve origem no gigante literário chinês, Lu Xing, que traduziu muitas obras japonesas para o chinês depois da instituição da República da China do Dr. Sun Yat-sen. As linhas nesta tradução nem sempre são suaves, mas são sempre verdadeiras.

Quando os leitores compreenderem que ler o I Ching não significa ler frases que fazem sentido, mas sim criar um entendimento pessoal próprio de imagens poéticas, arquetípicas, acredito que não se sentirão frustrados com a ausência do idioma formal e passarão a valorizar o I Ching como um enorme reservatório de antiga sabedoria, assim como os chineses sempre o valorizaram.

Como usar este livro

As quatro páginas seguintes apresentam uma legenda para entendermos os elementos que compõem cada capítulo deste livro. Veja o glossário para explicações mais detalhadas.

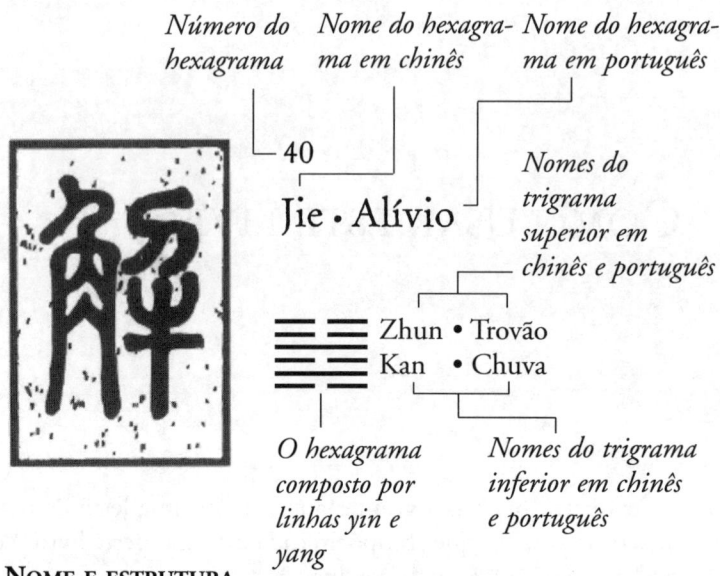

Nome e estrutura
Analisa os significados implícitos no nome do hexagrama, a imagem do ideograma e a estrutura do hexagrama

Seqüência do hexagrama
A explicação de Confúcio sobre a transição de um hexagrama para o seguinte

NOME E ESTRUTURA

Jie tem muitos significados. Originalmente, a palavra queria dizer separar ou remover; depois, liberar ou aliviar – sobretudo aliviar a dor ou o sofrimento. Neste hexagrama, significa alívio da causa da tribulação. Wilhelm traduz Jie por Liberação e Blofeld, por Libertação. Liberação e libertação denotam o ato de permitir a saída, colocar em liberdade ou desatar. Aliviar, tornar mais leve, tem significado mais próximo de minorar – diminuir ou colocar um fim à dor, ao sofrimento ou à ansiedade. Dado o conteúdo deste hexagrama, adoto o nome Alívio.

Seqüência do hexagrama: *A tribulação não pode durar para sempre. Assim, depois da Tribulação vem o Alívio.*

O ideograma de Jie representa seu significado original, separar ou remover, e tem três partes. À esquerda, há um chifre; embaixo, à direita, um boi. A imagem parece a face de um boi com chifres curvados para cima. Repousando sobre o boi, há uma faca. Considerado como um todo, o ideograma mostra que, com uma faca, separou-se e removeu-se um chifre da cabeça de um boi. Este hexagrama é o inverso do anterior, Tribulação – depois que a tribulação chega ao fim, a tendência é que a pessoa se entregue novamente aos prazeres e crie novas tribulações. Assim, Tribulação e Alívio se complementam.

A estrutura do hexagrama é Trovão ☳ sobre Água ☵, significando uma tempestade com chuva forte. Trovão representa movimento, e Água, escuridão. Pode-se imaginar que a tempestade é incontrolável e violenta. Quando a tremenda força da tempestade passa pela escuridão, alivia-se o perigo.

Como usar este livro • XXXI

Número do hexagrama

Nome do hexagrama
|
(40) Jie • 325

Número da página

Decisão

Alívio.
O sudoeste é favorável.
Não há para onde ir,
Retorne, volte ao normal.
Boa fortuna.
Há para onde ir;
Sem atraso: boa fortuna.

Ideograma em tamanho reduzido

Decisão
Interpretação do Rei Wen para o significado do hexagrama.

— Hexagrama

Comentário sobre a Decisão

Alívio.
O perigo gera movimento.
Através do movimento,
elimina-se o perigo.
Esse é o significado de alívio.

Alívio.
O sudoeste é favorável.
Prosseguindo, conquista a multidão.
O retorno traz boa fortuna.
Ele obtém a posição central.

Comentário sobre a Decisão
Elaboração de Confúcio para a Decisão do Rei Wen. Todos os comentários de Confúcio estão grafados em itálico.

Comentário sobre o Símbolo
A interpretação de Confúcio para o significado da justaposição dos trigramas superior e inferior.

Comentário sobre o Símbolo

Trovão ribombante e Chuva forte.
Uma imagem de Alívio.
Assim, o homem superior perdoa os erros
E lida serenamente com as falhas.

Texto dos Yao

1. Seis na primeira posição
   Nenhuma culpa.

   No encontro entre yin e yang
   Não deve haver culpa.

2. Nove na segunda posição
   No campo

Texto dos Yao
A interpretação do Duque de Zhou para cada uma das seis linhas.

"Nove" indica uma linha yang, sólida.

327 • I Ching

Capturam-se três raposas.
Obtém-se uma flecha dourada.
Perseverança e retidão: boa fortuna.

Boa fortuna para o nove na segunda,
Por causa do caminho do meio.

A interpretação
de Confúcio
para cada linha.

3. Seis na terceira posição
Carregando um fardo,
Viajando em carruagem,
Uma tentação para os ladrões.
Perseverança: humilhação.

Carregando um fardo, viajando em carruagem,
É uma vergonha.
Se eu mesmo atraio os ladrões,
A quem devo atribuir a culpa?

"Seis" indica
uma linha yin,
interrompida
(quebrada).

Significado
Explicação do significado geral do hexagrama

SIGNIFICADO

Este hexagrama é o inverso do anterior, Tribulação. Agora, alivia-se a tribulação. Para tal, o momento oportuno é importante. Se o momento não for favorável, não se deve agir. A Decisão indica que, se não há para onde ir, é propício retornar. Por outro lado, se há para onde ir, agir imediatamente traz boa fortuna. Além do momento oportuno, é importantíssimo haver harmonia entre as pessoas.

O hexagrama possui duas linhas principais: a maleável na quinta posição e a sólida, na segunda. A linha maleável na quinta posição representa um rei humilde e bondoso; a sólida na segunda representa um oficial forte e firme. Esses dois elementos são yin e yang complementares. Apóiam-se um no outro. Um líder sábio está trabalhando com um subordinado capacitado – juntos, aliviam a tribulação. As linhas maleáveis na segunda, terceira e sexta posição usam a raposa, o ladrão e o falcão, respectivamente, como imagens de perigos potenciais, dando a entender que, durante o tempo de alívio da tribulação, deve-se ainda ter cautela.

Explicação do significado de cada linha

(1) Seis na primeira posição. Alívio alterna para A Jovem que se Casa (54)

A primeira linha denota a transição entre Tribulação e Alívio. É um ponto de mutação. Assim, o Comentário sobre o Texto dos Yao diz que não deve haver culpa. Esta linha é um elemento yin em uma posição yang.

O elemento é fraco, mas sua posição é baixa. Portanto, ele está seguro. Quando a tribulação começa a encontrar alívio, embora ainda não haja boa fortuna, também não há culpa.

(2) Nove na segunda posição. Alívio alterna para Contentamento (16)
A segunda linha é um elemento yang em uma posição yin. A posição não está correta, mas é central. Interage com o elemento yin na quinta posição e consegue obter apoio junto àquele que ocupa a posição do rei. As três raposas representam os outros elementos yin. Sabe-se que as raposas são consideradas animais astutos e matreiros. A pessoa nesta posição é firme e forte, capaz de banir os que tentam enganar o rei.

(3) Seis na terceira posição. Alívio alterna para Longa Duração (32)
A linha maleável na terceira posição simboliza um homem inferior. É um elemento yin em uma posição yang. Sua colocação não está correta, mas ele ocupa a posição superior do trigrama inferior. Sua condição interior não é compatível com a posição. Na antiguidade, só os que pertenciam a uma elevada classe social tinham permissão para viajar de carruagem. Aqui temos um sujeito inferior carregando um fardo. Ao mesmo tempo, ele viaja de carruagem, atraindo os ladrões. Embora perseverante e reto, haverá arrependimento.

O hexagrama futuro, formado se a linha em questão muda de yang para yin ou vice-versa

Referências adicionais para este hexagrama

Imagem:	Trovão sobre Água
Fórmula para recitação:	Trovão sobre Chuva, Alívio
Elemento:	Madeira
Estrutura:	Dois yang com quatro yin
Mês:	O segundo mês do calendário lunar, ou março
Linha principal:	Nove na segunda posição
Hexagrama oposto:	Lar (37)
Hexagrama inverso:	Tribulação (39)
Hexagrama correspondente:	Já Realizado (63)

Referências adicionais
Informações adicionais para estudos avançados

Introdução

Entre o Céu e a humanidade

Acredita-se que o antigo sábio Fu Xi, ao desenhar os oito guá fundamentais (oito trigramas), definiu em forma embrionária os caracteres chineses escritos. Quando o Rei Wen desenvolveu os 64 guá perfeitos (64 hexagramas compostos pela combinação de dois trigramas), deu início ao longo curso da cultura chinesa. Esses dois sábios, ao lado do Duque de Zhou e Confúcio, formaram o I Ching.

O significado literal de *Ching* é Tao, Verdade. É a Verdade do Céu e da Terra e a Verdade da vida humana. Um livro que elucide a Verdade do Céu e da Terra é denominado Ching. Os chineses acreditam que a Verdade do Céu é também a Verdade da humanidade. Esse conceito filosófico da fusão de Céu e humanidade em um todo orgânico é a base da cultura chinesa tradicional. É também a fonte de todas as esferas de educação e pensamento na história chinesa. O primeiro livro que aborda em detalhe e sistematicamente esta unidade de Céu e humanidade é o I Ching.

Além disso, o I Ching trata da verdade das mutações, ou do Tao da Mutação, que na terminologia chinesa é chamado de Tao do I. É um livro baseado na observação e experimentação dos sábios. Os antigos sábios observavam fenômenos astronômicos no céu e aspectos topográficos na terra, e estudavam as relações entre todos os seres. Perceberam que no Céu e na Terra há um princípio universal segundo o qual tudo está em contínuo processo de mudança. A mudança é certa e absoluta; apenas o princípio da mudança permanece inalterado. Por meio de suas experiências, os sábios perceberam que era crucial entender as leis da mudança. Só assim seria possível reagir e adaptar-se às mudanças da maneira mais adequada. O *I Ching: O Livro das Mutações*, registra e reúne todas essas experiências e conhecimentos.

Nos últimos dezesseis anos, li várias traduções do I Ching para o inglês. Como estudioso chinês, ouso dizer que a maioria das traduções em inglês não transmite o verdadeiro espírito do I Ching. Todas elas mencionam o conceito de mutação, mas ignoram sua essência. O verdadeiro espírito e a essência mais autêntica do I Ching estão no conceito filosófico da fusão do Céu e da vida humana em um todo orgânico, que é a origem da cosmologia chinesa.

Os leitores ocidentais passaram a amar o I Ching, e é útil ter várias traduções entre as quais escolher. Contudo, quando se mistura o texto do livro com opiniões do autor ou do tradutor, tem-se no máximo um comentário, um tratado, uma exegese ou uma explicação do I Ching. Não se tem o I Ching propriamente dito. Toda tradução de um livro deve ser feita direta e fielmente a partir do idioma e do texto originais. Caso contrário, não é uma tradução genuína. Se o mundo ocidental aceita a idéia de que o I Ching é um livro sagrado, então a obra merece reverência e respeito e uma tradução adequada, da mesma maneira que a Bíblia Sagrada.

UM LIVRO DE ADIVINHAÇÃO, UM LIVRO DE SABEDORIA

A princípio, o I Ching era apenas um manual de adivinhação. Na antiguidade, os chineses relacionavam seu destino diretamente ao poder espiritual do Céu e da Terra. Antes de qualquer evento importante, costumavam consultar a vontade do Céu e da Terra por meio da adivinhação. A finalidade da adivinhação era solucionar dúvidas. Um antigo registro histórico diz que, quando as pessoas tinham dúvidas a respeito de questões importantes, consultavam o casco da tartaruga e as varetas de caule de milefólio. A prática da adivinhação é bem anterior ao I Ching e havia muitas maneiras de consultar um oráculo. A corte da dinastia Shang (1766-1122 a.C.) adivinhava com cascos de tartaruga. Em questões de máxima importância, como as cerimônias sazonais de sacrifícios, expedições, entronizações de reis, casamentos e caçadas, e até mesmo a previsão do tempo, perguntava-se ao adivinho se haveria boa fortuna ou infortúnio. O procedimento de adivinhação com cascos de tartaruga era complicado. Na maioria dos casos, usava-se a superfície inferior do casco, correspondente à barriga da tartaruga. Tal superfície era preparada por meio de perfurações e cinzelamento com um minúsculo estilete. Depois se aquecia o casco até surgirem rachaduras. O adivinho interpretava o oráculo pela leitura dos desenhos formados pelas rachaduras.

Na época da dinastia Zhou (1122-221 a.C.) usou-se amplamente a adivinhação com varetas de caule de milefólio. Segundo o *Livro das cerimônias da dinastia Zhou*, havia na corte real um Grande Adivinho encarregado da adivinhação pelos três sistemas de I: Lian Shan I, Gui Cang I e Zhou I. O primeiro hexagrama do Lian Shan I é Gen: Montanha sobre Montanha. Lian significa "unir", Shan significa "montanha"; Lian Shan indica duas montanhas unidas. Gui Cang I começa com Kun: Terra sobre Terra. Gui significa "retornar"; Cang significa "armazenar". Os antigos sábios acreditavam que todas as coisas retornam à terra e são aí armazenadas. Infelizmente, Lian Shan I e Gui Cang I não sobreviveram à antiguidade.

O I Ching que usamos hoje é o Zhou I – o I da dinastia Zhou. Zhou I representa a evolução dos outros dois I. Durante milhares de anos, desenvolveu-se aos poucos até alcançar um nível altíssimo. Zhou I não é um livro usado meramente para fazer previsões. Oferece orientações quanto ao que se deve ou não fazer. No curso de todas as eras, os chineses jamais consultaram o I Ching levianamente. As pessoas sempre eram orientadas para adotar uma atitude correta na adivinhação. O objetivo da adivinhação é resolver a dúvida e desfazer a confusão. Quando já se sabe o que fazer com base no bom senso e nos princípios morais, não se deve consultar o I Ching. A consulta procede apenas em questões e eventos importantes, nunca com objetivos mesquinhos ou motivos egoístas.

A ESTRUTURA DO LIVRO

Atualmente, o I Ching apresenta duas partes – o texto e a explicação. O texto é denominado Ching, a explicação, Comentário.

O Ching

O I Ching original contém cerca de 4.900 caracteres chineses. O livro é dividido em 64 capítulos curtos. Cada capítulo aborda um símbolo de seis linhas chamado guá, que geralmente é traduzido como "hexagrama". Originalmente, "guá" significava um símbolo dependurado para as pessoas verem. (Em chinês, um cabide de roupas é chamado yi gua, onde yi significa "roupas" ou "casaco".) Cada hexagrama compõe-se de seis linhas horizontais, dispostas umas sobre as outras. Os chineses as denominam de yao. A maioria das traduções para o inglês verte yao por "linha". Antigamente, yao significava "cruzamento" e representava a intersecção de yin e yang. Como yao tem o mesmo som que a palavra chinesa para "imitação", yao possui um significado oculto: imitar as instruções dadas pela linha. Há dois tipos de yao – yin yao e yang yao. Yin yao é representada por duas linhas separadas por um espaço (– –), yang yao por uma linha contínua (—). Os atributos dessas duas linhas são exatamente opostos. Yang yao simboliza o masculino, o firme, o forte, os números ímpares e as coisas ativas. No pensamento chinês, yang é um atributo positivo; um exemplo é a encosta iluminada de uma montanha. Yin yao simboliza o feminino, o ceder, o fraco, os números pares e todas as coisas passivas. Yin, sendo o complemento de yang, representa um atributo negativo, no sentido da encosta sombreada de uma montanha.

Cada hexagrama possui seis yao dispostos de baixo para cima, pois os fundamentos ficam embaixo e todas as coisas crescem de baixo para cima. Os chineses chamam a linha inferior de linha inicial, e a linha na posição mais alta, linha superior. Em chinês, yang yao é representada pelo número nove, yin yao pelo número seis. Por exemplo, uma linha contínua na segunda posição é denominada nove na segunda posição. Da mesma maneira, uma linha partida na quarta posição é denominada seis na quarta posição, e assim por diante. A primeira linha é chamada nove na primeira posição ou seis na primeira posição. E a linha na posição mais alta é chamada nove na sexta posição ou seis na sexta posição. Por que seis e nove? O elemento yang está associado aos números ímpares, e o yin, aos números pares. Yang refere-se a tudo o que progride, avança, ao passo que yin refere-se ao que recua. Considera-se uma qualidade yang estar na vanguarda. Assim, quando contamos os números ímpares de um a nove (avançar), o número mais elevado é o nove. Considera-se que o melhor para o yin é conservar-se na área central. Quando contamos os números pares de dez a dois (recuar), o número central é o seis. Eis por que yang é chamado de nove e yin, de seis.

Cada um dos 64 hexagramas divide-se em duas partes – trigrama superior e trigrama inferior. As três primeiras linhas de baixo para cima constituem o trigrama inferior, e as três últimas linhas o trigrama superior. O trigrama inferior é também conhecido por trigrama interno, e o superior é denominado trigrama externo. Fu Xi desenhou apenas oito trigramas – Qian e Kun (Céu e Terra), Li e Kan (Fogo e Água), Zhen e Xun (Trovão e Vento) e Gen e Dui (Montanha e Lago). Cada um dos oito trigramas consiste em apenas três linhas. Posteriormente, esses oito trigramas foram combinados entre si, gerando assim um novo sistema de 64 hexagramas. Daí em diante os oito trigramas passaram a ser conhecidos como guá fundamentais e os 64 hexagramas, como guá perfeitos.

Os 64 capítulos do I Ching apresentam quatro partes: o nome do hexagrama, o símbolo, a Decisão do Rei Wen sobre o hexagrama e os Textos dos Yao do Duque de Zhou. Cada hexagrama tem um nome composto de um ou dois caracteres chineses. O nome é crucial porque representa a situação por inteiro. O símbolo é formado por seis linhas que representam as seis etapas de uma situação específica. Ao mesmo tempo, cada hexagrama é considerado uma combinação de dois trigramas, que representam a situação interna (trigrama inferior) e a situação externa (trigrama superior). Assim, abaixo do símbolo de seis linhas há uma descrição sucinta geralmente formada por quatro palavras – por exemplo, acima Kun, abaixo Qian (acima Terra, abaixo Céu), ou acima Gen, abaixo Dui (acima Montanha, abaixo Lago).* Depois do símbolo e de sua interpretação sucinta vem o texto do hexagrama, chamado Decisão. É a avaliação da situação feita pelo próprio Rei Wen, juntamente com os conselhos morais. Depois da Decisão vem o Texto dos Yao, do Duque de Zhou, que oferece uma interpretação mais detalhada de cada etapa da situação, junto com mais instruções morais.

Os 64 capítulos do I Ching são divididos em duas partes, o Cânone Superior e o Cânone Inferior. O Cânone Superior representa o aspecto yang e põe em evidência o Tao do Céu ou os fenômenos naturais. O Cânone Inferior representa o aspecto yin e concentra-se nos fenômenos sociais e nas questões humanas.

O Comentário

O Comentário compreende dez capítulos, conhecidos como as Dez Asas. Asa significa "ajudar". As Dez Asas servem de suplemento ao texto e ajudam a entender o I Ching. Tradicionalmente, atribui-se a Confúcio a autoria das Dez Asas. Estudos posteriores dizem que elas foram escritas por diversos discípulos de Confúcio em diferentes épocas. A primeira e segunda asas são o Comentário sobre a Decisão. A terceira e quarta são o Comentário sobre o Símbolo. A quinta e sexta asas são conhecidas como o Grande Tratado. A sétima asa é o Comentário sobre as

---

* Traduzidas nesta edição com a preposição "sobre": Terra sobre Céu, Montanha sobre Lago. (N. do E.)

Palavras do Texto. A oitava é a Discussão dos Trigramas, a nona é a Seqüência dos Hexagramas e a décima compreende as Observações Diversas sobre os Hexagramas.

De todos os comentários sobre o I Ching, as Dez Asas são os melhores. Sigo as edições tradicionais mais conhecidas e uso as cinco asas consideradas os comentários principais para interpretar o texto original. Além disso, uso a nona asa para descrever a seqüência dos hexagramas. Todos os comentários das Dez Asas são grafados em itálico.

VOAR COM O I CHING:
MÉTODOS DE ADIVINHAÇÃO

Entenda os símbolos

O I Ching é um livro que trata de símbolos. Para entendê-lo, primeiro é preciso se familiarizar com os símbolos. Cada um dos 64 símbolos, ou hexagramas, representa uma situação única. Para entender um hexagrama, é preciso conhecer o lugar específico que ele ocupa na seqüência total, seu significado, estrutura, imagem e as coisas que ele representa. Ao ensinar o I Ching, sempre incentivo as pessoas a ficar amigas desses 64 hexagramas. Dessa maneira, assim que vêem o símbolo, podem reconhecer imediatamente seu nome, antecedentes, caráter e significado da mesma maneira que reconheceriam um amigo. Cada um desses 64 símbolos pode ajudar a solucionar dúvidas ou confusões em determinadas situações. Vinte e oito hexagramas têm uma forma invertida. Essas duas formas estão intimamente relacionadas e representam os dois pontos de vista de uma coisa – de frente ou de trás, de baixo ou de cima. Oito hexagramas não têm forma invertida; quando se inverte sua forma original, ela permanece exatamente igual. Para entender o I Ching, portanto, é preciso fazer amizade apenas com 36 hexagramas.

Reverencie o livro

Se o objetivo é adivinhar, o I Ching deve ser usado exclusivamente para adivinhação. Quando não estiverem sendo usados, o livro e as varetas de caule de milefólio devem permanecer embrulhados separadamente, em seda ou qualquer outro tecido. A maioria dos chineses prefere a seda corde-rosa, que é considerada o material e a cor mais auspiciosos. O livro e as varetas de caule de milefólio embrulhados devem ser colocados em uma prateleira, na altura dos olhos, ou em algum outro lugar limpo e significativo. Devem-se sempre lavar as mãos antes da adivinhação, depois desembrulhar o livro e as varetas e forrar a mesa com o tecido, como se fosse uma toalha. Teoricamente, a mesa fica no centro da sala, voltada para o sul. Na antiga China, apenas o palácio imperial e os templos podiam ficar diretamente voltados para o sul. Na tradição chinesa, aqueles que têm autoridade ficam de frente para o sul quando se dirigem ao público. Durante a consulta, o adivinho deve ficar voltado para o norte, ouvindo as instruções do espírito divino. Segundo a tradição, acendem-se três varetas de incenso. Outra maneira de escolher a direção ideal para a adivinhação é supor que a porta da sala está voltada para o sul. Se houver uma mesa no centro da sala, o adivinho deve ficar de costas para a porta. Assim, o espírito divino estará na posição mais reverenciada, no centro da sala e de frente para a entrada.

Estruture a pergunta

Em cada adivinhação, faz-se apenas uma pergunta, simples e objetiva. Devem-se evitar questões vagas e subjetivas. É melhor que o iniciante não tente fazer previsões; a melhor consulta é aquela em busca de orientação.

A CONSULTA DO ORÁCULO

Há muitas maneiras de consultar o oráculo. Os dois métodos mais conhecidos no Ocidente são o de varetas de caule de milefólio e o de moedas.

O método das varetas de caule de milefólio

Originalmente, usavam-se cascos de tartaruga e ossos de animais para adivinhação. O oráculo de varetas de caule de milefólio se popularizou na dinastia Zhou, há cerca de 3000 anos. O milefólio crescia por toda parte e era muito mais fácil de usar que os cascos de tartaruga e os ossos de animais. O caule do milefólio era firme e resistente e demorava muito tempo para murchar. Era alto e reto, e sua preparação era simples. Assim, os antigos passaram a acreditar que o milefólio era uma dádiva divina para que pudéssemos nos comunicar com o céu.

Tradicionalmente, atribuíam-se diversos comprimentos de caule de milefólio a pessoas de classes sociais distintas. De acordo com o *Livro das cerimônias da dinastia Zhou*, o comprimento do caule de milefólio de um imperador era nove *chi* (um *chi* equivale a aproximadamente 30 cm); de um duque ou príncipe, sete *chi*; de um oficial do alto escalão, cinco *chi*; e de um erudito, três *chi*. Os eruditos formavam a classe social situada entre os oficiais do alto escalão e o povo comum. Embora o livro não mencione o comprimento das varetas de caule de milefólio para pessoas comuns, este deveria ser menor que três *chi*. Embora seja provável que o *chi* da dinastia Zhou fosse menor que a medida atual, cinco, sete ou nove *chi* não eram, de maneira alguma, comprimentos pequenos. Naquela época, a adivinhação era um evento social, um ritual para buscar a harmonia entre o Céu e a humanidade. As pessoas se reuniam para ver o adivinho e seus consulentes. As varetas de caule de milefólio tinham que ser compridas o bastante para que o público as visse. Subseqüentemente, a adivinhação se transformou em um assunto pessoal, e as varetas de caule de milefólio tiveram seu comprimento reduzido. Atualmente, encontrar 50 varetas de caule de milefólio não é uma tarefa simples, mas não precisamos delas para a adivinhação. Sinto-me à vontade para substituí-las por 50 pedaços de bambu com 20 cm de comprimento cada um.

O método moderno do oráculo de varetas de caule de milefólio é baseado nas descrições feitas por Confúcio no *Grande tratado*, a quinta asa:

O número da Grande Expansão é cinqüenta,
Das quais se usam quarenta e nove.
Divida-as em dois grupos, símbolos das duas forças primordiais.
Retire uma, símbolo dos três poderes supremos.
Divida-as em grupos de quatro, símbolo das quatro estações do ano.
Devolva as restantes, símbolo do mês intercalado.
Em cinco anos há outra intercalação.
A partir daí, o processo se repete.

Portanto, quatro operações geram uma mutação,
E dezoito mutações geram um hexagrama.

O oráculo das varetas de caule de milefólio é considerado a maneira clássica de consultar o I Ching. Eis o processo:

1. *O número da Grande Expansão é cinqüenta.*
   Segure 50 varetas de caule de milefólio na mão esquerda.
2. *Das quais se usam quarenta e nove.*
   Coloque uma sobre a mesa à sua frente; ela não terá nenhuma outra função na adivinhação. Esta vareta simboliza o início do Tai Chi

("começo absoluto") a partir do vazio; representa o estado anterior à diferenciação de Céu e Terra.
3. *Divida-as em dois grupos, símbolos das duas forças primordiais.*
Divida aleatoriamente as 49 varetas de caule de milefólio restantes em dois grupos, um em cada mão. Esses grupos simbolizam o Céu e a Terra. O esquerdo representa o Céu; o direito, a Terra.
4. *Retire uma, símbolo dos três poderes supremos.*
Retire uma vareta do grupo da mão direita e coloque-a entre os dedos anular e mínimo da mão esquerda. Esta vareta simboliza a humanidade. Céu, Terra e humanidade são considerados os três poderes supremos do universo.
5. *Separe-as em grupos de quatro, símbolo das quatro estações do ano.*
Tire 4 varetas de cada vez do grupo na mão esquerda e separe-as até que, na mão, restem 4 ou menos. Esses grupos de 4 varetas representam as quatro estações do ano.
6. *Devolva as restantes, símbolo do mês intercalado.*
Coloque as varetas restantes entre os dedos anular e médio da mão esquerda. Este ato simboliza o mês intercalado.
7. *Em cinco anos há outra intercalação.*
Separe 4 varetas de cada vez do grupo na mão direita e coloque-as de lado até restarem 4 ou menos. Coloque as varetas restantes entre os dedos médio e indicador da mão esquerda. Reúna todas as varetas que estão entre os dedos da mão esquerda. A soma deve ser 5 ou 9. Separe-as.
Assim, depois das quatro operações (retirar uma vareta, dividir as demais em dois grupos, separar 4 de cada vez e colocar as restantes entre os dedos), completa-se o primeiro processo de mutação. Para se obter um yao, ou linha, são necessários três processos de mutação. Portanto, repete-se o processo mais duas vezes, como a seguir
8. *A partir daí, o processo se repete.*
Deixando de lado o resultado do primeiro processo (5 ou 9 varetas), repita as quatro operações acima com as 40 ou 44 varetas restantes. Desta vez, a soma daquelas entre os dedos da mão esquerda será 4 ou 8. Separe-as. Completa-se assim o segundo processo de mutação.

Repita as quatro operações uma terceira vez, usando novamente as 32, 36 ou 40 varetas restantes. Concluídas as quatro operações, a soma das varetas restantes novamente será 4 ou 8. Separe-as.

Restarão 24, 28, 32 ou 36 varetas. Segure-as na mão e retire 4 de cada vez, contando quantos grupos de quatro existem – seis, sete, oito ou nove. Seis e oito – números pares – indicam yin yao; sete e nove – números ímpares – indicam yang yao. No sistema do I Ching, seis é o símbolo do Yin maior, oito do Yin menor; nove representa o Yang maior, sete o Yang menor. Yin maior e Yang maior são puros, extremos; tendem a mudar para o oposto – yin para yang e yang para yin. Esses yao são denominados de "linhas móveis". Yin menor e Yang menor são estáveis e tendem a manter suas qualidades originais, yin e yang.

Depois de obter cada linha, desenhe-a. O hexagrama se forma de baixo para cima. Se o resultado for seis, trace uma linha interrompida com uma cruz no meio, que indica um yin yao móvel; se for nove, desenhe uma linha contínua com um círculo no meio, que representa um yang yao móvel. Se o resultado for sete, basta traçar uma linha contínua, um yang yao estável; se for oito, desenhe uma linha interrompida, um yin yao estável.

9	Yang maior	———O———	móvel
8	Yin menor	——— ———	estável
7	Yang menor	———————	estável
6	Yin maior	———X———	móvel

Com o oráculo de varetas de caule de milefólio, obtém-se um hexagrama em 20 a 30 minutos e, assim, o adivinho dispõe de mais tempo para meditar. A reiterada operação de separar, dividir e contar as varetas requer tranqüilidade e controle, que de fato ajudam a fazer com que o corpo, a mente e o espírito trabalhem juntos, induzindo um nível mais profundo de percepção, no qual se estabelece um vínculo estreito entre o divino e o adivinho.

O oráculo das três moedas

O oráculo das três moedas é o método mais usado no Ocidente. Na China, tornou-se conhecido durante a dinastia Sung do sul (1127-1279), depois que foi divulgado por Shao Yun, o mais eminente estudioso do I Ching na época. O processo consiste em jogar três moedas seis vezes; cada jogada gera um yao. O processo completo leva apenas alguns minutos. Como neste método se dispõe de menos tempo para se ajustar aos ritmos do I Ching, o adivinho deve meditar antes e durante o procedimento. *O significado correto dos ritos* da dinastia Tang (618-907) diz:

Jogue três moedas.
Duas caras e uma coroa equivalem ao Yang menor. ─────
Duas coroas e uma cara equivalem ao Yin menor. ── ──
Três coroas equivalem ao Yang maior. ───o───
Três caras equivalem ao Yin maior. ───x───

Jogue seis vezes, de baixo para cima, para obter um hexagrama.

Uma versão mais simples do oráculo de varetas de caule de milefólio

Meu venerando professor, Mestre Yin, ensinou várias outras maneiras de consultar o I Ching. A de que mais gosto e a que mais uso é uma forma simples de dividir as 50 varetas de caule de milefólio, que substituo por varetas de bambu. Eis o procedimento:

1. Segure 50 varetas de bambu na mão esquerda.
2. Coloque uma sobre a mesa, à sua frente, paralela ao seu corpo.
3. Divida aleatoriamente as 49 varetas restantes em dois grupos, um na mão esquerda e o outro, na direita.
4. Coloque os dois grupos sobre a mesa, um à esquerda e o outro à direita, com as pontas das varetas de bambu voltadas para si.
5. Tire uma vareta do grupo à direita. Coloque-a entre os dedos anular e mínimo da mão esquerda.
6. Segure o grupo à esquerda na mão esquerda. Usando a mão direita, retire 4 varetas do grupo na mão esquerda e coloque-as sobre a mesa.
7. Com a mão direita, tire mais 4 varetas da mão esquerda. Coloque-as sobre a mesa com as 4 primeiras, formando um conjunto de 8.
8. Repita as etapas 6 e 7 várias vezes, tirando 4 varetas de cada vez para criar um conjunto de 8. Separe cada um desses conjuntos.
9. Por fim, restarão 7 ou menos varetas na mão esquerda. Acrescente-as àquela que se encontra entre os dedos anular e mínimo. A soma é o número do trigrama inferior, como mostra a Figura 1.
10. Repita os procedimentos 1 a 9 até obter o número do trigrama superior.

Após obter os trigramas inferior e superior, divida novamente as 50 varetas para obter a linha móvel. Eis o procedimento:

1. Repita as etapas 1 a 5.
2. Depois de segurar o grupo à esquerda na mão esquerda, com a direita, retire 6 em vez de 4 varetas e coloque-as sobre a mesa.

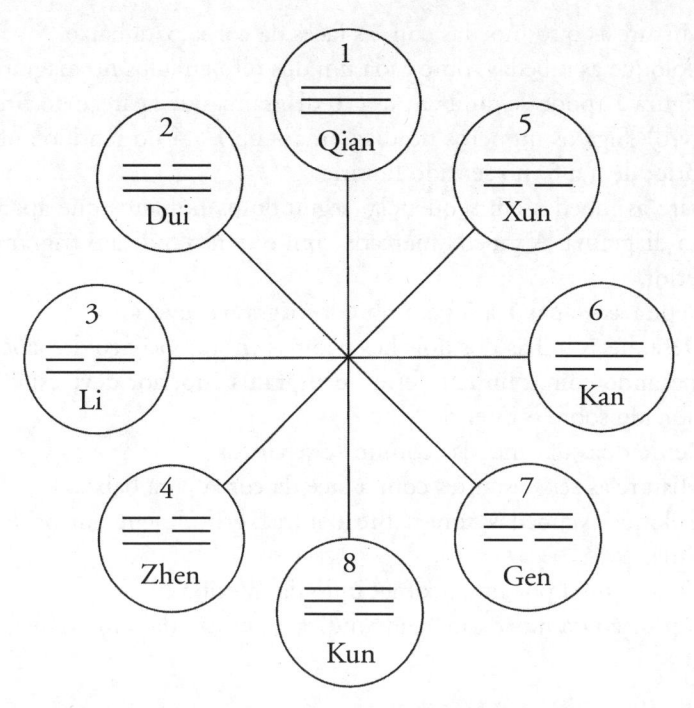

Figura 1. *A Seqüência do Céu Anterior, baseada na disposição de Fu Xi dos oito trigramas fundamentais.*

3. Repita a etapa 2 várias vezes, até restarem 5 varetas ou menos na mão esquerda. Depois acrescente-as àquela posicionada entre os dedos anular e mínimo. A soma é o número da linha móvel, contada de baixo para cima no hexagrama.

Método das oito moedas

Esta é uma versão simplificada do oráculo de moedas. No método das três moedas, jogam-se três moedas seis vezes para obter um hexagrama. No das oito moedas, é necessário jogá-las apenas três vezes, e sempre aparecerá exatamente uma linha móvel.

1. Escolha oito moedas de mesmo tamanho e reserve-as exclusivamente para a adivinhação.
2. Marque com um ponto a face da coroa de uma das moedas (use um pincel atômico, por exemplo).

3. Misture as oito moedas com as faces da coroa para baixo.
4. Coloque as moedas sobre cada um dos oito círculos no diagrama da Figura 1 (pode-se também usar o diagrama que aparece no final do livro). Siga os números no diagrama – de 1 a 4 no sentido anti-horário; de 5 a 8, no sentido horário.
5. Vire as moedas em seqüência, seguindo os números que aparecem no diagrama. A moeda marcada com o ponto indica o trigrama inferior.
6. Repita as etapas 1 a 5 para obter o trigrama superior.
7. Desenhe as linhas dos dois hexagramas em um pedaço de papel, começando com a linha inferior, o trigrama superior deve estar posicionado sobre o inferior.
8. Retire duas das moedas comuns e separe-as.
9. Misture as seis restantes com a face da coroa para baixo.
10. Coloque as moedas, uma sobre a outra, verticalmente, de baixo para cima.
11. Vire-as, uma por uma, começando da inferior.
12. A posição da moeda marcada indica a posição da linha móvel.

Augúrio das oito pedras semipreciosas

Por milhares de anos, os chineses usaram varetas de caule de milefólio para consultar o I Ching até Shao Yun divulgar o método mais simples, de moedas. No meu entender, nesta era agitada em que vivemos, as pessoas desejam um método de adivinhação ainda mais simples e criei um que usa oito pedras semipreciosas e um dado. Coloco as pedras em um saquinho de veludo. Antes, decido qual trigrama fundamental cada pedra representa. Para adivinhar, simplesmente retiro uma pedra para obter o trigrama inferior, depois devolvo-a ao saco e repito o procedimento para o trigrama superior. Em seguida, jogo o dado para obter a posição da linha móvel, contando de baixo para cima. Em questão de segundos, obtenho o hexagrama e também a linha. Acho que este é o método que o século XXI exige. Além de pedras semipreciosas, posso usar pequenas pastilhas de azulejo, blocos de madeira, pedaços de bambu e cartas. Estas podem ser personalizadas, feitas pelo próprio consulente, da seguinte maneira:

1. Corte dezesseis cartas de mesmo tamanho, oito de cada cor.
2. Corte na diagonal os dois cantos superiores de cada carta.
3. Desenhe cada um dos oito trigramas fundamentais em cada conjunto de cartas com os cantos superiores cortados.

Cor 1

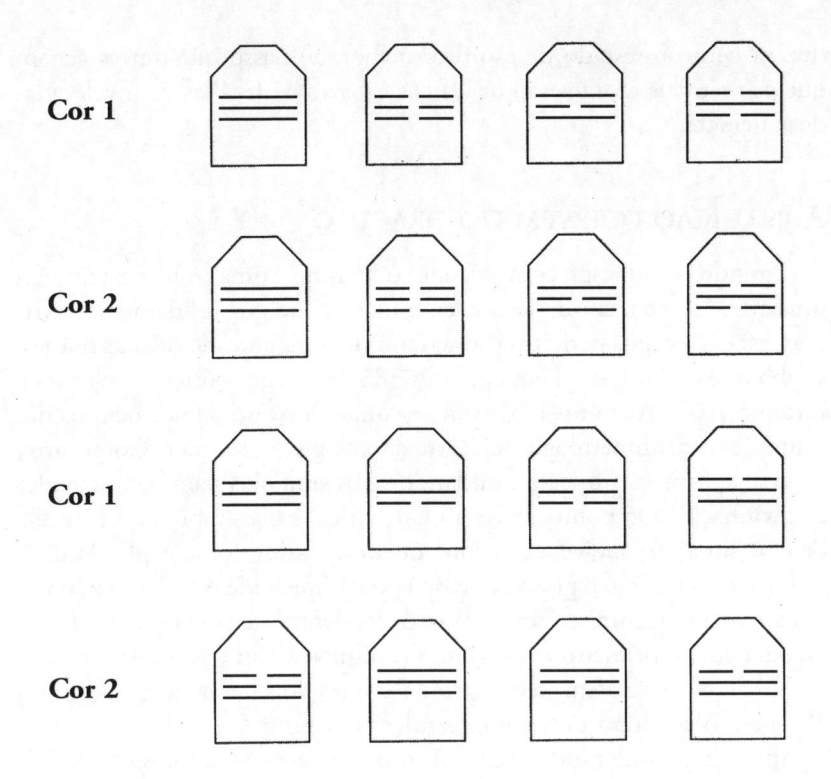

Cor 2

Cor 1

Cor 2

Para adivinhar:
1. Embaralhe as dezesseis cartas e coloque-as sobre a mesa, dispostas em duas fileiras de oito cartas de mesma cor, com o desenho do trigrama virado para baixo. A fileira superior representa a disposição de Fu Xi; a inferior, a do Rei Wen.
2. Escolha duas cartas, uma de cada fileira, e coloque-as uma sobre a outra, com os cantos cortados na parte superior.
3. Vire-as para obter um hexagrama.
4. Jogue o dado para obter a posição da linha móvel.

Há aqueles que acham que estes métodos mais rápidos não captam o verdadeiro tao, a alma do I Ching, tão bem quanto os métodos mais rítmicos e tradicionais. Isto nem sempre é verdade. Os chineses têm um ditado: "O tipo de veículo não importa desde que ele nos conduza ao nosso destino." Qualquer um desses métodos pode nos levar ao nosso destino, embora algumas pessoas achem que os métodos mais elaborados as conduzem com um estado de espírito melhor, ao passo que outras acham que os métodos rápidos são os únicos capazes de levá-las com velocidade suficiente.

A INTUIÇÃO QUE VEM DO ORÁCULO

Segundo os chineses, compreender o I Ching é uma técnica e também uma arte. Como técnica, deve-se entender os oito guá fundamentais (trigramas) e os 64 guá perfeitos (hexagramas) – o significado de seus nomes, símbolos e estruturas – bem como as 386 yao – suas posições, relações e interpretações. Além disso, devem-se conhecer os princípios ocultos das mutações e a numerologia relacionada aos guá e aos yao. Como arte, deve-se cultivar a intuição, estudando-se os símbolos para compreender a adivinhação. Do ponto de vista matemático, cada símbolo é a fórmula de uma situação mutável e sua conseqüência. Assim, como explica um estudioso do I Ching, a pessoa que de fato compreende o I Ching não necessariamente recorre ao texto. Para os iniciantes, recomendo que leiam atentamente o primeiro e o segundo capítulos, Qian e Kun. Até mesmo Confúcio dedicou atenção excepcional a estes dois hexagramas. Segundo ele, eram o caminho para compreender o I Ching.

Antes de entender todas essas informações técnicas, pode-se desenvolver a intuição para obter conhecimentos extraordinários através da adivinhação. Um dos melhores caminhos para isso é a meditação; contudo, o conceito chinês de meditação é o oposto do conceito ocidental. No Ocidente, a meditação é o ato de pensar profundamente sobre alguma coisa; mas, quando eu estava aprendendo a meditar, meus mestres sempre me instruíam a não pensar em nada. Após anos e anos de prática de meditação, entendi que esvaziar minha mente é deixá-la corresponder à vontade da Divindade. Este conceito, na expressão de Lao-tsé, é "não fazer nada"; para o taoísta, não fazer nada é fazer tudo. Para mim, quando esvazio minha mente e deixo que ela se harmonize com a Divindade, a intuição flui tão espontaneamente quanto nuvens passeando ou água correndo. Às vezes este estado meditativo dura dias. À medida que o tempo passa, a intuição vem à tona – talvez em situações corriqueiras, como escovar os dentes ou tomar banho.

Depois de se obter o hexagrama, lêem-se o nome, a Decisão do Rei Wen e o Comentário de Confúcio. Este explica a Decisão do Rei Wen com base nas seis linhas como um todo. Estes textos dão uma idéia geral da situação atual do consulente. Quando se possuem conhecimentos sobre o símbolo e as linhas, devem-se estudá-los. Observam-se, então, os dois trigramas que compõem o hexagrama, e estudam-se os atributos, os significados e as relações dos trigramas. O Comentário de Confúcio sobre o Símbolo explica o símbolo do hexagrama e sua interpretação em função dos dois trigramas.

Em seguida, devem-se estudar as linhas, prestando atenção às suas posições e relações. A posição de cada linha é "correta"? (As linhas yang estão corretas em posições yang – a primeira, terceira e quinta; as linhas yin estão corretas na segunda, quarta e sexta.) Interagem favoravelmente com as linhas correspondentes? (As partes inferior, central e superior de cada trigrama se correspondem, ou seja, a primeira e quarta, segunda e quinta e terceira e sexta linhas, mas elas só *interagem* se formam um par yin e yang. Duas linhas yin ou duas linhas yang não interagem.) A linha móvel ocupa uma posição central? (Ou seja, o centro de cada trigrama – a segunda e a quinta posição.) Esta visão geral dá uma idéia da situação completa. Depois, dedica-se atenção especial à linha móvel, que é importantíssima. Ela indica o estágio específico no qual a pessoa se encontra na situação geral. Se as coisas não estão se movimentando, as mudanças não ocorrerão. Devem-se ler os Textos dos Yao compostos pelo Duque de Zhou junto com o Comentário de Confúcio sobre estes para entender o estágio específico. Contudo, não se pode ignorar o hexagrama original e fundamental; vejo muitos ocidentais prestarem atenção à instrução dos Textos dos Yao e desprezarem o Nome, o Símbolo e a Decisão, o que é como ficar com o galho de uma árvore e descartar a raiz.

Com o método clássico de varetas de caule de milefólio ou o método das três moedas, o hexagrama às vezes apresenta mais de uma linha móvel e, ocasionalmente, nenhuma. Quando não há linha móvel, basta apenas consultar o nome, o símbolo e a decisão do hexagrama. Se houver uma única linha móvel, deve-se dedicar atenção especial aos Textos dos Yao desta, e depois consultar o *hexagrama futuro*, o novo hexagrama que surge quando a linha móvel muda de yang para yin e vice-versa. Lêem-se o nome, o símbolo, a decisão e o comentário para o hexagrama futuro, que representa o resultado da situação atual. Quando há mais de uma linha móvel, sobretudo quando os Textos dos Yao das linhas móveis apresentam conflito entre si, torna-se complicadíssimo obter uma resposta clara. Para solucionar este problema, uso o seguinte método, também ensinado pelo Mestre Yin:

1. Se há duas linhas móveis – uma yin e a outra yang –, consulta-se apenas a linha móvel yin.
2. Se as duas linhas móveis são ambas yin ou ambas yang, consulta-se a que está em posição inferior.

3. Se há três linhas móveis, consulta-se apenas a do meio.
4. Se há quatro linhas móveis, consulta-se apenas a mais alta das duas linhas estáveis.
5. Se há cinco linhas móveis, consulta-se apenas a outra, estável.
6. Se as seis linhas são móveis, consulta-se a Decisão do novo hexagrama, o hexagrama futuro.
7. Como existe uma sétima linha invisível no primeiro e segundo hexagramas, Qian e Kun, consulta-se o Texto para o sétimo Yao, chamado Todas as linhas são Noves ou Todas as linhas são Seis.

Quando se deseja saber mais sobre a situação atual, podem-se obter conhecimentos com o hexagrama correspondente, formado pelas interações entre a segunda, terceira, quarta e quinta linhas. Os antigos sábios consideravam que essas quatro linhas eram o coração de qualquer hexagrama. O hexagrama correspondente é formado por dois trigramas. A segunda, terceira e quarta linhas do hexagrama original formam o trigrama correspondente inferior, ou interno. A terceira, quarta e quinta linhas formam o trigrama correspondente superior, ou externo. Ao se unirem os trigramas correspondentes inferior e superior, obtém-se um hexagrama correspondente. Em seguida, lêem-se o nome, o símbolo, a Decisão do Rei Wen e a Comentário de Confúcio. O significado oculto de qualquer hexagrama está em seu hexagrama correspondente, que não deve ser ignorado.

O CÂNONE SUPERIOR

    O Cânone Superior contém trinta hexagramas, de Qian e Kun a Kan e Li. Qian representa o poder de iniciativa do Céu; Kun, o poder de correspondência da Terra. Kan representa a escuridão da lua; Li, o brilho do sol. O cânone começa com a interação do Céu e da Terra e termina com o ciclo incessante de escuridão e claridade, que se revela na sucessão dos dias e noites; e esclarece o aspecto yang dos fenômenos naturais, o Tao do Céu.

1
QIAN • INICIAR

☰ Qian • Céu
☰ Qian • Céu

NOME E ESTRUTURA

No livro de Richard Wilhelm, Qian é traduzido por O Criativo. Na tradução de John Blofeld, aparece como O Princípio Criativo. Neste livro, Qian é Iniciar. Este hexagrama é formado por dois guá fundamentais – Céu ☰ acima, Céu ☰ abaixo. Os seis yao são sólidos. Os guá fundamentais são chamados "trigramas" na maioria das traduções. A estrutura de seis yao sólidos representa uma imagem da essência yang perfeita. É o símbolo da energia yang mais firme, saudável e pura do universo.

O caractere chinês Qian é uma imagem do sol ascendente irradiando luz e energia – chi – e nutrindo o mundo todo. O antigo ideograma chinês de Qian, aqui mostrado, representa um sol à esquerda do desenho. Acima dele, há um broto de grama com duas folhas minúsculas emergindo, à esquerda e à direita. Sob o sol, a raiz da planta penetra o solo profundamente. À direita, o chi emana do sol e se irradia sob o céu. Em chinês, Qian possui o mesmo som que a palavra que designa saúde. Denota saúde e vitalidade. No processo da criação do mundo, Qian teve função ativa como iniciador, fornecendo a Kun, Corresponder, a mais pura energia yang, a ação mais saudável e a força mais poderosa.

No I Ching, o Rei Wen colocou Qian como o primeiro guá e Kun, como o segundo. Qian representa o Céu e Kun, a Terra. Vale a pena mencionar que o Rei Wen não deu ao primeiro guá o nome de Céu; ao contrário, denominou-o Qian, Iniciar. De acordo com o antigo sábio, o Céu se refere aos corpos celestes ou, para os chineses, à divindade, o Patriarca Celestial. O objetivo do I Ching não é explicar a essência dos corpos celestes nem das divindades, mas sim oferecer orientações para ações favoráveis na vida cotidiana do indivíduo e, ao mesmo tempo, evitar a má conduta que atrai o infortúnio. Assim, quando se dá a este guá o nome de Qian, sublinha-se uma função e não um objeto.

Seqüência do hexagrama: *Depois que o Céu e a Terra passam a existir, são produzidas miríades de seres. Qian e Kun são a origem, a fonte da Criação.*

Decisão

> Iniciar.
> Sublime e iniciador.
> Próspero e tranqüilo.
> Favorável e benéfico.
> Perseverante e reto.

Qian representa a essência e a função do Céu. É dotado dos quatro caracteres chineses, yuan, heng, li e zhen – os quatro atributos do Céu –, que simbolizam as virtudes de um imperador, líder ou homem superior. Yuan significa sublime e iniciador; heng, próspero e tranqüilo; li, favorável e benéfico, e zhen, perseverante e reto. No I Ching, cada uma dessas quatro expressões são atribuídas a determinados hexagramas, mas pouquíssimos são tão auspiciosos a ponto de reunir todas. Esses quatro caracteres chineses também indicam as funções das quatro estações do ano: geração, crescimento, amadurecimento e declínio, referindo-se à primavera, ao verão, outono e inverno.

Na verdade, esses são os pontos de vista das escolas confucionistas que expressam o aspecto filosófico do I Ching. Seu principal objetivo ao estudar o I Ching é aplicar os ensinamentos filosóficos à vida. Elas analisam o significado das Decisões sobre o Hexagrama, ou o texto vinculador, para entender as relações entre o Céu, a Terra e os seres humanos. Buscam seguir a ordem natural e viver em harmonia com a natureza. O texto vinculante, no original chinês, indica o texto anexado ao hexagrama para explicar o significado do símbolo.

Originalmente, a Decisão do Rei Wen sobre Qian – yuan, heng, li e zhen – tinha outra conotação. Na virada do século XX, um professor chamado Wang Kuo-wei (1877-1927) descobriu, em lojas de ervas medicinais em Pequim, fragmentos de ossos de animais e de cascos de tartaruga com marcas entalhadas. O professor Wang revelou que as marcas eram inscrições da dinastia Shang. A busca pela origem desses ossos e cascos o levou ao sítio de Yin, a antiga capital da dinastia Shang, nas planícies da província de Hunan. Por fim, em 1899, descobriu-se um depósito de ossos oraculares e, com o decorrer do tempo, mais de 100.000 fragmentos destes foram desenterrados. Eram os registros reais de adivinhação da corte de Shang. De acordo com os antigos pictogramas desses quatro caracteres, yuan denota a origem; heng, as oferendas sacrificatórias; li, a colheita de grãos com uma faca; e zhen, a adivinhação.

A partir desses pictogramas sabemos que na antiguidade, mais de 2000 anos antes de Confúcio, sempre que as pessoas buscavam a adivinhação, primeiro honravam suas origens. Entendiam que, ao olhar para o futuro, tinham também que olhar para o passado. Na adivinhação, era necessário oferecer sacrifícios ao Céu, à Terra e aos antepassados. Preparavam alimentos, queimavam incenso e ofereciam flores, permitindo que os espíritos divinos desfrutassem a fragrância e o aroma das oferendas. Acreditavam que esses atos eram benéficos para as consultas divinatórias. Heng e zhen, a oferenda sacrificatória e a adivinhação, são palavras-chave no I Ching. Heng aparece 44 vezes, e zhen, 108, nos 64 hexagramas. A partir dos antigos pictogramas de yuan, heng, li e zhen, compreende-se que é preciso se preparar para a adivinhação harmonizando-se com o espírito do Céu e da Terra e apresentando a sinceridade e a reverência como oferendas sacrificatórias; assim, colhe-se a fruta da adivinhação para orientar as ações favoráveis e evitar a má conduta que atrai o infortúnio.

Comentário sobre a Decisão

Verdadeiramente vasta é a grandeza do Iniciar.
É a origem de todos os seres
E regula toda a criação sob o Céu.

As nuvens passam e a chuva cai.
Todos os seres completam suas formas.

Excepcionalmente luminoso, do começo ao fim.
Cada uma das seis etapas se completa no devido tempo,
Como que montadas em seis dragões que se elevam aos céus.

O caminho do Iniciar é mudança e transformação,
Para que cada ser alcance seu destino e essência verdadeiros
E a união da grande harmonia seja preservada.
Isto é o favorável e o reto.

*O Iniciar está muito acima de todos os seres.
E, assim, todos os países se unem em paz.*

Comentário sobre o Símbolo

*O Céu age com vitalidade e persistência.
Assim,
O homem superior conserva-se cheio de vitalidade, sem cessar.*

Texto dos Yao

1. Nove na primeira posição
   Dragão oculto.
   Não use.

   *Dragão oculto; não use,
   Pois o yang ocupa a posição inferior.*

2. Nove na segunda posição
   Dragão surgindo no campo:
   É favorável ver um grande homem.

   *Dragão surgindo no campo.
   Sua virtude exerce extensa influência.*

3. Nove na terceira posição
   O homem superior –
   O dia todo a iniciar, iniciar.
   À noite, mantém-se atento.
   Adversidade, nenhuma culpa.

   *O dia todo a iniciar, iniciar.
   Ele está, sempre sem cessar, no caminho adequado.*

4. Nove na quarta posição
   Provavelmente saltará sobre um abismo.
   Nenhuma culpa.

   *Provavelmente saltará sobre um abismo:
   Ao avançar, não haverá culpa.*

5. Nove na quinta posição
   Dragão em pleno vôo no céu.
   É favorável ver um grande homem.

Dragão em pleno vôo no céu.
Surge um grande homem para ser líder.

6. Nove na sexta posição
   Dragão arrogante.
   Há arrependimento.

   Dragão arrogante: há arrependimento.
   Um estado de fartura não pode durar muito tempo.

7. Todas as linhas são noves
   Surge um grupo de dragões sem um chefe.
   Boa fortuna.

   Seguindo a virtude do Céu,
   O homem não deve aparecer como um chefe.

SIGNIFICADO

Este hexagrama, ou guá perfeito, é um dos oito formados pela duplicação de um dos trigramas ou guá fundamentais. Aqui o guá perfeito é Qian ☰, Iniciar; o guá fundamental é Céu ☰. Qian explica a essência da natureza, o princípio da criação. Qian, o Iniciar, é o mais sublime, firme, central e reto. Possui os atributos de iniciativa, prosperidade, harmonia e perseverança. Progride incessante e incansavelmente, um modelo ideal de conduta humana. Por esta razão, Confúcio não se cansava de explicá-lo nos mínimos detalhes. Segundo ele, Qian e Kun são o portão de I, o que significa que, quando se tem a intenção de compreender o I Ching, deve-se primeiro entender Qian e Kun; então o portão de I se abre para o entendimento dos demais hexagramas.

A Decisão do Rei Wen é yuan, heng, li e zhen – os quatro atributos do Céu. Traduzidos, abrangem ainda os significados de brotar, crescer, florescer e frutificar. Cada um desses quatro atributos dá origem ao outro de acordo com a mudança das estações, percorrendo um ciclo e recomeçando-o. Os antigos chineses acreditavam que o homem deve seguir o caminho do Céu, compreendendo a natureza da mudança e adaptando-se à situação, sabendo quando prosseguir e quando recuar. Quando não é favorável prosseguir, é hora de reunir forças, manter a fé e perseverar, à espera do tempo e da situação favoráveis. Se o momento é bom para prosseguir, ainda assim é preciso se resguardar da arrogância e da precipitação, sem fazer nenhum movimento impensado, e sempre lembrando que tudo o que ultrapassa seu extremo acaba se transformando em seu oposto.

Este hexagrama é importante porque explora o movimento mais saudável do Céu. Na antiguidade, os chineses acreditavam que o Tao do Céu era também o Tao da Humanidade, sobretudo para o imperador, que era considerado o Filho do Céu e cujo dever era conduzir e instruir seu povo a praticar o Tao do Céu. O pai do Rei Wen, Ji Li, era um nobre da dinastia Shang. Recebeu o título de Senhor do Oeste e governava o território ocidental do império Shang. Ji Li manifestou o Tao do Céu; pessoas de toda a vizinhança o procuravam. O imperador de Shang sentiu-se ameaçado e matou Ji Li. Durante 50 anos, com grande humildade e discrição, o Rei Wen deu continuidade ao governo magnânimo do pai. Também não conseguiu evitar a suspeita e a inveja do tirano de Shang e acabou preso. Nos sete anos que passou na prisão, o Rei Wen trabalhou com o I e ponderou sobre seus futuros deveres. Percebeu que todo empreendimento ou causa revolucionária precisava passar pelas quatro etapas: yuan, heng, li e zhen; ou seja, brotar, crescer, florescer e frutificar. Visualizou que sua iniciativa sublime (yuan) seria próspera e tranqüila (heng), favorável ao povo e vitoriosa (li), e deveria manter-se perseverante e reta (zhen). Naquela época ele já concebera um plano geral para salvar o povo da brutalidade do tirano de Shang. Estava profundamente ligado ao Tao do Céu e à lei do desenvolvimento natural. Reorganizou os 64 hexagramas e colocou Qian no início, para servir de diretriz geral para o Cânone Superior e de estrela-guia para seu curso revolucionário.

O movimento do Céu é constante, persistente e estável; segue sua órbita sem se desviar, mantendo o equilíbrio. (Segundo a antiga cosmologia chinesa, a Terra era o centro do universo.)

Confúcio disse: "Com vitalidade e resistência, o Céu age sem cessar! Seu movimento é o mais saudável." Bastante influenciado pelo significado deste hexagrama, Confúcio explorou sua verdade na Doutrina do Meio. A natureza do Céu é seguir o caminho central sem excesso e sem falta. Aplicado à vida humana, todas as nossas ações devem seguir o caminho do Céu, mantendo o equilíbrio. Ou seja, toda ação deve estar de acordo com o momento e as circunstâncias adequadas. Quando o momento e a situação não são adequados para agir, é preciso ter paciência. Mas, quando o momento e as circunstâncias são favoráveis para prosseguir, não se deve perder a oportunidade. É isto que o antigo sábio queria dizer: seguir o caminho da natureza. É tão simples quanto vestir mais roupas quando o tempo esfria ou comer alguma coisa quando o estômago está vazio. Da mesma maneira, o antigo sábio incentiva o adivinho a seguir o caminho do homem superior, sempre se vitalizando e prosseguindo. Assim, obtêm-se os quatro atributos do Céu: iniciativa, prosperidade, auspiciosidade e perseverança.

Seguindo os passos do pai, o Duque de Zhou usou a imagem de seis dragões para comentar as seis etapas de mutação representadas pelos seis yao. O dragão era o animal mais reverenciado na antiga China. Acreditava-se que era capaz de nadar no oceano, caminhar sobre a terra e voar pelos céus. Suas ações constantemente mutáveis eram imprevisíveis, como as mudanças climáticas.

A linha principal deste hexagrama é a linha sólida na quinta posição. Qian representa o Tao do Céu; assim, a quinta posição é o assento simbólico do Céu. Além disso, Qian ilustra o Tao de um imperador, e nesse aspecto a quinta posição também é o trono simbólico do imperador. Esta posição possui as quatro virtudes do aspecto yang – firme, forte, central e correta – e é, por isso, a mais adequada para ser a linha principal ou "anfitrião" do hexagrama. O Comentário de Confúcio sobre a Decisão diz: "Como que montadas em seis dragões que se elevam ao céu... O Iniciar está muito acima de todos os seres." Este é o Tao do Iniciar, a posição e o momento perfeitos. Mais além desta posição, as coisas começam a alternar para seus opostos. Neste yao, um elemento yang ocupa uma posição yang, o que indica uma situação perfeita para o governante ou líder. Nesta posição, as qualidades de um homem superior são imprescindíveis: firme, forte, magnânimo e enérgico.

Qian é um dos doze hexagramas sazonais, representando o quarto mês do calendário lunar chinês. No calendário solar, este mês é maio.

(1) Nove na primeira posição. Qian alterna para Encontro (44) ☰

Esta linha é representada por um dragão oculto. O dragão encontra-se na mais baixa das seis posições, que indica um estágio inicial. O momento não é adequado e as circunstâncias são desfavoráveis para agir. Contudo, é hora de se preparar. Esta era exatamente a situação do Rei Wen quando foi mantido preso por sete anos pelo tirano da dinastia Shang, mas ele se comportou com notável paciência e autocontrole.

(2) Nove na segunda posição. Qian alterna
para Busca de Harmonia (13) ☰

A segunda linha é simbolizada por um dragão surgindo no campo. Ocupa a posição central do trigrama inferior e significa que um grande homem está no caminho central. A hora está chegando e a situação é propícia; ele está pronto para agir e sua influência virtuosa irá se disseminar. Mas, antes que se estabeleça uma meta e direção definidas, aconselha-se buscar a orientação de alguém com grande virtude ou experiência. Era esta a situação do Rei Wen quando foi solto após sete anos de confinamento.

(3) Nove na terceira posição. Qian alterna para Cumprimento (10) ☱

A terceira linha representa uma situação na qual a pessoa foi além da posição central, chegando ao topo do trigrama inferior. Esta linha é um elemento yang em uma posição yang – tornar-se excessivamente yang não é bom, significa teimosia e arrogância. Nesta posição, a pessoa deve ficar atenta para não se afastar muito do caminho central e, assim, criar uma situação desfavorável. O Rei Wen se viu nesta posição quando retornou da prisão e usou de determinação para se preparar e influenciar seu povo a restabelecer o reino. O Texto dos Yao diz: "O homem superior – o dia todo a iniciar, iniciar. À noite, mantém-se atento. Adversidade, nenhuma culpa." Isto descreve exatamente as ações do Rei Wen.

(4) Nove na quarta posição. Qian alterna para Pequeno Acúmulo (9) ☴

A quarta linha simboliza um dragão que se prepara para saltar sobre o abismo e voar pelo céu. Como esta é a primeira linha do trigrama superior, o momento e as circunstâncias atingiram um novo nível, mas apenas no estágio inicial. Antes de agir, é preciso esperar pelo momento mais oportuno. Ao avançar ou recuar, é necessário esperar a hora mais favorável. Vale a pena mencionar que neste yao o Duque de Zhou usa a palavra huo, que significa "se" ou "provavelmente". O dragão tanto pode saltar quanto nada fazer. É preciso extrema cautela. O Duque de Zhou nos lembra que em uma situação difícil ou perigosa, deve-se agir cautelosamente; assim, não haverá "nenhuma culpa". Esta linha é exemplificada pelas ações do Rei Wu, filho do Rei Wen. Instruído pelo pai, o Rei Wu enviou tropas contra a dinastia Shang e depois recuou, fazendo apenas um ataque de reconhecimento. Estava testando suas chances de êxito.

(5) Nove na quinta posição. Qian alterna para Grande Colheita (14) ☲

A quinta linha é a linha central do trigrama superior. É um elemento yang numa posição yang – central, correta e auspiciosíssima. Indica que o momento e a situação são propícios para agir. O dragão já alçou vôo – um homem de grande virtude está pronto para ser líder. Tudo está em seu devido lugar. Contudo, mesmo neste contexto, um líder sábio ainda precisa buscar a ajuda de pessoas dignas. Diz-se que este guá representa como o Rei Wu, sob as instruções do pai, enviou forças armadas para subjugar o tirano da dinastia Shang, conquistando o amor e a estima do povo.

(6) Nove na sexta posição. Qian alterna para Eliminação (43) ☰

A sexta linha está na posição mais elevada. O dragão arrogante chega ao seu limite. Nesta posição, a pessoa deve tomar cuidado para não ir longe demais e depois se arrepender. O I Ching sempre nos lembra que a alegria extrema gera a tristeza. Como se pode esperar que um estado de fartura dure para sempre? Nunca esqueça que o homem perde-se por orgulho e ganha pela modéstia. O Texto dos Yao diz: "Dragão arrogante: há arrependimento." O dragão arrogante representa o tirano de Shang, que cometeu inúmeras maldades e estava fadado à destruição.

(7) Todas as linhas são noves. Qian alterna para Corresponder (2) ☷

Nove em todas as linhas indica que todas as linhas yang alternam para linhas yin. Entre os 64 hexagramas, apenas este e Corresponder têm um Texto Adicional para os Yao, aplicado à situação em que as seis linhas são móveis. Neste caso, deve-se ler a Decisão do hexagrama futuro. Os antigos chineses acreditavam que, embora os dragões fossem as criaturas mais fortes e poderosas, eles nunca lutavam pela liderança. Apenas o mais magnânimo e humilde, aquele que fosse capaz de manifestar a vontade do Céu e representá-lo, seria por ele escolhido. Assim, Confúcio diz em seu comentário: "Seguindo a virtude do Céu, o homem não deve aparecer como um chefe." Um imperador ou líder é um iniciador, mas ao mesmo tempo corresponde – corresponde à vontade do Céu. Portanto, o hexagrama seguinte, Corresponder, explica o Tao do Subordinado. Dessa maneira, Iniciar e Corresponder, o yang e o yin, fundem-se. Este yao indica que os subordinados da dinastia Shang não consideravam o tirano seu líder. Era hora de um verdadeiro líder ser ordenado pelo Céu. Assim, vem a boa fortuna.

Referências adicionais para este hexagrama:

Imagem:	Céu sobre Céu
Fórmula para recitação:	Qian representa o Céu
Elemento:	Metal
Estrutura:	Seis yang
Mês:	O quarto mês do calendário lunar, ou maio
Linha principal:	Nove na quinta posição
Hexagrama oposto:	Kun (2) ☷☷
Hexagrama inverso:	Qian (1) ☰☰
Hexagrama correspondente:	Qian (1) ☰☰

Wen Yen
(Comentário de Confúcio sobre as palavras do texto)

O Wen Yen constitui a sétima das Dez Asas. Comenta exclusivamente a Decisão e o Texto dos Yao do primeiro e segundo hexagramas; contudo, a maioria dos comentários trata do primeiro hexagrama. Confúcio acreditava que Qian e Kun eram o portão do I Ching, e os demais hexagramas se desenvolviam a partir deles. Ele nunca se cansou de explicá-los detalhadamente. Neste comentário, Confúcio foi ainda mais longe, pondo em evidência sobretudo o conteúdo moral do texto do I Ching. Tradicionalmente, atribui-se a autoria a Confúcio, mas estudos posteriores indicam que o Wen Yen pode ter sido escrito por estudiosos de várias escolas confucionistas em épocas distintas.

Esta obra representa o sistema ideológico do confucionismo e teve profunda influência sobre a cultura chinesa. Vale a pena mencionar que, antes da dinastia Jin (265-420), este comentário era apenas uma das Dez Asas e não fazia parte do I Ching. Wang Pi, um dos mais eminentes estudiosos do I Ching na dinastia Yin, foi o primeiro a publicá-lo, juntamente com Qian e Kun, como parte integrante do I Ching e quase todas as edições posteriores seguiram essa iniciativa.

O comentário se divide em seis seções. A primeira analisa yuan, heng, li e zhen, as quatro qualidades e características do Céu, que é o conceito chinês de Deus. Indica que o homem superior deve compreender e exemplificar a bondade máxima da humanidade representada por essas quatro virtudes do Céu; ao fazê-lo, ele se qualifica como líder.

Na segunda, terceira e quarta seções, Confúcio dá explicações detalhadas dos textos dos seis yao. A segunda seção enfatiza como estimular a virtude e melhorar a conduta social da pessoa. Na terceira seção, a ênfase recai sobre a importância de fazer a coisa certa no lugar e momento certos. O tema central da quarta seção é o princípio do Céu. Em chinês, é denominado Tian Tao, o Tao do Céu. O tema da quinta seção ainda é o Tian Tao. Confúcio, de corpo e alma, elogia a magnificência do princípio e as qualidades do Céu, quais sejam, yuan, heng, li e zhen. Nesta seção há duas linhas consideradas fundamentais para o estudo do I Ching:

> *As alternâncias das seis linhas desvelam a verdade:*
> *As transformações dos opostos promanam o sentimento.*

Na seção final, Confúcio resume suas conclusões, baseadas no texto dos seis yao, sobre como levar uma vida ética.

1

Yuan, sublime e iniciador,
É a primeira e principal qualidade da bondade.

Heng, próspero e tranqüilo,
É a acumulação de excelência.

Li, favorável e benéfico,
É a harmonia de tudo o que é justo.

Zhen, perseverante e reto,
É o cerne da ação.

Como o homem superior incorpora tudo o que é humano,
Tem a capacidade de ser líder de homens.

Como apresenta um conjunto de excelências,
É capaz de unir as pessoas pela cortesia.

Como é favorável e benéfico a todos os seres,
É capaz de colocá-los em harmonia com a justiça.

Como é perseverante e reto,
É capaz de realizar todos os tipos de empreendimentos.

O homem superior aplica essas quatro virtudes na prática.
Portanto, diz-se que Qian é yuan, heng, li e zhen.

2

Nove na primeira posição diz:
"Dragão oculto.
Não use."

O que isto significa?
O Mestre diz:

O dragão tem virtude, mas oculta sua luz;
Não empreende mudanças sob a influência do mundo.
Nada faz para perpetuar sua fama.
Ao se retirar do mundo, não guarda arrependimento.
Diante da desaprovação, não abraça a tristeza.
Age com alegria quando é capaz de colocar em prática seus princípios.
Rejeita a tristeza se sua hora não chegou.
Em verdade, ninguém pode separá-lo de suas raízes.
Este é o dragão oculto.

Nove na segunda posição diz:
"Dragão surgindo no campo:
É favorável ver um grande homem."

O que isto significa?
O Mestre diz:

O dragão mostra sua virtude,
Ocupa adequadamente a posição central.
Verdadeiro em suas palavras comuns
E cauteloso em sua conduta usual,
Protege-se da degeneração
E conserva-se na sinceridade.
Dedica-se ao mundo, mas sem se vangloriar.
Sua virtude se dissemina extensamente e exerce grande influência.
Assim, o I diz:
"Dragão surgindo no campo:
É favorável ver um grande homem."
Isto se refere às qualidades de um homem superior.

Nove na terceira posição diz:
"O homem superior –
O dia todo a iniciar, iniciar.
À noite, mantém-se atento.
Adversidade, nenhuma culpa."

O que isto significa?
O Mestre diz:

O sábio aprimora sua virtude
E melhora suas ações.

Com coração veraz e boa-fé,
Aprimora sua virtude.
Prestando atenção às suas palavras e estável na sinceridade,
Melhora suas ações.
Conhecendo o ponto máximo a ser atingido e atingindo-o,
É capaz de aproveitar a oportunidade.
Ciente do resultado que trará repouso, e nele repousando,
É capaz de compreender a retidão.
Por esta razão, é capaz de não se sentir orgulhoso em posição superior
Nem angustiado em posição inferior.

Assim, ativo e criativo de acordo com as circunstâncias, e atento,
mesmo em situação adversa,
Não cometerá nenhum erro.

Nove na quarta posição diz:
"Provavelmente saltará sobre um abismo.
Nenhuma culpa."

O que isto significa?
O Mestre diz:

No subir ou no descer,
Não há regra fixa
Exceto não fazer o mal.
No avançar ou no recuar,
Não há medida permanente
Exceto não desertar os companheiros.
O homem superior aprimora sua virtude e melhora suas ações
Para aproveitar o momento oportuno.
Assim, não pode cometer falta.

Nove na quinta posição diz:
"Dragão em pleno vôo no céu.
É favorável ver um grande homem."

O que isto significa?
O Mestre diz:

Notas da mesma escala se correspondem;
Odores de mesma natureza se fundem.
A água flui em direção ao que é úmido,
O fogo se eleva em direção ao que é seco.
As nuvens seguem os dragões;
Os ventos seguem os tigres.
Tudo o que o homem superior faz pode ser percebido por todos os seres.
Os que têm sua origem no Céu caminham em direção ao que está acima;
Os que têm sua origem na Terra apegam-se ao que está embaixo.
Todos os seres seguem o que lhes é semelhante.

Nove na sexta posição diz:
"Dragão arrogante,
Há arrependimento."

O que isto significa?
O Mestre diz:

Ser nobre, porém sem posição correspondente;
Habitar as alturas, porém sem seguidores.
Um homem talentoso e virtuoso na posição abaixo não proporciona apoio,
Se ele se mover em tal situação, não haverá desculpas para o
   arrependimento.

3

Dragão oculto: não use.
A posição é inferior.

Dragão surgindo no campo:
O momento de agir está chegando.

O homem superior, o dia todo a iniciar, iniciar.
Prossegue segundo o planejado.

Provavelmente saltará sobre um abismo.
Testa sua força.

Dragão em pleno vôo no céu:
Em uma posição superior, lidera e administra.

Dragão arrogante. Há arrependimento.
O extremo traz calamidade.

Quando todas as sólidas mudam para maleáveis,
Obtém-se grande ordem em toda a terra.

4

Dragão oculto: não use.
Sua energia está nas profundezas.

Dragão surgindo no campo:
Tudo se ilumina sob o Céu.

O homem superior, o dia todo a iniciar, iniciar.
Age, procedendo em harmonia com o momento oportuno.

Provavelmente saltará sobre um abismo.
O Tao de Qian está se transformando.

Dragão em pleno vôo no céu:
Nesta posição é concedida a virtude celestial.

Dragão arrogante: há arrependimento.
Conclusão e término correspondem com o momento oportuno.

Quando todas as sólidas mudam para maleáveis,
O modelo do Céu é percebido.

5

O que é Qian yuan?
Refere-se à iniciativa e heng de Qian.
E heng significa que não importa o que faça e para onde vá
Verificará que as coisas são prósperas e tranqüilas.

O que é li zhen?
Refere-se à natureza e ao sentimento de Qian.
Qian cria o mundo.
Com sua graça magnífica,
Beneficia a todos sob o Céu,
Mas nunca menciona seus feitos.
Como é grandioso!

Qual a grandeza de Qian?
Firme e forte, central e correto.
É o mais puro e o mais imaculado.
As alternâncias das seis linhas revelam a verdade;
As transformações dos opostos promanam o sentimento.
Arreando os seis dragões a tempo,
Conduz-te segundo o princípio do Céu.
As nuvens passam e a chuva cai:
Todas as coisas sob o Céu desfrutam a igualdade em paz.

6

O homem superior age para completar a virtude;
Sua ação virtuosa pode ser vista no seu curso cotidiano.
O que é ocultar?
É se afastar e não aparecer;
Proceder sem completar.
Este não é o momento para o homem superior agir.

*O homem superior aprende a acumular conhecimentos.
Questiona para distinguir o verdadeiro do falso.
Magnânimo na vida,
Benevolente nos atos.
O I diz: "Dragão surgindo no campo:
É favorável ver um grande homem."
Refere-se à qualidade virtuosa de um governante.*

*Nove na terceira posição diz:
A firmeza é duplicada e não é central.
Acima, não está na posição relacionada ao Céu.
Abaixo, não está na posição relacionada ao chão.
Portanto, iniciar e iniciar, como exige o momento
E ainda ficar totalmente atento.
Assim, apesar da adversidade, não há culpa.*

*Nove na quarta posição diz:
A firmeza é duplicada e não é central.
Não está na posição relacionada ao Céu, acima;
Nem na posição relacionada ao chão, abaixo;
Nem na posição associada aos humanos, no meio.
Encontra-se, assim, em perplexidade.
E por isso hesita em tomar uma decisão.
Não pode cometer erros.*

*O homem superior está em harmonia:
Na virtude, com o Céu e a Terra;
No brilho, com o sol e a lua;
No procedimento ordenado, com as quatro estações;
Na boa fortuna e no infortúnio, com os deuses e espíritos.
Pode preceder o Céu, mas não opor-se aos princípios do Céu.
Pode seguir o Céu ao alinhar-se com o tempo do Céu.
Se nem mesmo o Céu se opõe a ele,
Por que o fariam os homens?
E por que o fariam os deuses e espíritos?*

*A palavra arrogante indica
Saber avançar, mas não recuar;
Saber manter a existência, mas não deixar perecer;
E saber ganhar, mas não perder.*

Só o santo sabe
Quando avançar e quando recuar,
Como manter a existência e como deixar perecer,
E não perde a retidão.
Só o santo pode fazer isso!

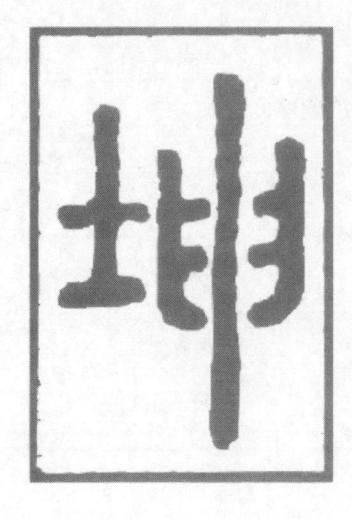

2
KUN • CORRESPONDER

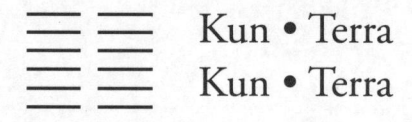

☷ Kun • Terra
☷ Kun • Terra

NOME E ESTRUTURA

Kun significa extensão e submissão. No texto de Wilhelm, é traduzido por O Receptivo; Blofeld usa O Princípio Passivo. Neste livro, adota-se o termo Corresponder. O antigo ideograma chinês Kun é aqui representado. O caractere chinês tu – Terra – aparece à esquerda e, à direita, há um traço vertical forte que atravessa o meio de um campo; traz o sentido de extensão. No I Ching, Kun representa a qualidade da Terra – submissão. Quando esses dois significados se juntam, o ideograma representa a extensão da submissão.

No I Ching, o Rei Wen considerou Qian o primeiro dos 64 hexagramas e Kun, o segundo. Qian e Kun, juntos, atuam como uma introdução ao livro. Além disso, Qian opera como princípio diretor dos 30 primeiros hexagramas do Cânone Superior, e Kun, dos 32 hexagramas seguintes, do Cânone Inferior.

Qian é importante porque explora os fenômenos naturais, o Tao do Céu; Kun, porque explora os fenômenos sociais, o Tao da Humanidade. O Tao do Céu é iniciativa; o Tao da Humanidade é submissão. Como ser humano, a pessoa deve ser submissa ao Céu e corresponder à vontade dele. Assim, a Decisão do Rei Wen diz: "Sublime prosperidade e tranqüilidade: Favorável com a perseverança de uma égua."

Criatividade e receptividade, iniciativa e submissão, yang e yin devem unir-se e complementar-se – este é o Tao do I.

Qian é a imagem do calor e da luz, energia yang, irradiando-se do Céu. Kun é a imagem da energia yin estendendo-se sobre a Terra. Qian representa a função do Céu, dando início à criação do mundo. Kun representa a função da Terra, submissa em relação a Qian. Kun age em harmonia com Qian para completar a Criação; assim, Kun corresponde à ação criativa de Qian. Vale a pena mencionar que o Rei Wen não deu a este guá o nome de Terra; ao contrário, denominou-o Kun. A Terra é um corpo celeste e uma divindade chinesa, a Mãe Terra. O objetivo do I Ching não é analisar a essência dos corpos celestes nem das divindades, mas oferecer orientações para a ação favorável na vida cotidiana e, ao mesmo tempo, evitar a má conduta que atrai o infortúnio. Por esta razão, o Rei Wen chamou o segundo guá de Kun. Kun é a energia yin, correspondente à ação criativa de Qian. Correspondência, flexibilidade, devoção e humildade são suas qualidades femininas. Kun é composto de dois guá fundamentais, ambos Terra ☷. Os seis yao são maleáveis. Este desenho representa uma imagem da mais pura energia yin, as qualidades mais submissas, flexíveis, devotadas e humildes.

Seqüência do hexagrama: *Depois que o Céu e a Terra passam a existir, são produzidas miríades de seres.*

Kun toma a imagem da Terra. Segundo sua natureza, Kun não pode nem criar nem desenvolver. Embora tenha o potencial, nada pode realizar sozinho. Seus feitos exigem aceitação da mais pura energia yang proveniente de Qian e a ação de acordo com o momento perfeito. Então é capaz de produzir miríades de seres entre o Céu e a Terra. Qian lança as sementes, Kun as faz germinar – uma perfeita complementaridade de Céu e Terra.

Em Kun, a Decisão começa exatamente como a de Qian, exceto que a perseverança em Kun é a "perseverança de uma égua". Os antigos chineses originaram-se no norte da China, próximo ao planalto da Terra Amarela. Eram nômades e familiarizados com cavalos, cuidando de manadas que viviam juntas. Entre centenas de cavalos havia sempre um líder, e este era sempre macho. Onde quer que o líder fosse, a manada, machos e fêmeas, o seguia. Na guerra, os cavalos sempre corriam à frente, seguidos pelas éguas. A natureza da égua passou a representar os atributos de Kun.

Contudo, esses atributos não são sempre benéficos. São satisfatórios apenas quando Kun age como a égua submissa e dedicada, que segue o cavalo que percorre o caminho certo. Portanto, quando age de maneira predeterminada, Kun perde; quando segue um líder bem escolhido, obtém bons resultados. É favorável ter um mestre, mas ao mesmo tempo ser mestre da sua própria natureza. Ou seja, a Mãe Terra deve corresponder à função do Céu e ainda ser fiel à sua essência; assim, poderá nutrir e fazer crescer miríades de seres.

A Decisão do Rei Wen sobre o hexagrama diz: "Favorável no sudoeste: encontram-se amigos. No nordeste: perdem-se amigos." No I Ching, os pontos cardeais correlacionam-se com a disposição circular dos oito trigramas feita pelo Rei Wen, na qual os oito guá fundamentais representam oito direções. Leste, oeste, sul e norte são representados, respectivamente, por Trovão, Lago, Fogo e Água; sudoeste é Terra, nordeste, Montanha; sudeste é Vento e noroeste, Céu. Como o sudoeste é a direção da Terra, ali o indivíduo encontrará amigos. O nordeste é a direção oposta, e ali o indivíduo perderá amigos.

Outra interpretação diz que o oeste é a posição de Terra ☷ e Lago ☱, e o sul, de Vento ☴ e Fogo ☲. Esses quatro trigramas carregam a qualidade yin (a mãe e as três filhas). Por outro lado, o leste é a posição de Montanha ☶ e Trovão ☳, e o norte, de Céu ☰ e Água ☵. Esses trigramas apresentam a qualidade yang (o pai e os três filhos). O Comentário de Confúcio sobre as Palavras do Texto para Qian diz:

> *Notas da mesma escala se correspondem;*
> *Odores de mesma natureza se fundem.*
> *A água flui em direção ao que é úmido,*
> *O fogo se eleva em direção ao que é seco...*
> *Todos os seres seguem o que lhes é semelhante.*

O semelhante atrai o semelhante. Kun encontrará amigos ao sul e a oeste, mas os perderá ao norte e a leste.

Kun é um dos doze hexagramas sazonais, representando o décimo mês do calendário lunar chinês. No calendário solar, é novembro.

Decisão

> Corresponder.
> Sublime prosperidade e tranqüilidade:
> Favorável com a perseverança de uma égua.
> O homem superior tem para onde ir.
> Predeterminado perde.
>
> Ao seguir, conquista um mestre.
> Favorável no sudoeste:
> Encontram-se amigos.
> No nordeste:
> Perdem-se amigos.
> Mantenha-se controlado e contente.
> Perseverança e retidão: boa fortuna.

Comentário sobre a Decisão

Perfeita é a grandeza do Corresponder:
Ela produz todos os seres
E aceita a fonte vinda do Céu.

Corresponder, em sua riqueza, sustenta todos os seres;
Sua virtude está na harmonia sem limites.
Sua capacidade é larga; seu brilho, imenso.
Por meio dela, todos os seres chegam ao pleno desenvolvimento.

A égua é uma criatura de essência terrena.
Seu movimento na Terra desconhece fronteiras.
Dócil e submissa, favorável e perseverante.

O homem superior compreende o estilo de vida da égua:
Assumir a liderança gera confusão,
Ela perde o caminho.
Ao seguir e corresponder,
Ela encontra o curso normal.

Encontre amigos no sudoeste,
Prossiga com os semelhantes.

Perca amigos no nordeste,
No final, as congratulações virão.

A boa fortuna vem do repouso na perseverança;
Corresponde à capacidade infinita da Terra.

Comentário sobre o Símbolo

A essência da Terra é estender-se e corresponder.
Assim,
O homem superior enriquece sua virtude
Para sustentar todos os seres.

Texto dos Yao

1. Seis na primeira posição
   Caminhando pela geada,
   O gelo firme logo virá.

   Caminhando pela geada –
   Um indício de que o gelo firme virá –

A energia yin está condensando.
Acompanhando esta seqüência natural,
O gelo firme está próximo.

2. Seis na segunda posição
   Reta, quadrada e grande.
   Não pelo estudo.
   Nada é desfavorável.

   O movimento do seis na segunda posição é reto,
   Por causa de sua retidão.
   É espontâneo, opera sem esforço:
   Nada é desfavorável.
   A luz da Terra segue em frente.

3. Seis na terceira posição
   Ocultando a excelência,
   É adequado ser perseverante e reto.
   Provavelmente servindo um rei;
   Não exijas reconhecimento,
   Faze tudo até o fim.

   Ocultando a excelência, é adequado ser perseverante e reto.
   Ela será descoberta no momento certo.
   Provavelmente servindo o rei,
   Grandioso é o brilho desta sabedoria.

4. Seis na quarta posição
   Amarre um saco.
   Nenhuma culpa, nenhum elogio.

   Amarre um saco, nenhuma culpa.
   Com cautela, não haverá prejuízo.

5. Seis na quinta posição
   Roupa de baixo amarela.
   Suprema boa fortuna.

   Roupa de baixo amarela, suprema boa fortuna.
   Há beleza no interior.

6. Seis na sexta posição
   Dragões lutando na selva;
   Seu sangue é azul e amarelo.

*Dragões lutando na selva,
Chega-se a um impasse.*

7. Todas as linhas são seis
É favorável ser perseverante e reto.

*Todas as linhas são seis: manter a perseverança e a retidão.
Grandioso será o final.*

SIGNIFICADO

Entre os 64 guá perfeitos ou hexagramas, este é um dos oito formados pela duplicação de um dos oito guá fundamentais ou trigramas. Aqui, o guá perfeito é Kun ☷☷, Corresponder; o guá fundamental é Terra ☷. O I Ching descreve a relação de yin e yang, as duas forças básicas e fundamentais no universo. São opostas, mas se complementam. Os antigos chineses acreditavam que o excesso de yang e a escassez de yin representam grande rigidez, sem elasticidade e tendente a se quebrar. O excesso de yin e a escassez de yang se traduzem em suavidade excessiva, desânimo e tendência à inércia. Yin e yang precisam se coordenar e se apoiar mutuamente. Qian representa o máximo yang; Kun, o máximo yin. No I Ching, os 64 hexagramas se originam do princípio da coordenação mútua e da complementação de yin e yang. Um dos comentários diz:

*Yin é o mais dócil e submisso; quando colocado em movimento, é forte e firme.
Yin é o mais tranqüilo e inerte; quando age, é capaz de atingir uma meta definida.*

Como isto é possível? Yin é dócil, mas não fraco; é submisso, sem necessariamente abrir mão de sua iniciativa. Quando acolhe em seu seio o yang, yin recebe qualidades yang.

A linha principal do hexagrama é a linha móvel na segunda posição. Kun representa o Tao da Terra; a segunda posição é o lugar simbólico da Terra. Kun ilustra o Tao do subordinado; a segunda posição é o lugar simbólico do subordinado. Esta posição possui as quatro virtudes de yin – dócil, submissa, central e correta. Portanto, é a mais adequada para ser a linha principal deste hexagrama. A Decisão avisa ao indivíduo que predeterminar o próprio caminho não será bom, mas seguir o caminho sábio de outrem resultará em êxito. Indica o Tao do subordinado, daquele que responde a outro.

Geralmente, no I Ching, a quinta posição é a principal do hexagrama. Ocupa o centro do trigrama superior e representa a posição de um rei ou líder. A quarta posição está diretamente abaixo do rei; representa a posição de um ministro. A segunda posição também é especial porque ocupa o centro do trigrama inferior. Como está distante do rei, é atribuída a um oficial. Quem ocupa esta posição desempenha a função de servo de um senhor. No trigrama inferior, a segunda linha é um elemento yin em uma posição yin, indicando uma situação perfeita para corresponder. Representa todos os aspectos yin da qualidade de um sábio, na medida em que segue o Tao do Céu e estabelece o Tao da Humanidade.

(1) Seis na primeira posição. Kun alterna para Retorno (24)

Esta linha é um elemento yin na parte inferior do hexagrama. Yin simboliza o frio; a parte inferior simboliza o solo. Este hexagrama representa o décimo mês do calendário lunar chinês. No norte da China, é quando aparece a geada. Quando se vê a geada na terra, sabe-se que o inverno está próximo. Assim, o Duque de Zhou disse: "Caminhando pela geada, o gelo firme logo virá." A mensagem é que a partir de uma pequena pista deve-se saber o que o futuro trará; então, podem-se tomar medidas preventivas contra possíveis problemas. Esta linha indica que o Rei Wu seguiu as instruções de seu pai, o Rei Wen, preparando-se para libertar o povo da brutalidade do tirano da dinastia Shang. Todos os sinais indicavam que o momento certo se aproximava.

(2) Seis na segunda posição. Kun alterna para Multidão (7)

A segunda linha é um elemento yin em uma posição yin, central e correta. Os antigos chineses acreditavam que o Céu era redondo e a Terra, quadrada. O texto sugere que a Terra simboliza a virtude do sábio. A Terra é sincera, quadrada e grande. Em chinês, quadrado, quando aplicado à moralidade, tem a conotação de retidão. Quando se segue o caminho do Céu, a exemplo da Terra, chega-se à grandeza. Portanto, o homem superior deve cultivar a sinceridade, a retidão e a submissão, como a Terra ao interagir com o Céu; então pode-se realizar a vontade do Céu espontaneamente, sem esforço. Esta linha indica que o Duque de Zhou ajudou seu irmão, o Rei Wu, a planejar uma expedição contra o tirano da dinastia Shang. O Duque de Zhou aconselhou o Rei Wu a cultivar a virtude da Terra. Quem é sincero e reto alcança a grandeza. Então a expedição poderia ser empreendida sem esforço e nada seria desfavorável.

(3) Seis na terceira posição. Kun alterna para Humildade (15)

A terceira linha, "Ocultando a excelência", sugere humildade. Quando a linha móvel na terceira posição se transforma em sólida, este hexagrama alterna para Humildade. Contudo, não se pode manter oculta a excelência por muito tempo; mais cedo ou mais tarde, ela será descoberta. De acordo com esta linha, aquele que tem talento deve se apresentar para servir o povo. Quando chegar o momento certo, deve fazer tudo até o fim, sem nenhuma motivação egoísta. Esta linha indica que o Duque de Zhou e o Rei Wu prepararam uma expedição contra o tirano da dinastia Shang. Como já tinham presenciado a morte do avô pelo imperador de Shang, conheciam a importância de ocultar sua excelência e ater-se firmemente a ela. Sua estratégia era servir o tirano com humildade enquanto concluíam o plano. Confúcio elogia a sabedoria deles.

(4) Seis na quarta posição. Kun alterna para Contentamento (16) ☷

A quarta linha é um elemento yin em uma posição yin. Situa-se na parte inferior do trigrama superior. Embora a posição seja correta, não é central. No I Ching, Kun também representa o tecido. Assim, o texto emprega a imagem de um saco amarrado para explicar uma situação desfavorável. "Amarre um saco" sugere nitidamente que, em situação desfavorável, o indivíduo deve se conter, ser cauteloso nas palavras e atos. Sendo cauteloso em uma situação desfavorável, como poderá cometer erros? Ter cautela é uma medida preventiva para evitar prejuízos, mas não é produtiva. Portanto, não há elogios. Esta linha indica que, ao prepararem a expedição contra o tirano de Shang, além de cultivarem a humildade, o Duque de Zhou e o Rei Wu também foram cautelosos em suas palavras e atos, como se amarrassem um saco.

(5) Seis na quinta posição. Kun alterna para União (8) ☷

A quinta linha é a posição central do trigrama superior; aqui, a pessoa usa roupa amarela. No I Ching, Qian representa as roupas sociais e Kun, as roupas de baixo. Uma peça de roupa de baixo simboliza a humildade. No sistema chinês dos cinco elementos, a Terra ocupa a posição central e sua cor é amarela. É por isso que a roupa de baixo é amarela. Uma roupa amarela simboliza que a pessoa que ocupa esta posição pode percorrer o caminho central e manter a humildade. É extremamente auspiciosa. Na sociedade de classes dos tempos antigos, o traje formal de um erudito era uma túnica preta com roupas de baixo amarelas. (Os eruditos ocupavam a camada social situada entre os oficiais do Estado e o povo comum.) A túnica era longa e cobria a peça de roupa amarela. A humildade tem beleza interior, como a beleza da roupa amarela sob a túnica preta. Assim, o comentário de Confúcio diz: "Há beleza no interior." Esta linha indica que o momento de enviar uma expedição contra o tirano de Shang estava próximo. O Duque de Zhou e o Rei Wu perceberam que a humildade não deveria ser tratada como estratégia: teria que fazer parte da essência do indivíduo.

Há uma história relacionada a esta linha. Havia um lorde chamado Nan Gua que planejava se rebelar contra o rei. Fez uma adivinhação e obteve este hexagrama. Ficou muito feliz com o texto que dizia: "Roupa de baixo amarela. Suprema boa fortuna." Estava certo de que teria êxito. Contudo, um duque o advertiu: "Prezado Lorde, para que seja auspiciosa, a ação deve ser verdadeira e honesta. Caso contrário, fracassará." Sua explicação se baseava na teoria dos cinco elementos, segundo a qual o amarelo, a cor da Terra, representa o centro, que orienta o indivíduo para agir de acordo com o princípio do Caminho do Meio de Confúcio; ou seja, agir corretamente sem pecar pelo excesso nem pela falta. Rebelar-se é afastar-se do caminho central; tal empreendimento estaria propenso ao fracasso.

(6) Seis na sexta posição. Kun alterna para Queda (23)

A linha superior alcança a extremidade do hexagrama. Neste hexagrama, seis linhas são yin. O elemento yin se aproxima cada vez mais; o elemento yang recua. Yang chega ao ponto final; não tem mais para onde recuar e, assim, a luta com yin é inevitável – a luta entre o negativo e o positivo, a escuridão e a luz. Na tradição chinesa, a cor do Céu é azul. Dois dragões – um yang e o outro yin – estão lutando. Conseqüentemente, as cores de seu sangue, azul (Céu) e amarela (Terra), fundem-se. A mensagem deste yao é que, ao se aproximar de um extremo, o caminho chega ao fim. Para quem está pronto para se transformar, este é um ponto de mutação. Caso contrário, sofre-se uma queda.

Esta linha indica que quatro anos depois da morte do Rei Wen, no ano 1066 a.C., o Rei Wu seguiu as instruções do pai e enviou uma expedição punitiva contra o tirano da dinastia Shang. Primeiro, o Rei Wu enviou espiões a Shang. Eles relataram que os governantes e os administradores eram desregrados e despudorados. O Rei Wu achou que o momento não era oportuno. Posteriormente, enviaram mensagens informando que todas as pessoas de bem tinham sido repreendidas e destituídas de seus cargos. O Rei Wu teve a certeza de que aquele ainda não era o momento propício. Por fim, o mensageiro retornou e contou como o povo de Shang não ousava falar. O Rei Wu entendeu que chegara o momento. Naquela época, havia fome; as pessoas que trabalhavam nos campos preferiram participar da expedição. O Rei Wu reuniu 300 carruagens, 45.000 soldados e 3.000 guerreiros de elite. Os soldados dançavam e cantavam e o estado de ânimo era positivo. Oito reinos étnicos distintos se juntaram à rebelião. O Rei Wu apresentou quatro acusações contra o tirano: ser libertino e desregrado, satisfazendo-se com concubinas; não oferecer sacrifícios ao Céu e aos seus antepassados; não confiar nos justos, nem mesmo em seus familiares; e abrigar criminosos de todo tipo e escravos fugitivos de reinos vizinhos. Em uma batalha decisiva, 170.000 soldados da dinastia Shang corresponderam ao movimento justo do Rei Wu e se levantaram contra o tirano. Foi derrubada a cruel dinastia Shang.

(7) Todas as linhas são seis. Kun alterna para Iniciar (1) ☰

O fato de todas as linhas serem seis indica que todas as linhas yin alternam para linhas yang. Como já foi mencionado, há dois Textos Adicionais dos Yao do primeiro e segundo hexagramas, Qian e Kun. Qian representa o Céu, yang puro; e Kun, a Terra, yin puro. Quando a pessoa obtém este yao na adivinhação, deve usar o potencial total da qualidade da Terra; então "grandioso será o final", significando que as seis linhas yin alternam para linhas yang. No I Ching, yang representa o grande e yin, o pequeno. Quando as seis linhas yin alternam para seis linhas yang, isso é grande. A função da Terra é corresponder. A Terra corresponde à ação do Céu. Quando se aceita a energia yang pura do Céu e se age de acordo com o momento perfeito, podem-se produzir miríades de seres entre o Céu e a Terra. Trata-se de uma perfeita complementaridade de energia yin e yang. Esta linha é uma continuação do hexagrama precedente. O Rei Wu atendeu ao desejo do pai, ao Rei Wen, que respondeu ao desejo do Céu. O tirano de Shang foi deposto. Toda a energia yin se transformou em yang. Cumpriu-se o Tao do Céu, mas ainda nem tudo estava realizado. Segundo o Tao do Céu, a perseverança e a retidão eram favoráveis.

Referências adicionais para este hexagrama:

Imagem:	Terra sobre Terra
Fórmula para recitação:	Kun é a Terra
Elemento:	Terra
Estrutura:	Seis yin
Mês:	O décimo mês do calendário lunar, ou novembro
Linha principal do hexagrama:	Seis na segunda posição
Hexagrama oposto:	Qian (1) ☰
Hexagrama inverso:	Kun (2) ☷
Hexagrama correspondente:	Kun (2) ☷

WEN YEN
(Comentário de Confúcio sobre as palavras do texto)

1

Kun é o mais suave,
Porém, firme ao agir.
É o mais imóvel,
Porém, quadrado em sua essência.

Ao seguir, ela ganha um senhor,
Mas ainda mantém sua essência e, assim, permanece.
Ela contém todos os seres
E é brilhante na transformação.

Tal é a via de Kun; como é dócil,
Sustentando o Céu e movimentando-se no momento oportuno!

2

A família que acumula bondade sobre bondade
Certamente terá abundância de bênçãos.
A família que acumula maldade sobre maldade
Certamente terá abundância de desgraças.

O assassinato de um governante pelo ministro,
Ou do pai pelo filho,
Não é conseqüência de apenas um dia e uma noite.
Suas causas acumularam-se pouco a pouco
Graças à ausência de discernimento no início.
O I diz: "Caminhando pela geada, o gelo firme logo virá."
Mostra a seqüência natural de causa e efeito.

"Reto" indica moralidade.
"Quadrado" indica justiça.
O homem superior conserva sua dignidade
Por manter reta sua vida interior.
E se retifica
Tornando quadrada sua ação externa.
Quando se consolidam a dignidade e a retificação,
O cumprimento da virtude fica livre do isolamento.
"Reta, quadrada e grande:
Não pelo estudo.

Nada é desfavorável."
Mostra que ele não tem dúvida no que faz.

Embora yin seja bela,
Esta beleza é oculta.
Empenha-se em servir o rei
Sem reivindicar nenhum crédito.
Este é o Tao da Terra,
O Tao da esposa
E o Tao daquele que serve o rei.
O Tao da Terra é não reclamar nada para si,
Mas conduzir tudo à perfeição.

A mudança e a transformação do Céu e da Terra
Promanam todos os vegetais, com suas flores.
Se o Céu e a Terra limitarem sua função,
O indivíduo apto se afastará da luz.
O I diz: "Amarre um saco. Nenhuma culpa, nenhum elogio."
Aconselha cautela.

O homem superior deve manter a qualidade da Terra:
O amarelo é central e moderado,
Compreensivo e atencioso.

Corrigindo sua posição e aperfeiçoando sua ação,
Sua beleza está no interior.
Ela permeia todo o seu ser
E se manifesta em tudo o que faz.
Isto revela a perfeição da beleza.

Quando yin compete com yang,
A disputa é certa.
Como não se considera nenhum yang,
Menciona-se o dragão.
Como não se altera nenhuma categoria,
Observa-se então o sangue – um símbolo yin.
Azul e amarelo são a fusão do Céu e da Terra.
O Céu é azul; a Terra, amarela.

Nota explicativa

O Comentário é dividido em duas seções. Na primeira, Confúcio elucida a Decisão do Rei Wen. Na segunda, dá explicações mais detalhadas sobre os Textos dos Yao compostos pelo Duque de Zhou. Ambas as seções se baseiam nos princípios morais da escola confucionista. Em toda a história, as escolas confucionistas consideraram Qian como o guá do rei e Kun, o da rainha. Qian revela a verdade de ser líder; Kun, de ser seguidor. Os estudiosos confucionistas consideram que liderar e ser liderado são artes que devem ser aprendidas e praticadas.

No começo desta seção, Confúcio dá um ótimo exemplo do ponto de vista dialético chinês. Kun é suave, porém firme; imóvel, porém quadrado. Suave e firme, imóvel e quadrado são completamente opostos, porém no pensamento chinês podem se unir. Assim, Confúcio diz: "Ao seguir, ela ganha um senhor, mas ainda mantém sua essência." Trata-se de uma típica dialética chinesa — ser submisso mas não escravo, independente mas não rebelde e, por outro lado, ser líder, mas não ditador.

Este ponto de vista dialético — a fusão dos opostos — está profundamente arraigado na cultura chinesa. O I Ching explica primeiro o Tian Tao, o Tao do Céu, depois Di Tao, o Tao da Terra. Ele diz que o Céu é o Iniciador e que a Terra deve seguir o Tao do Céu; e os humanos devem seguir o Tao da Terra. Como o Rei Wen teve essas idéias, ele reorganizou a seqüência do I Ching e colocou Qian em primeiro lugar e Kun, em segundo. Confúcio admirava muito a cultura da dinastia Zhou. Ele disse: "Como é brilhante a cultura de Zhou! Prefiro segui-la."

Confúcio discorreu sobre esse assunto para explicar a lei de causa e efeito. Por meio da influência do I Ching, a idéia de retribuição ficou profundamente marcada na cultura chinesa. Os chineses acreditam que a lei de causa e efeito age não apenas em uma geração, mas, no mínimo, em três. Por esta razão, os chineses reverenciam seus antepassados depois que morrem e enfatizam suas palavras, atos e educação familiar. Em chinês, o verdadeiro significado de "abundância de bênçãos" e "abundância de desgraças" traz o sentido de "permanecer por muito tempo". Ou seja, o efeito das boas e más ações se perpetua de geração em geração. Por isso, os chineses acreditam que o efeito de seus atos, bons ou maus, se não forem resolvidos na vida atual, sem dúvida virá à tona na vida da geração seguinte. Assim, dizem: "Cuide apenas de arar e arrancar as ervas daninhas, não espere a colheita." Tendo isto em mente, Liu Bei, o imperador da dinastia Shu Han (221-265 d.C.), já no leito de morte, instruiu o filho: "Não despreze a boa ação por ser pequena demais; não pratique a má ação por ser pequena demais."

Ao comentar o segundo yao, Confúcio diz: "Quando se consolidam a dignidade e a retificação, o cumprimento da virtude fica livre do isolamento." "Dignidade" aqui significa o brio próprio de quem mantém reta a vida interior. "Retificação" é a correção das ações de quem torna quadrada a ação externa. Assim, "o cumprimento da virtude fica livre do isolamento". Certa vez Confúcio disse aos seus discípulos: "A virtude não permanece isolada. Aquele que a pratica terá vizinhos." A idéia de ficar livre do isolamento se baseia no princípio da ressonância. Confúcio acreditava que a virtude interior e as ações externas de um rei, um professor e um pai influenciariam súditos, alunos e filhos. Da mesma maneira, seus atos cármicos influenciariam seus descendentes durante gerações. Confúcio acreditava que, quando as palavras e os atos de um indivíduo se tornam retos, quadrados e grandes, então, não importa o que se faça ou diga, "nada é desfavorável".

Confúcio enfatiza as qualidades yin em seu comentário do terceiro yao. No I Ching, a Terra representa o puro yin. Possui beleza, porém oculta; dedica-se a servir o rei, porém não reivindica nenhum crédito. Este é o Tao da Terra.

Tanto o confucionismo quanto o taoísmo se originaram da filosofia do I Ching. Ambos seguiram o Tao da Terra, mas divergiram. Por exemplo, Confúcio declarou que o Tao da Terra é não receber crédito pelo êxito, mas levar tudo à perfeição; porém, este princípio foi mais minuciosamente seguido pelos taoístas. Na história chinesa, o maior primeiro-ministro foi um sábio taoísta chamado Chang Liang. Ele auxiliou o primeiro imperador da dinastia Han (206 a.C. a 220 d.C.), Liu Pong, a depor o imperador tirano da dinastia Chin (221-206 a.C.). Depois, Chang Liang afastou-se da vida ativa e se tornou um eremita. Para onde foi? Ninguém sabe. Este é o verdadeiro espírito de não receber crédito pelo êxito, mas conduzir tudo à perfeição. Chang Liang seguiu a instrução deste yao: obtido o êxito, renuncie. Ele abraçou o Tao do I: quando as coisas chegam ao extremo, alternam para seu oposto. Entendeu que, com o sucesso, seu prestígio estava no auge, superado apenas pelo do imperador; porém, mais cedo ou mais tarde, ele cairia. Como previu, o imperador ficou desconfiado e, após algum tempo, mandou matar todos os outros ministros, um por um. Chang Liang é considerado o homem mais sábio que já existiu na China.

Houve outro primeiro-ministro famoso, Chu Ke Liang, da dinastia Shu Han. Também seguiu o espírito deste yao, mas de outra maneira. Chu Ke Liang auxiliou, com êxito, o imperador Liu Bei a estabelecer o império na província de Szechuan. Continuou a ajudá-lo, enviando soldados para o Monte Gi seis vezes. Capturou e libertou, sete vezes, o chefe da nacionalidade sulina, Meng Huo. Por fim, Meng Huo admitiu a derrota e jurou lealdade ao imperador. Depois que o imperador Liu Bei morreu, Chu Ke Liang honrou seu pedido insistente de que continuasse a auxiliar seu filho no governo do país. Sua postura foi: "Dar tudo de si até o coração parar de bater." Foi assim que Chu Ke Liang entendeu a linha "O Tao da Terra é não reclamar nada para si, mas conduzir tudo à perfeição". Embora a história chinesa considere Chu Ke Liang taoísta, ele o é apenas em relação às suas táticas e estratégias militares. No que diz respeito ao modo de servir o rei, é mais confucionista.

No comentário de Confúcio do quarto yao, temos: "O I diz: 'Amarre um saco. Nenhuma culpa, nenhum elogio.' Aconselha cautela." O espírito de "amarrar um saco" foi mais fielmente seguido pelos taoístas que pelos confucionistas. A postura taoísta é usar a sabedoria para garantir a sobrevivência pessoal e ser cauteloso em tempos tumultuados – amarrar bem o saco. Foi exatamente isto que Confúcio disse: "Se o Céu e a Terra limitarem sua função, o indivíduo apto se afastará da luz." Mas a maioria dos estudiosos confucionistas não conseguiu seguir este princípio.

Voltemos à história de Chu Ke Liang. No começo levava uma vida simples, à maneira taoísta. Naquela época, o que mais valorizava era a sobrevivência em um mundo caótico. Isto é tipicamente taoísta. Mas, depois que Liu Bei visitou sua humilde morada três vezes, ele ficou tão emocionado que aceitou o pedido de Liu Bei de colocar em ordem o mundo desordenado.

Quando jovem, vivendo em uma época tumultuada, Confúcio estava tão determinado a dar continuação ao brilhante sistema social da dinastia Zhou que até mesmo em sonhos via o Duque de Zhou. Encorajava seus discípulos, dizendo: "Depois de completar o aprendizado, devem se dedicar a ser um oficial." Certa vez, disse-lhes: "A carga é pesada e o percurso, longo... apenas com a morte é que o percurso chega ao fim – não é longo?" Visitou os senhores de seis estados na tentativa de persuadi-los a praticar um governo benevolente, como o do sistema Zhou. Ao ser rejeitado, chorou de dor. Naquela época, ele não entendia que, "se o Céu e a Terra limitarem sua função, o indivíduo apto se afastará da luz".

Confúcio começou a estudar o I Ching aos cinqüenta anos de idade. Estudou tanto que as tiras de couro que amarravam as placas de bambu de seu I Ching desgastaram-se três vezes. Aos setenta anos de idade, disse: "Se minha vida durasse mais alguns anos, eu dedicaria cinqüenta deles ao estudo do Livro do I, e então talvez me tornasse um homem sem grandes defeitos." Sua postura mudara completamente. Ele entendeu que cometera muitos erros na juventude.

Tradicionalmente, os chineses atribuem a criação do taoísmo a Lao Tsé, um contemporâneo mais velho de Confúcio. Confúcio ouviu falar sobre Lao-tsé e acabou tendo a oportunidade de visitá-lo. Pediu-lhe conselhos e ficou muito impressionado. Ao retornar, descreveu Lao Tsé aos seus discípulos como um dragão misterioso. A citação de algumas passagens do *Tao Te Ching* demonstrará como sua origem está ligada ao I Ching, um livro que já existia pelo menos 500 anos antes de Lao-tsé.

> O homem segue a Terra.
> A Terra segue o Céu.
> O Céu segue o Tao.
> Porém, o Tao segue a Natureza.

> O Tao produziu um.
> Um produziu dois.
> Dois produziram três.
> Três produziram dez mil seres.

> Dez mil seres carregam yin e abraçam yang;

> Ao mesclarem suas energias, alcançam a harmonia.
> Portanto, a existência e a não-existência produzem uma à outra.
> A dificuldade e a facilidade se complementam.
> O longo e o curto se contrastam.
> O alto e o baixo dependem um do outro.
> O som e a voz se harmonizam.
> A frente e as costas seguem uma à outra.

> O Tao cumpre seu objetivo em silêncio e nada reivindica.
> Quando o êxito é alcançado, afasta-se.

> O bem maior é como a água.
> Ela beneficia dez mil seres,
> Mas não combate.
> Nada sob o Céu é tão suave e flexível quanto a água.
> Porém, para atacar o firme e o forte,
> Nada é melhor do que ela.

Acredita-se que o conceito da Doutrina do Meio, um dos quatro clássicos da escola confucionista, escrito por Tze Si, neto de Confúcio, originou-se do quinto yao. Em chinês, a Doutrina do Meio é "Chung Yung". Chung significa central; yung, permanente. Não apresentar inclinação nem para um lado nem para o outro é permanecer centrado; o que não admite mudança é permanente. Ou seja, o princípio da Doutrina do Meio é imutável; portanto, é permanente.

Na parte final do comentário, Confúcio analisa o aspecto negativo da qualidade yin. Todo o I Ching está voltado para a relação entre yin e yang. Yin e yang representam dois aspectos. No aspecto yang, há características yin e yang. Da mesma maneira, há características yin e yang no aspecto yin. No aspecto yang, yang representa o que é firme, e yin, o que é maleável. No aspecto yin, yang representa o bem, e yin, o mal. Quando o yang firme corresponde ao yin maleável, há perfeita complementaridade porque yin funciona em harmonia com yang. Yin é um complemento positivo. Por outro lado, quando yin compete com yang, revela seu aspecto yin; então yin representa o mal e não o maleável. Quando yang se apresenta sem yin, é firme demais; é derrotado porque se quebra facilmente. Quando yin aparece sem yang, torna-se mau e deixa um legado de problemas.

O I Ching demonstra a relação de oposição entre yin e yang. A qualidade de yin é positiva – maleável, correspondente e cooperativa. A relação entre yin e yang deve ser harmoniosa, criativa e produtiva. Ao estudar o I Ching, deve-se ter em mente que:

Quando yin compete com yang,
A disputa é certa...
Como não se altera nenhuma categoria,
Observa-se então o sangue – um símbolo yin.
Azul e amarelo são a fusão do Céu e da Terra.
O Céu é azul; a Terra, amarela.

Este é o Tao do Céu e o Tao da Terra.

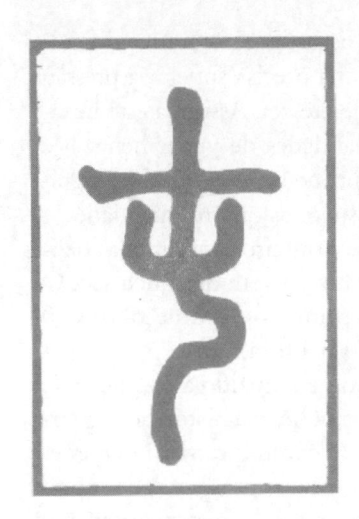

3
ZHUN • O COMEÇO

Kan • Nuvem
Zhen • Trovão

NOME E ESTRUTURA

Wilhelm traduz Zhun por Dificuldade Inicial; Blofeld emprega o termo Dificuldade. Neste livro, chama-se O Começo. O caractere para o nome do hexagrama tem dois significados e é pronunciado de duas maneiras. Na maioria dos casos, pronuncia-se tun, carregando o significado de reunir, juntar e encher com fartura. Na antiga China, um depósito era denominado tun. No I Ching, e apenas no I Ching, este caractere tem o significado de começo. Neste caso, pronuncia-se zhun.

O antigo ideograma chinês deste caractere é um desenho de Zhun, que pode ser o significado original da palavra. O ideograma de Zhun lembra uma folha minúscula de grama recém-brotada com a raiz penetrando profundamente na terra. O traço horizontal no terço superior do ideograma representa a superfície do solo. Acima dela, um broto minúsculo emerge e, abaixo, a raiz penetra na terra. Este desenho simboliza vida nova. A estrutura do hexagrama apresenta outro desenho. O trigrama inferior é Trovão; duas linhas maleáveis repousam sobre uma linha sólida. O elemento yang está preso sob dois elementos yin. O trigrama superior é Água; uma linha sólida se encontra entre duas maleáveis. O elemento yang está preso entre dois elementos yin. Este desenho sugere uma situação complicada para o ser recém-nascido. Contudo, o recém-nascido possui uma raiz saudável e forte, que concentra abundância de força vital para o seu crescimento.

A maioria das pessoas pensa que os brotos crescem apenas na primavera, mas os antigos chineses perceberam que havia uma força vital latente na semente durante todo o inverno. Além disso, os antigos notaram a dificuldade de uma planta brotar da terra. A plantinha precisa superar a pressão do solo. É preciso existir uma forte vontade de crescer. Assim, a este hexagrama são concedidas as quatro notáveis qualidades de yuan, heng, li e zhen, da mesma forma que Qian e Kun, o primeiro e segundo hexagramas. Apenas seis hexagramas no I Ching possuem as quatro qualidades.

De acordo com o esquema do livro, os dois primeiros hexagramas delineiam o princípio geral dos 64, e os dois últimos servem de conclusão. O terceiro hexagrama, portanto, é na verdade o primeiro (o começo) dos 60 restantes. O Rei Wen se lembrava de como o pai fora morto pelo imperador da dinastia Shang e ele mesmo derrotado e reduzido à condição de súdito, sendo por fim preso. Ao resumir essa experiência histórica e aguardar o futuro, deu aos filhos a seguinte Decisão como diretriz. No começo, a dinastia Zhou era como um minúsculo broto. A prosperidade suprema e tranqüila prevaleceria, mas só seria favorável com perseverança e retidão. Nada deveria ser encarado levianamente. A principal realização do Rei Wen foi nomear os senhores feudais e criar a base para seus filhos deporem a dinastia Shang. Ao estabelecer o feudalismo, aos poucos ele tomou posse de dois terços da região da dinastia Shang e se tornou seu maior senhor.

Seqüência do hexagrama: *Depois que o Céu e a Terra passaram a existir, produziram-se miríades de seres que, por sua vez, preencheram o espaço entre o Céu e a Terra. Assim, segue-se O Começo.*

Depois da interação do Céu e da Terra (Qian e Kun), geram-se miríades de seres. Por esta razão, depois de Qian e Kun, o terceiro hexagrama é Zhun, o começo de todos os seres.

Decisão

> O começo de um broto minúsculo.
> Sublime prosperidade e tranqüilidade.
> É favorável ser perseverante e reto.
> Não aja levianamente.
> Há para onde ir.
> É favorável nomear senhores feudais.

Comentário sobre a Decisão

> *O começo.*
> *O firme e o maleável unidos no próprio início;*

Surgem dificuldades.
Movimento em meio ao perigo:
Grande prosperidade e tranqüilidade surgem por meio da perseverança e da retidão.

A ação do trovão e da chuva
Preencheu tudo por toda parte.
No começo da criação,
Havia irregularidade e desordem.
Era favorável nomear senhores feudais,
Mas ainda poderiam surgir condições instáveis.

Comentário sobre o Símbolo

Nuvens e trovões se acumulam.
Assim,
O homem superior planeja e coloca as coisas em ordem.

Texto dos Yao

1. Nove na primeira posição •
   Esperando e refletindo,
   É favorável manter-se perseverante e reto.
   É favorável estabelecer senhores feudais.

   Apesar de esperar e refletir,
   A intenção permanece reta.
   O superior, ao respeitar o inferior,
   Conquista o coração de todos.

2. Seis na segunda posição
   Dificuldade para avançar, difícil prosseguir.
   Montada a cavalo, ainda não segue adiante.
   Não invade, busca o matrimônio.
   A donzela é casta, não se casa.
   Depois de dez anos, ela se casa.

   Tribulação do seis na segunda posição,
   Montada no firme.
   Casada depois de dez anos,
   Termina a tribulação; retorna um ciclo normal.

3. Seis na terceira posição
   Caçando um veado, sem guia,
   No meio da mata.
   O homem superior está atento:
   Desista!
   Prosseguir: humilhação.

   Caçando um veado, sem guia.
   Deixe-o escapar como um pássaro.
   O homem superior desiste.
   Se prosseguir, sofrerá humilhação;
   Não há saída.

4. Seis na quarta posição
   Montada a cavalo, ainda não segue adiante.
   Busca uma união.
   Prosseguir: boa fortuna.
   Nada é desfavorável.

   Busque o que você quer. Vá em frente.
   Há luz.

5. Nove na quinta posição
   O começo da fartura.
   Pequenas coisas –
   Perseverança e retidão: boa fortuna.
   Grandes coisas –
   Perseverança: infortúnio.

   O começo da fartura:
   O brilho da pessoa ainda não é reconhecido.

6. Seis na sexta posição
   Montada a cavalo,
   Ainda não segue adiante.
   Chora dolorosamente,
   Derrama lágrimas como se sangrasse.

   Derrama lágrimas como se sangrasse.
   Quanto tempo isso poderá durar?

Significado

Este hexagrama é auspicioso. Mostra que uma situação recém-estabelecida tem todo o potencial de se desenvolver. Por outro lado, contém dificuldades latentes. "Nuvens sobre Trovão simbolizam O Começo" – esta é a maneira chinesa de lembrar a estrutura do hexagrama. Esta estrutura apresenta uma imagem vívida de tremendo poder energético, representado pelo trovão situado na base das nuvens. No Comentário sobre a Decisão, Confúcio diz: "A ação do trovão e da chuva preencheu tudo por toda parte." No Comentário sobre o Símbolo, diz: "Nuvens e trovões se acumulam." Em ambos os casos, Confúcio emprega a imagem de nuvens ou chuva em vez de água. As nuvens e a chuva têm a mesma essência que a água.

Ao contemplar o símbolo, Confúcio diz: "Nuvens e trovões se acumulam", mas não menciona a chuva. O atributo do Trovão é ação, mas ela é inexistente. Contudo, as nuvens pressagiam tempestade. Quando nuvens escuras cobrem o céu, choverá mais cedo ou mais tarde. Este hexagrama tem o potencial criador. Confúcio alerta que "o homem superior planeja e coloca as coisas em ordem". É hora de se preparar para agir.

Por outro lado, ao meditar sobre a Decisão do Rei Wen, Confúcio diz: "A ação do trovão e da chuva preencheu tudo por toda parte." Por fim, a ação surge – é a chuva. Confúcio então diz: "No começo da criação, havia irregularidade e desordem." Quando estudo este hexagrama, visualizo o conceito chinês de gênese. Antes de o Céu e a Terra serem criados, eles não tinham forma, eram vazios. Durante a criação, houve nuvens, chuva e trovão. Primeiro, havia irregularidade e desordem. Depois que o mundo passou a existir (o começo), estabeleceram-se, aos poucos, a regularidade e a ordem. Baseando-se na idéia da união de yin e yang, os estudiosos chineses passaram a empregar as nuvens e a chuva para sugerir o ato de fazer amor. Vejo essa união a surgir no trigrama superior ☵, que sugere nuvens e chuva. O fruto dessa união é o Trovão ☳, o trigrama inferior. No I Ching, o Trovão representa o filho mais velho. Não é à toa que este ideograma chinês foi escolhido para expressar o começo do mundo. Nele, a raiz é muito mais longa que o broto. Antes de brotar, a raiz precisa penetrar profundamente. Os sábios aprenderam com a natureza que antes de colocar qualquer plano em prática é importante colocar tudo em ordem.

A linha principal do hexagrama é a linha sólida na parte inferior. A Decisão do Rei Wen sobre o hexagrama diz: "O começo de um broto minúsculo... É favorável nomear senhores feudais." Nesta posição, podem-se nomear senhores feudais para proporcionar segurança. Por outro lado, a linha sólida na parte inferior simboliza um começo. Embora firme e forte, ela está na parte inferior e carrega duas linhas móveis. Esta situação indica que uma força latente brotará, mas em situação difícil. O elemento yang no trigrama superior se encontra em uma posição suprema – firme, central e correta – e interage com o elemento yin na segunda. Tudo parece contribuir para que ele seja a linha principal. Contudo, como o nome do hexagrama se origina da linha sólida na parte inferior, esta é mais adequada para ser a principal.

Examinando-se a estrutura, o trigrama inferior é Trovão, que indica ação e força; o trigrama superior é Água, que indica dificuldade. Trovão em confronto com Água traz a mensagem de que, quando alguém enfrenta dificuldades num estágio inicial, por mais poderoso que seja, nada deve ser considerado levianamente. Este é o tema principal deste hexagrama. Nele, o Duque de Zhou reafirmou o princípio fundamental do Rei Wen de que se deve tomar cuidado no começo de qualquer empreendimento. O momento é favorável apenas para perseverar na escolha dos senhores feudais a fim de acumular forças e lançar a base de uma nova dinastia. Sua força precisava se tornar tão forte quanto uma rocha e tão firme quanto uma árvore.

No I Ching, na maioria dos casos, o matrimônio se refere a alianças políticas. O Duque de Zhou disse que era difícil fazer avançar o processo de nomear senhores feudais, comparando-o a uma carroça puxada por quatro cavalos em ritmos distintos. Três tribos selvagens, minoritárias, o procuraram para uma aliança. O Rei Wen achou que o momento não era auspicioso e recusou. O Duque de Zhou reafirmou a instrução do Rei Wen de que, sem conhecer primeiro a situação da dinastia Shang, lançar uma expedição seria o mesmo que caçar veados sem guia no meio da mata.

Com o tempo, o processo de nomear senhores feudais passou a ser como montar a cavalo, mas ainda sem seguir adiante. O Rei Wen tomou a iniciativa de formar uma aliança com Shang. Conseqüentemente, o Rei Yi da dinastia Shang deu sua irmã mais nova em casamento ao Rei Wen. A situação melhorou. Ao fazer aliança com a dinastia Shang, a energia de Zhou ficou bloqueada. Apenas pequenos empreendimentos eram favoráveis. Neste hexagrama, o Duque de Zhou repetiu três vezes: "Montada a cavalo, ainda não segue adiante." Ele sofreu profundamente e derramou lágrimas como se sangrasse.

(1) Nove na primeira posição. O Começo alterna para União (8) ☷☵

Nove na primeira posição é uma linha sólida na parte de baixo do trigrama inferior, Trovão ☳. A estrutura revela duas coisas. Primeiro, esta linha se encontra na etapa inicial de um processo. Segundo, a partir dessa posição, a pessoa tem grande potencial para seguir adiante, como o trovão. Contudo, este elemento interage como o elemento yin na quarta posição, que se encontra na parte inferior do trigrama superior, Água ☵. A água tem profundezas escuras, o que sugere dificuldades. Esta posição requer ponderação e consideração. O momento oportuno é relevante. Embora haja dificuldade adiante, é a hora crucial para começar um novo empreendimento. Nesta situação, perseverar é fundamental.

A tradução do Texto dos Yao diz: "Esperando e refletindo." Em chinês, as palavras para esperar e refletir são *pan huan*. Pan é uma pedra enorme e huan é uma árvore grande. Quando o Duque de Zhou viu uma árvore grande crescendo sobre uma enorme pedra, percebeu que, se houvesse força vital suficiente, nada impediria a árvore de crescer. Na estrutura do hexagrama, há várias linhas yin sobre a linha yang, como uma enorme pedra sobre a árvore. Contudo, a árvore acaba crescendo e permanece firme sobre a pedra. Na antiga literatura chinesa, uma única palavra geralmente representava várias idéias. Huan significava pilar e era também o nome da "Ode de Zhou", uma das peças do *Livro das canções,* uma coletânea clássica de canções folclóricas compilada por Confúcio. Essa ode elogia os esforços do Rei Wu quando lançou a expedição e, por fim, venceu o tirano de Shang. Posteriormente, pan huan passou a ter o sentido de esperar e refletir. "É favorável nomear senhores feudais" é uma antiga expressão chinesa equivalente a buscar apoio. Quando se planeja fazer algo grandioso, é necessário buscar apoio.

(2) Seis na segunda posição. O Começo alterna para Restrição (60) ☵☱

Aqui, o Duque de Zhou usa a imagem do hexagrama para contar uma história. Há dois elementos yang e quatro elementos yin. Seis na segunda posição é um elemento yin que simboliza uma donzela, a qual fascina dois homens. O homem situado na quinta posição é seu verdadeiro amor; os dois têm interesses comuns e afeição mútua. Infelizmente, não estão juntos. Outro homem, o nove na primeira posição, é seu vizinho mais próximo. Ele a corteja. Dois homens cortejam uma mulher; ela tem que decidir. Sua decisão é permanecer fiel ao verdadeiro amor, perseverar. Finalmente, ela se casa com o homem que realmente ama.

A história derivou da estrutura do hexagrama. Seis na segunda posição é um elemento yin em uma posição yin, central e correto; interage com o elemento yang na quinta posição. Esses dois elementos, yin e yang, são uma combinação perfeita. Mas outro elemento yang, na posição inferior, carrega a segunda linha. Este elemento yang é um vizinho próximo. Esta situação dificulta o avanço para o elemento yin na segunda. O elemento yang na posição inferior ocupa uma posição yang; é dominante e tirânico, capaz de forçar a donzela a se casar com ele. A donzela está em uma posição central; prefere percorrer o caminho do meio. Age exatamente de acordo com o tema principal do hexagrama: nada deve ser considerado levianamente. Permanece firme em seu propósito e espera pacientemente. Por fim, obtém o que deseja.

(3) Seis na terceira posição. O Começo alterna para Já Realizado (63)

Aqui, mais uma vez o Duque de Zhou conta uma história. Um grupo de pessoas foi caçar, encontrou um veado e o perseguiu. O animal correu pela floresta. Sem a orientação de um guia, o sábio decidiu desistir; deixou o veado escapar como um pássaro. Sabia que, se continuasse, o arrependimento viria. O Texto dos Yao dá orientação para a terceira posição – no topo do trigrama inferior. O trigrama superior é Água, que simboliza uma situação difícil. Temos aqui um elemento yin em posição yang – nem central nem correta. Se alguém nesta posição não se sente satisfeito e tenta prosseguir, haverá dificuldades à frente. Além disso, o elemento yin nesta posição não interage com o elemento yin na posição mais alta do hexagrama – ambos são yin. Nesta posição, quando a pessoa prossegue levianamente, cai em profundezas escuras. O texto usa "caçando um veado, sem guia", como uma analogia. Quem prossegue às cegas, sem orientação, perde-se. A mensagem deste yao é que a pessoa deve agir com sabedoria suficiente, conhecendo a situação, para fazer a escolha adequada entre o que aceitar e o que evitar. Nunca aja às cegas.

(4) Seis na quarta posição. O Começo alterna para Seguir (17)

Aqui, a história da donzela que se casa continua. Agora, ela passa da segunda à quarta posição – está muito mais perto de seu verdadeiro amor. A situação é favorável e o momento é correto. O Duque de Zhou diz: "Busca uma união. Prosseguir: boa fortuna. Nada é desfavorável." Mas a donzela ainda hesita. O problema é que ela interage com o elemento yang na parte inferior. Por outro lado, está muito mais perto do elemento yang na quinta posição. É compreensível que, quando dois yang se aproximam de um yin, este fique confuso. Nesta situação, Confúcio encoraja a donzela: "Vá em frente. Há luz." Esta decisão se baseia na estrutura do hexagrama. Nesta posição, quando a pessoa prossegue, tem um elemento yang à sua espera; quando recua, tem dois elementos yin atrás de si. Para tomar uma decisão, deve considerar a posição mais favorável. Os chineses dizem: "Um pavilhão à beira d'água recebe o luar primeiro." A mensagem deste yao é que, quando a pessoa está em uma situação na qual é difícil decidir entre avançar e recuar, deve adotar uma postura positiva e se aproximar da luz.

(5) Nove na quinta posição. O Começo alterna para Retorno (24) ☷

Para entendermos o significado deste yao, precisamos primeiro examinar a estrutura, pois ela geralmente esclarece a situação. Em termos gerais, um elemento yang na quinta posição é auspicioso porque é central e correto e ocupa a posição suprema. Mas, neste hexagrama, o elemento yang em questão se encontra no meio do trigrama superior, Água ☵, as profundezas escuras. Por isso, Confúcio diz: "O brilho da pessoa ainda não é reconhecido." Conseqüentemente, apenas pequenos empreendimentos são favoráveis. Além disso, a estrutura mostra que o elemento yang nesta posição está cercado por vários elementos yin. Por isso, o Texto dos Yao recomenda "perseverança e retidão", mesmo em pequenas coisas. No I Ching, onde há um presságio auspicioso, a perseverança e a retidão são, com freqüência, pré-requisitos.

A estrutura mostra ainda que o elemento yang nesta posição interage com o elemento yin na segunda. Contudo, este está afastado e é fraco demais para dar apoio, porque existem dois elementos yin entre eles. Esses dois elementos yin deixam o elemento yang preso, numa posição isolada. Nesta situação, a pessoa deve recuar e preservar sua energia, aguardando-se o momento certo.

(6) Seis na sexta posição. O Começo alterna para Aumento (42) ☷

Neste hexagrama, "montada a cavalo" aparece três vezes. Aqui, contudo, a amazona está chorando. Sua dor é tão profunda que ela chora lágrimas de sangue. Em que esta história se baseia? A linha maleável ascendeu à posição mais elevada. É como se o sol se pusesse além das montanhas a oeste. O dia se esvai e a estrada chega ao fim. Não há como prosseguir. Além disso, essa linha não interage com o elemento yin na terceira posição, indicando que não há como voltar atrás. No I Ching, o trigrama fundamental Água também significa sangue. A mensagem deste guá é que, como já alcançou a posição mais elevada, a pessoa não deve lamentar a incapacidade de prosseguir ou retornar. É preciso entender que quando as coisas chegam ao extremo transformam-se em seu oposto. Por isso, o I Ching sempre pede moderação antes que se vá longe demais.

Referências adicionais para este hexagrama:

Imagem: Água sobre Trovão
Fórmula para recitação: Nuvem sobre Trovão, O Começo
Elemento: Água
Estrutura: Dois yang com quatro yin
Mês: O décimo segundo mês do calendário lunar, ou janeiro
Linha principal do hexagrama: Nove na primeira posição
Hexagrama oposto: Instituir o Novo (50)
Hexagrama inverso: Infância (4)
Hexagrama correspondente: Queda (23)

4
MENG • INFÂNCIA

☶ Gen • Montanha
☵ Kan • Regato

NOME E ESTRUTURA

Wilhelm traduz Meng por A Insensatez Juvenil; para Blofeld, é Imaturidade. Neste livro usa-se o termo Infância. Meng é o inverso do hexagrama precedente, Zhun, O Começo ䷂. São inversos em posição, mas se complementam. Meng tem vários significados. Originalmente, era o nome de uma trepadeira conhecida como cipó-chumbo, que cresce e se espalha com facilidade por toda parte. Os antigos viram o cipó-chumbo crescer e se espalhar sobre os telhados dos ranchos e, assim, criaram o ideograma de Meng, que mostrava gramíneas no telhado de uma casa. Posteriormente, Meng passou a significar cobrir, porque o cipó-chumbo cresce e cobre telhados por toda parte.

Na época em que o Rei Wen escreveu a Decisão, o significado de Meng se estendera para incluir a sabedoria. Os antigos chineses acreditavam que a essência da criança é como o jade bruto: seu brilho é oculto. Naquela época, uma criança sem instrução era chamada tong meng. Tong significa criança, e tong meng indica que sua sabedoria está oculta ou ainda não aflorou. Educar uma criança era chamado qi meng. Literalmente, qi meng é erguer a tampa ou descobrir o que está oculto. Por isso, nos tempos antigos, o lugar onde uma criança começa a ser educada era chamado Salão Meng. Portanto, Meng simboliza o ignorante, o inocente, ou a criança, porque a sabedoria ainda não foi descoberta.

Os temas de Meng são altamente respeitados na cultura chinesa – acompanhar o começo de uma vida, descobrir o brilho oculto de uma criança. A imagem de Meng é Água ☵ sob a Montanha ☶. A água que flui de uma montanha é pura e cristalina, simbolizando a pureza da mente inocente da criança. À medida que o rio se afasta da montanha, acumula sedimentos. Ao observarem esse fenômeno, os antigos perceberam que se deve instruir e esclarecer o ignorante.

Seqüência do hexagrama: *Zhun denota o que acabou de nascer. O que acabou de nascer está na infância. Assim, depois de O Começo vem a Infância.*

Decisão

Infância.
Próspera e tranqüila.
Não sou eu que procuro o ignorante,
É ele que me procura.
Na primeira adivinhação, dou luz.
Repeti-la é desprezível.
Mostrando desprezo, não dou mais instruções.
É favorável ser perseverante e reto.

Comentário sobre a Decisão

Um ignorante sem esclarecimento.
A dificuldade jaz ao sopé da montanha;
A dificuldade o imobiliza.
Um comportamento ignorante.

O ignorante pode ser próspero e tranqüilo
Se agir de acordo com o momento adequado
E seguir o princípio do caminho do meio.
Não sou eu que procuro o ignorante.
É ele que me procura.
Sua vontade corresponde à minha.

Na primeira adivinhação, dou luz.
Ele era firme e ocupava uma posição central.

Repeti-la é desprezível.
Mostrando desprezo, acabam-se as instruções.
A demonstração de desprezo causa a ignorância.

Descobrir o que está encoberto é nutrir a natureza correta.
É uma tarefa sagrada.

Comentário sobre o Símbolo

Uma fonte jorra da montanha.
O símbolo de um ignorante sem esclarecimento.
Assim,
O homem superior se empenha ao máximo
Para cultivar a virtude com feitos resolutos.

Texto dos Yao

1. Seis na primeira posição
   Instruindo um ignorante.
   É favorável dar exemplos.
   Fazendo uso de algemas,
   Prosseguir: humilhação.

   É favorável dar exemplos,
   Para definir um padrão.

2. Nove na segunda posição
   Ser magnânimo com um ignorante:
   Boa fortuna.
   Desposar uma donzela:
   Boa fortuna.
   O filho é capaz de sustentar a família.

   O filho é capaz de sustentar a família:
   O firme e o maleável interagem.

3. Seis na terceira posição
   Não se empenhe em conquistar esta mulher.
   Ao ver um homem bonito,
   Ela perde a cabeça.
   Nada é favorável.

   Não se empenhe em conquistar esta mulher:
   Seu comportamento não é prudente.

4. Seis na quarta posição
   Prender um ignorante:
   Humilhação.

   A humilhação de prender um ignorante
   Longe do sólido.

5. Seis na quinta posição
   O ignorante recebe esclarecimentos:
   Boa fortuna.

   Boa fortuna para a esclarecida.
   Ela corresponde à humildade.

6. Nove na sexta posição
   Punindo o ignorante.
   Não é favorável tratá-lo como inimigo.
   É favorável prevenir danos futuros.
   Prevenir danos futuros.
   O superior e o inferior se dão bem.

SIGNIFICADO

A imagem do hexagrama é uma fonte jorrando da montanha e se transformando num regato murmurante. Depois, este se transforma num grande rio, nutrindo miríades de seres. Contudo, à medida que corre sobre a terra, o rio acumula sujeira. Este hexagrama usa essa imagem para explicar a importância de esclarecer e instruir o ignorante ainda na infância.

A linha principal do hexagrama é o elemento yang na segunda posição. É central e firme, capaz de reverenciar o professor e, portanto, ensinar o próximo. O elemento yin na quinta posição interage com este elemento yang. Usam-se duas analogias para analisar o hexagrama. Uma é a educação; a outra, o matrimônio. O elemento yang na segunda posição é uma linha firme na posição central do trigrama inferior. No I Ching, o trigrama inferior é subordinado ao trigrama superior. Aqui, o elemento yang na segunda posição tem um papel importante: representa o professor que esclarece e instrui o ignorante. Como é uma linha firme no trigrama inferior, simboliza a magnanimidade. Há quatro linhas maleáveis cercando-a, uma abaixo e três acima. Simbolicamente, estas são os ignorantes que devem ser esclarecidos. Os chineses acreditavam que cada ignorante era diferente. Segundo a antiga tradição chinesa, deveriam receber ensinamentos de acordo com sua aptidão. O ignorante deveria ser humilde e dedicado e dar o primeiro passo em busca da aprendizagem. Ou seja, deveria estar pronto e disposto a aceitar a educação. Por outro lado, aquele que agia como fonte de saber também deveria ser paciente e indulgente.

A imagem deste hexagrama é Montanha sobre Água. No I Ching, a Montanha simboliza a família, e a Água, o filho do meio. As quatro linhas yin em torno de uma linha yang podem ser vistas como quatro mulheres se aproximando de um homem com intenção de desposá-lo. A linha sólida na segunda posição é um elemento yang, um homem. A linha maleável na quinta posição é um elemento yin, uma mulher. Eles correspondem um ao outro porque ambos ocupam uma posição central e são yin e yang, a combinação perfeita.

O Rei Wen posicionou este hexagrama como continuação do precedente, o qual falava de nomear senhores feudais. Tratava de assuntos externos. Este hexagrama tem por objetivo educar o povo; tem a ver com assuntos internos. O Rei Wen percebeu a importância da educação ao abolir o antigo sistema e estabelecer o novo. Sua política foi começar com os humildes, dedicados e dispostos a aceitar a educação. Na antiga China, a adivinhação fazia parte do tecido social, unindo as pessoas. Por meio dela, o rei promulgava decretos. Ao aceitar ensinamentos dos mais velhos, deve-se mostrar dedicação, da mesma maneira que se acolhem as instruções de uma adivinhação.

Nos Textos dos Yao, o Duque de Zhou oferece orientações sociais específicas; por exemplo, deve-se usar a educação para conduzir o ignorante ao caminho certo. Não se deve usar a punição. É preciso definir um padrão de comportamento adequado. É importante ser magnânimo para tribos minoritárias dóceis, educá-las para estabelecerem famílias harmoniosas e ajudar seus descendentes a sustentar suas famílias. É melhor não fazer aliança com tribos pouco interessadas porque não estão prontas. Quanto às tribos minoritárias isoladas, é necessário ajudá-las a entrar em contato com outras pessoas.

(1) Seis na primeira posição. Infância alterna para Diminuição (41)

O elemento yin na posição inferior ocupa um lugar yang, simbolizando a etapa inicial de esclarecimento do ignorante. A aprendizagem cura o erro. É importante e benéfico começar o quanto antes. A correção deve ser séria, mas não impiedosa; o objetivo é conduzir o ignorante ao caminho certo. A correção não deve empregar a punição como algemas que restringem o desenvolvimento normal do ignorante; seu objetivo é definir um padrão. A punição levará ao arrependimento e à tristeza. Segundo as escolas confucionistas, a melhor educação moral se faz por meio de exemplos. Confúcio ficou conhecido, através dos tempos, como Professor de Virtude Exemplar. Ele defendia a "educação sem palavras", pois acreditava que a influência mais poderosa dos professores, líderes e pais se dava por meio das palavras, dos atos e da prudência.

(2) Nove na segunda posição. Infância alterna para Queda (23) ☷

A linha sólida na segunda posição é um elemento yang em uma posição yin – firme, forte, central. É o único elemento firme no trigrama inferior e é responsável pelo esclarecimento e educação de todos os elementos yin do guá. Contudo, há vários elementos yin neste hexagrama, e cada um tem uma aptidão distinta. Nesta posição, é preciso ser magnânimo. A posição central determina que o potencial de ser magnânimo existe, há boa fortuna. Por outro lado, a linha sólida na segunda posição interage com a maleável na quinta. São yin e yang complementares, adequados para ser marido e mulher. Se o marido é bondoso e gentil com a mulher, há boa fortuna. Aplicando-se o hexagrama à família, o elemento yang na segunda posição representa um filho; o elemento yin na quinta é o pai. O pai na quinta posição é fraco (um elemento yin), não consegue suportar o fardo da família. Contudo, o filho é forte, firme e magnânimo. É capaz de estabelecer um lar onde a família prospera. A mensagem desta linha é que lidar com pessoas ou situações distintas requer diversas maneiras de reagir.

(3) Seis na terceira posição. Infância alterna para Remediar (18) ☶

O elemento yin na terceira posição está em um lugar yang – nem central nem correta. Combina com o elemento yang no topo, indicando um possível matrimônio. Este elemento yin também é atraído pelo elemento yang na segunda posição – estão muito mais próximos. Nesta posição, assim que ela vê o homem bonito no topo, perde a cabeça. O texto indica a necessidade de ser prudente ao escolher. Não é aconselhável mudar de opinião no momento em que se vê algo novo. Aqui o Texto dos Yao usa a imagem do matrimônio para explicar a importância de definir uma postura correta ao lidar com diversas pessoas ou situações. O trigrama superior, Montanha, também simboliza o ouro e o marido, e representa o filho mais moço.

O texto chinês diz, literalmente: "Não se empenhe em conquistar esta mulher; ao ver um homem de ouro, ela perde a cabeça." A maioria das versões para o inglês traduz "homem de ouro" como "homem próspero". Mas de acordo com o *Livro das canções*, um dos cinco clássicos de Confúcio, "homem de ouro" significa "homem bonito". O *Livro das canções* foi a primeira coletânea de canções folclóricas da China, a maioria pertencente à dinastia Zhou.

*(4) Seis na quarta posição. Infância alterna
para Ainda Não Realizado (64)* ☷

O Texto dos Yao diz: "Prender um ignorante: humilhação." O elemento yang na segunda posição está cercado por dois elementos yin, um acima e o outro abaixo. Esta quarta linha é um elemento yin em uma posição yin – correta, mas não central. Corresponde ao elemento yin na parte inferior, mas não integram entre si. Ambos são yin, portanto não há ajuda. O elemento yang na segunda posição pede ajuda a esta linha, mas não está suficientemente próximo. Há outro elemento yang no topo; infelizmente, está afastado, não tem nenhuma intenção de ajudar. Nesta posição, a pessoa está totalmente isolada, cercada por elementos yin. Não tem nem professor nem amigos. É sobrepujada pela ignorância e sofre a humilhação. O Comentário de Confúcio sobre o Texto dos Yao diz: "A humilhação de prender um ignorante longe do sólido." O "sólido" se refere à linha sólida na segunda posição. Sólido em chinês também significa realidade. Neste sentido, o isolamento sobrevém quando alguém se separa de outras pessoas ou perde contato com a realidade.

(5) Seis na quinta posição. Infância alterna para Dispersão (59) ☷

O elemento yin na quinta posição é central e ocupa o lugar supremo. Está próximo ao elemento yang no topo e interage com o elemento yang na segunda posição. Nesta situação, a pessoa pode obter ajuda de cima e de baixo. A condição é favorável para quem está prestes a passar por uma mudança. Depois que esta linha se move e alterna para uma linha sólida, o hexagrama resultante será Vento sobre Água, Dispersão (59) ☴. Assim, Vento e Chuva trabalharão juntos, em harmonia, resultando em clima propício e boa fortuna. O Comentário de Confúcio sobre o Texto dos Yao diz: "Boa fortuna para a esclarecida. Ela corresponde à humildade." No I Ching, Sun é o caractere chinês para Vento. Depois que esta linha se move, o trigrama superior, Montanha, alterna para Vento. No I Ching, o caractere Sun representa também a humildade.

(6) Nove na sexta posição. Infância alterna para Multidão (7) ☷

O elemento yang na sexta posição ocupa o lugar mais elevado. Nesta posição, a pessoa chega ao extremo e se torna voluntariosa e presunçosa. O ignorante é excessivamente firme, com temperamento inflamado. O trigrama superior é Montanha. No I Ching, o caractere para Montanha também representa as mãos; assim, o Duque de Zhou se refere a punir uma criança sem instrução. A antiga maneira de corrigir as crianças ra-

ramente apelava para a punição. Esta era empregada apenas quando não havia outra alternativa. Este hexagrama avisa que não se deve tratar o ignorante como um inimigo. O objetivo da punição é prevenir danos futuros. O hexagrama explica como se corrigem os danos. A postura deve ser firme, mas os meios, amenos. A punição deve ser suave no interior e expressar firmeza no exterior. O comentário diz: "Prevenir danos futuros. O superior e o inferior se dão bem." O superior é o professor; o inferior, o aluno. Este deve ser humilde e ter a mente aberta, e aquele, paciente e indulgente. Assim, o superior e o inferior, professor e aluno, vão se dar bem.

Referências adicionais para este hexagrama:

Imagem:	Montanha sobre Água
Fórmula para recitação:	O regato flui da montanha, Infância
Elemento:	Terra
Estrutura:	Dois yang com quatro yin
Mês:	O primeiro mês do calendário lunar, ou fevereiro
Linha principal do hexagrama:	Nove na segunda posição
Hexagrama oposto:	Abolir o Antigo (49)
Hexagrama inverso:	O Começo (3)
Hexagrama correspondente:	Retorno (24)

5
Xü • Necessidade

Kan • Nuvem
Qian • Céu

NOME E ESTRUTURA

Wilhelm traduz Xü por A Espera; Blofeld emprega o termo Inação Calculada. Eu uso Necessidade.

Seqüência do hexagrama: *Quando as coisas estão na infância, não se deve negligenciar sua nutrição. Assim, depois da Infância vem a Necessidade. Xü é o Tao do comer e do beber.*

O Tao indica que precisamos de alimentos para nutrir o corpo e o espírito. A preocupação fundamental das primeiras sociedades agrícolas era o cultivo da terra. Os camponeses não se preocupavam com a luz do sol, o ar e o solo; estes eram sempre abundantes. Sua maior preocupação era a água. A água de que precisavam dependia, em grande parte, da chuva, sem a qual não teriam o que comer ou beber.

O antigo ideograma de Xü mostra esta necessidade de chuva. Há duas maneiras de interpretar o desenho. A primeira interpretação é simplesmente um desenho da chuva. O ideograma mostra gotas de chuva caindo das nuvens. A linha horizontal no topo simboliza o Céu; as duas linhas verticais à esquerda e à direita indicam as bordas das nuvens. Há quatro gotas de chuva dentro delas. A linha vertical no meio e as quatro linhas curvas na parte inferior do ideograma representam o movimento descendente das gotas de chuva. Esta imagem lembrava aos antigos que a necessidade fundamental do Tao do comer e do beber é a chuva.

A segunda interpretação é que este desenho mostra um homem orando e esperando pela chuva. A parte superior do ideograma representa a chuva dentro das nuvens, antes de cair. A parte inferior simboliza um homem. As quatro linhas verticais curvas representam o bigode e a barba de um ancião, que poderia ser o sacerdote da tribo, pedindo chuva em suas orações.

Quando se precisa de alguma coisa e não se pode adquiri-la imediatamente, é necessário esperar. Assim, o significado de necessidade se estende para espera. De fato, é a necessidade de esperar. Mas "esperar" não é o significado fundamental de Xü. O símbolo deste hexagrama mostra que as nuvens estão se acumulando no céu, mas a chuva ainda não caiu. A situação exige paciência. Quando se coloca o símbolo no plano horizontal, seu significado se torna mais claro. No plano vertical, a imagem é Chuva sobre Céu; contudo, no plano horizontal, o símbolo é o Céu confrontando a Água. O atributo do Céu é a força e o da Água, o perigo. Quando se obstrui a força, exige-se paciência. Quando se tem fé e perseverança, o futuro é brilhante.

Decisão

Necessidade.
Sinceridade e fidelidade:
Prosperidade e tranqüilidade brilhantes.
Perseverança e retidão: boa fortuna.
É favorável atravessar grandes rios.

Comentário sobre a Decisão

Necessidade:
Exige fé e confiança para esperar;
Perigo à frente.

Sendo firme e forte,
A pessoa não se deixa envolver em situações de perigo.
A conduta é correta;
Não haverá apuros.

Na necessidade; é preciso ser sincero e fiel.
Haverá êxito brilhante.
Seja perseverante e reto.
Boa fortuna.

Ocupando a posição designada pelo Céu;
Ela é central e correta.

É favorável atravessar grandes rios.
Prosseguindo, seu trabalho será realizado.

Comentário sobre o Símbolo

Nuvens ascendem ao céu:
Uma imagem da Necessidade.
Assim,
O homem superior come e bebe, celebrando com alegria.

Texto dos Yao

1. Nove na primeira posição
   O necessitado espera nos arredores.
   É favorável perseverar:
   Nenhuma culpa.

   O necessitado espera nos arredores.
   Não corra riscos para complicar ainda mais a situação.
   Perseverar é benéfico.
   Nenhuma culpa.
   Não faça nada anormal, como sempre.

2. Nove na segunda posição
   O necessitado espera na areia.
   Um pouco de falatório
   Acaba em boa fortuna.

   O necessitado espera na areia.
   Um regato passa por ali.
   Embora haja falatório,
   No fim, ele se transforma em boa fortuna.

3. Nove na terceira posição
   O necessitado espera na lama.
   Resultado: grandes dificuldades à frente.

   O necessitado espera na lama.
   O infortúnio está lá fora.
   É você mesmo que atrai o invasor.
   Tenha cautela: você não será vencido.

4. Seis na quarta posição
   O necessitado espera na vala.
   Saia do fosso.

   O necessitado espera na vala.
   Seguindo o princípio da flexibilidade,
   Harmonize a situação.

5. Nove na quinta posição
   O necessitado espera com vinho e alimentos.
   Perseverança e retidão: boa fortuna.

   O necessitado espera com vinho e alimentos.
   A posição é central e correta.

6. Seis na sexta posição
   Caindo num fosso.
   Há três hóspedes inesperados a caminho.
   Mostrando respeito,
   Culmina em boa fortuna.

   Hóspedes inesperados a caminho:
   As demonstrações de respeito trazem boa fortuna.
   Embora a posição não seja adequada,
   Não há grandes perdas.

Significado

A Necessidade, que vem depois de O Começo e da Infância, representa uma etapa inicial de realização. Em uma etapa inicial e incerta, a Necessidade exige paciência. Antes de agir, o homem deve nutrir o corpo e reunir forças. Nesta situação, esperar é uma exigência absoluta, mas não significa desistir. Espera-se o momento propício para realizar o planejado. Durante o período de espera, é necessário cultivar a autoconfiança, a perseverança e a retidão, e ser cauteloso a cada passo. Assim, o resultado trará boa fortuna.

O símbolo deste hexagrama é Água ☵ à frente do Céu ☰. O Céu simboliza a força; a Água, o perigo. A imagem é de força confrontando o perigo. Nos tempos antigos, atravessar um rio era difícil e perigoso. Por isso, Água simboliza perigo. Contudo, o Céu é a mais pura energia yang, repleto de força e poder. Desde que a pessoa se mantenha confiante, o êxito virá. A mensagem deste hexagrama é que a fidelidade e a perseverança trazem boa fortuna. A Necessidade, junto com O Começo e a Infância, é formada por Água; ou seja, um de seus trigramas fundamentais é Água. Como ela simboliza perigo ou dificuldades, esses hexagramas pedem paciência, confiança, fidelidade e perseverança, mas também têm grande potencial de êxito. Todos são hexagramas auspiciosos.

Há quatro linhas sólidas neste hexagrama. Aquela na quinta posição é a principal. O Comentário de Confúcio sobre a Decisão diz: "Ocupando a posição designada pelo Céu; ela é central e correta." Este comentário se refere à quinta linha. A linha sólida na quinta posição é firme e forte, no centro do trigrama superior. Simboliza um indivíduo correto ocupando uma posição correta, mas no meio da Água uma circunstância desfavorável. Ele aguarda o apoio das três linhas sólidas no trigrama inferior, que são fortes e ativas, mas confrontam o trigrama superior – Água, uma situação difícil. Esperam a orientação e o apoio da linha principal do hexagrama, que é central no trigrama superior.

Este hexagrama sugere que, sob um governo tirânico, as pessoas precisam de uma mudança, mas a situação não permite a ação. O Rei Wen dizia que a necessidade exige fé e confiança para alcançar êxito brilhante. O Duque de Zhou deu exemplos desta necessidade que remontavam à época em que seu avô procurava um local adequado para fundar a capital. Nos Textos dos Yao, o Duque de Zhou enumerou vários lugares possíveis. Em alguns, havia problemas – por exemplo, falatório. Em outros, os Zhou foram confrontados com invasões das tribos Rong e Di. Por fim, o Rei Wen escolheu Feng, cujo nome significava "lugar seguro", onde conseguiram esperar, com vinho e alimentos, com calma e sem pressa, o momento oportuno para depor Shang. O Rei Wen se tornou oficial na corte. Opôs-se ao sistema brutal de punição usado pelo tirano de Shang e foi preso. Enquanto estava na prisão, três ex-oficiais da dinastia Shang foram a Zhou em busca de abrigo e foram muito respeitados. Deram sugestões para resgatar o Rei Wen e se tornaram seus conselheiros.

(1) Nove na primeira posição. Necessidade alterna para Reabastecimento (48)

A linha inferior é a mais distante do trigrama superior; representa os arredores, um lugar afastado. Há perigo, mas não está próximo. Esta linha é um elemento yang em uma posição yang. Nesta situação, a pessoa não deve correr nenhum risco, evitando, assim, maiores dificuldades. O segredo é perseverar, fazer o usual, o de sempre. Mudar a maneira de agir pode resultar em problemas. Esta linha avisa que, quando uma situação exige espera, deve-se manter distância do perigo.

(2) Nove na segunda posição. Necessidade alterna para Já Realizado (63)

A segunda linha se aproxima do trigrama superior, Perigo. Há problemas, mas apenas certo falatório. A segunda linha é um elemento yang em uma posição central. Nesta posição, a pessoa pode esperar com tranqüilidade. Embora haja falatório, basta enfrentá-lo com calma e compostura. Ele é como um curso de água estreito que se estende pela areia e logo desaparece. É necessário paciência; o final será bom.

(3) Nove na terceira posição. Necessidade alterna para Restrição (60)

A terceira linha se aproxima mais do trigrama superior, indo além da linha central. A situação se agrava. Quando a terceira linha muda de yang para yin, o trigrama inferior muda de Céu para Lago. A pessoa atola na lama, não pode caminhar com facilidade. A discussão do hexagrama diz que a água simboliza um ladrão ou invasor. Os três elementos yang no trigrama inferior são teimosos; aproximam-se cada vez mais do perigo. O Comentário de Confúcio sobre o Texto dos Yao diz: "O infortúnio está lá fora. É você mesmo que atrai o invasor. Tenha cautela: você não será vencido." Esta linha adverte que, quando a pessoa se aproxima de uma situação perigosa, deve ter ainda mais cautela.

(4) Seis na quarta posição. Necessidade alterna para Eliminação (43)

A quarta linha está posicionada no trigrama superior. A situação é difícil, até mesmo perigosa. Há possibilidade de se ferir. A Decisão do hexagrama diz que a água está relacionada ao sangue, um símbolo de ferimento. A maioria das traduções para o inglês segue o texto chinês literalmente e apresenta o caractere chinês xue como sangue. Contudo, há outra opinião segundo a qual um componente do caractere que representa a água foi abandonado à esquerda do caractere chinês xue. Com este radical, o caractere pronuncia-se xü, uma vala com 2,40 m de largura e de profundidade. Aqui minha tradução segue o segundo significado de "vala", coadunando-se com a situação sugerida pelas outras três linhas, de que a pessoa chega à areia vinda dos arredores, à lama vinda da areia e à vala vinda da lama. A situação se agrava cada vez mais. A quarta linha é um elemento yin em uma posição yin, correta. Nesta posição não se pode agir levianamente. O Comentário adverte: "Seguindo o princípio da flexibilidade, harmonize a situação." Assim, poderá sair da vala.

(5) Nove na quinta posição. Necessidade alterna para Progresso (11) ☷

A quinta linha é a principal do hexagrama. É um elemento yang em uma posição yang – correta, central e suprema. Nesta situação, a pessoa dispõe de segurança máxima. Por isso, pode esperar com vinho e alimentos. Isto simboliza a autoconfiança, esperando com calma e sem pressa: a melhor postura a ser adotada para enfrentar situações desfavoráveis. Esta linha nos diz que, mesmo na situação mais segura, ainda se deve seguir o princípio do Caminho do Meio, ou seja, percorrer o caminho central.

(6) Seis na sexta posição. Necessidade alterna para Pequeno Acúmulo (9) ☰

A linha mais elevada é um elemento yin em uma posição yin. A duplicação do yin simboliza fraqueza. Esta posição é o auge da dificuldade. Não há como esperar. Por fim, a pessoa acaba caindo no buraco. Contudo, a linha maleável no topo interage com a linha sólida na terceira posição. Os três elementos yang no trigrama inferior representam os três hóspedes inesperados. Esperaram muito tempo, sem oportunidade de prosseguir. Agora, no último momento, têm a chance de correr adiante com espírito indomável. Quando chegam ao final, aquele na posição mais elevada os cobre de honras. Finalmente, todos desfrutam da boa fortuna. Este hexagrama sugere que, ao se adotar uma atitude positiva, não existe problema que não possa ser solucionado, e o final será sempre bom.

Referências adicionais para este hexagrama:

Imagem:	Água sobre Céu
Fórmula para recitação:	Nuvens ascendem ao Céu, Necessidade
Elemento:	Água
Estrutura:	Quatro yang com dois yin
Mês:	O segundo mês do calendário lunar, ou março
Linha principal do hexagrama:	Nove na quinta posição
Hexagrama oposto:	Prosseguir (35) ☷
Hexagrama inverso:	Disputa (6) ☰
Hexagrama correspondente:	Diversidade (38) ☲

6
SONG • DISPUTA

≡
≡≡ Qian • Céu
≡≡ Kan • Água
≡

NOME E ESTRUTURA

Em chinês, Song significa debater, exigir justiça ou levar um caso ao tribunal porque há disputa. Tanto Wilhelm quanto Blofeld traduzem Song por Conflito. Neste livro, usa-se Disputa. Este hexagrama é o inverso do precedente, Necessidade.

Seqüência do hexagrama: *Com a necessidade, a luta para obter alimentos, a disputa surge com certeza. Assim, depois da Necessidade vem a Disputa.*

O ideograma Song é a unificação de dois caracteres, falar e público. O lado esquerdo mostra o desenho de um rosto com a boca aberta, embaixo, representando o ato de falar sem rodeios. O lado direito consiste em duas partes. A superior é formada por duas linhas – uma à esquerda, outra à direita – representando o desenho de seguir em direções opostas e estar igualmente dividido. A parte inferior do ideograma é o antigo caractere para o eu. Quando a parte superior e a inferior se juntam, o símbolo representa o ato de opor-se ao egoísmo e adotar a imparcialidade. A união das partes do ideograma cria o desenho vívido de alguém que leva seu litígio a um local público e fala sem rodeios, pedindo justiça.

O trigrama superior é Céu, o ar ascendente; o trigrama inferior é Água, líquido fluindo para baixo. A imagem é de conflito e disputa. A Água simboliza uma intenção mesquinha e perigosa, e o Céu, um caráter firme e forte.

Uma pessoa com essas duas características inevitavelmente se envolve em conflitos e disputas com os outros. Por isso se adota Disputa como o nome do hexagrama. A intenção dos antigos não era incentivar a disputa, mas sim resolvê-la de modo equilibrado. Segundo eles, não se podia obter nenhum resultado perfeitamente satisfatório ao final de qualquer disputa. Assim, a Decisão diz: "Meio do caminho: boa fortuna. Final: infortúnio." O equilíbrio é o segredo para resolver disputas.

Decisão

Disputa.
Seja sincero e verdadeiro,
A verdade está bloqueada.
Tenha cautela.
Meio do caminho: boa fortuna.
Final: infortúnio.
É favorável ver um grande homem,
Desfavorável atravessar grandes rios.

Comentário sobre a Decisão

Disputa:
A força está acima, o perigo, abaixo.
Perigo com força gera disputa.

Diante da disputa,
Tenha fé e confiança.

A verdade está bloqueada. Tenha cautela.
Meio do caminho: boa fortuna.
O firme vem e conquista a posição central.

Final: infortúnio.
É melhor não deixar que a disputa aconteça.

É favorável ver um grande homem;
O central e correto é honrado.
É desfavorável atravessar grandes rios;
Levaria ao abismo.

Comentário sobre o Símbolo

Céu e Água se movem em direções opostas.
Há disputa.
Assim,

O homem superior começa a fazer planos
Antes de agir.

Texto dos Yao

1. Seis na primeira posição
   Não persista no litígio.
   Uma pequena disputa
   Acaba em boa fortuna.

   Não persista no litígio.
   A disputa não deve ser longa.
   Uma pequena disputa:
   A verdade será distinguida da falsidade.

2. Nove na segunda posição
   Incapaz de disputar.
   Retorne e fuja.
   Seu condado de trezentos lares:
   Nenhum problema.

   Incapaz de disputar.
   Recue e esconda-se.
   Em uma posição inferior, disputar contra um superior
   Causa problemas para você mesmo.

3. Seis na terceira posição
   Vivendo da herança dos antepassados.
   Perseverança: adversidade;
   Termina em boa fortuna.
   Provavelmente servindo ao rei,
   Não reivindique crédito.

   Vivendo da herança dos antepassados.
   Seguir aquele na posição superior traz boa fortuna.

4. Nove na quarta posição
   Incapaz de disputar.
   Volte; submeta-se à verdade.
   Mudar de opinião:
   Paz.
   Perseverança e retidão: boa fortuna.

Volte; submeta-se à verdade:
Traz paz.
Satisfaça-se com a verdade;
Não perderá.

5. Nove na quinta posição
   Lidar com a disputa.
   Suprema boa fortuna.

   Lidar com a disputa: suprema boa fortuna.
   Ele se encontra em posição central e correta.

6. Nove na sexta posição
   Provavelmente se recebe um cinto de couro com honra.
   Até o final da manhã,
   Ele lhe terá sido tirado três vezes.

   A distinção obtida por meio da disputa
   Não merece respeito.

Significado

O tema do hexagrama expõe a verdade de evitar a disputa. Na vida humana, o conflito entre interesses ou opiniões divergentes surge em toda parte. Segundo os antigos chineses, a disputa, quer você vença, quer perca, não é agradável. É melhor solucionar o problema em vez de deixá-lo chegar ao ponto da disputa. Quando se sabe como interromper uma luta antes de ela ir longe demais, pode-se permanecer livre de dificuldades em qualquer situação. Geralmente, a disputa surge da intenção mesquinha e da conduta excessivamente voluntariosa do indivíduo – a inflexibilidade ao considerar as situações do próximo. Os antigos sábios defendem a busca do entendimento, sem expressar as diferenças. Esta é a maneira de evitar a disputa.

A linha principal do hexagrama é a sólida na quinta posição, representando um árbitro designado por duas partes para mediar uma disputa. A quinta linha é sólida, firme, forte e está na posição central do trigrama superior. Indica que um indivíduo honesto ocupa uma posição de honra e é capaz de manter um ponto de vista neutro na solução do problema. As outras cinco linhas, tanto maleáveis quanto sólidas, representam pessoas envolvidas no conflito. Aqui o Comentário de Confúcio sobre a Decisão diz: "É favorável ver um grande homem; o central e correto é honrado."

Este hexagrama nos diz que, à medida que a força e a população do estado de Zhou aumentavam, surgiam as disputas entre as pessoas. O Rei Wen deu instruções para que, diante da disputa, as pessoas permanecessem sinceras e fiéis. Quando a verdade está bloqueada, deve-se ter cautela. Resolver a disputa no meio do caminho traz boa fortuna. Levá-la até o fim seria um convite ao infortúnio. No Texto dos Yao, o Duque de Zhou escreveu sobre a luta entre o Rei Wen e o tirano de Shang. O Rei Wen serviu na corte de Shang, mas ficou muito insatisfeito com a administração tirânica. Implorou ao tirano que colocasse um fim à punição cruel do povo, mas suas súplicas foram ignoradas. O Rei Wen implorou novamente. Desta vez, irritou o tirano e causou problemas. Recuou e escondeu-se, sem dificuldade, em seu pequeno estado de apenas trezentos lares. Posteriormente, pediu-se ao Rei Wen que servisse na corte novamente, mas ele ainda não podia fazer nada para colocar um fim à brutalidade do tirano. Aceitando a realidade da situação, manteve-se calado enquanto reunia forças e se preparava para depor o tirano. Assim, trouxe paz e conquistou suprema boa fortuna. Finalmente, foi honrado com um cinto de couro, mas o tirano de Shang, que ainda suspeitava dele, mudou de idéia e tomou-lhe a honraria três vezes.

(1) Seis na primeira posição. Disputa alterna para Cumprimento (10)

A primeira linha é um elemento yin em uma posição yang – incorreta e no ponto mais baixo. Esta posição é fraca. Embora a linha interaja com o elemento yang na quarta posição, há outro elemento yang na segunda entre eles e, felizmente, bloqueando-os. Não são capazes de se apoiar mutuamente para solucionar o problema. A linha na quarta posição é firme e forte, disposta a apoiar do começo ao fim. Aconselha a esperar sem fazer alarde. Depois, com uma pequena asserção no momento certo, o final será positivo.

(2) Nove na segunda posição. Disputa alterna para Obstáculo (12)

A segunda linha é sólida e firme. Como está no meio do trigrama inferior, Água (que simboliza perigo), indica que quem está nesta posição é voluntarioso e tem gosto pela disputa. A linha é firme e central, mas está no trigrama inferior, uma condição inferior. Embora este elemento yang represente a força principal do conflito, está cercado por elementos yin acima e abaixo. É uma situação problemática (no meio da Água) e incapaz de levar à vitória da disputa. Por isso, Confúcio diz: "Recue e esconda-se." O superior é o elemento yang na quinta posição: firme e forte, central e correto. O voluntarioso não pode vencer a luta contra o indivíduo correto e central em uma posição superior.

(3) Seis na terceira posição. Disputa alterna para Encontro (44) ☰

A terceira linha é um elemento yin em uma posição yang, nem central nem correta. Encontra-se entre duas linhas sólidas, sugerindo que não há como vencer uma disputa nesta situação. É melhor suportar a situação com paciência e, para ter do que viver, lançar mão do lugar conquistado e legado pelos antepassados por sua virtude e mérito. Nos tempos antigos, um funcionário do alto escalão obtinha um feudo da corte. O feudo era uma propriedade hereditária. No I Ching, a terceira linha às vezes simboliza um dos três duques de tempos antigos que atuavam como conselheiros do rei. O Texto dos Yao diz: "Vivendo da herança dos antepassados." Há também uma chance de servir ao rei.

(4) Nove na quarta posição. Disputa alterna para Dispersão (59) ☰

A quarta linha é um elemento yang em uma posição yin, na parte inferior do trigrama superior. Sua posição não é nem central nem correta. Nesta posição, não é favorável envolver-se em disputa. Como este elemento yang está em uma posição yin, consegue neutralizar seus atributos geralmente firmes e fortes. Existe o potencial de retornar e mudar de opinião. Esta ação trará paz.

(5) Nove na quinta posição. Disputa alterna
para Ainda Não Realizado (64) ☰

A quinta linha está na posição superior. É um elemento yang em uma posição yang, central e correta. No I Ching, uma posição central representa imparcialidade e justiça. Nesta posição, a pessoa tem as qualidades de imparcialidade, justiça e sensatez – qualidades importantíssimas para lidar com a disputa. Conseqüentemente, trazem suprema boa fortuna.

(6) Nove na sexta posição. Disputa alterna para Exaustão (47) ☰

A linha mais alta do trigrama superior, Qian, representa o Céu. Os antigos chineses acreditavam que o Céu era redondo; assim, Qian às vezes é representado por um círculo. O Texto dos Yao diz: "Provavelmente recebe-se um cinto [círculo] de couro com honra. Até o final da manhã, ele lhe terá sido tirado três vezes." "Até o final da manhã" advém do trigrama inferior correspondente, Fogo, que simboliza o período que vai da manhã ao meio-dia. Esta linha interage com a terceira: "Provavelmente servindo ao rei, não reivindique crédito."

Uma possível explicação para a expressão "três vezes" vem do trigrama inferior correspondente, Li. Segundo a disposição dos oito guá fundamentais feita por Fu Xi, Li ocupa a terceira posição, depois de Qian e Kun; portanto, usa-se "três vezes". Por outro lado, o elemento yang nesta posição já se aproximou do extremo. Nesta posição, quando a pessoa pensa que é firme e forte e esquece a situação atual, ganha a disputa habilmente, mas a vitória não pode durar muito. O tema principal do hexagrama é explorar as desvantagens da disputa. A maioria das linhas mostra que uma disputa só deve ocorrer se valer a pena. Quando há gosto pela disputa, o mal virá.

Referências adicionais para este hexagrama:

Imagem:	Céu sobre Água
Fórmula para recitação:	Céu e Água se opõem, Disputa
Elemento:	Metal
Estrutura:	Quatro yang com dois yin
Mês:	O terceiro mês do calendário lunar, ou abril
Linha principal do hexagrama:	Nove na quinta posição
Hexagrama oposto:	Brilho Ferido (36)
Hexagrama inverso:	Necessidade (5)
Hexagrama correspondente:	Lar (37)

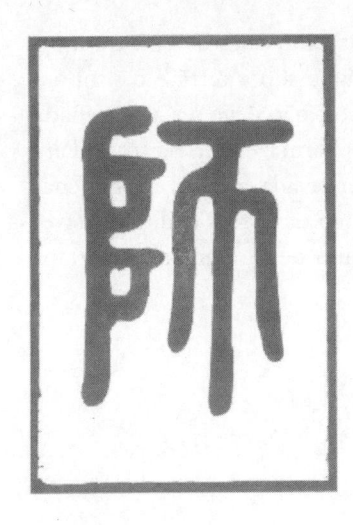

7
SHI • MULTIDÃO

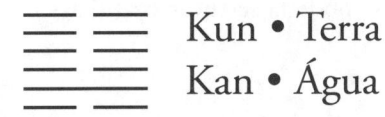

☷ Kun • Terra
☵ Kan • Água

NOME E ESTRUTURA

Antigamente Shi significava multidão. Atualmente, significa professor e também soldados ou exército. Tanto Wilhelm quanto Blofeld traduzem Shi por Exército. Neste livro, sigo o significado original do caractere, Multidão.

Seqüência do hexagrama: *Onde há disputa, certamente surge uma multidão. Assim, depois da Disputa vem a Multidão.*

O ideograma deste hexagrama consiste em duas partes. À esquerda está dui, significando uma multidão ou uma pilha. A parte direita é za, que denota um círculo ou pode significar "andar em círculo". Quando as duas partes se juntam, forma-se um novo caractere, apresentando uma multidão reunida em torno de um pivô. Quando se enfatiza o pivô, shi indica um professor, um mestre ou uma pessoa que merece o respeito da sociedade. Quando se enfatiza a multidão, ele passa a significar um grupo numeroso de pessoas, não uma força militar. Nos dicionários antigos, shi denota um grupo de 2.500 pessoas.

Na China antiga não havia nenhum grupo especial mantido como exército, nem a classe específica dos soldados. Naquela época, camponeses e soldados faziam parte de um único grupo. Em tempos de paz, os camponeses trabalhavam nos campos e, na baixa temporada, recebiam treinamento militar. Apenas durante a guerra eram convocados para defender o país. Os antigos achavam que manter um exército causaria problemas. Um exército carregava o potencial de perigo; como a água corrente, às vezes ele ficava fora de controle. Os camponeses eram tranqüilos, tão estáveis quanto o solo. Por isso, a água sob a terra é o símbolo deste hexagrama, indicando que a força militar não deve ser armazenada no exército, mas na multidão, como a água é armazenada na terra. Para os antigos, a guerra era um mal. Deveria ser levada a sério, mas apenas quando absolutamente necessária, e o objetivo das ações militares deveria ser justo. Além disso, apenas um indivíduo de caráter nobre e grande prestígio poderia se encarregar delas.

Decisão

> Multidão.
> Seja perseverante e reto.
> Para uma pessoa de espírito nobre,
> Boa fortuna.
> Nenhuma culpa.

Comentário sobre a Decisão

> *Shi é uma multidão.*
> *A persistência leva à justiça.*
>
> *Aquele que consegue liderar a multidão*
> *Para persistir na justiça*
> *É capaz de trazer paz ao mundo.*
>
> *Firme e central,*
> *Ele obtém uma resposta.*
> *Correndo o risco de empreender uma ação perigosa,*
> *Não enfrenta nenhum obstáculo.*
> *Por confiar nisto,*
> *Mantém a ordem pública,*
> *E o povo o segue.*
> *Boa fortuna.*
> *Que erro haveria?*

Comentário sobre o Símbolo

> *Água contida sob a Terra:*
> *Uma imagem da Multidão.*

Assim,
O homem superior abraça o povo
E cuida da multidão.

Texto dos Yao

1. Seis na primeira posição
   Enviando-se uma multidão,
   Deve-se mantê-la sob controle.
   Caso contrário, nenhum bem:
   Infortúnio.

   Enviando-se uma multidão,
   Deve-se mantê-la sob controle.
   A perda do controle traz desastre.

2. Nove na segunda posição
   No meio da multidão,
   Boa fortuna.
   Nenhuma culpa.
   O rei concede três vezes.

   No meio da multidão, boa fortuna,
   Graça do Céu.
   O rei concede três vezes,
   Pensando em todos os países.

3. Seis na terceira posição
   A multidão talvez assuma o controle:
   Infortúnio.

   A multidão talvez assuma o controle;
   Anseia por grandeza e sucesso.
   Nenhum mérito.

4. Seis na quarta posição
   A multidão recua.
   Nenhuma culpa.

   A multidão recua.
   Não se desvia do curso normal.

5. Seis na quinta posição
   No campo há pássaros

Favorável para captura.
Nenhuma culpa.
O mais velho deve comandar a multidão.
Os seguidores assumindo o controle,
Perseverança: infortúnio.

O mais velho deve comandar a multidão;
Ele percorre o caminho do meio.
Os seguidores assumindo o controle,
A questão não é tratada adequadamente.

6. Seis na sexta posição
O grande príncipe dá ordens:
Estabeleça feudos e famílias hereditárias;
Não se devem empregar pessoas inferiores.

O grande príncipe dá ordens,
Para que o mérito seja concedido adequadamente.
Não se devem empregar pessoas inferiores.
Certamente causarão problemas ao país.

Significado

Na maioria das traduções para o inglês, este hexagrama aparece como Exército. Contudo, na China antiga, os soldados não eram diferenciados dos camponeses; não havia uma classe especial denominada exército. Por isso, adoto o significado original: Multidão. O hexagrama não incentiva ações militares. Ao contrário, indica que, se a disputa não for resolvida adequadamente, poderá levar ao uso da força. Os antigos consideravam o uso da força um mal e ensinavam que o envolvimento em questões militares devia ser abordado com cautela e que o objetivo da guerra devia ser justo. Na opinião deles, apenas dois tipos de guerra podiam ser considerados justos: depor um tirano ou proteger o país de uma invasão.

A linha principal do hexagrama é a sólida na segunda posição; é a única linha sólida neste hexagrama e ocupa a posição central do trigrama inferior. Assim, torna-se a linha principal da multidão. O Duque de Zhou diz: "No meio da multidão, boa fortuna. Nenhuma culpa." Normalmente a linha principal do hexagrama ocupa a quinta posição, central dentro do trigrama superior. É uma posição superior para um rei. Em geral, o rei é a pessoa que se encarrega de um general, mas não da multidão. Portanto, ele não pode ser a linha principal deste hexagrama, Multidão. Por outro lado, a linha sólida na segunda posição é cercada por cinco linhas maleáveis simbolizando a multidão. Todos agem harmoniosamente, de comum acordo. A segunda linha é firme e sólida no trigrama inferior; é a pessoa certa para se encarregar da multidão.

Este hexagrama é uma continuação do precedente, cuja quarta linha diz: "Incapaz de disputar. Volte; submeta-se à verdade. Mudar de opinião: Paz. Perseverança e retidão: boa fortuna." O Rei Wen viu que não podia vencer uma disputa com o tirano. Mudou a tática, percebendo que a única maneira de salvar o povo do abismo do sofrimento seria depor o tirano. Estava se preparando para a guerra, mas sabia que a ação militar deveria seguir um curso justo. Não haveria erro se uma pessoa de espírito nobre liderasse a multidão. O Duque de Zhou descreveu a ação militar do Rei Wen, empreendida a mando do tirano, contra minorias como os clãs Mi e Shu. A política do Rei Wen era levar-lhes a boa vontade, educando-os em vez de puni-los. Antes de lançar a multidão no caminho da guerra, ele a manteve sob rígido controle na esperança de que nenhum desastre ocorresse. Como o Rei Wen insistiu que apenas uma pessoa de espírito nobre deveria se encarregar de ações militares, o tirano reconheceu sua liderança. O Rei Wen posicionou estrategicamente seu exército e depois explicou aos Mi e Shu que sua ação militar era apenas defensiva, porque eles tinham invadido o território de Shang como pássaros trespassando um campo. Disse-lhes que apenas os mais velhos deveriam liderar a multidão. Se os seguidores assumissem o comando, o desastre seria certo. Instruiu os líderes dos clãs Mi e Shu que nunca se devem empregar indivíduos inferiores em posições de autoridade.

(1) Seis na primeira posição. Multidão alterna para Aproximação (19) ☷

A linha inferior denota o início de um combate militar. A multidão está a caminho; deve ser mantida sob controle. O texto alerta que, no início de qualquer situação, não se deve negligenciar a cautela e a disciplina.

(2) Nove na segunda posição. Multidão alterna para Corresponder (2) ☷

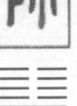

A segunda linha é um elemento yang na posição central do trigrama inferior; representa a linha principal de Multidão. Um elemento yang em uma posição yin é firme e forte. Como parte do trigrama inferior, não é imprudente, mas sim bondoso. O elemento yang na segunda posição interage com o elemento yin na quinta. O relacionamento simboliza que o comandante ganha a confiança do comandante-em-chefe. Como a linha principal da multidão é submissa ao seu superior, o rei concede três vezes. De acordo com os rituais da dinastia Zhou, a primeira concessão era um posto; a segunda, uma vestimenta; e a terceira, um título. A cor da vestimenta combinava com o posto e o título.

(3) Seis na terceira posição. Multidão alterna para Crescimento Ascendente (46)

A terceira linha é um elemento yin em uma posição yang. A posição não é correta, simbolizando que ali há voluntariosidade e teimosia. O fracasso certamente virá. Segundo a estrutura, o trigrama inferior é Água, representando cadáveres. O trigrama inferior correspondente é Trovão, representando uma carroça. Assim o Texto dos Yao poderia ser interpretado como "a multidão retorna com carroças repletas de cadáveres". Contudo, nos tempos antigos, o caractere para carroça – yu – também significava multidão. Da mesma maneira, o caractere para cadáver – shi – também significava assumir o comando. Seguindo-se os significados antigos, traduz-se o texto como: "A multidão talvez assuma o comando: infortúnio." A conseqüência de pessoas inadequadas se encarregarem de questões sérias é o infortúnio.

(4) Seis na quarta posição. Multidão alterna para Alívio (40)

A linha maleável na quarta posição não é central. Ser maleável sem ser central indica uma situação em que não há chance de vencer o conflito. O elemento yin em uma posição yin também sugere que, nesta posição, a pessoa tem conhecimento da própria limitação. Ela leva a multidão a recuar. Quando se sabe que não se pode vencer um conflito, recuar é a estratégia mais sábia – preserva a força para a vitória final. O Comentário de Confúcio diz: "A multidão recua. Não se desvia do curso normal."

(5) Seis na quinta posição. Multidão alterna para Escuridão (29)

O Texto dos Yao consiste em duas partes. A primeira indica que o elemento yin na quinta posição representa um verdadeiro líder. O atributo yin e a posição central dão ao elemento uma qualidade nobre. Ao lidar com um conflito, não é agressivo, age apenas na defensiva. O Duque de Zhou usa a analogia de pássaros trespassando um campo para indicar que seu território foi invadido. Sua ação defensiva tem um motivo justo, não há erro. A segunda parte do Texto dos Yao diz que o mais velho e mais experiente deve liderar a multidão. Se ela assumir o controle, a conseqüência será o infortúnio.

(6) Seis na sexta posição. Multidão alterna para Infância (4) ☷

A linha superior denota o término de um conflito pelo uso da força; obtém-se a vitória. O rei concede recompensas e honrarias de acordo com o mérito. O texto alerta que pessoas inferiores não devem ocupar nenhuma posição no governo. Sua mesquinhez certamente causará problemas ao país. Obviamente, como não existe conflito militar real em nosso cotidiano, este hexagrama é uma metáfora. Devemos procurar a sabedoria antiga nas entrelinhas e além das palavras.

Referências adicionais para este hexagrama:

Imagem:	Terra sobre Água
Fórmula para recitação:	Água contida sob a Terra, Multidão
Elemento:	Terra
Estrutura:	Um yang com cinco yin
Mês:	O quarto mês do calendário lunar, ou maio
Linha principal do hexagrama:	Nove na segunda posição
Hexagrama oposto:	Busca de harmonia (13) ☰
Hexagrama inverso:	União (8) ☷
Hexagrama correspondente:	Retorno (24) ☷

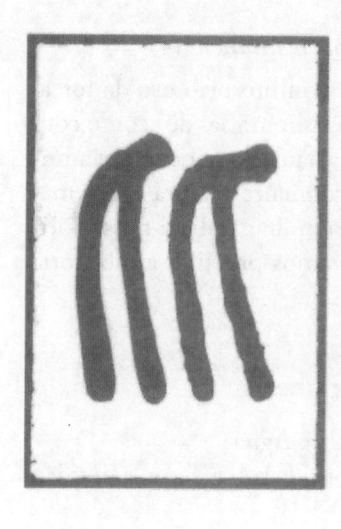

8
Bi • União

☵ Kan • Água
☷ Kun • Terra

Nome e estrutura

Bi é o inverso do hexagrama precedente, Shi, Multidão. Bi sugere intimidade e proximidade. As pessoas que vivem juntas devem amar e se importar umas com as outras; assim, tornam-se íntimas e próximas. Wilhelm traduz este hexagrama por Manter-se Unido (União); Blofeld, por Unidade, Coordenação. Neste livro, Bi é União.

Seqüência do hexagrama: *Em uma multidão, é preciso haver um vínculo de união. Assim, depois da Multidão vem a União.*

Nos tempos antigos, Bi era a unidade fundamental do sistema de registro dos lares chineses. Cada grupo de cinco lares formava uma unidade denominada Bi. Em cada Bi designava-se um representante para cuidar da vizinhança. Portanto, Bi também significa vizinhança e simboliza um vínculo entre as pessoas de uma comunidade. O antigo ideograma de Bi é simples: mostra duas pessoas próximas uma da outra. A estrutura do hexagrama é Água sobre Terra. Quando a terra contém água, torna-se macia. Quando há água sobre a terra, ela flui. O antigo rei adquiriu conhecimentos a partir do estreito relacionamento entre a água e a terra; estabeleceu vários feudos e manteve um relacionamento amistoso com os senhores feudais subordinados.

Decisão

Buscando a união.
Boa fortuna.

Examine a adivinhação:
Sublimemente perseverante, persistente e reto.
Nenhuma culpa.
Facções agitadas a caminho.
Atrasar-se: infortúnio.

Comentário sobre a Decisão

Buscando a união. Boa fortuna.
É para ajuda mútua.
O inferior segue o superior.
Examine a adivinhação:
Sublimemente perseverante, persistente e reto.
Nenhuma culpa,
Por sua firmeza e posição central.
Facções agitadas a caminho.
O superior e o inferior se correspondem.
Atrasar-se: infortúnio.
Não há saída.

Comentário sobre o Símbolo

Há Água sobre a Terra.
Fluem juntas: uma imagem de União.
Assim,
O antigo rei estabeleceu miríades de estados
E manteve um relacionamento amistoso com os senhores feudais.

Texto dos Yao

1. Seis na primeira posição
   Com sinceridade e verdade, buscando a união.
   Nenhuma culpa.
   Seja sincero e verdadeiro,
   Como uma bilha de barro que está cheia.
   No fim, há alguma coisa.
   Boa fortuna.

   Seis na primeira posição de Busca de União
   Encontra uma inesperada boa fortuna.

2. Seis na segunda posição
   Buscando a união desde dentro.
   Perseverança e retidão: boa fortuna.

   Buscando a união desde dentro,
   Não haverá fracasso.

3. Seis na terceira posição
   Buscando a união com as pessoas erradas.

   Buscando a união com as pessoas erradas:
   Como poderia não ser prejudicial?

4. Seis na quarta posição
   De fora, buscando a união.
   Perseverança e retidão: boa fortuna.

   De fora, buscando a união.
   Siga o que está acima.

5. Nove na quinta posição
   Um exemplo de busca de união:
   O rei dirige a caça para os três lados,
   Perde as que correm à frente.
   Os cidadãos não precisam ser advertidos.
   Boa fortuna.

   Boa fortuna de um exemplo de busca de união,
   Por causa de sua posição central e correta.
   Descarte os que são contrários;
   Aceite os submissos.
   Perca os que correm à frente.
   Os cidadãos não precisam ser advertidos,
   O que está acima os torna centrais e harmoniosos.

6. Seis na sexta posição
   Buscando a união.
   Os que não deram o primeiro passo:
   Infortúnio.

   Buscando a união com os que não deram o primeiro passo:
   Nada pode ser finalizado.

Significado

Este hexagrama expõe a importância de ser amoroso e carinhoso em uma união. As pessoas que vivem juntas precisam amar e se importar umas com as outras. Em nossa vida cotidiana, nada é mais nocivo que os conflitos sucessivos e nada é mais auspicioso que os relacionamentos harmoniosos. Neste hexagrama, União, a maioria das linhas é auspiciosa. A estrutura do hexagrama é Água sobre Terra. Aqui, Água simboliza uma mente agitada; assim, a Decisão do Rei Wen diz: "Facções agitadas a caminho." O Comentário de Confúcio sobre a Decisão diz: "O superior e o inferior se correspondem." O "superior" se refere ao trigrama superior e o "inferior", ao trigrama inferior. No I Ching, a linha de cima simboliza o final de um ciclo. Neste hexagrama, ela é yin, e a quinta é yang. Uma linha yin montada sobre uma linha yang representa uma atitude adversa. Por isso, a Decisão do Rei Wen diz: "Atrasar-se: infortúnio."

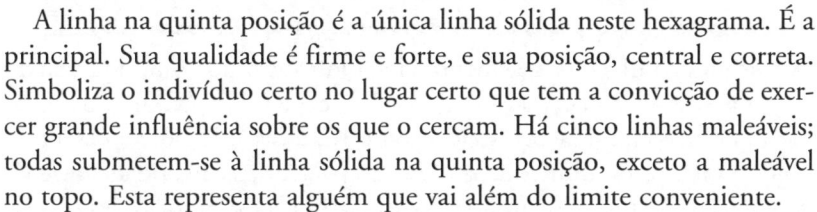

A linha na quinta posição é a única linha sólida neste hexagrama. É a principal. Sua qualidade é firme e forte, e sua posição, central e correta. Simboliza o indivíduo certo no lugar certo que tem a convicção de exercer grande influência sobre os que o cercam. Há cinco linhas maleáveis; todas submetem-se à linha sólida na quinta posição, exceto a maleável no topo. Esta representa alguém que vai além do limite conveniente.

A Decisão do Rei Wen diz: "Buscando a união. Boa fortuna. Examine a adivinhação: Sublimemente perseverante, persistente e reto. Nenhuma culpa." Examinar o oráculo, em chinês, é yuan shi. Originalmente, yuan significava a nascente de um rio. Posteriormente, o caractere também passou a significar "examinar" e "um começo". Shi significa adivinhar com varetas de caule de milefólio. Algumas traduções omitem esta linha, outras dizem "pergunte mais", "outra consulta" ou "pergunte novamente". Nos tempos antigos, apenas em casos raros yuan significava "de novo". Considerando-se a Decisão como um todo, não há necessidade de consultar o oráculo novamente. É mais adequado traduzir yuan shi como "examine a adivinhação". "Sublimemente perseverante, persistente e reto" indica a qualidade da linha principal do hexagrama, a linha sólida na quinta posição.

Este hexagrama nos conta que o Rei Wen obteve êxito em uma expedição. Ele levou benevolência aos clãs minoritários, que se tornaram aliados. O Rei Wen assevera que foi auspicioso buscar a união. Só aqueles cujas mentes eram agitadas e que tinham acabado de chegar ou se atrasaram poderiam trazer infortúnio. O Duque de Zhou contou como o Rei Wen buscou a união com sinceridade. Estava tão cheio de sinceridade quanto uma bilha de barro cheia de água. Começou buscando a união dentro do próprio clã e depois a estendeu para outros. Buscou união com pessoas erradas, mas seguiu os passos do Rei Tang, um rei brilhante da dinastia Shang, dirigindo a caça para os três lados. Os que estavam dispostos a vir eram bem-vindos. Os que não quiseram juntar-se a ele, deixou-os ir. Posteriormente, esses clãs minoritários uniram-se à revolução do Rei Wen contra o tirano de Shang.

(1) Seis na primeira posição. União alterna para O Começo (3)

Esta linha indica que a busca de união em uma comunidade deve começar com sinceridade. Aproxime-se das pessoas. Despeje sua sinceridade na comunidade como se estivesse enchendo uma jarra vazia com vinho ou uma bilha com água. As pessoas participarão da união. O trigrama inferior é Terra, aqui considerado um recipiente de barro.

(2) Seis na segunda posição. União alterna para Escuridão (29)

A segunda linha é um elemento yin em uma posição yin, no meio do trigrama inferior. Sua posição é central e correta. No I Ching, o trigrama inferior é também conhecido como trigrama interno; representa o mundo interior do indivíduo. Em outras palavras, a sinceridade deve vir do coração. Assim, o Texto dos Yao diz: "Buscando a união desde dentro. Perseverança e retidão: boa fortuna." O elemento yin nesta posição interage com o elemento yang na quinta. Essas duas linhas ecoam e reagem uma à outra. São amorosas, carinhosas, coordenadas e solidárias. A sinceridade interior cria uma situação muito auspiciosa.

(3) Seis na terceira posição. União alterna para Tribulação (39)

O elemento yin na terceira posição não é nem central nem correto. É um elemento yin em uma posição yang. Acima e abaixo há mais elementos yin. E sua linha correspondente no topo também é yin. A situação mostra que ninguém está pronto para a união. Por isso, o Comentário de Confúcio sobre o Texto dos Yao diz: "Buscando a união com as pessoas erradas: como poderia não ser prejudicial?"

(4) Seis na quarta posição. União alterna para Reunir (45)

Esta linha se encontra na quarta posição e tem correspondência com a linha mais baixa. Contudo, os elementos nessas duas posições são ambos yin. Não podem ecoar a distância; não podem buscar união. Por isso, nesta posição aproxima-se do elemento yang na quinta, que é firme e reto. São yin e yang complementares e conseguem trabalhar juntos.

Perseverança e retidão trazem boa fortuna. O Comentário de Confúcio sobre o Texto dos Yao diz: "De fora, buscando a união. Siga o que está acima." "De fora" refere-se ao trigrama superior ou externo. "Acima" indica a quinta linha, posicionada além e acima da quarta.

(5) Nove na quinta posição. União alterna para Corresponder (2) ☷

A linha principal deste hexagrama é a quinta, um elemento yang em uma posição yang – firme, forte, central e correto. É o único elemento yang neste hexagrama e ainda está localizado na posição suprema. Por isso, todos os elementos yin submetem-se à influência yang e buscam a união.

Certa ocasião, quando o Rei Tang da dinastia Shang estava caçando, notou que as pessoas espalhavam redes por todo o bosque e oravam: "Que a caça das quatro direções entre em minhas redes!" O Rei Tang ponderou a situação e disse: "Então todos os animais serão mortos e nada sobrará?" Ordenou às pessoas que retirassem as redes em três direções, deixando apenas aquela à frente. Depois, orou: "Que aqueles que desejarem ir para a esquerda, sigam à esquerda; os que desejarem ir para a direita, sigam à direita. Apenas os que estiverem dispostos a ser caçados, venham e entrem em minha rede." Posteriormente, estabeleceu-se um sistema de caça que exigia que, quando o rei caçasse, as redes fossem colocadas apenas em um lado do bosque. Assim, os animais mais rápidos e fortes poderiam escapar e se reproduzir. Esse sistema ficou conhecido como "dirigir a caça para os três lados".

Neste hexagrama, o Texto dos Yao diz que o rei ordena que os responsáveis pela caça dirijam-na para os três lados e deixem-na escapar pela frente. Assim, ele acolhia aqueles que viessem e não perseguia os que fugiam. Mostra a magnanimidade do rei. Buscar união pelo uso da força nunca funciona. É só com sinceridade, amor e carinho que as pessoas se unem por vontade própria.

(6) Seis na sexta posição. União alterna para Observação (20) ☷

A linha maleável no topo atingiu o extremo. De acordo com seu atributo e sua posição, a pessoa aqui situada não se qualifica para ser líder. Por outro lado, recusa-se a buscar união com a pessoa influente que ocupa a quinta posição. No fim, há perigo. No I Ching, Água, o trigrama superior, também representa um líder. O líder está na quinta posição. Aquele no topo foi além da quinta posição. Portanto, o Texto dos Yao diz: "Buscando a união. Os que não deram o primeiro passo: infortúnio." Nesta posição, nada pode ser finalizado.

Referências adicionais para este hexagrama:

Imagem:	Água sobre Terra
Fórmula para recitação:	Água sobre Terra, União
Elemento:	Água
Estrutura:	Um yang com cinco yin
Mês:	O quarto mês do calendário lunar, ou maio
Linha principal do hexagrama:	Nove na quinta posição
Hexagrama oposto:	Grande colheita (14)
Hexagrama inverso:	Multidão (7)
Hexagrama correspondente:	Queda (23)

9
Xiao Xü •
Pequeno Acúmulo

Xun • Vento
Qian • Céu

Nome e estrutura

Wilhelm traduz Xiao Xü por O Poder de Domar do Pequeno; Blofeld o denomina Pequeno Provedor. Neste livro, chama-se Pequeno Acúmulo. O nome deste hexagrama consiste em dois caracteres chineses. O primeiro, xiao, significa pequeno; o segundo, criar gado ou armazenar alguma coisa. Xü significa armazenar alimentos, força ou mesmo virtude.

Há dois ideogramas que demonstram o significado deste hexagrama. O primeiro denota "pequeno". É composto de três linhas, uma à esquerda, uma à direita e a terceira na vertical entre as duas. Este caractere simboliza um ato de dividir. Para os antigos sábios, as coisas ficam pequenas depois da divisão. O segundo ideograma consiste em duas partes. A inferior representa um campo, e a superior, dois feixes de grama armazenados um sobre o outro, sob uma cobertura. O ideograma todo é uma imagem de armazenar, guardar ou acumular.

Seqüência do hexagrama: *A multidão em uma união harmoniosa certamente resulta em algo a ser guardado. Assim, depois da União vem o Pequeno Acúmulo.*

A estrutura do hexagrama é Vento ☴ sobre Céu ☰. Há apenas uma linha yin com cinco yang. Obviamente, o elemento yang é mais forte do que o yin. O Rei Wen notou nuvens e uma tempestade se formando no céu a oeste, porém não choveu. Ele percebeu que a umidade na nuvem não era suficiente para formar a chuva. Havia apenas um pequeno acúmulo. Mais cedo ou mais tarde choveria. Além disso, percebeu que quando cinco linhas yang dependem de uma yin para nutrição, a situação fica difícil para a linha yin. Yin precisa de tempo para acumular energia e força. Quando a energia e a força não são adequadas para determinada tarefa, deve-se descansar para reunir forças para futuras realizações. O descanso é temporário, mas a realização é contínua. Este é o tema principal do hexagrama.

No I Ching, entre os 64 hexagramas, dois representam acúmulo. Um é Pequeno Acúmulo ☰ (9); e o outro, Grande Acúmulo ☰ (26). O Pequeno Acúmulo enfatiza o acúmulo de nutrição; o Grande Acúmulo enfatiza o acúmulo de virtudes.

Decisão

Pequeno Acúmulo.
Próspero e tranqüilo.
As nuvens se formam, mas não chove
A oeste.

Comentário sobre a Decisão

Pequeno Acúmulo.
O pequeno obtém a posição dominante.
Os que estão acima e os que estão abaixo correspondem a ele.
Isto se chama Pequeno Acúmulo.

Forte e suave.
Os firmes estão nas posições centrais;
No final, sua vontade será feita.
Portanto, tranqüilo e favorável.

As nuvens se formam, mas não chove.
Ainda estão seguindo adiante,
A oeste.
Sua aspiração ainda não foi alcançada.

Comentário sobre o Símbolo

O vento sopra no céu.
Uma imagem de nutrição acumulada pelos pequenos.
Assim,
O homem superior refina e embeleza suas qualidades cultivadas.

Texto dos Yao

1. Nove na primeira posição
   Volte ao caminho certo.
   Como poderia haver culpa nisso?
   Boa fortuna.

   Volte ao caminho certo.
   É propício para boa fortuna.

2. Nove na segunda posição
   De mãos dadas, volte.
   Boa fortuna.

   De mãos dadas, volte pelo caminho central.
   Ele não se perde.

3. Nove na terceira posição
   Raios caem das rodas da carroça.
   Marido e mulher caem.

   Marido e mulher caem.
   Ele é incapaz de cuidar bem da mulher.

4. Seis na quarta posição
   Sendo sincero e verdadeiro,
   A ansiedade desaparece;
   O medo some.
   Nenhuma culpa.

   Seja sincero e verdadeiro,
   A ansiedade desaparece.
   Os que estão acima concordam com você.

5. Nove na quinta posição
   Seja sincero e verdadeiro.
   De braços dados, construa relacionamentos.
   Estabeleça prosperidade com os vizinhos.

   Seja sincero e verdadeiro.
   De braços dados, construa relacionamentos.
   Não é bom ser próspero sozinho.

6. Nove na sexta posição
   A chuva cai. A chuva cessa.
   Observe a virtude plenamente acumulada.

Mulher
Na perseverança: adversidade
A lua está quase cheia.
O homem superior segue em frente:
Infortúnio.

A chuva cai. A chuva cessa.
Observe a virtude plenamente acumulada.
O homem superior segue em frente:
Cuidado para não se ferir.

Significado

Este hexagrama emprega "As nuvens se formam, mas não chove" como uma imagem para expressar a situação em que o acúmulo da força e energia latentes não é suficiente. Exige-se um pequeno descanso. Não é hora de realizar seu propósito. Durante um processo de desenvolvimento, o progresso muitas vezes se paralisa. Pode haver uma pequena obstrução causada pela falta de experiência ou insuficiência de forças. Nesta situação, deve-se armazenar energia, preparando-se para o próximo passo. O principal ensinamento do hexagrama é ser sincero e verdadeiro. Este é o segredo para nutrir a multidão com pouco.

A estrutura do hexagrama é uma linha maleável na quarta posição cercada por cinco linhas sólidas. A quarta posição está na parte inferior do trigrama superior, Vento. Ela nos dá a idéia de que a linha maleável tem força para agitar as nuvens, mas não consegue trazer a chuva. Obtém o apoio de todas as linhas sólidas. Assim, o Comentário de Confúcio sobre a Decisão diz: "As nuvens se formam, mas não chove. Ainda estão seguindo adiante." E ele diz: "O pequeno obtém a posição dominante. Os que estão acima e os que estão abaixo correspondem a ele."

Primeiro tem que haver um acúmulo para que a concessão seja possível. Acumular significa armazenar, e conceder é dar algo a alguém tranqüilamente. O fato de que as nuvens se formam, mas a chuva não cai, mostra uma verdade dupla. Por um lado, antes de ajudar o próximo, devemse armazenar os próprios conhecimentos, força e virtude. Por outro lado, para ajudar e apoiar umas às outras, as pessoas precisam ser sinceras e verdadeiras. Os antigos ensinavam que "ao trabalhar juntos, com um só coração e uma só mente, grãos de areia empilhados formarão um pagode".

A linha principal do hexagrama é a maleável na quarta posição. É um elemento yin em uma posição yin, correta. Há cinco elementos yang que ecoam o yin, mas não é o momento certo para ele prosseguir por causa de sua fraqueza como elemento yin. No I Ching, como mencionado anteriormente, a primeira, terceira e quinta posições são yang, e a segunda, quarta e sexta são yin. Quando um elemento yang ocupa uma posição yang ou um elemento yin ocupa uma posição yin, estão corretamente posicionados. Quando um elemento está em uma posição correta, simboliza que a pessoa certa está no lugar certo. Neste hexagrama, o elemento yin na quarta posição está correto.

Este hexagrama nos diz que o Rei Wen voltou à terra natal depois de sete anos de prisão. Começou então a acumular sua força, preparando-se para depor o tirano de Shang. Compreendeu entretanto que o acúmulo feito pouco a pouco seria favorável. A terra natal do Rei Wen, Zhou, ficava a oeste de Shang; portanto, a Decisão diz: "As nuvens se formam, mas não chove a oeste." O Duque de Zhou recorda como o Rei Wen acumulou a força de Zhou. Primeiro, voltou ao caminho costumeiro, o que trilhava antes de ser preso. Depois começou a trabalhar de mãos dadas com aqueles dispostos a acumular força junto com ele. Havia opiniões divergentes, representadas pelos raios caindo das rodas de uma carroça e o marido e a mulher caindo. O Rei Wen lembrou seu povo que só reunindo forças pouco a pouco é que poderiam evitar uma tragédia como a de seu pai, que foi morto por Shang. Com sinceridade e verdade, o Rei Wen construiu a união de braços dados com seu povo e com os clãs vizinhos. Finalmente, a chuva caiu e depois cessou. A lua estava quase cheia. O Rei Wen alertou que uma reação exagerada causaria infortúnio.

(1) Nove na primeira posição. Pequeno Acúmulo alterna para Prosseguir Humildemente (57)

Nove na primeira posição está na parte inferior do trigrama inferior, Céu. A posição apropriada do Céu é no topo. Assim, o Texto dos Yao diz: "Volte ao caminho certo. Como poderia haver culpa nisso?" O caminho certo pode ser interpretado como o Tao do Céu. A linha inferior é um elemento yang em uma posição yang, correta. Além disso, ela interage com o elemento yin na quarta posição. Não há problema em retornar ao caminho certo. Portanto, as coisas parecem auspiciosas.

(2) Nove na segunda posição. Pequeno Acúmulo alterna para Lar (37)

A segunda linha é central no trigrama inferior. Nesta posição, a pessoa tem a mesma meta de voltar ao caminho adequado. O Texto dos Yao diz: "De mãos dadas, volte." Em chinês, isto é qian fu. Fu significa retornar e qian significa puxar. Assim, em algumas traduções, qian fu aparece como "deixe que o levem de volta" ou "obrigue-se a voltar". Contudo, qian também significa de mãos dadas. Indica que fazer algo junto com alguém que tem o mesmo objetivo traz boa fortuna. De acordo com o Texto dos Yao, não há sentido negativo, como em ser puxado de volta, atraído de volta ou obrigado a retornar. Há a conotação positiva de voltar de mãos dadas.

(3) Nove na terceira posição. Pequeno Acúmulo alterna para Sinceridade Profunda (61)

A linha sólida na terceira posição representa um indivíduo com caráter firme e forte. Ele tomou a decisão de voltar. Contudo, já formou uma união com o elemento yin na quarta posição, como marido e mulher. No I Ching, Céu também representa o marido, e Vento representa a filha mais velha ou, às vezes, a esposa. Segundo os antigos, marido e mulher eram unidos como os raios de uma roda; formavam uma unidade. Contudo, aquele que está na terceira posição é teimoso e voluntarioso. Não consegue cuidar bem da esposa e obter seu apoio. Insiste em voltar sozinho. O resultado é óbvio: o marido e a mulher cairão da carroça e a casa não ficará em ordem. A linha indica que em um processo de crescimento e desenvolvimento é melhor ter um companheiro com idéias e metas similares.

(4) Seis na quarta posição. Pequeno Acúmulo alterna para Iniciar (1)

Seis na quarta posição é o único elemento yin neste hexagrama. Em termos gerais, um elemento yin pode ser uma obstrução ao avanço de elementos yang. Neste hexagrama o elemento yin está em uma posição yin, correta. Quem está nesta posição é humilde e está disposto a aceitar apoio dos dois elementos yang no topo. Assim, o Texto dos Yao diz: "A ansiedade desaparece; o medo some", que em chinês é xue qu ti chu. Literalmente, significa "o sangue desaparece; o medo sai". A linha maleável na quarta posição junto com as linhas sólidas na terceira e na quinta formam o trigrama superior correspondente, Água. Água simboliza sangue; portanto, Wilhelm traduz como "O sangue desaparece e o medo vai embora", e Blofeld como "Evitam-se atos terríveis e sanguinários". Contudo, nos tempos antigos, xue, sangue, era uma forma simples de xü, ansiedade. Baseando-se nesses conhecimentos, a compreensão adequada é que a ansiedade desaparece e o medo some.

*(5) Nove na quinta posição. Pequeno Acúmulo alterna
para Grande Acúmulo (26)* ☰

A quinta posição é para um rei ou uma posição de superioridade e prosperidade. Neste hexagrama é um elemento yang em uma posição yang, central e correta. Normalmente, esta linha deveria ser a principal do hexagrama. Contudo, aquele que ocupa esta posição tem uma sinceridade profunda; está disposto a construir um relacionamento com o elemento yin na quarta posição. São elementos yin e yang, se correspondem e conseguem manter a harmonia. A linha sólida na quinta posição é um elemento yang em uma posição auspiciosa. Já acumulou certa riqueza; compreende o Tao do Céu, ou seja, que aquele que ajuda ao próximo acaba ajudando a si mesmo. Por isso, está disposto a gerar prosperidade com os vizinhos. Este é o segredo para o sucesso. O Comentário de Confúcio sobre o Texto dos Yao diz: "Não é bom ser próspero sozinho." Compartilhar a prosperidade com o próximo trará mais prosperidade para si. Este é o Tao do Céu.

*(6) Nove na sexta posição. Pequeno Acúmulo alterna
para Necessidade (5)* ☵

A linha superior indica que o Pequeno Acúmulo já chegou ao limite. A chuva caiu; há contentamento. Acumulou-se riqueza enquanto a lua passava à fase cheia. É hora de repousar e dar muita atenção ao acúmulo de virtude. Normalmente, o elemento yin deve ser submisso ao yang. Neste hexagrama, o yin já nutriu os cinco yang; é melhor parar antes de ir longe demais. Do contrário, continuar avançando sem descanso trará infortúnio.

Referências adicionais para este hexagrama:

Imagem:	Vento sobre Céu
Fórmula para recitação:	O vento da tempestade escurece o céu, Pequeno Acúmulo
Elemento:	Madeira
Estrutura:	Cinco yang com um yin
Mês:	O quarto mês do calendário lunar, ou maio
Linha principal do hexagrama:	Seis na quarta posição
Hexagrama oposto:	Contentamento (16) ☷
Hexagrama inverso:	Cumprimento (10) ☰
Hexagrama correspondente:	Diversidade (38) ☲

10
Lü • Cumprimento

Qian • Céu
Dui • Lago

NOME E ESTRUTURA

Lü é o inverso do hexagrama precedente, Pequeno Acúmulo, que indica uma situação em que é melhor descansar antes de prosseguir. Este hexagrama, Cumprimento, representa o cumprimento do dever. O ideograma de Lü é um desenho complicado, em quatro partes, de uma pessoa caminhando de sapatos. Na parte superior do ideograma, há uma linha horizontal que se estende da esquerda para a direita e depois da direita para a esquerda até a parte inferior esquerda. A linha horizontal curva representa a cabeça de uma pessoa, enquanto a linha vertical longa representa um corpo humano em pé. O resto do ideograma se divide em duas partes. À esquerda há três linhas curvas, simbolizando as pegadas de três pequenos passos. No alto, à direita, há o desenho de um sapato. Sob este, há outro ideograma simbolizando a ação de caminhar.

O significado original de Lü é um par de sapatos. Este significado se estendeu para caminhar sobre alguma coisa e depois realizar uma tarefa ou cumprir um acordo. Em chinês, a idéia de cumprimento ou realização é expressa por dois caracteres: lü xing. Literalmente, lü significa sapatos e xing, caminhar. Para os chineses, caminhar de sapatos simboliza prosseguir com passos firmes, avançando em direção à realização de algo. Tanto Wilhelm quanto Blofeld traduzem Lü por Trilhar, Conduta. Neste livro, traduz-se por Cumprimento.

Seqüência do hexagrama: *Depois que as coisas se acumulam, deve haver cortesia e retidão. Assim, depois do Pequeno Acúmulo vem o Cumprimento.*

Um antigo ditado diz: "Cortesia é a obediência ao princípio do que é adequado. Retidão é a harmonia das ações com o que é certo." Cortesia e retidão são deveres que todos devem cumprir.

A estrutura do hexagrama é Céu ☰ sobre Lago ☱. Os atributos do Céu são força e energia; os atributos do Lago são mansidão e suavidade. Esta imagem deu ao Rei Wen a percepção de que uma pessoa cautelosa lida com uma situação perigosa como se caminhasse sobre a cauda de um tigre. Esta era exatamente a situação em que se encontrava o Rei Wen quando cumpria sua obrigação de resgatar as pessoas do sofrimento sob a administração tirânica da dinastia Shang. Ele não pisou no próprio tirano, mas em seu ministro de confiança. Este hexagrama, Cumprimento, estabelece as bases da conduta moral. O tema principal é que um sábio cumpre seu dever tão cautelosamente quanto pisaria sobre a cauda de um tigre; assim, pode-se esperar boa fortuna.

Decisão

Caminhando sobre a cauda de um tigre,
Não morde.
Próspero e tranquilo.

Comentário sobre a Decisão

Cumprir seu dever.
O maleável caminha sobre o firme.
Suave e alegre,
Corresponde a Qian.
Assim, caminhando sobre a cauda de um tigre,
O tigre não morde.
Próspero e tranquilo.
O firme é central e correto;
Cumpra seu dever no lugar de um governante e não sinta culpa.
Seu brilho se irradia.

Comentário sobre o Símbolo

Acima está o Céu; abaixo, o Lago:
Uma imagem de Cumprimento.
Assim,

*O homem superior classifica os deveres em elevados e insignificantes
E tranqüiliza a mente das pessoas.*

Texto dos Yao

1. Nove na primeira posição
   Simplesmente cumpra seu dever.
   Prosseguir: nenhuma culpa.

   *Simplesmente cumpra seu dever.
   Prosseguir sozinho é alcançar seu ideal.*

2. Nove na segunda posição
   Cumpra seu dever;
   O caminho é tranqüilo, tranqüilo.
   O recluso,
   Perseverante e reto: boa fortuna.

   *Perseverança e retidão
   Trazem boa fortuna ao recluso;
   Ele percorre o caminho central e não está confuso.*

3. Seis na terceira posição
   O caolho ainda pode ver,
   O coxo ainda pode andar.
   Caminhando sobre a cauda de um tigre,
   Correndo o risco de ser mordido.
   Infortúnio.
   O guerreiro trabalha para o grande rei.

   *Um caolho ainda pode ver,
   Mas não com clareza suficiente.
   Um coxo ainda pode andar,
   Mas não com rapidez suficiente para acompanhar os outros.
   O infortúnio de ser mordido
   Advém de uma posição inadequada.
   Como um guerreiro que trabalha para o grande rei
   Por causa de sua vontade firme e forte.*

4. Nove na quarta posição
   Caminhando sobre a cauda de um tigre
   Com cautela, cautela,
   Acaba em boa fortuna.

Cautela, cautela, acaba em boa fortuna;
A pessoa continua a cumprir sua própria vontade.

5. Nove na quinta posição
   Cumpra seu dever decididamente
   Perseverança: adversidade.

   Cumpra seu dever decididamente.
   Perseverança: adversidade,
   Por causa de sua posição correta e adequada.

6. Nove na sexta posição
   Reveja o passado.
   Termine a jornada.
   Tudo está cumprido:
   Suprema boa fortuna.

   Suprema boa fortuna na posição mais elevada.
   Faz por merecer grandes felicitações.

Significado

Este hexagrama expõe o princípio de realizar um ideal ou cumprir uma obrigação numa situação difícil. Deve-se agir adequadamente, de acordo com o que é conveniente naquela situação. A imagem de caminhar sobre a cauda de um tigre tem por objetivo aconselhar o consulente a tomar precauções antecipadas e proteger-se contra o perigo e a dificuldade latentes. A linha principal deste hexagrama é a maleável na terceira posição. É a única linha maleável neste guá. Uma linha maleável passando sobre duas linhas sólidas oferece a imagem estável de pisar em terra firme. Contudo, a linha maleável se encontra em meio a cinco linhas sólidas, o que sugere uma situação difícil. Psicologicamente, esta posição seria muito desconfortável. Por outro lado, graças à maleabilidade, ela é capaz de superar as firmes e sólidas. A idéia de que o maleável pode superar o firme faz parte da sabedoria que permeia o I Ching e a cultura chinesa.

Em tempos antigos, os caracteres chineses para "cumprimento" e "cortesia" tinham o mesmo som. Assim, Confúcio interpreta Lü como cortesia. Na antiga sociedade feudal, foi estabelecido um código ético para que pessoas de classes distintas tratassem umas às outras com polidez. Para os estudiosos confucionistas, cumprir o código ético era o dever moral de todos. Assim, a seqüência do hexagrama diz: "Depois que as coisas se acumulam, deve haver cortesia e retidão."

Este hexagrama nos conta que, depois de obter êxito em suas expedições e alianças com os clãs minoritários vizinhos, o Rei Wen achou que era hora de cumprir seu dever de resgatar o povo da administração tirânica da dinastia Shang. Dessa vez a política do Rei Wen era caminhar sobre a cauda de um tigre, mas não sobre o próprio tigre. Ou seja, ele começou por eliminar o ministro de confiança do tirano. Assim, o tigre (o tirano) não o morderia e os resultados seriam prósperos. O Duque de Zhou contou como seu pai, o Rei Wen, reviu sua jornada passada e caminhou sobre a cauda do tigre com máxima cautela. O Rei Wen adotou uma abordagem discreta, falando e agindo com simplicidade, como um recluso. Assim seu caminho ficou tranqüilo e seus planos prosperaram. O Duque de Zhou também narrou que seu avô agiu como um guerreiro imprudente, corajoso e tomou decisões imediatas, mas impetuosas. Trabalhar com o tirano daquela maneira era convidar o tigre a morder. Um guerreiro imprudente, como um caolho, não podia ver com clareza; como um coxo, não podia agir adequadamente.

(1) Nove na primeira posição. Cumprimento alterna para Disputa (6) ☵

A linha inferior é sólida, simbolizando que a pessoa pode permanecer na posição inferior com satisfação. Esta é a etapa inicial do cumprimento de um dever. O elemento yang na parte inferior não interage com o que está na quarta posição porque ambos são yang. Assim, ele caminha sozinho, com o coração aberto, para realizar seu ideal.

(2) Nove na segunda posição. Cumprimento alterna para Sem Falsidade (25) ☳

A segunda linha é um elemento yang na posição central do trigrama inferior. Seu caráter é forte; seu temperamento, moderado. Não interage com o elemento yang na quinta posição porque ambos são yang. Aqui, a imagem de um recluso ilustra a situação. Ele percorre o caminho central com o coração puro e está satisfeito e feliz.

(3) Seis na terceira posição. Cumprimento alterna para Iniciar (1) ☰

O trigrama inferior correspondente é Li ☲, ou Fogo. O trigrama superior correspondente é Xun ☴, ou Vento. No I Ching, Xun também representa perna e Li, olho, e é por isso que o Texto deste Yao menciona pernas e olhos. Como esta linha não é nem central nem correta, o Texto dos Yao se refere a um "caolho" e um "coxo". Como elemento yin, a linha confronta a situação yang mais extrema, Iniciar; sendo caolho ou coxo, não pode ver com clareza nem caminhar com rapidez suficiente.

Além disso, esta linha está no topo do trigrama inferior, Dui, ou Lago. A estrutura de Dui ☱ parece uma boca aberta – nesta posição, é possível ser mordido pelo tigre. Ocorre o infortúnio. O Comentário de Confúcio diz: "O infortúnio de ser mordido advém de uma posição inadequada." Por outro lado, a linha maleável corresponde à linha sólida no topo. O trigrama superior, Céu, representa um rei. Quando a terceira linha alterna de yin para yang, o trigrama inferior se transforma em Céu, simbolizando um guerreiro. Assim, o Comentário de Confúcio diz: "Um guerreiro que trabalha para o grande rei por causa de sua vontade firme e forte."

(4) Nove na quarta posição. Cumprimento alterna para Sinceridade Profunda (61) ☰

A quarta linha é yang. Um elemento yang em uma posição yin não está correto. Contudo, é melhor do que um elemento yin em uma posição yang. Nesta posição, há força, mas também humildade. Portanto, ele caminha sobre a cauda do tigre com a máxima cautela. Esta é a atitude adequada a ser adotada diante de uma situação problemática. Portanto, no fim o mal se transforma em bem. Já uma linha yin em uma posição yang significa fraqueza; o problema é que ela gosta de se fazer de forte, mas não tem autoconhecimento.

(5) Nove na quinta posição. Cumprimento alterna para Diversidade (38) ☰

A quinta linha é um elemento yang em uma posição yang – correta e central, no trigrama superior. Aqui, a pessoa pode tomar uma decisão imediata. Como está na posição mais propícia, todas as condições favoráveis podem trabalhar juntas para o bem. No fim, escapará da adversidade em segurança.

(6) Nove na sexta posição. Cumprimento alterna para Alegre (58) ☰

A linha de cima chegou à etapa final do cumprimento do dever. Dependendo de como se realizou o trabalho, a colheita aponta para boa fortuna ou infortúnio. Se tudo foi bem feito, há boa fortuna. É importante rever o passado e recapitular a jornada de vez em quando. É a única maneira de acumular sabedoria e alcançar êxito.

Referências adicionais para este hexagrama:

Imagem:	Céu sobre Lago
Fórmula para recitação:	Céu sobre Lago, Cumprimento
Elemento:	Metal
Estrutura:	Cinco yang com um yin
Mês:	O sexto mês do calendário lunar, ou julho
Linha principal do hexagrama:	Seis na terceira posição
Hexagrama oposto:	Humildade (15)
Hexagrama inverso:	Pequeno Acúmulo (9)
Hexagrama correspondente:	Lar (37)

11
TAI • PROGRESSO

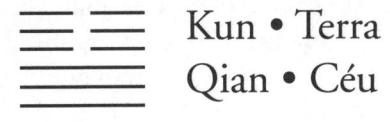

Kun • Terra
Qian • Céu

NOME E ESTRUTURA

Tai é uma das palavras mais auspiciosas na língua chinesa. Originalmente, significava "mais que" ou "máximo". Geralmente indica uma condição de ser mais que bom. Tai também significa paz, segurança, estabilidade, boa saúde; sugere ainda progressão, continuação, progresso. Tanto Wilhelm quanto Blofeld traduzem Tai por Paz. Neste livro, adota-se a palavra Progresso.

O ideograma de Tai consiste em duas partes. A superior representa grandeza. Os antigos chineses acreditavam que o Céu, a Terra e os seres humanos eram grandes. Assim, o ideograma lembra uma pessoa em pé, com braços e pernas bem abertos. Sob as pernas, há o ideograma de água, sui. É exatamente igual ao trigrama Kan ☵, ou Água, na posição vertical. Este ideograma representa a água corrente avançando suavemente com grande facilidade. Este é o significado básico de Tai no I Ching.

Seqüência do hexagrama: *Depois de se cumprir o dever com compostura, há paz e segurança. Assim, depois do Cumprimento vem o Progresso.*

O Céu está acima e a Terra, abaixo – este é o fenômeno natural que encontramos em nosso cotidiano. Contudo, neste hexagrama, Qian (Céu) desce ao trigrama inferior e Kun (Terra) ascende ao trigrama superior. A situação parece inadequada. Naturalmente, o Céu se encontra em cima e se move para baixo, e a Terra está embaixo e se move para cima. Mas em Tai, Céu e Terra se movem juntos, em comunhão, e realizam sua dualidade.

Na costa leste da China há uma montanha chamada Tai. O monte Tai era considerado uma montanha sagrada que ligava o Céu e a Terra. Toda primavera, o imperador escalava o pico da montanha para ali fazer oferendas com grande reverência. O objetivo era pedir harmonia entre os seres humanos e seu ambiente natural. Os chineses acreditavam que, quando se estabelecesse a harmonia entre as pessoas e seu ambiente, então eles progrediriam, prosseguiriam e continuariam com muita facilidade, em paz, segurança, estabilidade e boa saúde. Portanto, a tradução de Tai abrange todos esses significados auspiciosos. Desde há milhares de anos, os chineses buscam guo tai ming an – um país próspero e o povo em paz.

Tradicionalmente, este hexagrama representa o primeiro mês do calendário lunar chinês. Traz a mensagem de que a primavera está retornando à Terra mais uma vez. Céu e Terra trazem paz e bênçãos a todos os seres vivos. Miríades de seres renovarão sua vida e prosseguirão. Este conceito representa o significado real de Tai. É uma época auspiciosa de prosperidade e paz. Há um antigo ditado chinês que diz que das profundezas do infortúnio surge a felicidade. Esta felicidade é Tai.

A Decisão do Rei Wen sobre o hexagrama diz: "O pequeno parte, o grande chega." O pequeno denota a Terra, que é a mais yin. O grande denota o Céu, o mais yang. No I Ching, o guá interno (trigrama inferior) movendo-se para o guá externo (trigrama superior) representa a partida. No movimento inverso, o guá externo que alterna para o interno indica a chegada. "O pequeno parte" indica que a Terra ascende do trigrama inferior para o superior. "O grande chega" indica que o Céu desce do trigrama superior para o inferior.

Decisão

> Progresso.
> O pequeno parte,
> O grande chega.
> Boa fortuna.
> Próspero e tranqüilo.

Comentário sobre a Decisão

> *Progresso.*
> *O pequeno parte,*
> *O grande chega.*

Boa fortuna.
Próspero e tranqüilo.

O Céu e a Terra se unem;
Todos os seres se unem.
O superior e o inferior se vinculam;
Suas vontades são iguais.

O interno é yang; o externo, yin.
O interno é forte; o externo, suave.
O interno é superior; o externo, inferior.

Assim,
O caminho do superior se expande;
O caminho do inferior se retrai.

Comentário sobre o Símbolo

O Céu e a Terra se movem juntos.
Uma imagem de Progresso.
Assim,
O governante dá vazão total à sua habilidade e sabedoria
Para completar o Tao do Céu e da Terra
E auxilia sua ordem propícia
Para influenciar as pessoas.

Texto dos Yao

1. Nove na primeira posição
   Ao arrancar um junco,
   Outras raízes vêm junto.
   Prosseguir: boa fortuna.

   Arrancar um junco.
   Prosseguir: boa fortuna.
   Sua vontade se manifesta.

2. Nove na segunda posição
   Abraçando grandes rios.
   Lutar com um tigre com as próprias mãos.
   Atravessando um rio com os pés descalços.
   Não abandone o que está distante;

Facções se dissolvem.
Obtenha estima ao percorrer o caminho central.

Abraçando a terra devastada,
Aja de acordo com o caminho central.
Ele brilha com grande, gloriosa luminosidade.

3. Nove na terceira posição
   Nenhuma planície sem ondulação,
   Nenhum passado sem retorno.
   Na adversidade,
   Perseverança e retidão: nenhuma culpa.
   Não se aflija com sua sinceridade e veracidade.
   Na herança há felicidade.

   Nenhum passado sem retorno.
   É a lei do Céu e da Terra.

4. Seis na quarta posição
   Revoando, revoando,
   Sem afluência.
   Com seus vizinhos,
   Nada de admoestação,
   Seja sincero e verdadeiro.

   Revoando, revoando,
   Sem afluência.
   Perdeu-se a solidariedade.

   Nada de admoestação.
   Seja sincero e verdadeiro;
   Os desejos vêm do fundo do coração.

5. Seis na quinta posição
   O Rei Yi deu a irmã caçula em casamento.
   Isto trouxe bênçãos.
   Suprema boa fortuna.

   Isto trouxe bênçãos e suprema boa fortuna.
   Ele ocupa a posição central
   E é capaz de realizar seus desejos.

6. Seis na sexta posição
   A muralha do castelo retorna ao fosso.
   Não use a multidão.

Ao seu país, dê a conhecer seu arrependimento.
Perseverança: humilhação.

*A muralha do castelo retorna ao fosso
Indica um destino desordenado.*

Significado

Neste hexagrama, o significado da união entre o Céu e a Terra é posto em evidência para mostrar o quanto é importante a união entre as pessoas. Quando elas se comunicam sincera e verdadeiramente, gera-se harmonia e alcançam-se resultados com facilidade e tranqüilidade. Em chinês, esta situação se chama Tai, Progresso. O Texto dos Yao deste hexagrama é dificílimo de entender. Os diversos estudiosos têm idéias distintas. Para os chineses, o oposto de Tai é Pi. Ir de Tai (Progresso) para Pi (Obstáculo) ou vice-versa é uma lei natural, como as fases da lua. Os sábios preferem viver em harmonia com as leis da natureza. Contente-se com seu destino e nunca coloque a culpa no Céu nem no próximo.

Este hexagrama também mostra a sabedoria de manter a condição de prosperidade e preservar o período de felicidade. Na sociedade humana, é difícil começar qualquer empreendimento, mas mantê-lo é ainda mais complexo. Não se deve descansar sobre os louros da vitória e ser complacente, mas sim estar ciente de que, quando a conquista chegar ao clímax, começará a declinar. A interconexão entre o Céu e a Terra dá o exemplo para a comunicação mútua entre os seres humanos. Pessoas com metas e fé iguais devem preservar o carinho e amor mútuos e apoiar umas às outras; assim, a felicidade pode durar mais.

Duas linhas neste hexagrama se qualificam para ser a principal: yang na segunda posição e yin na quinta. Porém, por causa de sua qualidade yang, a linha na segunda posição é mais adequada. Este hexagrama dá a imagem do que está acima, o Céu, descendo; e do que está abaixo, a Terra, subindo. Eles se unem em grande compaixão. Este elemento yang e o elemento yin na quinta posição interagem e se apóiam, sugerindo uma condição feliz no ambiente natural. Isto também se aplica à vida social.

Este hexagrama nos conta que o Rei Wen estava pronto para depor o tirano de Shang. Antes de agir, relembrou a ascensão e a queda da dinastia Shang: em sua Decisão, disse que a dinastia Shang já estava pequena e prestes a acabar e que o reino de Zhou crescera gradativamente e estava prestes a chegar. A situação era auspiciosa; o progresso e o êxito estavam a caminho. O Duque de Zhou resumiu o processo de ascensão e queda da dinastia Shang. Antes de depor a dinastia Xia em 1766 a.C., o Rei Tang, fundador da dinastia Shang, enviou onze expedições para desfazer as alianças da dinastia Xia. Era como arrancar um junco – outras raízes vinham junto com ele; as raízes estavam interligadas. Os ancestrais dos Shang abraçaram a terra devastada como se lutassem com um tigre com as próprias mãos e atravessassem um rio descalços. Não temeram os lugares e as épocas remotas, eliminaram o egoísmo nos relacionamentos e agiram de acordo com o caminho central. Mas os descendentes dos Shang desprezaram o curso da história, sugerido pela inexistência de planícies sem ondulações e de passado sem retorno. Agiram levianamente, como pássaros em revoada, e perderam a solidariedade. Depois que o Reino de Zhou se fortaleceu, o Rei Yi de Shang casou a irmã caçula com o Rei Wen. O casamento trouxe bênçãos e suprema boa fortuna a Zhou. Contudo, não ajudou a dinastia Shang a impedir que a muralha do castelo retornasse ao fosso. Mesmo que seu povo soubesse que ele se sentia culpado, a adivinhação mostra que a humilhação do tirano estava próxima. O Progresso é um dos doze hexagramas sazonais, representando o primeiro mês do calendário lunar chinês. No calendário solar, é fevereiro.

(1) Nove na primeira posição. Progresso alterna para Crescimento Ascendente (46)

A linha inferior é a primeira do trigrama inferior: começa a ascensão. Quando se inicia um empreendimento, é melhor ter colaboradores solidários. Os três elementos yang do trigrama inferior defendem os mesmos ideais e seguem o mesmo caminho. Portanto, o Texto dos Yao diz: "Ao arrancar um junco, outras raízes vêm junto. Prosseguir: boa fortuna."

(2) Nove na segunda posição. Progresso alterna para Brilho Ferido (36)

Esta linha é a principal do hexagrama. O Texto dos Yao emprega uma alusão clássica para demonstrar a qualidade do Progresso que termina em boa fortuna: "Lutar com um tigre com as próprias mãos. Atravessar um rio com os pés descalços." Esta alusão era tão famosa que foi adotada nos *Analectos* de Confúcio:

> Certa vez o discípulo de Confúcio Zi-lu perguntou: "Se o Mestre estivesse à frente das três forças armadas de um grande estado, quem escolheria para acompanhá-lo?"
>
> Confúcio respondeu: "Eu não escolheria aquele que lutasse com um tigre com as próprias mãos ou que atravessasse um rio com os pés

descalços, morrendo sem nenhum pesar. Meu companheiro teria que ser aquele que partisse para a ação com muita atenção, que fosse bom em estratagemas e depois os executasse."

Prosseguir com muita atenção e elaborar estratagemas é a verdadeira mensagem desta linha.

No que diz respeito à estrutura, esta linha é central, mas é um elemento yang em uma posição yin. A qualidade yang confere àquele nesta posição a disposição de ser resoluto e perseverante. A posição yin concede temperamento bondoso e generosidade. Assim, a pessoa nesta posição é capaz de suportar os incultos e contar com grande coragem – lutar com um tigre com as próprias mãos, atravessar um rio com os pés descalços e prosseguir sem medo de lugares distantes. É capaz de eliminar o egoísmo nos relacionamentos e agir de acordo com o caminho central. É essa a pessoa que dá vazão total à sua habilidade e sabedoria para completar o Tao do Céu e da Terra.

(3) Nove na terceira posição. Progresso alterna para Aproximação (19)

A linha sólida na terceira posição atingiu a posição mais superior do trigrama inferior. Segundo a lei da natureza, depois que as coisas chegam ao limite máximo, começam a declinar. Assim, o Texto dos Yao alerta que não há planície sem ondulações, não há passado sem retorno. Mantenha-se correto na adversidade; a prosperidade vem através da persistência.

(4) Seis na quarta posição. Progresso alterna para Grande Força (34)

Esta linha já passou pelo trigrama inferior. É um elemento yin em uma posição yin – correta – e interage com o elemento yang na posição inferior. Portanto, o Texto dos Yao nos diz que nesta posição é possível ser esperançoso e sincero com os vizinhos sem ser admoestado. Além disso, o elemento yin obtém a ajuda e o apoio do elemento yang na terceira posição. A terceira e quarta linhas são a junção do trigrama inferior com o superior – Terra e Céu. Seu relacionamento mútuo vem do fundo do coração porque são yin e yang complementares, refletindo o Tao do Céu e da Terra. No I Ching, "sem afluência" indica uma linha maleável. Como uma linha maleável é uma linha interrompida (quebrada), o Comentário de Confúcio diz: "perdeu-se a solidariedade". A quarta linha, junto com a quinta e a terceira, forma o trigrama superior correspondente, que é Zhen, ou Trovão. Em certos casos, Chen indica revoar ou vizinho. Portanto, o Texto dos Yao diz: "Revoando, revoando... Com seus vizinhos, nada de admoestação, seja sincero e verdadeiro." A mensagem desta linha alerta que mesmo quem vive em paz e segurança ainda precisa estar ciente da existência de um potencial desfavorável. Seja sempre bondoso e cooperativo com os vizinhos e não aja levianamente, como um pássaro em revoada.

(5) Seis na quinta posição. Progresso alterna para Necessidade (5)

O tema desta linha é que o Rei Yi da dinastia Shang deu a irmã caçula em casamento ao Rei Wen. Este tema também aparece no Texto dos Yao da quinta linha de A Jovem que se Casa (54). Antes de o filho do Rei Wen, Rei Wu, depor o tirano de Shang, o Rei Wen foi duque da dinastia Shang. A base para "o Rei Yi deu a irmã caçula em casamento" vem da estrutura deste hexagrama. Esta linha ocupa a quinta posição – uma posição para o rei. Interage com o elemento yang na segunda posição – uma posição para um subordinado solidário. A qualidade yin desta linha sugere um rei generoso, gentil, bondoso e humilde. O elemento yang correspondente na segunda posição sugere um poderoso e virtuoso subordinado do rei. O trigrama superior correspondente, Zhen (Trovão), representa o filho mais velho. O trigrama inferior correspondente, Dui (Lago), representa a filha caçula. Por causa da humildade e generosidade do rei, ele dá a irmã caçula em casamento ao subordinado virtuoso; deste ato vem a bênção de suprema boa fortuna. "O Rei Yi deu a irmã caçula em casamento" é uma metáfora. A verdadeira mensagem é que devem-se escolher apenas pessoas virtuosas e capazes com as quais trabalhar.

(6) Seis na sexta posição. Progresso alterna para Grande Acúmulo (26)

A linha maleável no topo atinge a etapa final de Progresso. Um ponto de mutação de Progresso para Obstáculo está adiante, à espera. A Decisão alerta: a muralha do castelo retornou ao fosso. É a lei da natureza: quando as coisas chegam a um extremo, voltam ao seu oposto. É prudente conhecer a sina predestinada. Não se deve tentar alterar a lei natural usando a força. Assuma a situação. Nos tempos antigos, quando havia grandes calamidades, o imperador geralmente promulgava um "decreto de culpa", um *mea culpa*, para acalmar a indignação do povo. Por meio de um exame de consciência e conservando-se central e perseverante, espere por outro ciclo de retorno do Obstáculo para Progresso. Das profundezas do infortúnio surge a felicidade. Tenha paciência; sempre há esperança.

Referências adicionais para este hexagrama:

Imagem:	Terra sobre Céu
Fórmula para recitação:	Terra e Céu se unem, Progresso
Elemento:	Terra
Estrutura:	Três yang com três yin
Mês:	O primeiro mês do calendário lunar, ou fevereiro
Linha principal do hexagrama:	Nove na segunda posição
Hexagrama oposto:	Obstáculo (12)
Hexagrama inverso:	Obstáculo (12)
Hexagrama correspondente:	A Jovem que se Casa (54)

12
Pi • Obstáculo

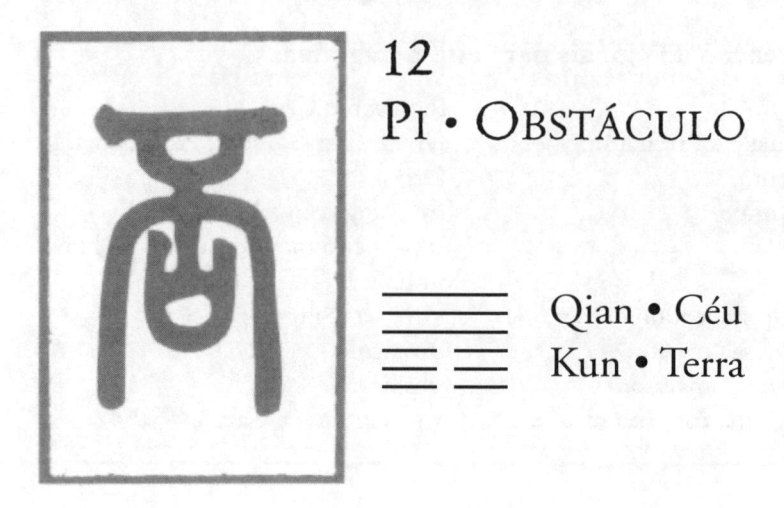

☰ Qian • Céu
☷ Kun • Terra

Nome e estrutura

Pi é o inverso do hexagrama precedente, Tai. Os chineses dizem: "Das profundezas do infortúnio surge a felicidade. Ao ultrapassar o extremo, alegria gera tristeza." Tai e Pi, boa fortuna e infortúnio, complementam-se como as fases da lua. Este hexagrama reflete a lei da natureza.

Seqüência do hexagrama: *Tai é progresso sem obstáculos, mas esta condição não dura para sempre. Assim, depois do Progresso vem o Obstáculo.*

Pode-se pronunciar o caractere chinês que representa o nome deste hexagrama de duas maneiras: fou e pi. Quando se pronuncia fou, significa não ou nenhum. Quando se pronuncia pi, tem muitas conotações negativas, por exemplo, ruim, mau, mal, infortúnio ou maldoso. Usava-se fou na antiga linguagem escrita para representar a expressão "Não!". No I Ching, usa-se Pi exclusivamente para significar o oposto de Tai. O ideograma de Pi consiste em duas partes. No topo da parte superior há uma linha horizontal representando o Céu. Abaixo, vê-se o desenho de um pássaro voando. O pequeno semicírculo representa a cabeça do pássaro, e as duas linhas curvas conectadas à cabeça e estendendo-se para baixo, à esquerda e à direita, representam duas asas. Os antigos entendiam que a imagem de um pássaro no céu que não estivesse voando na direção descendente significava a expressão negativa "não". Entre as duas asas, há um pequeno círculo representando uma boca aberta, que simboliza uma pessoa dizendo a palavra "Não!".

(12) Pi • 125

Para os chineses, Pi e Tai, como par de opostos, são tão importantes quanto Qian e Kun. Qian e Kun e Tai e Pi formam a essência da antiga filosofia chinesa. Qian e Kun (Céu e Terra) ilustram a visão chinesa da cosmologia, e Tai e Pi (Progresso e Obstáculo) sintetizam a antiga visão do destino humano, como é explorado no I Ching. No curso da história chinesa, mesmo agora, quase todo chinês conhece e segue a verdade de *pi ji tai lai*, que significa:

> Das profundezas do infortúnio surge a felicidade.
> Com o fim dos Obstáculos surge o Progresso.

Por isso, neste livro, traduz-se Pi pelo oposto de Tai, Obstáculo. Tanto Wilhelm quanto Blofeld entendem que Tai significa Paz. Pi na tradução de Wilhelm é Estagnação; na obra de Blofeld, é Estagnação, Obstrução.

A estrutura deste hexagrama é Céu ☰ sobre Terra ☷. Quando o Céu ascende e a Terra desce, são incapazes de se comunicar e unir. Quando o poder criativo do Céu e da Terra se separa, o Progresso cede lugar aos Obstáculos. Para os chineses, quando o Céu e a Terra se associam em equilíbrio, isso é Tai, Progresso. Conseqüentemente, quando o Céu e a Terra se movem em direções opostas, em estado de desequilíbrio, isso é Pi, Obstáculo. Assim, Progresso traz prosperidade e Obstáculo resulta em infortúnio. A sabedoria do I Ching mostra que, quando as coisas chegam ao seu limite, alternam para a condição inversa. Uma razão pela qual a história chinesa continua há mais de 5000 anos é que os chineses seguem esta verdade do I Ching – pi ji tai lai. Por mais difícil que seja a situação, para os chineses sempre há um ponto em que ela se torna favorável. Desta forma, há sempre esperança.

Decisão

> Obstáculo.
> Ninguém pode alterar.
> Desfavorável para o homem superior.
> A adivinhação:
> O grande parte;
> O pequeno chega.

Comentário sobre a Decisão

> *Obstáculo,*
> *Ninguém pode alterar.*

Desfavorável para o homem superior.
A adivinhação:
O grande parte; o pequeno chega.

O Céu e a Terra não se unem;
Os seres não se comunicam;
O superior e o inferior não se vinculam;
Não há relações entre os Estados.

O interno é yin; o externo, yang.
O interno é maleável; o externo, firme.
O interno é inferior; o externo, superior.

Assim,
O caminho do pequeno se expande,
O caminho do grande se retrai.

Comentário sobre o Símbolo

O Céu e a Terra não se comunicam:
Uma imagem do Obstáculo.
Assim,
O homem superior se contém com virtude para evitar calamidades.
Não deve buscar altos cargos e grandes salários.

Texto dos Yao

1. Seis na primeira posição
   Ao arrancar um junco,
   Outras raízes vêm junto.
   Perseverança e retidão: boa fortuna.
   Próspero e tranqüilo.

   Arrancar um junco;
   Perseverança e retidão.
   Boa fortuna.
   Interage com o rei.

2. Seis na segunda posição
   Abrace a bajulação.
   Pequeno homem: boa fortuna.
   Grande homem: obstáculo.
   Próspero e tranqüilo.

Para o grande homem,
Aceitar o obstáculo traz progresso e sucesso.
Ele não se mistura com a multidão.

3. Seis na terceira posição
   Abrace a vergonha.

   Abrace a vergonha.
   A posição não é adequada.

4. Nove na quarta posição
   É a vontade do Céu:
   Nenhuma culpa.
   Mentes semelhantes, aproximando-se,
   Compartilham a bênção.

   É a vontade do Céu, nenhuma culpa;
   Sua vontade se realiza.

5. Nove na quinta posição
   Cessa o obstáculo.
   Grande homem: boa fortuna.
   Não esqueça! Não esqueça!
   Amarrando-se aos troncos das amoreiras.

   Para o homem superior, boa fortuna.
   A posição é apropriada.

6. Nove na sexta posição
   Superar o obstáculo.
   Primeiro, obstáculo;
   Depois, alegria.

   O obstáculo desaparece;
   Ele cairia.
   Como poderia durar mais tempo?

SIGNIFICADO

Este hexagrama representa a situação de Obstáculo. É o ponto de mutação depois que o Progresso chega ao extremo. O Texto dos Yao deste hexagrama, como o do anterior, Tai, é difícil de entender. Os antigos chineses observavam os ciclos das estações; entendiam que havia também um ciclo de períodos bons e períodos ruins. Quando as situações favoráveis se concluíam, vinham as situações desfavoráveis. Durante os tempos desfavoráveis, não culpavam nem o Céu nem o próximo. Continham-se com virtude para evitar calamidades. Ou seja, não se apegue ao sucesso. Este é o ponto-chave do hexagrama.

A Decisão do Rei Wen sobre o Progresso diz: "O pequeno parte, o grande chega." A Decisão sobre este hexagrama, Obstáculo, diz: "O grande parte; o pequeno chega." O "pequeno" denota a Terra; o "grande", o Céu. No I Ching, diz-se que a linha que ascende do trigrama inferior para o superior está "de partida"; a que faz o movimento inverso está "de chegada". Os eventos ocorrem em ciclos, da partida à chegada, e novamente da chegada à partida. É a lei da natureza.

O espírito deste hexagrama se encontra na linha sólida na quinta posição, que é a principal do hexagrama. A quinta linha está na posição mais favorável. Indica que o obstáculo desaparecerá e o progresso surgirá. Assim, o Texto dos Yao diz: "Cessa o obstáculo." Contudo, alerta: "Não esqueça! Não esqueça!" O que não se deve esquecer? No Grande Tratado, Confúcio diz:

> *O que é o perigo?*
> *Surge quando o homem está satisfeito com a estabilidade e negligencia*
>   *o perigo.*
> *O que é perecer?*
> *Surge quando o homem está satisfeito com a sobrevivência e negligencia*
>   *a morte.*
> *O que é desordem?*
> *Surge quando o homem está satisfeito com as coisas em ordem e*
>   *negligencia a desordem.*
> *Portanto, o homem superior não esquece o perigo quando está em*
>   *segurança,*
> *Nem esquece a morte quando está bem,*
> *Nem a desordem quando seus negócios estão em ordem.*
> *Assim, ele obtém segurança pessoal e consegue proteger o império.*
>
> *Portanto, o I diz: "Não esqueça! Não esqueça!*
> *Amarrando-se aos troncos das amoreiras."*

O espírito do I Ching é duplo. Quando a situação é favorável e tranqüila, não se devem esquecer os tempos difíceis. Por outro lado, quando a situação é desfavorável, deve-se sempre ansiar pelo bem.

Este hexagrama é a continuação do anterior. O Rei Wen entendeu que durante os 600 anos de existência da dinastia Shang, de sua ascensão ao seu declínio, havia um ciclo natural que ninguém poderia alterar. Tudo acontecia como causa e efeito, nunca por acaso. Durante seu declínio, era desfavorável para o homem superior trabalhar para o ressurgimento de Shang. A adivinhação já mostrava que Shang, o grande, partia, e Zhou, o pequeno, chegava. O Duque de Zhou explicou que o maior obstáculo para um império era nomear pessoas por favoritismo e não por mérito ou capacidade. A pior coisa era incumbir pessoas mesquinhas e aceitar suas calúnias. Quando imperadores virtuosos de Shang eliminaram as pessoas mesquinhas da corte, houve progresso e êxito. Quando o imperador tirânico assumiu o poder, o grande homem precisou entender a situação, ser paciente. Apenas ao aceitar a situação e ter paciência é que obteria êxito. A vontade do Céu já estava clara, como mostrava a adivinhação. Quando mentes semelhantes se interligam, compartilham a bênção de uma nova era. O obstáculo desaparece; a boa fortuna chega para o homem superior. Obstáculo é um dos doze hexagramas sazonais, representando o sétimo mês do calendário lunar chinês, ou agosto.

(1) Seis na primeira posição. Obstáculo alterna para Sem Falsidade (25)

O Texto dos Yao aqui é exatamente o mesmo da primeira linha do hexagrama anterior, Tai. A única diferença é que o hexagrama precedente diz: "Prosseguir: boa fortuna", enquanto este diz: "Perseverança e retidão: boa fortuna." O hexagrama anterior é auspicioso; o progresso é favorável. Este é desfavorável – o consulente deve manter a perseverança e a retidão, o que significa que não se deve deixar influenciar pelo ambiente desfavorável e as opiniões negativas dos outros. A linha inferior denota o início de uma condição desfavorável. Deve-se buscar apoio. O Texto dos Yao diz: "Ao arrancar um junco, outras raízes vêm junto." Como as raízes estão interligadas, sinceridade e unidade trazem progresso e êxito.

(2) Seis na segunda posição. Obstáculo alterna para Disputa (6)

A segunda linha é um elemento yin na posição central e correta do trigrama inferior. Nesta posição, a pessoa é capaz de passar pela época de obstaculização. Há duas maneiras possíveis de fazê-lo. As fortunas do indivíduo mesquinho estão aumentando, mas o grande homem resiste ao não se misturar com a multidão e ao manter-se fiel aos próprios princípios. Ele entende a importância de suportar os maus-tratos da multidão durante a época favorável aos indivíduos mesquinhos. Com esta atitude adequada, embora se veja diante de um obstáculo, o progresso e o êxito estão a caminho.

(3) Seis na terceira posição. Obstáculo alterna para Recuar (33) ☶

A terceira linha é um elemento yin em uma posição yang. A posição não é nem correta nem central. A situação é ruim. Indica que a energia negativa e a influência do homem mesquinho são óbvias. Deve-se tomar cuidado. "Abrace a vergonha." Explore a verdadeira natureza do indivíduo. Um grande homem se mantém alheio à vergonha e não precisa escondê-la.

(4) Nove na quarta posição. Obstáculo alterna para Observação (20) ☶

Esta linha é um elemento yang na quarta posição. A quarta linha ascendeu do trigrama inferior para o superior. O trigrama superior é "grande". A quarta linha se encontra na parte inferior do trigrama superior. Esta linha já passou pela metade da situação de obstáculo. Rompe a aurora, e a situação está melhorando. Assim, o Texto dos Yao diz: "É a vontade do Céu, nenhuma culpa." A linha não é nem central, nem correta, mostrando que o elemento yang está disposto a fazer algo para superar a situação desfavorável, mas ainda precisa do apoio de terceiros. O Texto dos Yao diz que aqueles com mentes semelhantes se aproximam e compartilham a bênção. Nesta posição, se você conseguir trabalhar sincera e verdadeiramente com os dois elementos yang na quinta e sexta posições, a bênção virá.

(5) Nove na quinta posição. Obstáculo alterna para Prosseguir (35) ☶

O elemento yang na quinta posição é a linha principal do hexagrama. É central e correta, indicando que nesta posição é firme e forte, capaz de transformar a situação de obstáculo em progresso. Esta tarefa é para o grande homem e o momento é correto. Assim, o Texto dos Yao diz: "Grande homem: boa fortuna." Porém, mudar a situação de obstáculo para progresso não é uma tarefa fácil e requer tempo. Portanto, o texto alerta: "Não esqueça! Não esqueça! Amarrando-se aos troncos das amoreiras."

Nos tempos antigos, era costume plantar amoreiras ao lado da casa para protegê-la contra o vento e a chuva porque suas raízes eram profundas, a sombra era generosa e eles cresciam rapidamente. Os sábios chineses ainda gostam de empregar a amoreira para simbolizar a casa onde alguém nasceu, porque ela proporciona às pessoas a sensação de segurança e estabilidade. "Não esqueça!" em chinês é qi wang. Qi, na antiga literatura, é um verbo auxiliar usado para dar uma ordem. Wang significa morrer ou perecer. Mas nos tempos antigos morrer, perecer e esquecer tinham o mesmo som e eram intercambiáveis na linguagem escrita. Esta linha está em uma situação superior para eliminar um obstáculo. É boa fortuna para o grande homem; não há razão para introduzir sentimentos negativos. Portanto, o sábio diz: "Não esqueça! Não esqueça!"

(6) Nove na sexta posição. Obstáculo alterna para Reunir (45) ☷

A linha de cima representa o fim do Obstáculo. Terá início a alternância para uma nova situação. Esta é a lei natural. Desde há milhares de anos, os chineses recebem tremenda força da mensagem da interpretação que Confúcio dá a esta linha. "O obstáculo desaparece; ele cairia. Como poderia durar mais tempo?" A mensagem deste hexagrama se encontra na quinta e sexta linhas. Deve-se sempre pensar positivo. Persevere, ansiando pelo bem.

Referências adicionais para este hexagrama:

Imagem:	Céu sobre Terra
Fórmula para recitação:	Céu e Terra se separam, Obstáculo
Elemento:	Metal
Estrutura:	Três yin com três yang
Mês:	O sétimo mês do calendário lunar, ou agosto
Linha principal do hexagrama:	Nove na quinta posição
Hexagrama oposto:	Progresso (11) ☷
Hexagrama inverso:	Progresso (11) ☷
Hexagrama correspondente:	Desenvolvimento Gradual (53) ☶

13
Tong Ren • Busca de Harmonia

☰ Qian • Céu
☲ Li • Fogo

Nome e estrutura

Wilhelm traduz Tong Ren por Comunidade com os Homens e Blofeld, por Amantes, Amado, Amigos, Pessoas de Mesma Opinião, Fraternidade Universal. Em chinês, tong significa similar, semelhante, o mesmo. Ren significa pessoa ou povo. Quando se colocam os dois caracteres juntos, formando uma unidade, o significado é tratar as pessoas com igualdade. Na antiga China, tong ren também significava pessoas com os mesmos interesses. Aqui, traduz-se Tong Ren por Busca de Harmonia. Tem a conotação de formar alianças. Para vencer uma situação complicada, as pessoas precisam trabalhar juntas, em harmonia, como em uma aliança.

O ideograma do primeiro caractere, tong, tem três partes. A primeira parece um retângulo vertical sem a linha inferior, simbolizando um portal ou uma casa. Dentro da casa, há uma única linha horizontal representando o número um. Abaixo, um quadradinho simboliza uma boca. Na China antiga, contavam-se as pessoas por bocas. Por exemplo, se quisessem saber quantas pessoas havia em sua família, perguntavam: "Quantas bocas há em sua família?" As três partes do ideograma se juntam para representar um grupo de pessoas reunidas, formando uma unidade. Aqui, a boca indica que estão pensando ou falando como um só. Os chineses podem *sentir* a harmonia no grupo. O ideograma do segundo caractere, ren, sugere uma pessoa em pé.

Seqüência do hexagrama: *Os acontecimentos não podem continuar obstaculizados; assim, depois do Obstáculo, vem a Busca de Harmonia.*

A imagem deste hexagrama é Céu sobre Fogo. O Céu sugere ascensão. A labareda do fogo move-se para cima. O Fogo aproximando-se do Céu dá uma imagem de pessoas com os mesmos interesses, trabalhando juntas, em harmonia. Há apenas uma linha maleável, na segunda posição. O antigo sábio viu isto como um desenho de harmonia; aquele na segunda posição tratou igualmente, com a mesma postura, os outros cinco elementos nas demais posições. Uma antiga máxima chinesa diz: "Pessoas no mesmo barco se ajudam, compartilhando alegrias e tristezas."

Segundo o I Ching, contudo, não existe igualdade absoluta. Os antigos sábios transmitiram o segredo de alcançar a harmonia, ou seja, buscar entendimento em questões importantes enquanto se reservam as diferenças nas questões insignificantes. Tong Ren ensina que, se os sábios classificam as pessoas de acordo com sua natureza, não é com o objetivo de tratá-las distintamente, mas visando o entendimento. Se há entendimento, cada um consegue agir em harmonia com os outros. Os antigos chineses sonhavam dia e noite que o mundo pertenceria à maioria e que o governo atenderia ao interesse comum de seus cidadãos. Isto é a Busca de Harmonia.

Decisão

Busca de harmonia entre as pessoas:
Próspero e tranqüilo.
É favorável atravessar grandes rios.
É favorável para o homem superior.
Ser perseverante e reto.

Comentário sobre a Decisão

Busca de harmonia:
O maleável obtém a posição adequada.
É central
E se corresponde com Qian, Iniciar.
Isto é a Busca de Harmonia.

A Busca de Harmonia diz:
Busca de harmonia entre as pessoas.
Próspero e tranqüilo.
É favorável atravessar grandes rios,
Porque Qian, Iniciar,
Progride e prossegue.

Brilho com força,
Central e correspondente.
Este é o caminho correto do homem superior.
Somente o homem superior é capaz
De interpretar as vontades de todos sob o Céu.

Comentário sobre o Símbolo

Céu com Fogo:
Uma imagem de Busca de Harmonia.
Assim,
O homem superior classifica as pessoas
Segundo suas naturezas,
E distingue as coisas
Segundo suas categorias.

Texto dos Yao

1. Nove na primeira posição
   Buscando a harmonia fora do portão.
   Nenhuma culpa.

   Sair pelo portão para buscar harmonia.
   Quem acharia culpável este ato?

2. Seis na segunda posição
   Buscando a harmonia dentro de um clã.
   Humilhação.

   Buscando a harmonia dentro de um clã.
   É egoísta e mesquinho.

3. Nove na terceira posição
   Combatentes escondidos na mata
   Sobem às colinas altas.
   Três anos,
   Incapaz de agir.

   Combatentes escondidos na mata.
   O oponente é firme demais.
   Três anos, incapaz de agir.
   Contente-se com as coisas como estão.

4. Nove na quarta posição
   Escalando os altos muros da cidade,
   Incapaz de atacar.
   Boa fortuna.

   Escalando os altos muros.
   Incapaz de atacar.
   Obrigue com a moralidade e a justiça,
   Sem insistir em atacar.
   Boa fortuna
   Devida ao retorno à verdade.

5. Nove na quinta posição
   A busca de harmonia
   Começa com choro e lamentos
   E termina com risos.
   A grande multidão consegue se encontrar.

   O começo da busca de harmonia,
   Direto nos corações.
   Depois de lutar, eles se encontram;
   Comemore a vitória.

6. Nove na sexta posição
   Buscando a harmonia no campo.
   Nenhum arrependimento.

   Buscando a harmonia no campo.
   A ambição ainda não foi saciada.

SIGNIFICADO

A Decisão diz: "Busca de harmonia entre as pessoas." Este é o tema principal deste hexagrama. Deve-se buscar harmonia entre a maioria e com absoluto altruísmo. Este era o antigo e sublime ideal de um mundo harmonioso. Buscar harmonia entre as pessoas, em chinês, é tong ren yü ye. Tong ren significa buscar harmonia. Yü significa em, dentro ou entre. E ye é o lugar além dos subúrbios. Assim, a maioria das traduções para o inglês apresenta ye como "o campo". Contudo, ye também significa o povo, ou os cidadãos, em contraposição ao governo. Considerando-se o tema deste hexagrama, é mais adequado empregar pessoas para ye, dando mais sentido à Decisão: "Busca de harmonia entre as pessoas. Próspero e tranqüilo."

O guá externo é Qian (Céu), simbolizando firmeza e força. Com esta qualidade, é favorável para a pessoa atravessar grandes rios, superar dificuldades. O guá interno é Li (Fogo), simbolizando a qualidade de brilho interior. Nesta situação, a linha principal é a maleável na segunda posição. Ela desempenha o papel principal. É um elemento yin em uma posição yin, central e correta. Assim, o Comentário de Confúcio sobre a Decisão explica que o maleável obtém a posição adequada e se corresponde com Qian. Esta linha yin no centro do trigrama inferior indica que aquele nesta posição possui grande moralidade, é gentil e sincero, humilde e modesto, e disposto a buscar harmonia com os outros. Interage com a linha sólida na quinta posição, que também é central e correta. Estas duas linhas simbolizam uma condição ideal em que momento é auspicioso, a situação é favorável e as pessoas estão em harmonia. Esta situação ideal resulta das circunstâncias de superar o obstáculo.

Tong Ren revela a verdade de que, se as pessoas tratarem umas às outras com espírito de igualdade, então a paz e o progresso serão possíveis. Caso contrário, haverá conflito e obstáculos. As três primeiras linhas deste hexagrama representam o fato de que as diferenças se originam da igualdade. As três linhas seguintes nos dizem que a igualdade nasce das diferenças. Assim, na quinta linha, as pessoas primeiro estão chorando, cheias de arrependimento, e depois rindo, para comemorar a vitória. Antigamente, as pessoas denominavam os tempos de paz de Grande Harmonia.

Este hexagrama simboliza o incidente histórico no qual o Rei Wen formou alianças com clãs vizinhos para combater o clã rebelde, Rong. O Rei Wen proclamou que a busca de harmonia com as pessoas de outros clãs seria próspera e tranqüila. O Duque de Zhou conta que não houve obstáculo na busca de alianças com diversos clãs, mas que a busca de alianças exclusivamente dentro do próprio clã gerava isolamento e resultados desfavoráveis. No início, a aliança tomou uma atitude defensiva, posicionando tropas em uma colina elevada e ocultando os combatentes na mata. Durante três anos, não houve problemas. Posteriormente, a aliança sitiou os muros da cidade de Rong. Depois de grande luta, saiu vitoriosa. O que começou com choro terminou em riso. Finalmente, a aliança se reuniu na zona rural de Zhou. Não houve arrependimento quanto às lutas que resultaram em sucesso.

(1) Nove na primeira posição. Busca de Harmonia alterna para Recuar (33) ☶

Aqui, o Texto dos Yao é "Buscando a harmonia fora do portão". Quando esta linha se move de yang para yin, o trigrama inferior alterna de

Fogo para Montanha. No I Ching, Montanha também representa um portão. Esta linha indica o início da busca de harmonia. O elemento yang tem um caráter firme e forte, mas não interage com a quarta linha porque ambos são yang. Aqui, isso simboliza a falta de consideração pessoal entre eles. Buscar harmonia fora do portão sugere ação em público, não em segredo. Os atos são transparentes e honestos. Os antigos chineses acreditavam que buscar harmonia em um espaço fechado era o mesmo que agir com intenções egoístas. Portanto, Confúcio diz: "Sair pelo portão para buscar harmonia. Quem acharia culpável este ato?"

*(2) Seis na segunda posição. Busca de Harmonia
  alterna para Iniciar (1)* ☷

Esta é a linha principal do hexagrama, como indica Confúcio ao dizer: "O maleável obtém a posição adequada. É central e se corresponde com Qian, Iniciar." O conteúdo do Texto dos Yao é muito claro: a busca de harmonia dentro de um clã é egoísta e mesquinha; resulta em humilhação. A linha maleável na segunda posição é central e correta; interage com o elemento yang na quinta posição. Geralmente, esta condição representa uma situação perfeita e é muito auspiciosa. Contudo, neste hexagrama não é tão positiva. Buscar harmonia exclusivamente em uma família denota egoísmo, concentração em um relacionamento pessoal. Ao agir por egoísmo e interesses pessoais, como se pode buscar harmonia com a comunidade?

*(3) Nove na terceira posição. Busca de Harmonia
  alterna para Sem Falsidade (25)* ☳

A terceira linha está no topo do trigrama inferior, Li (Fogo); ela dá uma imagem de ascensão. Localiza-se dentro do guá interno, simbolizando ocultar. Li também significa arma e combatente. Quando a terceira linha se move de yang para yin, o trigrama inferior alterna para Zhen (Trovão), que representa a mata. Assim, o Texto dos Yao diz: "Combatentes escondidos na mata sobem às colinas altas. Três anos, incapaz de agir." Os três anos derivam do fato de que esta é a terceira linha. Não significa exatamente três anos, mas sim um longo período.

Esta linha é um elemento yang em uma posição yang – não é central. A pessoa nesta posição tem um temperamento ruim, irritável. Este elemento yang não interage com aquele na quinta posição. Está próximo do elemento yin na segunda, que tem um bom relacionamento com o elemento yang na quinta: são complementares. O elemento yang da quinta posição é muito mais poderoso que o da terceira, em conseqüência de sua localização superior, central e correta. Na terceira posição, você sabe que não há como vencer uma luta cara a cara com o da quinta. Portanto, sobe às altas colinas para avaliar a situação geográfica e esconde os combatentes na mata. O elemento na quinta posição é muito mais forte; por isso, Confúcio diz: "O oponente é firme demais... Contente-se com as coisas como estão."

(4) Nove na quarta posição. Busca de Harmonia alterna para Lar (37) ☰

O Texto dos Yao diz: "Escalando os altos muros da cidade." Esta linha vem do trigrama inferior correspondente, Xun (Vento), que também sugere o significado de muro alto. A quarta linha está no topo do trigrama inferior correspondente; dá a imagem de escalar. A quarta linha é um elemento yang em uma posição yin – nem central nem correta. Corresponde ao elemento yang da linha inferior, mas não interage com ele – ambos são yang. Portanto, este yang está mais perto do elemento yin na segunda posição; por outro lado, o elemento yang na terceira interpõe-se entre eles como um muro alto. Na quarta posição, a pessoa sabe que durante o período de busca de harmonia não é bom empreender ações polêmicas. Conseqüentemente, Confúcio diz: "Obrigue com a moralidade e a justiça... Boa fortuna devida ao retorno à verdade."

(5) Nove na quinta posição. Busca de Harmonia alterna para Brilho (30) ☰

O Texto dos Yao aqui tem forte relação com a segunda linha do terceiro hexagrama, O Começo ☷. Em O Começo, o elemento yin na segunda posição quer interagir com o elemento yang na quinta, mas estão bloqueados por dois elementos yin na terceira e quarta posições. Aqui, o elemento yin na segunda posição quer interagir com o elemento yang na quinta, mas estão bloqueados por dois elementos yang na terceira e quarta posições. Desta vez o bloqueio é formado por dois elementos yang; grandes lutas são necessárias para superá-lo. Para explorar a importância desta linha, o texto continua a história das duas anteriores.

O elemento yang na quinta posição é central e correto, interagindo com o elemento yin na segunda. São yin e yang complementares. Porém, a terceira linha são combatentes escondidos na mata e a quarta, escalar muros altos. Estas duas linhas, ambas fortes elementos yang, criam um bloqueio. A segunda linha é um elemento yin, suave e fraco. Portanto, a pessoa na quinta posição precisa usar de uma força extraordinária para superar a obstrução causada pela terceira e quarta linhas.

A mensagem desta linha é que quando duas pessoas se harmonizam, embora talvez separadas fisicamente, seus corações continuam unidos. As pessoas podem ficar afastadas por diversos tipos de obstáculos que as façam chorar, mas quando permanecem verdadeiras no espírito nada pode realmente separá-las. Depois que vivenciam a dificuldade da separação, são capazes de valorizar a verdadeira alegria da união.

Certa vez, Confúcio disse:

Governantes de um país ou eremitas,
Em silêncio ou fazendo comentários,
Quando duas pessoas se tornam uma só em seus corações
Ficam tão afiadas quanto a faca capaz de cortar o ferro,
Defendem a mesma idéia e seguem o mesmo caminho;
Suas palavras são como o perfume e a fragrância das orquídeas.

(6) Nove na sexta posição. Busca de Harmonia alterna para Abolir o Antigo (49)

A linha de cima está na borda do guá externo. No I Ching, Iniciar também representa a zona rural, o campo. Portanto, o Texto dos Yao diz: "Buscando a harmonia no campo." Nos tempos antigos, havia pouquíssimas pessoas no campo. O elemento yang na sexta posição quer buscar harmonia com os outros, mas não há ninguém para reagir. Ao se contentar com a realidade, embora sua vontade não tenha sido realizada, tem a paciência de esperar pelo momento certo. Não há arrependimento.

Referências adicionais para este hexagrama:

Imagem:	Céu sobre Fogo
Fórmula para recitação:	Céu sobre Fogo, Busca de Harmonia
Elemento:	Metal
Estrutura:	Cinco yang com um yin
Mês:	O sétimo mês do calendário lunar, ou agosto
Linha principal do hexagrama:	Seis na segunda posição
Hexagrama oposto:	Multidão (7)
Hexagrama inverso:	Grande Colheita (14)
Hexagrama correspondente:	Encontro (44)

14
Da You •
Grande Colheita

Li • Fogo
Qian • Céu

Nome e estrutura

Grande Colheita é o inverso do hexagrama anterior, Busca de Harmonia. A busca de harmonia traz uma grande colheita. Por outro lado, uma grande colheita dá asas à busca de harmonia. Busca de Harmonia e Grande Colheita se complementam e ajudam um ao outro a seguir adiante.

Seqüência do hexagrama: *Depois de buscar harmonia com as pessoas, as coisas certamente reagem a essa ação. Assim, depois da Busca de Harmonia vem a Grande Colheita.*

Em chinês, *da* significa grande e *you*, posses. Da You significa posses em grande quantidade. Tanto Wilhelm quanto Blofeld traduzem Da You por Grandes Posses. Contudo, nos tempos antigos, *you* também significava colheita. De acordo com o espírito deste hexagrama, não há o sentido de posse aqui, mas ele sem dúvida revela a luz de uma colheita. O Comentário de Confúcio sobre a Decisão diz:

> *Sua virtude é firme e forte e também brilhante.*
> *Ele corresponde ao Céu*
> *E age de acordo com o tempo.*
> *Portanto, há supremo progresso e êxito.*

Para manter a virtude, não é adequado tomar posse. Corresponder ao Céu e agir de acordo com o tempo sugere o ato de colher.

Dois ideogramas representam o nome deste hexagrama. O primeiro assemelha-se a uma pessoa em pé com braços e pernas bem abertos. Os antigos sábios acreditavam que o Céu, a Terra e os seres humanos eram grandes. Por isso, empregavam a imagem de um ser humano para representar "grande". O segundo ideograma tem duas partes. A parte superior sugere a imagem de uma mão com três dedos abertos como se apanhassem alguma coisa. Sob a mão está o ideograma da lua. A imagem toda apresenta o desenho de uma mão tentando apanhar a lua. É interessante que, antigamente, *you* significava "inadequado para possuir". Os antigos chineses sabiam que, durante um eclipse lunar, a lua era capturada e o mundo mergulhava na escuridão. Nesse contexto, criaram o ideograma de *you*, refletindo a natureza transitória da posse, e ensinaram que não era certo apropriar-se dos pertences alheios. Posteriormente, o ensinamento de que a posse era inadequada foi esquecido e *you* passou a significar simplesmente "possuir".

A estrutura do hexagrama é Fogo sobre Céu. Simboliza que o sol brilha no céu e fornece luz e calor a miríades de seres na Terra – uma imagem de prosperidade e abundância. É o momento da grande colheita. Como extensão do hexagrama anterior, mostra que apenas com o espírito de buscar harmonia com as pessoas é que podemos promover a paz no mundo, manifestar a prosperidade em nosso país e criar abundância para nossa família.

Decisão

> Grande Colheita:
> Sublimemente próspero e tranqüilo.

Comentário sobre a Decisão

> *Grande Colheita.*
> *O maleável obtém a posição de honra,*
> *Grande e central.*
> *O superior e o inferior interagem.*
> *Assim surge o nome de Grande Colheita.*
>
> *Sua virtude é firme e forte e também brilhante.*
> *Ele corresponde ao Céu*
> *E age de acordo com o tempo.*
> *Portanto, há supremo progresso e êxito.*

Comentário sobre o Símbolo

O Fogo está sobre o Céu.
Uma imagem da Grande Colheita.
Assim,
O homem superior reprime o mal e promove o bem,
Realizando a gloriosa virtude do Céu.

Texto dos Yao

1. Nove na primeira posição
   Nenhum orgulho, nenhum prejuízo.
   Obviamente, nenhuma culpa.
   Tomando cuidado com a adversidade:
   Nenhuma culpa.

   Nove na primeira da Grande Colheita,
   Nenhum orgulho, nenhum prejuízo.

2. Nove na segunda posição
   Uma grande carroça para carregar.
   Há para onde ir.
   Nenhuma culpa.

   Uma grande carroça para carregar,
   Armazene no meio.
   Nenhum fracasso.

3. Nove na terceira posição
   O príncipe está empenhado
   Em apresentar oferendas ao Filho do Céu.
   Pessoas mesquinhas não podem fazer isso.

   O príncipe está empenhado em apresentar oferendas ao Filho do Céu.
   Se pessoas mesquinhas se empenham, levam ao desastre.

4. Nove na quarta posição
   Sem pretensão,
   Nenhuma culpa.

   Sem pretensão,
   Nenhuma culpa.
   Ele é brilhante, perspicaz e claro.

5. Seis na quinta posição
   A comunicação sincera e verdadeira
   Faz a dignidade brilhar.
   Boa fortuna.

   A comunicação sincera e verdadeira
   Desperta a vontade alheia.
   A boa fortuna de sua dignidade
   Vem de sua natureza.
   Surge simples e espontaneamente.

6. Nove na sexta posição
   Do Céu vem a bênção.
   Boa fortuna.
   Nada é desfavorável.

   Grande colheita, boa fortuna no topo.
   A bênção desce do Céu.

Significado

Este hexagrama (Fogo ☰ sobre Céu ☰), Grande Colheita, é o inverso do anterior, Busca de Harmonia (Céu ☰ sobre Fogo ☰). O atributo de Fogo e Céu é a ascensão. Quando o sol sobe no céu, ele fornece luz e calor a miríades de seres. O sol brilhando no céu representa uma situação extremamente auspiciosa. Este hexagrama é mais favorável que o anterior porque a linha principal está na posição mais auspiciosa.

A linha principal deste hexagrama é o elemento yin na quinta posição. É o único elemento yin e localiza-se na posição suprema do hexagrama. Parece um rei antigo, generoso e humilde, que alimenta o espírito de buscar harmonia com seu povo e, assim, é capaz de desfrutar a grande colheita. Aqui, nos é revelado o segredo do sucesso: a pessoa que ocupa o papel principal deve ser humilde e sincera, gentil e magnânima, disposta a buscar harmonia com o povo, para que as bênçãos desçam do Céu sobre ela.

Embora o nome deste hexagrama seja Grande Colheita, ele não expõe diretamente o segredo de como obtê-la. Ao contrário, expõe a verdade de não transbordar depois de estar cheio. Ou seja, alerta para não cultivar o orgulho depois do êxito. Este hexagrama assume o papel de ligar o hexagrama precedente ao seguinte – Busca de Harmonia e Humildade, respectivamente. "Perde-se com o orgulho e ganha-se com a modéstia" é um aforismo clássico da cultura chinesa. Este hexagrama lembra às pessoas que o orgulho leva à perda; o seguinte diz que a humildade leva à vitória e ao ganho.

O hexagrama nos conta que depois da vitória sobre o clã rebelde, Rong, o Rei Wen recebeu um grande prêmio do tirano de Shang. O Rei Wen considerou aquele prêmio a grande colheita de sua carreira política e militar, capaz de lhe trazer supremo êxito e progresso. O Duque de Zhou relembrou a postura humilde do Rei Wen ao receber o prêmio do tirano. O prêmio era grande o suficiente para encher uma carroça, mas o Rei Wen manteve em mente a dificuldade de seu curso revolucionário contra a brutalidade do tirano. Quando o Rei Wen juntou com o tirano, não ousou comer demais. Sua confiança e modéstia brilharam junto com sua dignidade. Em conseqüência dessas virtudes, bênçãos vieram do Céu. Eram sinais de boa fortuna; nada era desfavorável.

(1) Nove na primeira posição. Grande Colheita alterna para Instituir o Novo (50)

O Texto dos Yao aqui é difícil de entender. Wilhelm o traduz como "Nenhuma relação com o que é prejudicial". Blofeld usa "sem ter contato com o mal". Em chinês, o texto começa com estes três caracteres: wu jiao hai. Wu significa não, jiao é associar-se com e hai é prejuízo. Como não existe pontuação na antiga literatura chinesa, pode-se entender wu jiao hai como wu jiao hai (sem vírgula) ou wu jiao, hai (com uma vírgula). Pode-se traduzir wu jiao hai como sem associação e sem prejuízo; ou nenhuma relação com o que é prejudicial, como Wilhelm diz; ou sem ter contato com o mal, segundo Blofeld. Entretanto, se um tradutor acredita que há vírgula, então pode-se considerar que wu jiao, hai seja "nenhuma associação, prejuízo".

Nos tempos antigos, jiao significava tanto "associado com" quanto "orgulho"; as palavras tinham o mesmo som, mas forma diferente. Na linguagem escrita, eram intercambiáveis. Portanto, pode-se também traduzir wu jiao hai como "sem orgulho e prejuízo". Considerando-se a disposição da seqüência de hexagramas pelo Rei Wen e o tema principal deste hexagrama, uma tradução mais adequada seria: "Nenhum orgulho; portanto, nenhum prejuízo." Embora a linha inferior seja sólida, ela ainda está na posição inferior. Aquele nesta posição é firme e apto, porém não excessivamente voluntarioso. Não interage com o elemento yang na quarta posição; não há apoio. Segundo a opinião do Rei Wen, a coisa mais prejudicial em uma grande colheita é o orgulho. Como aquele nesta posição se encontra na fase inicial de sua carreira e em condição isolada, não deve sentir-se orgulhoso. Assim, não haverá prejuízo nem culpa.

(2) Nove na segunda posição. Grande Colheita alterna para Brilho (30) ☲

A segunda linha é um elemento yang no meio do trigrama inferior. Por causa de sua posição central e humilde, é apto e forte e não deve insistir na teimosia. Esta linha interage com a principal, o elemento yin na quinta posição. A linha principal a encarrega de uma tarefa importante, como uma enorme carroça a ser carregada. O trigrama inferior é Qian, que pode representar um círculo. Aqui, simboliza a roda de uma enorme carroça. Este elemento yang ocupa a posição central, indicando que há um caminho para o progresso.

(3) Nove na terceira posição. Grande Colheita alterna para Diversidade (38) ☲

No I Ching, a terceira linha pode representar um príncipe porque está no topo do trigrama inferior. Aqui, a terceira linha é um elemento yang em uma posição yang; seu mérito combina com sua posição. Ele merece a honra de apresentar oferendas ao imperador. Pessoas mesquinhas não têm mérito – não merecem a honra. A mensagem deste hexagrama é que devem-se honrar aqueles que têm mérito e não confiar cegamente em pessoas mesquinhas.

(4) Nove na quarta posição. Grande Colheita alterna para Grande Acúmulo (26) ☲

O elemento yang na quarta posição representa um ministro do rei e ocupa uma posição yang; a pessoa que está nesta posição é um bom ministro. O imperador é humilde em conseqüência de sua qualidade yin. Na situação da Grande Colheita, a quarta posição pode representar superabundância. A pessoa está montada em três elementos yang e localiza-se ao lado do rei, tendo a oportunidade de ultrapassá-lo. Porém, é um elemento yang em uma posição yin. É brilhante, perspicaz e claro, e não ousa avançar além de sua posição. Portanto, não há culpa.

(5) Seis na quinta posição. Grande Colheita alterna para Iniciar (1) ☰

Esta linha é a principal do hexagrama. É o único elemento yin e recebe os cinco elementos yang. Sua qualidade é maleável; sua posição, central. Representa um indivíduo brilhante capaz de assumir uma posição de liderança como um rei. Este elemento interage com o elemento yang na segunda posição. O relacionamento deles é harmonioso. Juntos, conseguem despertar a vontade dos outros.

(6) Nove na sexta posição. Grande Colheita alterna para Grande Força (34)

Geralmente, a linha de cima representa o extremo – é uma posição desfavorável. Contudo, este hexagrama segue o princípio de encher sem derramar. Nesta posição, a pessoa ainda se lembra de ser humilde. A humildade é uma das maiores virtudes de um homem superior. Assim, a bênção virá do Céu. A linha atrai boa fortuna; nada é desfavorável.

Referências adicionais para este hexagrama:

Imagem:	Fogo sobre Céu
Fórmula para recitação:	Sol sobre céu, Grande Colheita
Elemento:	Fogo
Estrutura:	Cinco yang com um yin
Mês:	O quinto mês do calendário lunar, ou junho
Linha principal do hexagrama:	Seis na quinta posição
Hexagrama oposto:	União (8)
Hexagrama inverso:	Busca de Harmonia (13)
Hexagrama correspondente:	Eliminação (43)

15
QIAN • HUMILDADE

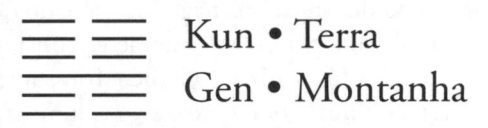

☷ Kun • Terra
☶ Gen • Montanha

NOME E ESTRUTURA

Este hexagrama é muito especial. Para os chineses, ser humilde sempre traz uma grande colheita. Tanto Confúcio quanto Lao-tsé aprenderam muito com este hexagrama. O que Confúcio aprendeu aparece claramente em seus Comentários. O que Lao-tsé aprendeu está no que ele diz no *Tao Te Ching*:

> Tenho três tesouros
> Que protejo e guardo com carinho:
> O primeiro é o amor;
> O segundo é o contentamento;
> O terceiro é a humildade.
> Só os que amam são corajosos;
> Só os contentes são magnânimos;
> Só os humildes são capazes de comandar.

Da Busca de Harmonia (13), passando pela Grande Colheita (14) e prosseguindo até Humildade (15), esses "tesouros" são totalmente detalhados. Ao conviver com eles, o resultado será Contentamento (16).

Este Qian, que significa Humildade, é completamente distinto daquele do primeiro hexagrama, Iniciar. São dois caracteres diferentes. Os chineses freqüentemente associam a palavra humilde a afável e cortês. Qian-he é ser humilde e afável; qian-gong, ser humilde e cortês. Tanto Wilhelm quanto Blofeld traduzem o nome deste hexagrama por Modéstia. De acordo com a seqüência do Rei Wen para os 64 hexagramas, este deveria ter o sentido de ausência de orgulho e vaidade. O Comentário de Confúcio sobre a Decisão expressa completamente este sentido. Portanto, neste livro, usa-se o termo Humildade.

O ideograma deste hexagrama consiste em duas partes. O desenho do rosto de um homem com a boca aberta forma a parte esquerda e representa o ato de falar. No ideograma do sexto hexagrama, Disputa, esta imagem representa conflito. Aqui, sugere humildade. À direita do ideograma há dois feixes de trigo, um ao lado do outro, e uma mão com três dedos abertos entre eles. Este desenho simboliza o ato de dividir igualmente. Confúcio diz no Comentário sobre o Símbolo: "O homem superior diminui o que é excessivo e aumenta o que é escasso. Pondera as coisas e as equilibra."

Este é o verdadeiro significado de Humildade. Quando as duas partes do ideograma se unem, indicam que, no cotidiano, deve-se expressar e manifestar o ato de ponderar as coisas e equilibrá-las.

Seqüência do hexagrama: *Depois de uma grande colheita, a pessoa não se deve encher de satisfação e orgulho. Assim, depois da Grande Colheita vem a Humildade.*

A estrutura deste hexagrama é Terra ☷ sobre Montanha ☶. Normalmente, as montanhas são altas e a Terra é baixa. O que caracteriza uma montanha é o fato de ela estar no alto, acima da Terra. Neste hexagrama, a montanha está sob a Terra. Esta imagem representa um estado de tornar-se humilde. O guá interno, Montanha, tem o atributo de quietude. O guá externo, Terra, tem a qualidade de docilidade, tolerância. Quando a pessoa é capaz de dominar o ego e ser tolerante, gentil com o próximo, então se tem a qualidade da humildade. Para os antigos chineses, a humildade é uma das maiores virtudes e demora muito tempo para ser cultivada. Assim, a Decisão diz que a humildade resulta em prosperidade e êxito. O homem superior honra esta virtude até o fim.

Decisão

> Humildade.
> Próspero e tranqüilo.
> Para o homem superior, há um fim.

Comentário sobre a Decisão

> *Humildade,*
> *Próspero e tranqüilo.*

*O Tao do Céu está em enviar sua energia para baixo
Brilhando sobre todos os seres.
O Tao da Terra está em enviar sua energia para cima
Ligando-se ao Céu.*

*O Tao do Céu está em esvaziar o que está cheio
E aumentar o humilde.
O Tao da Terra está em alternar o que está cheio
E torná-lo humilde.*

*O Tao dos espíritos está em prejudicar o que está cheio
E abençoar o humilde.
O Tao dos humanos está em odiar o que está cheio
E amar o humilde.*

*O humilde é honrado para irradiar seu brilho.
Quando o humilde ocupa uma posição inferior,
Não perde seu princípio.
Assim, o homem superior é capaz de honrar seu princípio até o fim.*

Comentário sobre o Símbolo

*Dentro da Terra, Montanha:
Uma imagem da humildade.
Assim,
O homem superior diminui o que é excessivo
E aumenta o que é escasso.
Pondera as coisas e as equilibra.*

Texto dos Yao

1. Seis na primeira posição
   Humildemente, humildemente, o homem superior
   Põe-se a atravessar grandes rios:
   Boa fortuna.

   *Humildemente, humildemente, o homem superior
   Humilha-se
   Para cultivar a humildade.*

2. Seis na segunda posição
   A humildade ressoa.
   Perseverança e retidão: boa fortuna.

A humildade ressoa.
Perseverança e retidão resultam em boa fortuna.
A virtude vem do fundo do coração.

3. Nove na terceira posição
   Labutando humildemente, o homem superior
   Acaba em boa fortuna.

   Labutando humildemente, o homem superior.
   As multidões o aceitam completamente.

4. Seis na quarta posição
   Nada é desfavorável.
   Dê vazão total à humildade.

   Nada é desfavorável.
   Dê vazão total à humildade.
   O princípio não é violado.

5. Seis na quinta posição
   Não é rico.
   Junto com seus vizinhos,
   É favorável empenhar-se em subjugar:
   Nada é desfavorável.

   É favorável empenhar-se em subjugar;
   Vença os que não se submetem.

6. Seis na sexta posição
   A humildade ressoa.
   É favorável empenhar-se em mobilizar a multidão;
   Consolide seu estado.

   Ressoa, humildade.
   Sua vontade ainda não se realizou.
   Pode-se agir.
   Consolidar primeiro o próprio lugar.

SIGNIFICADO

Entre os 64 hexagramas, apenas em Humildade todas as linhas são auspiciosas. É muito especial no I Ching. Pode-se ver como os antigos valorizavam a humildade. Para eles, ser humilde não significa agir negativamente, mantendo-se recuado. Ao contrário, o ser humano deve agir positivamente, em cooperação e harmonia com o próximo. O segredo é respeitar as pessoas e tratá-las com igualdade. Apenas dessa maneira podem-se estabelecer a verdadeira paz e harmonia em uma comunidade.

A linha principal deste hexagrama é incomum. Não está nem na quinta nem na segunda posição, mas sim na terceira, que se encontra no topo do trigrama inferior. Normalmente, não é uma posição favorável. Neste hexagrama, é a única linha sólida. Simboliza um sábio humilde, em pé, cercado por todos os elementos yin. É firme e forte, enérgico e poderoso, mas ocupa humildemente a posição inferior. Este é o verdadeiro espírito de ser humilde. A humildade não é uma virtude inata; precisa ser cultivada por muito tempo. Se um líder é capaz de ser realmente humilde, então o povo irá aceitá-lo e segui-lo. Este é o espírito do hexagrama. Este hexagrama é uma extensão do anterior, Busca de Harmonia, que é a chave para uma grande colheita.

Este hexagrama nos conta que, depois de uma grande colheita, o brilho e a luminosidade do Rei Wen apareceram. Ele percebeu que nesta situação era necessário manter extrema humildade. O homem superior honra esta virtude até o fim. Caso contrário, o tirano de Shang suspeitaria dele. O Duque de Zhou contou como o Rei Wen exaltou a humildade e labutou em ser humilde. Com essa postura, conseguiu superar todas as dificuldades, como se caminhasse em segurança por grandes rios. Embora não fosse tão abastado quanto o tirano de Shang, o Rei Wen ainda obteve o amor e a estima de clãs vizinhos. Mesmo no ato de subjugar, nada era desfavorável, mas o Rei Wen ainda foi cauteloso e não se apressou em agir contra o tirano.

(1) Seis na primeira posição. Humildade alterna para Brilho Ferido (36)

O atributo de um elemento yin é a maleabilidade, que representa humildade. O elemento yin neste hexagrama contenta-se em permanecer na posição inferior. É outra maneira de demonstrar humildade. Assim, o Texto dos Yao diz: "Humildemente, humildemente", indicando que quem deseja cultivar a humildade deve primeiro ter o coração humilde. Com humildade, a pessoa consegue lidar com qualquer tipo de situação, por mais difícil ou perigosa que seja. Este é o verdadeiro espírito da humildade – não agir negativamente, recuando, mas agir positivamente, prosseguindo para fazer algo produtivo. As três linhas acima da linha inferior formam o trigrama correspondente interno, Água; portanto, o Texto dos Yao diz: "Humildemente, humildemente, o homem superior põe-se a atravessar grandes rios."

*(2) Seis na segunda posição. Humildade alterna
para Crescimento Ascendente (46)* ☵

O elemento yin na segunda posição é central e correto. Simboliza que a bela qualidade da humildade é celebrada no fundo do coração e floresce na conduta exterior do indivíduo. Portanto, ela desperta ressonância solidária no ambiente que a cerca. Quando a segunda linha se move de yin para yang, o trigrama inferior alterna de Gen (Montanha) para Xun, que é Vento. Aqui, Xun representa um galo. Quando um galo canta, os outros o acompanham: ressonância.

*(3) Nove na terceira posição. Humildade alterna
para Corresponder (2)* ☷

Esta linha é a principal do hexagrama. É a única linha sólida, situada no topo do trigrama inferior, simbolizando uma pessoa que assume a responsabilidade por uma tarefa importante. Como se trata de um elemento yang em uma posição yang, firme e forte, os outros cinco elementos yin dependem dele como seu centro. É capaz de labutar e ainda ser humilde; inevitavelmente ganhará o apoio do povo e tudo terminará em boa fortuna. Confúcio diz:

> *Trabalhar arduamente, mas sem se exibir,
> Realizar grandes conquistas, mas sem se sentir cheio de si,
> Ser honesto e sincero ao máximo:
> Indica a pessoa que tem mérito, mas ainda continua humilde.*

*(4) Seis na quarta posição. Humildade alterna
para Pequeno Excedente (62)* ☳

A quarta linha é um elemento yin em uma posição yin. Sua natureza é dócil; sua posição, correta. Contenta-se em ocupar a parte inferior do trigrama superior, simbolizando sua humildade. Portanto, nada é desfavorável. Embora a posição da quarta linha seja mais elevada que a da terceira, ela não é tão forte e firme quanto esta. Por estar ciente deste fato, dá vazão total à humildade. Confúcio nos diz que isto não viola o princípio da humildade.

(5) Seis na quinta posição. Humildade alterna para Tribulação (39) ☵

A quinta linha é maleável, o que não é uma imagem de riqueza. Como linha maleável situada na posição suprema de Humildade, é especial. Nesta posição, ele é respeitável, mas ainda humilde. Não influencia o povo pela riqueza, mas pela virtude e, assim, com o apoio de outras pessoas, ainda pode realizar grandes feitos. O Texto dos Yao diz: "É favorável empenhar-se em subjugar: nada é desfavorável." Isto mostra o poder de ser respeitável e humilde.

(6) Seis na sexta posição. Humildade alterna para Quietude (52)

A sexta linha está na posição mais elevada; geralmente, representa uma situação como o brilho do sol poente – algo perto do fim da carreira ou da vida. Contudo, a linha superior de Humildade é incomum. O sol ainda brilha e a humildade ainda ecoa. Para os outros hexagramas, o texto normalmente aconselha afastar-se e não agir. Porém, para Humildade, o conselho é: "É favorável empenhar-se em mobilizar a multidão."

Certa vez um discípulo de Zhu Xi, um dos estudiosos confucionistas mais eminentes do sul da dinastia Sung do sul, perguntou: "Mestre, por que no Texto dos Yao de Humildade aprova-se a ação militar na quinta e sexta linhas?" Zhu Xi respondeu: "O conteúdo da estratégia e das táticas militares também inclui a humildade. É recuar a fim de avançar e, assim, obter o triunfo." Lao-tsé expressa uma idéia semelhante no *Tao Te Ching*, ao dizer:

> Se um grande país tratar com humildade um país menor,
> Ganhará a obediência deste.
> Se um pequeno país tratar com humildade um grande país,
> Obterá a magnanimidade deste.
> Portanto, um se beneficia ao se tornar humilde;
> O outro, ao ser humilde.

Referências adicionais para este hexagrama:

Imagem:	Terra sobre Montanha
Fórmula para recitação:	Montanha abaixo da Terra, Humildade
Elemento:	Terra
Estrutura:	Cinco yin com um yang
Mês:	O décimo segundo mês do calendário lunar, ou janeiro
Linha principal do hexagrama:	Nove na terceira posição
Hexagrama oposto:	Cumprimento (10)
Hexagrama inverso:	Contentamento (16)
Hexagrama correspondente:	Alívio (40)

16
YÜ •
CONTENTAMENTO

☳ Zhen • Trovão
☷ Kun • Terra

NOME E ESTRUTURA

Originalmente, yü significava contentamento; hoje significa também paz e felicidade. Contentamento é o inverso do hexagrama precedente, Humildade. A humildade leva ao contentamento. Portanto, Humildade e Contentamento são complementares. Wilhelm traduz Yü por Entusiasmo; Blofeld adota Tranqüilidade. Neste livro, sigo o significado original: Contentamento.

Seqüência do hexagrama: *Quando a colheita é farta e a pessoa ainda é capaz de conservar-se humilde, certamente haverá uma explosão de contentamento. Assim, depois da Humildade vem o Contentamento.*

O ideograma deste hexagrama é uma forma antiqüíssima feita de duas partes. A esquerda é um ideograma de yü, que significa entregar ou dar. Há duas mãos na parte superior e uma linha reta vertical ligada à mão inferior, representando o braço. Entre as duas mãos há um pequeno objeto. Considerando-se o todo, o desenho representa o ato de dar e receber. A parte direita do ideograma representa um elefante, xiang. O elefante está apoiado nas patas traseiras, com a cauda tocando o chão, as patas dianteiras erguidas. A cabeça do animal está projetada para a frente, com a longa tromba curvada para cima. No passado, havia elefantes no sul da China, embora hoje sejam inexistentes na região. Ali os elefantes eram treinados para ajudar os trabalhadores a carregar objetos pesados, mas no norte eram treinados para dar ao povo prazer e contentamento. As pessoas executavam um tipo de dança conhecida como a dança do elefante, que o Rei Wu muito apreciava. As duas partes do ideograma reunidas significam contentamento – pessoal ou dado ao próximo.

A estrutura deste hexagrama é Trovão ☳ sobre Terra ☷. Trovão representa ação e Terra, submissão. Esses dois trigramas reunidos simbolizam a ação do elemento yang seguida alegremente por todos os elementos yin. Na China antiga, acreditava-se que o poder do trovão exercia influência a uma distância de cem li (uma unidade chinesa de comprimento correspondente a quinhentos metros, mais ou menos), equivalente ao domínio de um senhor feudal. Por isso, a Decisão diz: "É favorável nomear senhores feudais e mobilizar a multidão." A Terra é o símbolo da multidão, e nomear senhores feudais significa obter assistência.

Decisão

Contentamento.
É favorável nomear senhores feudais
E mobilizar a multidão.

Comentário sobre a Decisão

Contentamento.
O firme obtém resposta.
Sua vontade se realiza.
Agir de acordo com o tempo e prosseguir:
Isto é Contentamento.

Contentamento.
Agir de acordo com o tempo e prosseguir;
É seguir o caminho do Céu e da Terra.
Quanto mais não o será
Nomear senhores feudais e mobilizar a multidão?

Céu e Terra se movem segundo o tempo;
Assim, sol e lua não se desviam de seus cursos,
E as quatro estações não falham.

O santo se move de acordo com o tempo e a situação;
Assim, as punições e penas passam a ser justas,
E o povo é genuinamente convencido.
Grandes são, de fato, o momento e a importância do Contentamento!

Comentário sobre o Símbolo

O Trovão sai da Terra,
Subindo e despertando a vida:
Uma imagem do Contentamento.
Assim,
O antigo rei compôs músicas para honrar a virtude e o mérito;
Com vontade ardente, ofereceu-as a Deus
E compartilhou-as com seus antepassados.

Texto dos Yao

1. Seis na primeira posição
   Cantando o contentamento:
   Infortúnio.

   Cantando o contentamento:
   Sua vontade se esgota.

2. Seis na segunda posição
   Firme como a rocha,
   Não apenas por um dia inteiro.
   Perseverança e retidão: boa fortuna.

   Não apenas por um dia inteiro.
   Perseverança e retidão: boa fortuna.
   É central e correta.

3. Seis na terceira posição
   Erguendo o olhar, chafurdar no contentamento.
   Arrependimento.
   Demora:
   Arrependimento mais uma vez.

   Erguendo o olhar, chafurdar no contentamento,
   Há arrependimento.
   A posição não é apropriada.

4. Nove na quarta posição
   Causa de contentamento;
   Grande acúmulo obtido.
   Não suspeite.
   Reúna amigos ao seu redor,
   Como um grampo junta os cabelos.

Causa de contentamento;
Grande acúmulo obtido.
A vontade do indivíduo é forte o bastante para realizar grandes metas.

5. Seis na quinta posição
   Seja perseverante e reto.
   Mesmo doente,
   Ainda persista.
   Não morrerá.

   Seja perseverante e reto, mesmo doente,
   Descansando sobre uma linha sólida.
   Persistente ainda; não morrerá.
   O caminho central evita a morte.

6. Seis na sexta posição
   Contentamento escuro.
   Faça uma mudança:
   Nenhuma culpa.

   O contentamento escuro atinge o topo.
   Como poderia durar mais tempo?

Significado

O nome deste hexagrama é Contentamento, mas o Texto dos Yao não é nada agradável. O objetivo deste hexagrama é expor o princípio de harmonia e contentamento. Quando realizam grandes feitos e ainda se mantêm humildes, as pessoas sentem prazer em se reunir. Contudo, este hexagrama não descreve uma situação de harmonia e contentamento, mas alerta contra a autocomplacência. É muito fácil dar-se ao luxo de gozar os próprios prazeres e esquecer o contentamento do próximo. Para o Duque de Zhou, o contentamento não era apenas para um indivíduo, mas para todos. O segredo é humildade e sinceridade; estas duas qualidades trazem harmonia. Este é o verdadeiro significado de Contentamento.

A imagem deste hexagrama é Trovão ☳ sobre Terra ☷ . Trovão é o som da energia yang. Assim, Confúcio diz: "O antigo rei compôs músicas para honrar a virtude e o mérito; com disposição ardente, ofereceu-as a Deus." Quando o trovão irrompe sobre a Terra, miríades de seres nutrem-se de sua energia yang, se satisfazem e se avivam. É um momento de entusiasmo e contentamento. Um estado de espírito entusiasmado e satisfeito é propício para o sucesso, mas o excesso de entusiasmo e contentamento causa autocomplacência, que pode levar ao infortúnio. Por isso, todas as linhas neste hexagrama pressagiam infortúnio, exceto a segunda.

Este hexagrama ecoa o terceiro, O Começo, o início da obra do Rei Wen. A Decisão do Rei Wen sobre O Começo diz:

> O começo de um broto minúsculo.
> Sublime prosperidade e tranqüilidade.
> É favorável ser perseverante e reto.
> Não aja levianamente.
> Há para onde ir.
> É favorável nomear senhores feudais.

A Decisão do Rei Wen sobre este hexagrama diz:

> Contentamento.
> É favorável nomear senhores feudais
> E mobilizar a multidão.

Após anos de trabalho árduo e cauteloso, por meio da perseverança, o Rei Wen manifestou a visão que proclamara no início. Estabeleceu-se uma aliança de senhores feudais e ele obteve o supremo sucesso. Este hexagrama revela o contentamento do Rei Wen com seu êxito. O moral da multidão em seu reino, bem como entre os aliados, era alto o suficiente para enviar uma expedição punitiva contra o tirano de Shang. Contudo, o Duque de Zhou narra o brilhantismo do pai ao evitar agir com impetuosidade. O Rei Wen percebeu que a presunção em relação ao contentamento traria infortúnio. Assim, permaneceu firme como uma rocha, não apenas por um dia, mas com perseverança e retidão do começo ao fim. Reuniu senhores feudais em torno de si como um grampo junta os cabelos. Alertou que o ato de "chafurdar" no contentamento, em vez de manter a mente sóbria, traria arrependimento. A sombra do contentamento passara; era hora de preparar a próxima etapa de mobilização da multidão para o curso revolucionário contra o tirano e estabelecer uma nova e magnânima dinastia.

A linha principal é a sólida na quarta posição, a única linha sólida neste hexagrama. Contenta-se em estar na parte inferior do trigrama superior e interage com a linha maleável na parte inferior do trigrama inferior. Assim, o Comentário sobre a Decisão diz: "O firme obtém resposta. Sua vontade se realiza."

(1) Seis na primeira posição. Contentamento alterna para Agir (51)

Esta linha é um elemento yin em uma posição yang – incorreta. Interage com a linha sólida na quarta posição. Como este elemento é o único neste hexagrama a obter apoio de cima, torna-se orgulhosíssimo e superexcitado. A superexcitação e supersatisfação, sobretudo no início, trazem infortúnio.

(2) Seis na segunda posição. Contentamento alterna para Alívio (40)

Esta linha é um elemento yin na segunda posição – o único localizado em uma posição central e correta. Em uma situação repleta de contentamento, a maioria das pessoas se dá ao luxo dos prazeres mundanos e costuma viver um dia de cada vez. Apenas esta linha permanece no meio e percorre o caminho central; portanto, o Texto dos Yao diz que ela é firme como uma rocha, e não apenas por um dia inteiro; é capaz de permanecer justa e perseverante pela reflexão prudente, fazendo uma distinção clara entre o certo e o errado. Assim, durante um período de contentamento, a pessoa não deve prosseguir sem um objetivo e plano definidos para a vida. Obtendo esclarecimentos desta linha, *O grande conhecimento*, um dos quatro livros da escola confucionista, diz que o homem superior primeiro põe a si mesmo em ordem; depois, consegue meditar; depois de meditar, é capaz de realizar seus objetivos.

Aqui, meditar denota fazer uma distinção clara entre o certo e o errado por meio da reflexão prudente e da perseverança. Assim, primeiro você deve se tornar internamente firme como uma rocha.

(3) Seis na terceira posição. Contentamento alterna para Pequeno Excedente (62)

A terceira linha é um elemento yin em uma posição yang – nem central nem correta. Como a posição não é adequada, aquele que a ocupa espera obter prazer e contentamento das pessoas. A linha na quarta posição, acima, é a principal do hexagrama. Assim, aquele na terceira posição ergue o olhar e se compraz em seu contentamento. O Duque de Zhou alerta que a demora para tornar a mente sóbria pode trazer arrependimento. Não é uma perspectiva realista e não é a maneira certa de obter contentamento.

(4) Nove na quarta posição. Contentamento alterna para Corresponder (2)

Esta é a linha principal; representa a posição de um ministro e é a única linha sólida neste hexagrama. Nesta posição, harmoniza-se com todos os elementos yin, sobretudo o que ocupa a posição do rei, a quinta. Estão próximos e são yin e yang complementares. Nesta posição, a pessoa obtém a confiança do rei e torna-se fonte de contentamento. Assim, o Texto dos Yao diz que, em conseqüência do contentamento, você obtém grande acúmulo. Mas não diz que as circunstâncias são auspiciosas. Ao contrário, o alerta é: "Não suspeite." A verdadeira fonte do contentamento não é apenas a posição que você ocupa. A pessoa nesta posição deve reunir amigos, como um grampo junta os cabelos, e preocupar-se com o próximo. Esta é a verdadeira fonte do contentamento.

(5) Seis na quinta posição. Contentamento alterna para Reunir (45)

Esta linha está localizada na posição suprema, mas o Texto dos Yao não sugere circunstâncias supremas. Durante o período de contentamento, é muito fácil tornar-se orgulhoso. O orgulho é um obstáculo ao sucesso. Como um elemento yin em uma posição yang, esta linha é fraca e frágil. Apresenta a tendência de sentir-se extremamente à vontade, como em um ninho aconchegante. Deseja a grandeza, mas, montada sobre a linha sólida na quarta posição, sente-se ameaçada. Psicologicamente, a posição não é tranqüila nem estável. Portanto, o autor do texto alerta: "Seja perseverante e reto. Mesmo doente, ainda persista. Não morrerá." Aqui está o alerta de que diante de uma situação superconfortável a pessoa deve manter a perseverança e a retidão e proteger-se contra a impetuosidade e a presunção. Caso contrário, a morte virá.

Há diversas maneiras de interpretar esta linha. O Texto dos Yao em chinês é zheng ji. Zheng pode significar perseverante e reto, ou adivinhação. Ji significa doença. Wilhelm traduz zheng ji como "persistentemente doente" e Blofeld, como "pressagia-se doença". James Legge traduz a expressão como uma queixa crônica. Outra tradução coloca dois pontos entre zheng e ji e a frase aparece como "A adivinhação: doença". Aqui, considera-se a quinta linha como uma etapa posterior da quarta. A situação da quarta linha é que, em conseqüência do contentamento, obtém-se grande acúmulo. "Não suspeite. Reúna amigos, como um grampo junta os cabelos." Este elemento, representando uma situação oriunda da quarta linha, deve permanecer perseverante e reto, em consonância com os conselhos do texto. Mesmo doente, deve persistir no princípio de manter vivo o contentamento. O trigrama superior correspondente é Kan, ou Água. Kan também representa doença. O guá superior é Zhen, ou Trovão. Zhen representa a condição de estar vivo. Portanto, o Texto dos Yao diz: "Não morrerá."

(6) Seis na sexta posição. Contentamento alterna para Prosseguir (35) ☷

A linha maleável na posição mais elevada representa o clímax de Contentamento. Um adágio chinês diz: "A extrema alegria produz tristeza." A escuridão chega; a tristeza está a caminho. Acabou-se o contentamento. Como uma vida libertina pode durar muito tempo? O trigrama superior, Trovão, representa movimento. Nesta posição, é preciso agir para efetuar uma mudança; então não haverá nenhuma culpa. O problema desta linha está em não ter seguido a orientação do Texto dos Yao da quinta linha. O Duque de Zhou avisa a pessoa situada na quinta posição para manter a perseverança e a retidão. Mesmo doente, persista na humildade e busque harmonia. Efetue uma mudança; prossiga.

Referências adicionais para este hexagrama:

Imagem:	Trovão sobre Terra
Fórmula para recitação:	Trovão sobre Terra, Contentamento
Elemento:	Madeira
Estrutura:	Cinco yin com um yang
Mês:	O terceiro mês do calendário lunar, ou abril
Linha principal do hexagrama:	Nove na quarta posição
Hexagrama oposto:	Pequeno Acúmulo (9) ☴
Hexagrama inverso:	Humildade (15) ☷
Hexagrama correspondente:	Tribulação (39) ☵

17
SUI • SEGUIR

Dui • Lago
Zhen • Trovão

NOME E ESTRUTURA

Wilhelm traduz Sui por Seguir e Blofeld, por Seguir, Acordar Com. Neste livro, adoto Seguir, que também tem o sentido de acompanhar amigavelmente.

Seqüência do hexagrama: *Quando um homem é humilde e cheio de contentamento, as pessoas certamente o seguirão. Assim, depois do Contentamento vem o Seguir.*

O ideograma do nome deste hexagrama é um belo desenho que consiste em três partes. À esquerda, há um ideograma antigo de caminhar. No topo há três curvas ascendentes, representando três pegadas. Sob elas está um ideograma da palavra parar, zhi. No meio do ideograma há três pendões com uma fita no topo de um mastro, representando o estandarte de um rei. À direita, um guarda segura uma arma acima da cabeça, com um pé tocando o chão e o outro ainda erguido no ar – ele está seguindo os pendões. É um desenho da procissão de um comandante-em-chefe com guardas acompanhando-o e seguindo-o. A estrutura do hexagrama é Lago ☱ sobre Trovão ☳. O atributo do Lago é alegria, e do Trovão, movimento. Portanto, Seguir é prosseguir com alegria, ou acompanhar. Como se pode influenciar o povo a seguir?

A estrutura do hexagrama é Lago sobre Trovão. Dois elementos yang sob um elemento yin formam a imagem do Lago; um elemento yang sob dois yin forma a imagem do Trovão. Em ambos os casos, os elementos yang estão sob os elementos yin. Além disso, Lago representa a filha mais jovem, e Trovão, o filho mais velho. Lago sobre Trovão simboliza que o mais velho acata o mais jovem. Demonstra que o forte se dispõe a seguir o fraco. Apenas por meio da humildade podem-se atrair seguidores. Quando alguém tem o desejo de liderar, primeiro precisa aprender a ser liderado. Assim, haverá progresso e êxito. Quando a linha sólida na segunda posição de Exaustão (47) ☵ desce à primeira e a linha sólida na sexta posição de Erradicação (21) ☳ desce à quinta, alternam-se para Seguir. Ou seja, quando o elemento firme desce a uma posição inferior à do maleável, acontece o Seguir.

Este hexagrama é muito especial porque possui as quatro virtudes, como o primeiro e segundo hexagramas: yuan, heng, li, zhen. Nos tempos antigos, havia uma nobre que recebeu proposta de casamento de um lorde. Ela convocou um adivinho para consultar o I Ching. Depois de manipular as varetas de caule de milefólio, obteve este hexagrama. O adivinho disse: "Parabéns. Sui é seguir. Possui as quatro grandes virtudes de yuan, heng, li e zhen, assim como Iniciar e Corresponder. É extremamente auspicioso que você acompanhe seu marido e se case." Contudo, a mulher disse: "Não tenho nenhuma dessas quatro virtudes. Minha situação não é compatível com o hexagrama." Ela preferiu esperar por outra oportunidade. A decisão da mulher exemplifica como se deve usar o I Ching. Não é apenas uma questão de seguir cegamente o oráculo, mas sim de compreender sua posição dentro da situação.

Decisão

> Seguir.
> Sublimemente próspero e tranqüilo.
> É favorável ser perseverante e reto.
> Nenhuma culpa.

Comentário sobre a Decisão

> *Seguir.*
> *O firme vem e se posiciona sob o maleável.*
> *Mover-se com contentamento,*
> *É Seguir.*
>
> *Grande prosperidade e tranqüilidade,*
> *Perseverança e retidão.*
> *Não há culpa.*

Tudo sob o Céu segue o curso do tempo.
Grande, de fato, é a importância do momento oportuno!

Comentário sobre o Símbolo

Trovão no meio do Lago.*
Uma imagem de Seguir.
Assim,
O homem superior retira-se para descansar
Quando o sol se põe.

Texto dos Yao

1. Nove na primeira posição
   A situação mudou.
   Perseverança e retidão: boa fortuna.
   Saindo para comunicar:
   Há bom efeito.

   A situação mudou.
   Seguir o que é correto leva à boa fortuna.
   Saindo para comunicar, há bom efeito.
   Não se perde a perseverança.

2. Seis na segunda posição
   Envolvido com um sujeito pequeno,
   Perde o grande homem.

   Envolvido com um sujeito pequeno.
   Não pode estar com ambos ao mesmo tempo.

3. Seis na terceira posição
   Envolvido com o grande homem,
   Perde o sujeito pequeno.
   Ao seguir, encontra o que procura.
   É favorável continuar sendo perseverante e reto.

   Envolvido com o grande homem.
   Por vontade própria,
   Ele abandona o que está abaixo.

---

* De acordo com a seqüência do Rei Wen para os oito trigramas, o Trovão simboliza o sol nascente, a leste, e o Lago, o sol poente, a oeste. "Trovão no meio do Lago" significa que o nascer do sol certamente virá depois do ocaso, que o tempo continua na ordem adequada.

4. Nove na quarta posição
   Seguindo, obtém resultados.
   Perseverança: infortúnio.
   Seja sincero e fiel,
   Aja de acordo com o caminho certo.
   Torne evidente o propósito:
   Que erro poderia haver?

   Seguindo, obtém resultados.
   Há infortúnio.
   Seja sincero e fiel,
   Aja de acordo com o caminho certo,
   Dando evidência de seus feitos.

5. Nove na quinta posição
   Ser sincero e verdadeiro
   Em uma situação excelente:
   Boa fortuna.

   Ser sincero e verdadeiro
   Em uma situação excelente:
   Boa fortuna.
   Sua posição é central e correta.

6. Seis na sexta posição
   Abraçando e envolvendo.
   Congregando, unindo.
   O rei está empenhado
   Em apresentar suas oferendas à Montanha do Oeste.

   Abraçando e envolvendo,
   Chega à suma posição, o extremo.

SIGNIFICADO

Este hexagrama é muito especial: mostra como influenciar as pessoas, fazendo-as seguir. Na sociedade humana, os conflitos são inevitáveis. Às vezes, é preciso deixar de lado o interesse próprio ou as próprias idéias para concordar com os outros. Esta é a maneira de manter a harmonia e o contentamento em uma comunidade.

A linha principal do hexagrama é a sólida na posição inferior. Encontra-se sob duas linhas maleáveis, gerando a imagem do forte demonstrando humildade diante do fraco, mantendo a harmonia e o contentamento. A Decisão do Rei Wen sobre o hexagrama expõe o princípio de como levar as pessoas a seguir; o Texto dos Yao do Duque de Zhou explica como seguir o próximo.

Este hexagrama nos conta que o Rei Wu seguiu as instruções do pai ao preparar uma expedição punitiva contra o tirano de Shang. O Rei Wu convocou duas reuniões para formar a aliança em um local chamado Meng Jing. Mais de oitocentos senhores feudais vieram da primeira vez. Pediram ao Rei Wu que enviasse uma força contra o tirano. O Rei Wu decidiu que o momento não era propício. Posteriormente, ele reuniu as forças armadas pela segunda vez. Mais clãs minoritários juntaram-se a ele. Quando as forças armadas chegaram em Meng Jing, os oitocentos senhores feudais vieram novamente com suas tropas. À medida que mais seguidores se uniam, a aliança expandia-se. O Rei Wen proclamou que, se as pessoas se unissem e seguissem, haveria progresso e sucesso. O Duque de Zhou relembra que sair para se comunicar com as pessoas surtiu um bom efeito. Era prudente envolver-se com pessoas de grande virtude e abrir mão de indivíduos inferiores. À medida que mais e mais seguidores se uniam, inevitavelmente oportunistas e especuladores políticos surgiam entre eles. Era importante agir de acordo com o caminho certo e trabalhar para tornar evidente o propósito da aliança. Para chegar a um entendimento comum e coordenar a ação, o Rei Wu realizou uma cerimônia.

(1) Nove na primeira posição. Seguir alterna para Reunir (45)

A primeira linha deste hexagrama é a principal do trigrama inferior. No I Ching, se uma linha sólida combina com duas maleáveis em um trigrama, a sólida é a linha principal. Se há uma linha maleável com duas sólidas, então a maleável é a principal. O trigrama inferior é Trovão, cujo atributo é movimento. Apenas quando se age é que os outros podem seguir. De acordo com a estrutura, o elemento yang na posição inferior deve assumir o papel principal, permitindo que outros o sigam, mas mostra humildade ao permanecer na posição inferior atrás de dois elementos yin. Assim, o Texto dos Yao diz: "A situação mudou." O Duque de Zhou incentiva a manter a perseverança e a retidão e prevê boa fortuna. Aqui, "a situação mudou" indica que o principal se torna subordinado. A maioria das pessoas não consegue aceitar tal mudança. A verdade está em sair para comunicar-se com o povo. Aquele que espera que as pessoas o sigam deve primeiro conhecê-las. Só o ato de seguir o que é correto resultará em boa fortuna.

(2) Seis na segunda posição. Seguir alterna para Alegre (58) ☱

A linha sólida na primeira posição representa um sujeito pequeno; a sólida na quinta representa um grande homem. Confúcio costumava chamar cada discípulo de "sujeito pequeno", o que significa "jovem". Em comparação, um grande homem representa um adulto maduro. O elemento yin na segunda posição interage com o elemento yang na quinta. Formam uma boa combinação, mas não estão próximos. Portanto, o elemento yin na segunda posição se envolve com o yang na primeira; estão unidos. Faz parte da natureza humana o fato de a maioria das pessoas seguir o líder mais próximo; é isto que faz o elemento yin na segunda posição. Ele não é cauteloso e não consegue esperar, e assim perde o grande homem. A mensagem desta linha é que, quando se pretende seguir um líder, deve-se fazer a escolha certa.

(3) Seis na terceira posição. Seguir alterna para Abolir o Antigo (49) ☱

Buscar relacionamentos com o sexo oposto é natural. A terceira linha é um elemento yin. Há dois elementos yang próximos – um na primeira e o outro, na quarta posição. Qual é o correto? O elemento yin nesta posição não interage com o yin na posição mais elevada – ambos são yin. Neste caso, aquele nesta posição faz a escolha correta: o elemento yang na quarta posição e não na primeira. Além de estar mais próximo, o elemento yang na quarta posição também é mais maduro. Ocupa o lugar de um ministro, melhor do que a primeira posição. Por isso, o Texto dos Yao diz: "Envolvido com o grande homem, perde o sujeito pequeno. Ao seguir, encontra o que procura. É favorável continuar sendo perseverante e reto." No I Ching, a posição superior representa um grande homem e a inferior, um sujeito pequeno.

(4) Nove na quarta posição. Seguir alterna para O Começo (3) ☳

O elemento yang na quarta posição é firme e forte. Está próximo do elemento yang na quinta posição, que também é firme e forte. A quinta é uma posição suprema que representa um líder forte. Um indivíduo forte que segue um líder forte deve exercer extrema cautela. Mesmo perseverante e reto, pode ainda ser objeto de suspeita. A melhor maneira é ser sincero e verdadeiro, agir de acordo com o caminho correto para que todas as suas ações manifestem espontaneamente sua própria natureza. É importantíssimo que as ações do indivíduo manifestem o que ele é sem o auxílio de palavras. Esta é a antiga sabedoria dos chineses.

(5) Nove na quinta posição. Seguir alterna para Agir (51) ☱

A linha sólida na quinta posição é central e correta. É um elemento yang em uma posição yang. Nesta posição, você deve ser virtuoso. Este elemento interage com o elemento yin na segunda posição, que também é central, correta e virtuosa. No I Ching, uma linha firme, correta e central que interage com uma linha maleável, correta e central é muito auspiciosa. Simboliza um indivíduo virtuoso correspondendo a outro. A situação é excelente e tem bons presságios. A mensagem desta linha é que deve-se selecionar a pessoa mais adequada para seguir.

(6) Seis na sexta posição. Seguir alterna para Sem Falsidade (25) ☱

A sexta linha de um hexagrama não tem mais para onde ir, ninguém para seguir. Apenas os dois elementos yang atrás seguem-na de perto. Unem-se e são difíceis de separar. Este tipo de união resulta da sinceridade e da lealdade. O Duque de Zhou usou o exemplo histórico do Rei Wu apresentando suas oferendas à Montanha do Oeste para indicar a importância da sinceridade e da lealdade. Apenas por meio da sinceridade e da lealdade de ambas as partes é que as pessoas podem se unir sem arrependimento. Na China antiga, fazer oferendas à montanha e ao rio era um evento importantíssimo. O Texto dos Yao diz: "O rei está empenhado em apresentar oferendas à Montanha do Oeste." O rei refere-se ao Rei Wu, filho do Rei Wen, que nasceu na Montanha do Oeste. A apresentação de oferendas celebrava a união do povo.

Referências adicionais para este hexagrama:

Imagem:	Lago sobre Trovão
Fórmula para recitação:	Lago sobre Trovão, Seguir
Elemento:	Metal
Estrutura:	Três yin com três yang
Mês:	O segundo mês do ano lunar, ou março
Linha principal do hexagrama:	Nove na primeira posição
Hexagrama oposto:	Remediar (18) ☶
Hexagrama inverso:	Remediar (18) ☶
Hexagrama correspondente:	Desenvolvimento gradual (53) ☴

18
Gu • Remediar

Gen • Montanha
Xun • Vento

Nome e estrutura

Literalmente, Gu significa verme, particularmente um parasita intestinal. Wilhelm traduz Gu por Trabalho sobre o que se Deteriorou e Blofeld, por Decadência ou, numa tradução mais livre, Podridão. Outras traduções usam os títulos Veneno, Destruição ou Corrupção. Neste livro, traduz-se Gu por Remediar.

Remediar é o inverso do hexagrama precedente, Seguir. Segundo os antigos sábios, o hábito de seguir os outros amavelmente pode gerar a tendência a acompanhar correntes maldosas e degenerar-se. Nesse caso, deve-se virar uma nova página e começar tudo de novo. Assim, o I Ching apresenta Seguir e Remediar como par inverso porque são complementares. O pictograma de Gu mostra três vermes em um recipiente. Indica que em um recipiente não usado há muito tempo os vermes crescem e se desenvolvem, simbolizando uma situação de ruína e destruição e a necessidade de remediar e inovar.

Seqüência do hexagrama: *Quando se seguem outras pessoas com prazer e contentamento, algo certamente acontecerá. Assim, Remediar vem depois de Seguir.*

A estrutura do hexagrama é Montanha ☶ sobre Vento ☴. Montanha representa o filho mais novo; é um trigrama yang. Vento representa a filha mais velha; é um trigrama yin. O atributo da Montanha é a imobilidade; o do Vento, seguir. Montanha sobre Vento é uma imagem em que o trigrama yin está disposto a seguir, mas o trigrama yang está imóvel. Por isso, o trigrama yin não pode prosseguir. Além disso, as linhas maleáveis de ambos os trigramas se encontram sob linhas sólidas, simbolizando elementos yin contidos por elementos yang e incapazes de agir, assim como os recipientes abandonados e não utilizados, onde os vermes se desenvolvem. É preciso remediar esta situação.

Embora Gu, junto com seu ideograma, não indique diretamente que seu significado é remediar, considerando-se a Seqüência dos Hexagramas e a Decisão do Rei Wen, é conveniente traduzir Gu por Remediar. A Decisão do Rei Wen diz: "Sublimemente próspero e tranqüilo. É favorável atravessar grandes rios." Se Gu fosse "decadência", "veneno", "destruição" ou "corrupção", como o hexagrama poderia merecer as denominações mais auspiciosas de prosperidade e tranqüilidade, e ser favorável atravessar grandes rios? O Comentário de Confúcio sobre a Decisão diz: "O mundo será regulado em boa ordem. É favorável atravessar grandes rios. É hora de prosseguir e agir... Indica que depois de todo fim vem um novo começo. Este é o curso do Céu." Obviamente, Gu tem o significado de virar uma nova página e começar tudo de novo. Por isso, adoto Remediar como o nome deste hexagrama.

Decisão

> Remediar.
> Sublimemente próspero e tranqüilo.
> É favorável atravessar grandes rios.
> Antes de começar, três dias.
> Depois de começar, três dias.

Comentário sobre a Decisão

> *Remediar.*
> *O firme está acima e o maleável, abaixo.*
> *Delicado e imóvel.*
> *Isto é Remediar.*
>
> *Remediar.*
> *Sublimemente próspero e tranqüilo.*
> *O mundo será regulado em boa ordem.*
>
> *É favorável atravessar grandes rios.*
> *É hora de prosseguir e agir.*

Antes de começar, três dias.
Depois de começar, três dias.
Indica que depois de todo fim vem um novo começo.
Este é o curso do Céu.

Comentário sobre o Símbolo

O vento sopra ao sopé da montanha:
Uma imagem de decadência e reparação.
Assim,
O homem superior mobiliza as pessoas
E nutre a virtude delas.

Texto dos Yao

1. Seis na primeira posição
   Remédio para o pai
   É um filho.
   O pai falecido: nenhuma culpa.
   Adversidade
   Acaba em boa fortuna.

   Remediar para o pai.
   Ele obtém êxito segundo a vontade do pai.

2. Nove na segunda posição
   Remédio para a mãe.
   É inadequado ser perseverante.

   Remediar para a mãe.
   Ele encontra o caminho do meio.

3. Nove na terceira posição
   Remédio para o pai.
   Há leve arrependimento.
   Nenhuma grande culpa.

   Remediar para o pai.
   No fim, nenhuma culpa.

4. Seis na quarta posição
   Com tranqüilidade, remédio para o pai.
   Prosseguindo,
   Surge a humilhação.

Com facilidade, remédio para o pai.
Prosseguindo, ele não terá êxito.

5. Seis na quinta posição
   Remédio para o pai
   Obtém boa reputação.

   Remediar para o pai
   Obtém boa reputação.
   Ele alcança êxito e manifesta a virtude.

6. Nove na sexta posição
   Sem servir reis e senhores;
   Eleva muito a própria aspiração.
   Sem servir reis e senhores,
   Ele se ocupa de seu espírito mais elevado.

SIGNIFICADO

O hexagrama demonstra a postura adequada a se adotar ao remediar uma situação difícil. Os antigos sábios acreditavam que, por mais difícil que fosse determinada situação, havia sempre uma maneira de solucioná-la. A postura ao lidar com o problema é de vital importância. Antes de começar, devem-se elaborar planos minuciosos; depois de terminar, é preciso refletir profundamente. No decorrer da ação, a pessoa não deve nem agir com pressa indevida nem prosseguir na velha rotina e se contentar com o sucesso temporário. Caso contrário, haverá arrependimento.

O nome do hexagrama, Remediar, denota uma situação de ruína e decadência causada pelos predecessores, que precisa ser remediada. Assim, o Texto dos Yao de cinco das seis linhas menciona o pai ou a mãe, simbolizando os predecessores. A linha principal do hexagrama é a maleável na quinta posição. Embora maleável, está em posição superior e tem o apoio da linha sólida na segunda posição. Portanto, conquista boa reputação.

Este hexagrama nos conta que o Rei Wen sabia que a dinastia Shang estava arruinada e decadente. Ele considerava que depor a dinastia Shang serviria para remediar a ruína e a decadência. Afirmou que esse remédio traria progresso e sucesso ao povo. Mas, antes de começar, a correção deveria ser minuciosamente planejada; depois de terminar, seria preciso refletir profundamente. O Rei Wen considerou que assumir a decadente dinastia Shang era herdar o dever de cuidar do povo, concedido pelo

Céu. Via os ancestrais da dinastia Shang como seus antepassados. Assim, depois que o Rei Wu depôs o tirano, imediatamente fez oferendas ao rei Tang, o fundador da dinastia Shang, como seu antepassado. O Duque de Zhou lembra que o ancestral falecido (pai) poderia estar livre de culpa, e que, para remediar o que acontecera aos subordinados da dinastia Shang (mãe), não devia ser severo demais. O Rei Wu ganhou boa reputação. Não seguiu os passos dos reis e senhores feudais dividindo os tesouros e o espólio, mas estabeleceu a meta mais elevada de fundar um império magnânimo.

(1) Seis na primeira posição. Remediar alterna para Grande Acúmulo (26)

A primeira linha é o início da ruína e da decadência. A situação não é grave. O Duque de Zhou empregou a imagem de um filho que procura remediar o que aconteceu ao pai. O filho é apto; portanto, o pai pode ficar livre da culpa. Se a situação é perigosa, o remédio é o trabalho árduo. Assim, o final será bom. A mensagem desta linha é que, ao remediar uma situação desfavorável, a pessoa não deve ficar demasiado sossegada nem agir levianamente.

(2) Nove na segunda posição. Remediar alterna para Quietude (52)

O elemento yang na segunda posição é central. Representa o filho capacitado, correspondendo ao elemento yin na quinta posição. A quinta linha é um elemento yin e, por isso, emprega-se a imagem da mãe amorosa. Como filho capacitado com caráter firme, porém em posição maleável, ele é capaz de ser ponderado, e não vingativo, ao lidar com a correção para o que aconteceu à mãe amorosa. O trigrama inferior é Vento. Por isso, o Texto dos Yao sugere: "É inadequado ser perseverante." Deve-se seguir o princípio do meio. Qualquer coisa que exceda o caminho do meio magoará a mãe amorosa. A mensagem desta linha é que, ao remediar algo que aconteceu, é inútil culpar o passado. Deve-se seguir o caminho do meio, percorrendo a trilha central atento ao futuro.

(3) Nove na terceira posição. Remediar alterna para Infância (4)

A terceira linha é sólida. É um elemento yang em uma posição yang, que ultrapassa a posição central, indicando um caráter fortíssimo. A pessoa com este tipo de caráter, ao lidar com a correção para o que aconteceu ao pai, achará difícil evitar a impetuosidade. Haverá arrependimento. Como o elemento yang está no topo do trigrama inferior, Vento, e sua posição é correta, é gentil com o pai. Haverá pequeno arrependimento, mas nenhuma grande culpa.

(4) Seis na quarta posição. Remediar alterna para Instituir o Novo (50)

A quarta linha é um elemento yin em uma posição yin, indicando um caráter fraco, incapaz de enfrentar questões importantes. Ao lidar com o que aconteceu com seu predecessor, este tipo de caráter tende a procrastinar, adiando as decisões. É generoso demais; se continuar assim, não obterá sucesso e haverá arrependimento no fim. A mensagem desta linha é que, ao remediar, deve-se curar a causa, e não apenas tratar o sintoma.

(5) Seis na quinta posição. Remediar alterna para Prosseguir Humildemente (57)

O elemento yin na quinta posição denota um caráter dócil e generoso. Este elemento está na posição central do trigrama superior, uma posição suprema que interage com o elemento yang na segunda, o qual representa o filho. Todas essas condições mostram que ele está em situação favorável e obtém apoio do filho capacitado. Nos tempos antigos, o Rei Tai-jia, da dinastia Yin, e o Rei Cheng, da dinastia Zhou, filho do Rei Wu, eram dóceis e generosos demais, mas aceitaram sinceramente a ajuda dos primeiros-ministros capacitados, Yin-yi e Duque de Zhou, respectivamente. Em conseqüência, ambos gozavam de boa reputação por governar bem o país e garantir paz e estabilidade ao povo. A mensagem desta linha é que, ao remediar uma situação, deve-se obter o apoio de pessoas virtuosas e capacitadas.

(6) Nove na sexta posição. Remediar alterna para Crescimento Ascendente (46)

A sexta linha geralmente representa um eremita de grande sabedoria. Ilustra uma parte profunda da antiga sabedoria chinesa, ou seja, que a pessoa deve se afastar depois de alcançar grande êxito. Nem todos são capazes de agir assim e, durante o longo curso da história chinesa, apenas alguns sábios conseguiram fazê-lo. Por isso, Confúcio diz: "Sem servir reis e senhores, ele se ocupa de seu espírito mais elevado." Esta citação foi amplamente usada por reclusos taoístas.

Referências adicionais para este hexagrama:

Imagem:	Montanha sobre Vento
Fórmula para recitação:	Montanha sobre Vento, Remediar
Elemento:	Terra
Estrutura:	Três yin com três yang
Mês:	O terceiro mês do ano lunar, ou abril
Linha principal do hexagrama:	Seis na quinta posição
Hexagrama oposto:	Seguir (17)
Hexagrama inverso:	Seguir (17)
Hexagrama correspondente:	A Jovem que se Casa (54)

19
Lin • Aproximação

☷ Kun • Terra
☱ Dui • Lago

Nome e estrutura

Lin expõe o princípio de liderança. Tanto Wilhelm quanto Blofeld traduzem Lin por Aproximação. Outras traduções usam Liderança, Supervisão, Prevalecer e Chegada. Neste livro, adota-se Aproximação.

Seqüência do hexagrama: *Quando muitas coisas aconteceram e foram remediadas, a pessoa aproxima-se da grandeza. Assim, depois de Remediar vem a Aproximação.*

Quando muitas coisas acontecem, há oportunidades para alcançar a grandeza. Não é benéfico esperar – deve-se reagir positiva e imediatamente. Esta é a essência de Lin.

A palavra chinesa Lin tem vários significados. Originalmente, significava "supervisionar" no sentido de olhar de cima. Implica ocupar um ponto ou uma posição elevada para liderar, governar e controlar. Este conceito advém da estrutura do hexagrama, Terra ☷ sobre Lago ☱. Terra sobre Lago sugere olhar o Lago de cima.

Há duas linhas sólidas na parte inferior; elas se aproximam dos quatro espaços ocupados pelas quatro linhas maleáveis acima. Crescem e se expandem, sugerindo uma condição em que a pessoa avança, preparando-se para ser grande, um líder. O ideograma de Lin dá a entender que Lin denota aproximar-se e tornar-se grande. Os ideogramas selecionados para este livro vêm de inscrições em objetos de bronze da dinastia Zhou. É bem possível que naquela época Lin significasse exatamente tornar-se grande. O ideograma consiste em três partes. À esquerda, no alto, está o ideograma chen, que representa um oficial de um senhor feudal. O semicírculo simboliza um corpo curvado, ou seja, o oficial fazendo reverência ao governante. No topo à direita está o ideograma ren, representando uma pessoa que parece estar em pé. De modo geral, assemelha-se ao ideograma do hexagrama 13, Tong Ren. Aqui, por razões artísticas, uma perna é muito mais longa que a outra. Sob o oficial e o grande homem há três figuras em forma de ferradura representando três bocas. Na China antiga, contava-se a população por boca. Essas três bocas aparecem com uma liderando as outras duas, simbolizando um líder que orienta um grupo de pessoas ou multidão, prosseguindo, promovendo ou tornando-se grande. A conotação "grande" advém dos ideogramas para o oficial e o grande homem no topo.

O atributo do trigrama inferior, Lago, é alegria; o do trigrama superior, Terra, é ceder. Segundo os antigos, ceder alegremente é garantia de progresso e êxito. Este hexagrama é completamente auspicioso. De acordo com a lei de diminuição e de aumento de yin e yang, após seis meses, o yin será próspero e o yang declinará. Este hexagrama é um dos doze hexagramas mensageiros, cada um dos quais representa um mês. Este representa o décimo segundo mês do calendário lunar chinês. A energia yang torna-se próspera no décimo primeiro mês, e, assim, a Decisão do Rei Wen dá a entender que ao final do oitavo mês haverá infortúnio. Tem início um novo ciclo.

Decisão

    Aproximação.
    Sublimemente próspero e tranqüilo.
    É favorável ser perseverante e reto.
    Termina no oitavo mês:
    Vem o infortúnio.

Comentário sobre a Decisão

Aproximação:
O firme avança e cresce.

Alegre e obediente.
O firme é central e a ele reagem adequadamente.
Grande êxito em sua retidão:
Este é o Tao do Céu.

Ao final do oitavo mês,
Haverá infortúnio.
A recessão não demora a vir.

Comentário sobre o Símbolo

Terra sobre Lago:
Uma imagem de Aproximação.
Assim,
O homem superior é incansável em sua disposição para ensinar
E, em sua tolerância, protege as pessoas ilimitadamente.

Texto dos Yao

1. Nove na primeira posição
   Corresponde e aproxima-se.
   Perseverança e retidão: boa fortuna.

   Corresponde e aproxima-se.
   Perseverança e retidão: boa fortuna.
   Sua vontade é agir corretamente.

2. Nove na segunda posição
   Corresponde e aproxima-se.
   Boa fortuna.
   Nada é desfavorável.

   Corresponde e aproxima-se.
   Boa fortuna.
   Nada é desfavorável.
   Nem todos podem ser obedientes.

3. Seis na terceira posição
   Aproxima-se docemente.
   Nada é favorável.
   Como está preocupado,
   Nenhuma culpa.

   Aproxima-se docemente.
   A posição não é adequada.
   Como está preocupado,
   O infortúnio não durará muito tempo.

4. Seis na quarta posição
   Aproxima-se de perto.
   Nenhuma culpa.

   Aproxima-se de perto, nenhuma culpa.
   A posição é adequada.

5. Seis na quinta posição
   Aproxima-se sabiamente.
   Adequado para um grande príncipe.
   Boa fortuna.

   Adequado para um grande príncipe.
   Ele busca o caminho do meio.

6. Seis na sexta posição
   Aproxima-se sinceramente:
   Boa fortuna.
   Nenhuma culpa.

   Boa fortuna aproxima-se sinceramente.
   Dentro, a vontade permanece.

Significado

Este hexagrama é muito especial. As quatro virtudes mais auspiciosas, yuan, heng, li e zhen, lhe foram atribuídas. Ele expõe o princípio da liderança. Um líder deve influenciar as pessoas com seu caráter e conduta nobre. Os antigos chineses acreditavam que o rei era o Filho do Céu. Quando o rei chegava (lin) à Terra, representava o Céu para proteger e nutrir seu povo. Se o rei agisse de acordo com o desejo do Céu, as pessoas das oito direções viriam e o seguiriam. As duas linhas sólidas na parte inferior do guá qualificam-se para ser a principal. Representam o progresso do firme. Contudo, o elemento firme na segunda posição é central e interage adequadamente com o elemento maleável na quinta; é mais adequado para ser o principal. Portanto, Confúcio diz: "Grande êxito em sua retidão. Este é o Tao do Céu."

A Decisão do Rei Wen diz: "Termina no oitavo mês; vem o infortúnio." Há várias interpretações possíveis. A idéia básica se apóia no crescimento e avanço da energia yang. Em um ciclo anual, a energia yang surge no décimo primeiro mês do calendário lunar. É representada pelo hexagrama 24, Retorno ☷☳. O ciclo de diminuição e aumento de yin e yang é dado na tabela abaixo:

Décimo primeiro mês, dezembro	Retorno	(24)
Décimo segundo mês, janeiro	Aproximação	(19)
Primeiro mês, fevereiro	Progresso	(11)
Segundo mês, março	Grande Força	(34)
Terceiro mês, abril	Eliminação	(43)
Quarto mês, maio	Iniciar	(1)
Quinto mês, junho	Encontro	(44)
Sexto mês, julho	Recuar	(33)
Sétimo mês, agosto	Obstáculo	(12)
Oitavo mês, setembro	Observação	(20)
Nono mês, outubro	Queda	(23)
Décimo mês, novembro	Corresponder	(2)

O oitavo mês, Observação ☷, é o inverso de Aproximação ☷. Nessa época, o yin é mais forte que o yang. Portanto, "vem o infortúnio". Outra interpretação é que o sexto mês, Recuar ☷, é o oposto de Aproximação ☷. O período que vai do décimo primeiro ao sexto mês é de exatamente oito meses.

Este hexagrama nos conta que o momento para fundar a dinastia Zhou se aproximava. A Decisão do Rei Wen diz yuan, heng, li, zhen. Também diz que o Rei Wu caiu doente no oitavo mês. O Duque de Zhou relata que, quando o Rei Wu correspondeu à situação vindoura, a adivinhação pressagiou boa fortuna e nada desfavorável. Mas, depois que ele assumiu a dinastia Shang, não houve paz. O presságio mudou de nada desfavorável para nada favorável. O Rei Wu estava tão ocupado que não tinha tempo para comer nem dormir. Era um líder perfeito – mais sábio, honesto e sincero que o tirano. Aproximação é um dos doze hexagramas sazonais e representa o décimo segundo mês do calendário lunar chinês. No calendário solar, é janeiro.

(1) Nove na primeira posição. Aproximação alterna para Multidão (7) ☷

A primeira linha é o início, simbolizando que a influência de um líder se faz manifesta. O elemento yang na primeira posição interage com o yin na quarta. Influenciam-se mutuamente com seu caráter nobre. A primeira linha é correta – um elemento yang em uma posição yang. Seu desejo é agir da maneira certa. Por meio da perseverança, haverá boa fortuna.

(2) Nove na segunda posição. Aproximação alterna para Retorno (24) ☷

Esta é a linha mais auspiciosa deste hexagrama. Um elemento yang na segunda posição não é correto, mas é central. Interage com o elemento yin na quinta posição. Um é firme e forte; o outro, suave e dócil. São yin e yang influenciando-se mutuamente com seu caráter nobre. Contudo, este elemento yang está próximo de quatro elementos yin; pode haver certa obstrução. O comentário diz que há alguém que não é verdadeiramente obediente. Portanto, nesta posição a pessoa deve percorrer o caminho do meio e exercer influência com um caráter firme e magnânimo. Assim, nada será desfavorável.

(3) Seis na terceira posição. Aproximação alterna para Progresso (11)

Todas as linhas neste hexagrama pressagiam boa fortuna, exceto a terceira. "Aproxima-se docemente" não é desfavorável; o problema está em negligenciar o momento oportuno e a situação propícia. Deve-se entender que esta posição não é nem central nem correta. Quando se dão rédeas soltas ao próprio desejo, o resultado não é favorável. Ao contrário, exige-se restrição. Siga os conselhos de Confúcio: quando a pessoa percebe o erro no seu próprio comportamento egocêntrico, o infortúnio não durará muito tempo. O ato de prosseguir com alegria, respondendo à vontade do Céu e do povo, trará boa fortuna; assim, nada será desfavorável.

(4) Seis na quarta posição. Aproximação alterna para A Jovem que se Casa (54)

A quarta linha está em uma posição correta – um elemento yin em uma posição yin. Além disso, interage com o elemento yang na parte inferior. A quarta posição é mais alta – concorda com o princípio de Aproximação. Aquele nesta posição ocupa lugar de comando, é capaz de ter uma visão do alto e ajudar o povo a seguir em frente. Por isso, o comentário sobre o Texto dos Yao diz: "Aproxima-se de perto, nenhuma culpa. A posição é adequada." A pessoa que ocupa esta posição desfruta de uma situação perfeita e é capaz de liderar aquele na primeira posição, prosseguindo com confiança e harmonia.

(5) Seis na quinta posição. Aproximação alterna para Restrição (60)

A quinta linha está na posição do rei, um elemento yin em posição central interagindo com o elemento yang na segunda posição. Representa um líder brilhante e magnânimo, humilde e sábio que sabe como agir de acordo com o princípio do Caminho do Meio. É capaz de inspirar confiança total aos subordinados para promover seu talento e habilidade. Esta é a maneira mais conveniente de liderar. Por isso, o Texto dos Yao diz: "Aproxima-se sabiamente. Adequado para um grande príncipe."

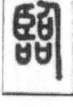

(6) Seis na sexta posição. Aproximação alterna para Diminuição (41) ☷

Quando Aproximação está na sexta posição, atinge o clímax. Quando as coisas chegam ao extremo, alternam-se para o oposto. Geralmente, a sexta posição não é auspiciosa. Contudo, este hexagrama é uma exceção à regra. Graças à sua natureza dócil e suave, a pessoa que ocupa esta posição consegue aceitar tranqüilamente a aproximação dos dois elementos yin abaixo. Poucos líderes são capazes de agir assim; quando o fazem, o presságio é de boa fortuna tanto para o líder quanto para os subordinados. Para os antigos sábios, quando o líder conseguia ser dócil e humilde, honesto e sincero, havia sempre boa fortuna e nenhuma culpa.

Referências adicionais para este hexagrama:

Imagem:	Terra sobre Lago
Fórmula para recitação:	Terra sobre Lago, Aproximação
Elemento:	Terra
Estrutura:	Dois yang com quatro yin
Mês:	O décimo segundo mês do ano lunar, ou janeiro
Linha principal do hexagrama:	Nove na segunda posição
Hexagrama oposto:	Recuar (33) ☰
Hexagrama inverso:	Observação (20) ☴
Hexagrama correspondente:	Retorno (24) ☷

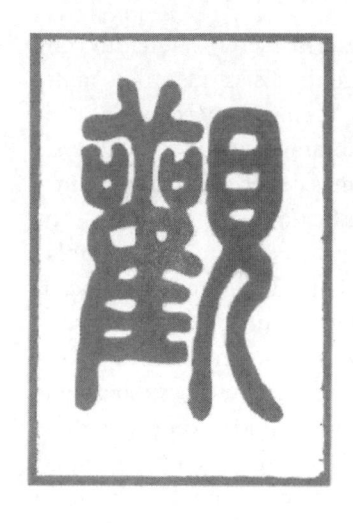

20
Guan • Observação

Xun • Vento
Kun • Terra

Nome e estrutura

Guan significa observar, examinar, contemplar. Wilhelm traduz Guan por Contemplação e Blofeld, por Olhar para Baixo. Neste livro, adota-se o termo Observação. Guan é o inverso do hexagrama precedente, Lin (Aproximação). Lin é olhar para baixo; Guan, olhar para cima. Ambos indicam observar algo, porém de diferentes pontos de vista. São conceitos complementares.

O ideograma é feito de duas partes. À esquerda está a vista frontal de um pássaro com os olhos brilhantes bem abertos. O nome do pássaro é guan, que empresta o som ao nome do hexagrama. No canto superior direito está o desenho de um olho. Originalmente, o pictograma era desenhado exatamente com a forma de um olho. Depois, quando se tornou parte de um ideograma complicado, girou-se o olho horizontal em noventa graus, gerando uma forma oval vertical. Ainda mais tarde, em inscrições em objetos de bronze da dinastia Sui (589-618), o olho oval mudou para uma forma retangular vertical. Sob o olho vertical está o ideograma ren, uma pessoa. O ideograma mostra um pássaro e um homem observando atentamente, com os olhos bem abertos.

Seqüência do hexagrama: *Quando as coisas se tornam grandes, exigem cuidadosa atenção. Assim, depois da Aproximação vem a Observação.*

Na China, um templo taoísta é denominado Tao Guan; literalmente, é um "lugar para observar o Tao". O segredo esotérico da meditação taoísta é observar – observar a respiração, o fluxo de energia, ou observar o nada. O objetivo da observação é manter-se alerta. Enquanto cantam ou recitam as escrituras, tanto os monges budistas quanto os taoístas batem ritmicamente peixes de madeira. Como os peixes nunca fecham os olhos, essas formas de madeira lembram os Monges da necessidade de permanecerem atentos. O nome chinês de Avalokiteshvara (uma encarnação de Buda) é Guan-yin, que significa observar (guan) o som (yin). Para os chineses, contemplar é observar; a observação contemplativa é concentrar-se em um ponto e ficar atento. Durante a meditação, a escola budista que venera Guan-yin observa tanto os sons internos quanto os externos ao corpo. Quem observa os sons sem se deixar envolver por eles desprende-se totalmente do mundo. Além de este hexagrama lançar luz sobre o processo de meditação, ele ainda expõe a verdade de que as pessoas devem sempre manter os olhos abertos, observando a virtude de um líder. Assim, o líder deve ser sensível à moral e à justiça e manifestar essas qualidades ao povo.

A estrutura deste hexagrama é Vento ☴ sobre Terra ☷, uma imagem de Vento passando sobre a Terra. Segundo esta imagem, os antigos reis visitavam diversas regiões para observar a vida do povo e dar instruções. Este hexagrama é uma extensão do anterior, Aproximação ䷒, no qual há duas linhas sólidas na parte inferior, ascendendo. Neste hexagrama, as duas linhas sólidas se encontram na parte superior. Aqueles que estão no topo devem exercer cautela nas palavras e atos porque são sempre observados pelo povo, abaixo.

A Decisão emprega a analogia de oferecer um sacrifício para demonstrar sinceridade. Na antiga China, antes de oferecer um sacrifício, o indivíduo tinha que lavar muito bem as mãos. Era, na verdade, um processo de meditação, pelo qual o coração e a mente concentram-se na oferenda. Assim, o oficiante aproveitava a oportunidade de lavar as mãos para estimular e irradiar sua reverência e sinceridade. Desse modo, a reverência e a sinceridade de seu ser interior surgiriam espontaneamente e ressoariam para os observadores. Esta é a maneira pela qual o governante deve dar instruções ao povo: por meio do próprio exemplo.

Decisão

> Observação.
> Lavam-se as mãos,
> As oferendas ainda não foram feitas.
> Pela sinceridade e veracidade,
> Surge a reverência.

Comentário sobre a Decisão

A grande virtude a ser observada está acima,
Gentil e obediente.
Na posição central e no lugar correto,
Ele mostra sua virtude a todos sob o Céu.

Observação.
Lavam-se as mãos.
As oferendas ainda não foram feitas.
Pela sinceridade e veracidade,
Surge a reverência.
Assim,
Os que estão abaixo observam-no e transformam-se.

Observando o divino Tao do Céu,
As quatro estações prosseguem sem erro.
Assim, o sábio santo adota o Tao divino para dar instruções:
Todos sob o Céu submetem-se a ele.

Comentário sobre o Símbolo

O Vento passa sobre a Terra:
Uma imagem de Observação.
Assim,
O antigo rei examinou várias regiões,
Para observar o povo
E dar instruções.

Texto dos Yao

1. Seis na primeira posição
   Com a visão de um jovem, observando.
   Homem inferior:
   Nenhuma culpa.
   Homem superior:
   Humilhação.

   Com a visão de um jovem, observando.
   É o caminho do inferior.

2. Seis na segunda posição
   Pela fenda, observando.
   Favorável para a castidade de uma mulher.

   Pela fenda, observando.
   É castidade para a mulher.
   É feio para o homem.

3. Seis na terceira posição
   Observando a própria vida.
   Avançar ou recuar?

   Observando a própria vida.
   Avançar ou recuar?
   Não se deve perder o caminho.

4. Seis na quarta posição
   Observando o brilho do reino.
   É favorável trabalhar para ser um convidado do rei.

   Observando o brilho do reino.
   O rei honra o convidado.

5. Nove na quinta posição
   Observando a própria vida.
   Homem superior:
   Nenhuma culpa.

   Observando a própria vida
   Pela observação da vida alheia.

6. Nove na sexta posição
   Sua vida é observada.
   Homem superior:
   Nenhuma culpa.

   Sua vida é observada.
   Sua mente não consegue ficar em paz.

Significado

O tema do hexagrama é demonstrar a sabedoria da observação. Há dois aspectos da observação: subjetivo e objetivo. A observação subjetiva volta-se para o eu; examina os motivos interiores. A observação objetiva volta-se para o próximo; observa como os outros reagem à nossa conduta. A sabedoria de observar é semelhante à de olhar no espelho: verifica nossa intenção original e nossa conduta. Os antigos sábios acreditavam que a sinceridade interior sempre se revela por meio da conduta. As duas linhas sólidas no topo qualificam-se para ser a principal. Ambas olham de cima para baixo. A linha sólida na quinta posição é central e correta – a mais adequada para ser a principal. O Comentário de Confúcio sobre a Decisão diz: "Na posição central e no lugar correto, ele mostra sua virtude a todos sob o Céu." "Ele" denota a linha sólida na quinta posição. Todas as linhas maleáveis deste hexagrama observam-na.

Este hexagrama indica que, depois que o Rei Wu depôs o tirano de Shang, fez oferendas ao Rei Tang, o fundador da dinastia Shang. A Decisão do Rei Wen diz: "Lavam-se as mãos, as oferendas ainda não foram feitas. Pela sinceridade e veracidade, surge a reverência." O Rei Wen e o Rei Wu mostraram seu brilho e virtude a todos sob o Céu. O Duque de Zhou conta que pessoas de diferentes classes sociais observavam o novo líder de diversos pontos de vista. Um novo líder deve observar a própria vida, porque o povo a está observando. Observação é um dos doze hexagramas sazonais, representando o oitavo mês do calendário lunar chinês. No calendário solar, é setembro.

(1) Seis na primeira posição. Observação alterna para Aumento (42)

A primeira linha é um elemento yin em uma posição yang – nem correta nem central. Simboliza uma criança imatura. Está distante da quinta linha. Além de ser imatura, por localizar-se na primeira posição, esta pessoa não pode levantar-se e olhar ao longe. Ou seja, não consegue ter uma visão ampla e de longo prazo. Para uma pessoa míope e inculta, não há culpa. Para o indivíduo maduro, é vergonhoso.

(2) Seis na segunda posição. Observação alterna para Dispersão (59)

O elemento yin na segunda posição é muito mais maduro do que aquele na primeira. Observa de um ponto de vista limitado. A linha é um elemento yin no meio do trigrama interno – na escuridão. Ao observar, ela o faz como se estivesse no escuro; a claridade a ofusca. O texto emprega uma antiga tradição para explicar a situação. Na antiga China, as mulheres não tinham permissão para ver o mundo exterior além de sua casa. O que podiam fazer era olhar furtivamente, espiando pela fenda de uma porta. Este comportamento era adequado para uma mulher porque ela não podia sair antes de se casar. Para um homem, contudo, era inadequado. Deve-se observar com uma visão ampla e a mente aberta. Um antigo adágio chinês diz: "Aquele que observa alguém por uma fresta verá uma pessoa estreita." Ou seja, ao observar com uma visão limitada, não se pode ver a realidade autêntica.

(3) Seis na terceira posição. Observação alterna para Desenvolvimento Gradual (53) ☴

A terceira linha está no topo do trigrama inferior, no meio do hexagrama, e pode avançar ou recuar. O elemento yin nesta posição interage com o elemento yang na sexta posição e está mais próximo do elemento yang na quinta. Isto significa uma oportunidade para progredir. Quando esta linha maleável alterna para sólida, este hexagrama muda para Desenvolvimento Gradual (53) ☴. Desenvolvimento Gradual indica que há tempo para observar a própria condição e tomar uma decisão sobre avançar ou recuar. A mensagem deste hexagrama é que não se deve seguir os outros cegamente.

(4) Seis na quarta posição. Observação alterna para Obstáculo (12) ☰

A quarta linha é uma extensão da terceira. O texto alerta aquele na terceira posição para observar sua condição antes de decidir avançar ou recuar. Esta linha oferece informações para escolher um bom senhor ao qual servir. Nos tempos antigos, o maior desejo de um sábio era ajudar um rei virtuoso a colocar em prática uma política de benevolência. Ao observar a vida do povo, o sábio era capaz de entender a administração do reino e a virtude do rei. Então, podia tomar a decisão de avançar ou recuar.

Por outro lado, o rei também procurava sábios virtuosos para serem seus assistentes. Quando o rei ouvia falar de um sábio virtuoso, convocava-o para uma entrevista e o tratava com honra. A quarta linha está próxima da quinta. Simboliza um sábio virtuoso convocado pelo rei como convidado de honra. Um sábio antigo acreditava que observar a vida do povo o ajudaria a entender a virtude do rei. Da mesma maneira, quando via como o rei o tratava, sabia como ele tratava o povo. Por isso, o Texto dos Yao do Duque de Zhou diz: "Observando o brilho do reino. É favorável trabalhar para ser um convidado do rei." Conhecendo o rei, o sábio podia tomar a decisão de servi-lo ou não.

(5) Nove na quinta posição. Observação alterna para Queda (23) ☷

A quinta linha é a principal do hexagrama. É um elemento yang em uma posição yang – central, correto e superior. Representa um rei de grande virtude. Quatro elementos yin o observam. Como líder, deve-se manter introspectivo em relação à própria vida, para avaliar se é um bom exemplo para os outros seguirem. Observar a reação das pessoas às suas palavras e atos é outra forma de autocrítica. Os sábios antigos ensinavam que, observando os costumes sociais e a vida do povo, o governante podia avaliar se o que ele fazia era certo ou errado. Na antiga China, tal observação e introspecção em relação aos próprios atos e palavras eram consideradas uma das maiores virtudes de um governante ou de um sábio. A mensagem deste hexagrama é que, observando as reações dos outros, a pessoa pode conhecer a si mesma.

(6) Nove na sexta posição. Observação alterna para União (8) ☷

A sexta linha está acima da posição do rei e representa um sábio. Mesmo quando um sábio afasta-se do mundo, o povo ainda observa suas palavras e ações. Embora afastado do mundo, a introspecção e a autocrítica do indivíduo não devem cessar. A quinta e a sexta linhas são os dois elementos yang deste hexagrama. A quinta enfatiza a autocrítica, enquanto a sexta ressalta o fato de ser observado pelos outros.

Referências adicionais para este hexagrama:

Imagem:	Vento sobre Terra
Fórmula para recitação:	Vento passando sobre a Terra, Observação
Elemento:	Madeira
Estrutura:	Dois yang com quatro yin
Mês:	O oitavo mês do ano lunar, ou setembro
Linha principal do hexagrama:	Nove na quinta posição
Hexagrama oposto:	Grande Força (34) ☱
Hexagrama inverso:	Aproximação (19) ☷
Hexagrama correspondente:	Queda (23) ☶

21
SHI HE •
ERRADICAÇÃO

☲ Li • Fogo
☳ Zhen • Trovão

NOME E ESTRUTURA

Shi significa morder e He, fechar e unir. Literalmente, Shi He é fechar a boca para morder. Este hexagrama indica uma situação em que, com uma mordida, erradica-se a obstrução. De acordo com o sentido literal, o nome do hexagrama deve ser fechar a boca para morder. Baseado em seu conteúdo, Erradicação é o termo mais preciso. Wilhelm traduz Shi He por Morder e Blofeld, por Roer.

Seqüência do hexagrama: *Quando as coisas merecem cuidadosa atenção, certamente as pessoas se aproximarão umas das outras. Assim, depois da Observação vem o juntar.*

O ideograma do primeiro caractere, shi, é feito de duas partes. À esquerda, um quadradinho representa uma boca aberta. À direita, há o ideograma de shi, que empresta apenas o som ao caractere, sem implicação quanto ao significado. Contudo, o ideograma de shi é um belo desenho de um ato de adivinhação. Na parte superior, duas plantinhas representam caules de milefólio. Na parte inferior, há duas pessoas em uma sala. A linha horizontal acima representa o teto; a horizontal abaixo, o piso. O traço vertical entre elas simboliza uma coluna ou um pilar. As duas pessoas estão ajoelhadas no chão, frente a frente. Uma é o adivinho, outra é o consulente. Quando este caractere se combina com a boca à esquerda, significa "morder".

O ideograma do segundo caractere, he, também consiste em duas partes. À esquerda há outra boca. À direita está um recipiente exatamente igual a um tipo de utensílio de bronze da dinastia Zhou, com quatro pés e uma tampa. O traço no meio representa um objeto dentro do recipiente. Há um espaço minúsculo entre a tampa e o recipiente, dando a entender que a tampa está sendo colocada; é um ato de fechar. Esta ação significa o movimento de unir duas partes. Quando este desenho se une ao da boca, lembra a ação de unir a mandíbula superior e a inferior, ou fechar a boca para morder.

A estrutura do hexagrama assemelha-se a uma boca aberta com uma obstrução. As linhas yang na sexta e na primeira posição são os lábios. Todas as linhas yin lembram dentes. A linha sólida na quarta posição representa uma obstrução entre os dentes – a boca não pode fechar. A união dos lábios e dos dentes requer a erradicação da obstrução. Este desenho indica um obstáculo no cotidiano, afetando a união e a harmonia entre as pessoas. É só erradicando-se a obstrução que o superior e o inferior – pessoas de todos os níveis sociais – podem se unir em harmonia e compreensão.

Erradicação revela o princípio de administrar a justiça pela remoção de obstáculos em uma comunidade pacífica. Para que a justiça se faça, às vezes é necessário punir; mas a punição deve ser adequada. Os *Analectos* de Confúcio dizem que, quando as punições não são adequadamente aplicadas, as pessoas não sabem o que fazer. O trigrama superior é Li, ou Brilho, e o inferior é Zhen, ou Trovão. Juntos, simbolizam que a erradicação dos males pela punição é como a ação do raio com o brilho do relâmpago. É vigorosa e resoluta, mas também justa e imparcial.

A Decisão do Rei Wen sobre o Hexagrama diz: "Erradicação. Próspero e tranqüilo. É favorável administrar a justiça." O tema principal do hexagrama é administrar a justiça pela erradicação de um obstáculo. Depois que se erradica um obstáculo, a justiça se estabelece. Estabelecida a justiça, o progresso e o êxito prevalecem.

Decisão

> Erradicação.
> Próspero e tranqüilo.
> É favorável administrar a justiça.

Comentário sobre a Decisão

> *Há algo na boca.*
> *Chama-se erradicação.*
> *Por meio da erradicação, surgem a prosperidade e a tranqüilidade.*

O firme e o maleável estão igualmente divididos.
O movimento e o brilho apresentam-se claramente.
Trovão e relâmpago estão unidos e manifestam seu brilho.
O maleável está no lugar central e governa em sua posição elevada.

Embora a posição não seja adequada,
Ainda é favorável administrar a justiça.

Comentário sobre o Símbolo

Trovão e relâmpago:
Uma imagem da Erradicação.
Assim,
O antigo rei elucidou as penas
E fortaleceu o direito.

Texto dos Yao

1. Nove na primeira posição
   Pés com meias.
   Os dedos doem.
   Nenhuma culpa.

   Pés com meias.
   Os dedos doem.
   Não se pode mais caminhar.

2. Seis na segunda posição
   Mordendo carne macia.
   Nariz enterrado.
   Nenhuma culpa.

   Mordendo carne macia.
   Nariz enterrado.
   O maleável apóia-se no sólido.

3. Seis na terceira posição
   Mordendo carne curtida.
   Atinge-se um pedaço grosso.
   Leve humilhação.
   Nenhuma culpa.

Atinge-se um pedaço grosso.
A posição não é adequada.

4. Nove na quarta posição
Mordendo carne seca com ossos.
Recebe flechas metálicas.
É favorável trabalhar arduamente.
Perseverança e retidão: boa fortuna.

É favorável trabalhar arduamente.
Perseverança e retidão:
Boa fortuna.
Seu brilho ainda não se manifestou o suficiente.

5. Seis na quinta posição
Mordendo carne seca.
Recebe ouro amarelo.
Perseverança: adversidade.
Nenhuma culpa.

Perseverança: adversidade.
Nenhuma culpa
Porque age adequadamente.

6. Nove na sexta posição
Usando uma canga*.
Os ouvidos desaparecem.
Infortúnio.

Usando uma canga.
Os ouvidos desaparecem.
Conselhos honestos irritam os ouvidos.

Significado

O hexagrama ensina a sabedoria na administração da justiça. Para aplicar a justiça, o administrador deve ter a mente clara e ser firme ao agir. A remoção de obstruções por meios legais deve ser tão precisa quanto o ato de morder. Mas a atitude deve ser misericordiosa, e o propósito, educativo. O objetivo é impedir maiores prejuízos. Assim, certamente haverá êxito. A linha principal do hexagrama é a maleável na quinta po-

---

* Tipo de estrutura portátil de madeira usada no pescoço por criminosos na antiga China.

sição. Ocupa o lugar central do trigrama superior. O Comentário sobre a Decisão diz: "O maleável está no lugar central e governa em sua posição elevada." Isto se refere à linha maleável na quinta posição. Geralmente, a linha inferior e a superior representam pessoas sem posição social. Neste hexagrama, representam pessoas que recebem punição; as outras quatro linhas, aqueles que aplicam a punição.

Este hexagrama mostra que, depois que o Rei Wu depôs o tirano de Shang, enfrentou a resistência e a rebelião da classe dominante de Shang. O contra-ataque era necessário. O Rei Wen ensinou que erradicar a rebelião era fundamental e traria prosperidade e tranqüilidade, mas o combate deveria basear-se na justiça. O Duque de Zhou descreve diversas punições usadas em diferentes casos. Embora os meios legais fossem duros, eram praticados com atitude compassiva e propósito educativo.

(1) Nove na primeira posição. Erradicação alterna para Prosseguir (35)

O Texto dos Yao diz: "Pés com meias. Os dedos doem." Esta linha refere-se a uma pessoa que se deixa levar pelas más companhias e é apanhada em uma armadilha. No corpo humano, a primeira linha representa os dedos dos pés, enquanto a sexta representa a cabeça. Se a pessoa que está nesta posição for capaz de abandonar o mau comportamento e adotar a boa conduta, não haverá nenhuma culpa. O Comentário de Confúcio sobre o Texto dos Yao diz: "Não se pode mais caminhar", uma referência à capacidade de cometer mais maldade.

(2) Seis na segunda posição. Erradicação alterna para Diversidade (38)

O Texto dos Yao diz: "Mordendo carne macia. Nariz enterrado." A segunda linha representa um administrador. É um elemento yin em uma posição yin no meio do trigrama inferior. Sua posição é central e correta, indicando que o administrador é justo e a punição, adequada. O Texto dos Yao diz *shi fu mie bi. Shi* é morder; *fu* geralmente significa pele. Nos tempos antigos, também significava carne macia. *Mie* significa destruir e *bi*, nariz. Aqui, não se deve entender *mie bi* como decepar o nariz, que parece uma punição gravíssima. De acordo com a opinião da maioria dos estudiosos do I Ching, *mie bi* nesta linha significa enterrar o nariz. Contudo, aqui o crime é mais grave que o representado pela linha inferior. A determinação do administrador é firme. O Texto dos Yao retrata uma cena vívida, na forma de uma história, dessa firme determinação de deixar de lado a má conduta, comparando-a a uma mordida forte em um pedaço de carne macia, na qual se chega a enterrar o nariz. O Comentário de Confúcio sobre o Texto dos Yao diz: "O maleável apóia-se no sólido." Portanto, a mordida tem que ser forte.

(3) Seis na terceira posição. Erradicação alterna para Brilho (30) ☲

O Texto dos Yao diz: "Mordendo carne curtida. Atinge-se um pedaço grosso." A terceira linha é um elemento yin em uma posição yang, nem central nem correta. Seu atributo maleável denota que o administrador é hesitante e indeciso. Durante o processo de administrar a justiça, haverá algumas dificuldades. Esta linha interage com o elemento yang na sexta posição. Aquele que ocupa a sexta posição é brutal. Lidar com a brutalidade não é uma tarefa fácil, assim como não é fácil morder um pedaço grosso de carne.

(4) Nove na quarta posição. Erradicação alterna para Nutrição (27) ☶

O Texto dos Yao diz: "Mordendo carne seca com ossos. Recebe flechas metálicas." A carne seca com ossos é mais dura que a carne curtida. A linha sugere que o mal é mais grave que o representado pela carne curada. Além disso, a quarta posição denota que a maldade ultrapassou a posição do meio. O caso é grave e difícil, como morder carne seca com ossos. O administrador é um elemento yang em uma posição yin, o que significa que é sentimental. Este elemento está na parte inferior do trigrama superior, Li (Brilho). Sua firmeza e sentimento costumam ser excessivamente resolutos e decididos. Nesta posição, a pessoa deve trabalhar arduamente o autocontrole e a retidão. O Texto dos Yao diz: "Recebe flechas metálicas", indicando que aquele que ocupa esta posição deve ser firme como o metal e reto como uma flecha. Esta linha é favorável, mas nesta posição é preciso trabalhar arduamente e manter a retidão. Confúcio diz que seu brilho ainda não se manifestou o suficiente.

(5) Seis na quinta posição. Erradicação alterna
 para Sem Falsidade (25) ☰

O Texto dos Yao diz: "Mordendo carne seca. Recebe ouro amarelo." A simples carne seca não é tão dura quanto a que tem ossos. Como esta linha está na posição suprema, o caso é menos grave. Uma linha maleável na quinta posição sugere que o administrador é bondoso e gentil, porque a linha é central dentro do trigrama superior. "Recebe ouro amarelo" é uma expressão chinesa. No sistema dos cinco elementos, a cor da Terra é o amarelo, representando um lugar central. O amarelo simboliza a Doutrina do Meio elaborada por Confúcio, ou seja, a doutrina da ação adequada, sem excesso nem falta. Receber ouro amarelo também significa receber a assistência do elemento yang na quarta posição. O objetivo da punição é educar, impedir uma conduta prejudicial no futuro. Por isso, não se deve usar a punição levianamente. Seja perseverante. Esteja ciente do perigo da punição. Assim, não haverá culpa.

(6) Nove na sexta posição. Erradicação alterna para Agir (51) ☳

O Texto dos Yao diz: "Usando uma canga. Os ouvidos desaparecem." A linha sólida na sexta posição é um elemento yang em uma posição yin – nem central nem correta. Representa a pessoa teimosa e voluntariosa, que recusa conselhos honestos. Como suas maldades são freqüentes, merece uma canga pesada – tão grande que lhe cobre os ouvidos. A imagem dos ouvidos desaparecidos também implica que os ouvidos se fecham aos conselhos honestos. Por isso, o Comentário de Confúcio diz: "Conselhos honestos irritam os ouvidos."

Referências adicionais para este hexagrama:

Imagem:	Fogo sobre Trovão
Fórmula para recitação:	Fogo sobre Trovão, Erradicação
Elemento:	Fogo
Estrutura:	Três yin com três yang
Mês:	O décimo mês do ano lunar, ou novembro
Linha principal do hexagrama:	Seis na quinta posição
Hexagrama oposto:	Reabastecimento (48) ☵
Hexagrama inverso:	Ornamentação (22) ☶
Hexagrama correspondente:	Tribulação (39) ☶

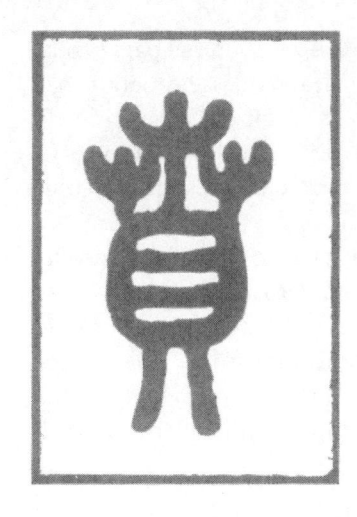

22
Bi • Ornamentação

Gen • Montanha
Li • Fogo

Nome e estrutura

Bi é o inverso do hexagrama precedente, Shi He, ou a Erradicação. Erradicação relaciona-se à punição; a Ornamentação está ligada à etiqueta. Os antigos chineses achavam que o mal devia ser erradicado e a bondade, exaltada. Portanto, Erradicação e Ornamentação se complementam. Wilhelm traduz Bi por Graciosidade, Blofeld por Elegância, e eu uso Ornamentação.

Seqüência do hexagrama: *As coisas não podem ser exterminadas e unidas bruscamente. Assim, depois da Erradicação vem a Ornamentação.*

O ideograma consiste em duas partes. Na parte superior há três brotos de erva. Este é o ideograma de hui, que significa gramíneas. A parte inferior, bei, é o desenho de uma concha marinha. Antigamente, as pessoas usavam essas conchas com superfície lisa e manchas definidas e brilhantes como ornamentos ou moeda corrente. Quando as duas partes se juntam, o ideograma implica que a grama e as conchas são usadas na ornamentação. A estrutura do hexagrama é Montanha sobre Fogo – um desenho do fogo queimando no sopé de uma montanha. A chama brilha e se eleva, adornando a montanha com fulgor e beleza. Por isso, este livro adota Ornamentação como nome do hexagrama.

Ornamentação vem de Diminuição (41) ☰☰ ou de Já Realizado (63) ☰☰. Quando a linha maleável na terceira e a sólida na segunda posição de Diminuição trocam de lugar, este hexagrama alterna para Ornamentação (22) ☰☰. E, quando a linha maleável na sexta e a sólida na quinta posição de Já Realizado trocam de lugar, Já Realizado alterna para Ornamentação. Em ambos os casos, as linhas maleáveis descem para ornamentar as sólidas em sua posição original. Por isso, o Comentário de Confúcio sobre a Decisão diz: "O maleável desce e adorna o firme... O firme ascende e adorna o maleável." Esta é outra razão pela qual escolhi Ornamentação como nome deste hexagrama.

Quando a linha maleável na terceira e a sólida na segunda posição de Diminuição trocam de lugar, o trigrama interno alterna de Dui, Lago ☱, para Li, Fogo ☲. Li representa brilho, sucesso. Quando a linha sólida na quinta e a maleável na sexta posição de Já Realizado (63) ☵ trocam de lugar, o trigrama externo alterna de Kan, Água ☵, para Gen, Montanha ☶. Gen representa a quietude. Portanto, "um pequeno favor" é possível.

Decisão

Ornamentação.
Próspero e tranqüilo.
Levemente favorável.
Há para onde ir.

Comentário sobre a Decisão

Ornamentação. Próspero e tranqüilo.
O maleável desce e adorna o firme.
Portanto, há prosperidade e tranqüilidade.

O firme ascende e adorna o maleável.
Portanto, um pequeno favor; há para onde ir.
Esta é a ornamentação do Céu.

O brilho ajuda as pessoas a agir
De acordo com o momento e a situação adequados.
Esta é a ornamentação da humanidade.

Ao contemplar a ornamentação do Céu,
Vêem-se as mudanças das quatro estações.
Ao contemplar a ornamentação da humanidade,
Podem-se instruir e transformar todas as coisas sob o Céu.

Comentário sobre o Símbolo

O fogo brilha no sopé da montanha:
Uma imagem de bela ornamentação.
Assim,
O homem superior elucida os assuntos de governo,
Mas não ousa tomar as decisões relativas à corte.

Texto dos Yao

1. Nove na primeira posição
   Ornamentando os dedos dos pés,
   Deixa a carruagem e caminha.

   Deixa a carruagem e caminha:
   De acordo com sua posição, ele não deve andar de carruagem.

2. Seis na segunda posição
   Ornamentando a barba.

   Ornamentando a barba.
   Ele deve agir com o que está acima.

3. Nove na terceira posição
   Ornamentando e umedecendo.
   Continuamente perseverante e reto:
   Boa fortuna.

   Boa fortuna de ser continuamente perseverante e reto.
   Até o fim, ninguém o insultará.

4. Seis na quarta posição
   Ornamentando com simplicidade,
   Como branco puro,
   Como um cavalo branco alado em perseguição.
   Não um ladrão, um pretendente.

   Seis na quarta posição dá motivo para dúvida.
   Não um ladrão, um pretendente.
   No final, nenhuma culpa.

5. Seis na quinta posição
   Ornamentando colinas e jardins,
   Apresentando um fardo de seda – pouco, pouco.

Humilhação
Acaba em boa fortuna.

Boa fortuna do seis na quinta posição.
Há alegria.

6. Nove na sexta posição
Ornamentando com branco puro.
Nenhuma culpa.

Ornamentando com branco puro.
Nenhuma culpa.
Ele satisfaz sua vontade.

Significado

O hexagrama expõe a importância da etiqueta. Antigamente, ornamentar tinha o sentido de adornar o comportamento social do indivíduo. Os antigos sábios preferiam ensinar as pessoas a praticar as boas maneiras a castigá-las para manter a ordem social. Estabeleceram um sistema de regras sociais para que todos soubessem como agir adequadamente de acordo com sua posição. Não encorajavam a punição, a menos que fosse absolutamente necessária.

O objetivo do hexagrama é indicar que a ornamentação não consiste apenas em colocar ornamentos externos. É mais importante manifestar a própria beleza natural. Forma e essência – yin e yang – devem sempre se complementar. Como algo pode existir sem sua base? O ser humano deve cultivar a beleza interior, a beleza da alma. Caso contrário, quanto mais ornamentos, mais a feiúra da natureza do indivíduo se revela.

Duas linhas deste hexagrama demonstram a verdade e a sabedoria de como ornamentar. Uma é a primeira; a outra, a sexta. A primeira manda deixar a carruagem e caminhar. De acordo com sua posição social, essa pessoa não deve andar de carruagem. A sexta linha manda adornar com simplicidade, por exemplo, com branco puro. Ele satisfaz sua vontade. Uma age de acordo com as normas sociais; a outra, com o coração. Comparando-se as posturas, a sexta linha é mais adequada para ser a principal do hexagrama.

Este hexagrama conta que depois que o Rei Wu depôs o tirano de Shang, além de reprimir os rebeldes, também distribuiu os tesouros de Shang entre os que foram leais à revolução, de acordo com o mérito militar de cada qual. Ao mesmo tempo, ele os instruiu a praticar a etiqueta, cultivando o comportamento social. O Rei Wen explicou que distribuir o tesouro àqueles que tinham mérito traria progresso e sucesso, mas o mais vantajoso seria distribuir somente um pouco. Mais importante era ensiná-los a praticar a etiqueta social. O Duque de Zhou constatou o resultado desse ensinamento. A maioria das pessoas acatou os costumes da sociedade e agiu de acordo com sua posição social. A educação sublinhava o cultivo da sinceridade interior, que revela a verdadeira natureza do indivíduo, a qual mesmo alguém em posição suprema precisa cultivar.

(1) Nove na primeira posição. Ornamentação alterna para Quietude (52)

O Texto dos Yao diz: "Ornamentando os dedos dos pés." Esta linha é correta – um elemento yang em uma posição yang. Representa uma pessoa de caráter forte satisfeita em permanecer em uma posição inferior. Os dedos dos pés simbolizam o caminhar. Na China antiga, as pessoas comuns não tinham permissão para andar de carruagem. Por isso, a pessoa na posição inferior prefere abandonar a carruagem e andar. Esta é uma reação positiva às normas da sociedade; exemplifica o indivíduo que age de acordo com sua posição.

(2) Seis na segunda posição. Ornamentação alterna para Grande Acúmulo (26)

O Texto dos Yao diz: "Ornamentando a barba." As quatro linhas acima da segunda formam uma boca. Duas linhas sólidas representam os lábios; e duas interrompidas, os dentes. A segunda linha, adjacente à "boca", simboliza a barba. É um elemento yin em uma posição yin, mas não interage com o elemento yin na quinta posição. Contudo, conecta-se à linha firme na terceira posição; as duas atraem-se. Confúcio sugere que o maleável deve agir junto com o firme. Um antigo provérbio chinês diz: "Quando não há mais pele, a que aderem os cabelos?" Por isso, o Comentário sobre a Decisão diz: "O maleável desce e adorna o firme. Portanto, há prosperidade e tranqüilidade." Esta linha alude a um modelo para a ornamentação, ou seja, estabelecer um padrão mais alto.

(3) Nove na terceira posição. Ornamentação alterna para Nutrição (27)

O Texto dos Yao diz: "Ornamentando e umedecendo. Continuamente perseverante e reto." Esta linha é um elemento yang na terceira posição, cercado por dois elementos yin. Aquele que ocupa esta posição é ornamentado, e sua pele é umedecida pelos elementos yin. Mas esses dois elementos yin não são seus companheiros adequados; estão perto, mas não o complementam. Portanto, o sábio o manda permanecer perseverante e reto. Não se deve deixar atrair pelo afeto deles. Esta linha nos lembra de cultivar nossa verdadeira natureza, não nos deixar influenciar por pessoas próximas nem permitir que a ornamentação nos suba à cabeça.

(4) Seis na quarta posição. Ornamentação alterna para Brilho (30) ☲

O Texto dos Yao diz: "Ornamentando com simplicidade, como branco puro." O adorno deve ser adequado. A ornamentação excessiva resulta em hipocrisia. Embora o adorno seja necessário, ele nunca deve ocultar a verdadeira natureza do que está sendo ornamentado. As Notas Diversas sobre os Hexagramas (a Décima Asa) dizem: "Bi denota ausência de cor." O melhor caminho é ornamentar, mas ainda preservar a natureza verdadeira do indivíduo.

Uma história explica a situação. A quarta linha é um elemento yin em uma posição yin, interagindo com o elemento yang na primeira posição. Estão se cortejando. Contudo, um elemento yang na terceira posição se interpõe entre eles e, por isso, não podem ficar juntos. O elemento yang na terceira posição também está interessado nela, deixando-a ainda mais ansiosa para unir-se ao amante compatível. Por ser um elemento yin, é tímida, mas seu amor é verdadeiro. Assim, o Texto dos Yao diz que, embora ela pareça adornada, permanece simples como o branco puro, "como um cavalo branco alado em perseguição". Aqui a palavra branco é usada duas vezes; indica sinceridade. A sinceridade revela a beleza interior do indivíduo, a verdadeira beleza. Por outro lado, o elemento yang na terceira posição ocupa uma posição yang – é voluntarioso. O elemento yin na quarta posição tende a ser muito desconfiado. Desconfia que o homem voluntarioso seja um ladrão, mas é um pretendente.

(5) Seis na quinta posição. Ornamentação alterna para Lar (37) ☴

A quinta linha é um elemento yin, central no trigrama externo. Este é Gen (Montanha) – representa colinas e jardins. Por isso, o Texto dos Yao diz: "Ornamentando colinas e jardins." Nos tempos antigos, colinas e jardins eram a moradia de eremitas, longe da cidade luxuosa. Geralmente, as pessoas se revestem de adornos. Contudo, nesta posição enfatiza-se a ornamentação do ser interior. Esta linha é uma extensão da quarta, enfatizando a verdadeira natureza do indivíduo. Esta posição é o lugar supremo de uma rainha que se ornamenta apenas com um fardo de seda. Parece muito simples para uma rainha, mas no final há boa fortuna. A mensagem desta linha é que mesmo alguém em uma posição suprema deve valorizar sua verdadeira natureza. O comentário de Confúcio diz: "Boa fortuna do seis na quinta posição. Há alegria." A pessoa encontra a alegria quando mantém a simplicidade em uma posição superior.

(6) Nove na sexta posição. Ornamentação alterna para Brilho Ferido (36)

Esta é a linha principal do hexagrama. O Texto dos Yao diz: "Ornamentando com branco puro. Nenhuma culpa." Esta linha atingiu a posição superior do hexagrama. As coisas que ultrapassam o extremo alternam para seus opostos. Nesta posição, a pessoa se adorna com simplicidade. O hexagrama superior é Gen (Montanha). A sexta linha aqui representa uma pessoa de grande virtude e sabedoria para a qual a ornamentação externa não é importante. Dá-se prioridade à beleza interna e à simplicidade. Este é o ponto-chave do hexagrama – que, mesmo recoberto de ornamentos, ainda é preciso preservar a própria natureza bela. É essa postura que faz desta linha a principal.

Referências adicionais para este hexagrama:

Imagem:	Montanha sobre Fogo
Fórmula para recitação:	Fogo sob a Montanha, Ornamentação
Elemento:	Terra
Estrutura:	Três yang com três yin
Mês:	O oitavo mês do ano lunar, ou setembro
Linha principal do hexagrama:	Nove na sexta posição
Hexagrama oposto:	Exaustão (47)
Hexagrama inverso:	Erradicação (21)
Hexagrama correspondente:	Alívio (40)

23
BO • QUEDA

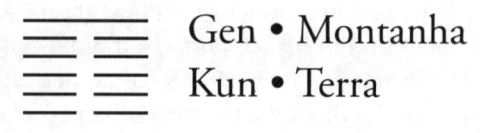

☶ Gen • Montanha
☷ Kun • Terra

NOME E ESTRUTURA

Wilhelm traduz Bo por Desintegração; e Blofeld, por Desprendimento. Aqui, adoto Queda. Em chinês, quando o caractere é pronunciado bao, significa debulhar ou descascar – por exemplo, debulhar ervilhas ou descascar bananas. Quando a pronúncia é bo, significa deteriorar, corroer ou cair. Aplicado à montanha, significa desmoronamento. Na sociedade humana, simboliza um processo de declínio ou a queda de um sistema social ou padrão moral.

O ideograma de Bo consiste em duas partes. A principal, à direita, é o desenho de uma antiga arma, dao, uma faca. A parte esquerda era originariamente o caractere bo, que dá o som. Posteriormente, foi substituído por lü, o nome da famosa espada do Rei Wen. Lü também significa um pedaço de madeira entalhada. Essas duas imagens representam o ato de entalhar e esculpir. Durante o entalhamento e a escultura, caem lascas de madeira ou de pedra.

Seqüência do hexagrama: *Quando a ornamentação se torna excessiva, a beleza se esgota. Assim, depois da Ornamentação vem a Queda.*

A estrutura do hexagrama é Montanha ☶ sobre Terra ☷. Simboliza a queda (desmoronamento) de uma montanha. A natureza da montanha é elevar-se sobre a Terra. Aqui, ela está no chão, caída. Há uma única linha sólida, no topo do hexagrama; as cinco restantes são todas maleáveis. O firme repousa sobre o macio; obviamente, a base não é sólida. Todos os elementos yang foram erodidos pelos yin, um após o outro. Agora, os cinco yin aproximam-se do yang no topo. São fortes o suficiente para causar a decadência moral do yang.

Decisão

Queda.
É desfavorável ter para onde ir.

Comentário sobre a Decisão

Queda é deterioração.
Os maleáveis querem mudar o firme.
É desfavorável ter para onde ir.
Os sujeitos pequenos estão crescendo e se expandindo.

Aja de acordo com a situação e não se mexa.
Ao contemplar a imagem,
O homem superior compreende
A alternância entre aumento e diminuição,
É também a alternância entre plenitude e vazio.
É o Tao do Céu.

Comentário sobre o Símbolo

A montanha erode perto da Terra.
Uma imagem de decadência e Queda.
Assim,
Aquele que está acima torna-se benevolente para com os que estão abaixo
Como se construísse casas sobre fundações sólidas.

Texto dos Yao

1. Seis na primeira posição
   Queda dos pés da cama.
   Erosão.
   Perseverança: infortúnio.

   Queda dos pés da cama.
   Erosão.
   Começa embaixo.

2. Seis na segunda posição
   Queda do estrado da cama.
   Erosão.
   Perseverança: infortúnio.

   Queda do estrado da cama:
   Faltam companheiros.

3. Seis na terceira posição
   Queda.
   Nenhuma culpa.

   Queda.
   Nenhuma culpa.
   Ele corta relações acima e abaixo.

4. Seis na quarta posição
   Queda: a pele sobre a cama.
   Infortúnio.

   Queda: a pele sobre a cama.
   A calamidade está próxima.

5. Seis na quinta posição
   Uma fileira de peixes.
   Favoreça-os como se favorecem as cortesãs.
   Nada é desfavorável.

   Uma fileira de peixes.
   Favoreça-os como se favorecem as cortesãs.
   No final, nenhuma culpa.

6. Nove na sexta posição
   Um grande fruto não foi comido.
   O homem superior recebe uma carruagem.
   Cai a casa do homem inferior.

   O homem superior recebe uma carruagem.
   Ele é carregado pelo povo.
   Acaba não sendo empregado.

SIGNIFICADO

Este hexagrama representa o princípio da alternância entre yin e yang. Enquanto a influência de yin cresce, a de yang diminui. Quando o mal corre solto, certamente influencia o que é bom e correto. No curso da história, muitos grandes impérios entraram em decadência e caíram.

Neste hexagrama, cinco elementos yin são cobertos por um elemento yang. Yang é o substancial; yin é insubstancial. Toda decadência, ou putrefação, começa na parte inferior. No I Ching, a Montanha também representa cama ou casa. Por isso, usa-se a imagem da cama para explorar as diversas fases do hexagrama. A linha principal é a sólida na sexta posição. As cinco linhas maleáveis vão corroendo tudo de baixo para cima, tentando destituir a sólida. Em uma situação de decadência, o sólido permanece firme; é o único fruto que não foi comido.

Este hexagrama explica que, depois da vitória, surgiram a decadência na vida e a negligência na disciplina da recém-fundada dinastia Zhou. O Rei Wen ensinou que a decadência e a queda eram desfavoráveis para o desenvolvimento da nova dinastia. O Duque de Zhou arrola diversos tipos de decadência, desenvolvendo-se de casos menos graves para casos mais graves. Contudo, o governo central representado pelo Rei Wen, Rei Wu e Duque de Zhou permaneceu firme. Sua influência gerou uma mudança positiva na situação. Teve início um novo ciclo – depois da queda, veio o retorno. Queda é um dos doze hexagramas sazonais, representando o nono mês do calendário lunar chinês. No calendário solar, é outubro.

(1) Seis na primeira posição. Queda alterna para Nutrição (27) ☶

A decadência começa na parte inferior e danifica a base. A primeira linha indica o início dessa queda. O assoalho sob a cama erodiu. A destruição atinge o pé da cama. O mal cerca os justos. O firme e o correto são prejudicados e o resultado é o infortúnio.

(2) Seis na segunda posição. Queda alterna para Infância (4) ☶

A segunda linha sugere que as forças maléficas crescem gradativa e constantemente. Se não forem detidas imediatamente, tornar-se-ão mais fortes. No final, causarão a queda. Por enquanto, a decadência chegou ao estrado da cama. A segunda linha é um elemento yin em uma posição yin no meio do trigrama inferior. A posição é central e correta. Infelizmente, não interage com o elemento yin na quinta. Nesta posição, a pessoa não tem professores sábios e amigos prestativos.

(3) Seis na terceira posição. Queda alterna para Quietude (52) ☶

A terceira linha é especial. É o único elemento yin que interage com o elemento yang. Nesta posição, recusa-se a acompanhar pessoas maldosas e dá preferência à associação com o sábio na sexta posição. Depois que esta linha passa de yin para yang, o trigrama inferior alterna para Gen, Montanha. O atributo de Montanha é a quietude. Nesta posição, a pessoa é capaz de perseverar. Ela corta relações com os dois elementos yin acima e os dois abaixo e mantém estreito relacionamento com o sábio. Assim, as forças maléficas mal podem afetá-la. Tudo o que ela perde é a influência negativa exercida por essas forças. Portanto, não há culpa.

(4) Seis na quarta posição. Queda alterna para Prosseguir (35)

A quarta linha indica que a situação está piorando. A decadência atinge aquele que está na cama. Esta linha é o início do trigrama superior, muito mais próxima à linha sólida no topo do que as anteriores. Se a situação não mudar, sem dúvida haverá infortúnio.

(5) Seis na quinta posição. Queda alterna para Observação (20)

A quinta linha ocupa a posição central do trigrama superior. É a mais elevada das cinco maleáveis. A pessoa nesta posição é como uma rainha liderando as quatro cortesãs, uma após a outra, como um cardume de peixes, demonstrando sua submissão e lealdade ao rei. De acordo com o antigo protocolo, na noite de lua cheia, a rainha servia o rei na cama. Antes da lua cheia, cada dama da corte dormia com ele uma noite, do escalão mais baixo ao mais alto. Depois da lua cheia, as cortesãs invertiam a ordem e dormiam com o rei, uma a cada noite, até a lua cheia retornar. Esta linha representa uma nova situação. As forças do mal não podem mais fazer decair o justo. Ao contrário, aproximam-se e mostram sua submissão. Depois da escuridão, vem o amanhecer.

(6) Nove na sexta posição. Queda alterna para Corresponder (2)

A sexta linha parece o telhado de uma casa; as linhas yin representam as paredes. Há apenas uma sólida, no topo. É a única fruta que não foi comida, contendo a semente da nova vida. Como a linha sólida permanece firme, sua influência gera mudanças na situação. Quando ela se torna maleável, o elemento yang no topo vai para baixo de cinco linhas maleáveis. Tem início um novo ciclo: Fu, Retorno (24) . A luz e a verdade finalmente superam a escuridão e o mal e trazem nova fase de mudança.

Referências adicionais para este hexagrama:

Imagem:	Montanha sobre Terra
Fórmula para recitação:	Montanha caindo sobre a Terra, Queda
Elemento:	Terra
Estrutura:	Cinco yin com um yang
Mês:	O nono mês do ano lunar, ou outubro
Linha principal do hexagrama:	Nove na sexta posição
Hexagrama oposto:	Eliminação (43)
Hexagrama inverso:	Retorno (24)
Hexagrama correspondente:	Corresponder (2)

24
Fu • Retorno

☷ Kun • Terra
☳ Zhen • Trovão

Nome e estrutura

Fu tem papel importante no I Ching. É um dos doze hexagramas sazonais usados para explicar a cosmologia da mudança das estações – chegar ao fim e começar de novo. Representa o décimo primeiro mês do calendário lunar chinês, ou dezembro. De acordo com o I Ching, "Quando yang retorna, é Fu". Esta premissa se baseia na estrutura do hexagrama. Quando a linha sólida na sexta posição de Queda ☷ se torna maleável, Queda alterna para Corresponder (2) ☷, o yin puro.

Corresponder representa o décimo mês do calendário lunar chinês. Durante este período, o elemento yang parece desaparecer. Na verdade, está desenvolvendo-se silenciosamente sob a superfície. No solstício de inverno, o vigésimo segundo dia do décimo primeiro mês, a energia yang emerge. No norte da China, as pessoas podem de fato sentir a energia yang começar a vir à tona no ponto de transição daquele dia específico. Há um antigo ditado criado há milhares de anos: "No solstício de inverno, yang começa a surgir." Esta idéia é claramente representada na estrutura deste hexagrama. Por isso, durante a dinastia Zhou, o Ano Novo chinês começava com o solstício de inverno. A energia yang inicia um novo ciclo. Este hexagrama é o inverso do anterior, Bo (Queda). Queda e Retorno se complementam, refletindo a idéia de chegar ao fim e começar de novo.

Wilhelm traduz Bo por Desintegração e Fu por Retorno (O Ponto de Transição). John Blofeld traduz Bo por Desprendimento e Fu, por Retorno.

O ideograma de Fu é formado por duas partes. À esquerda há três traços representando três pegadas que se vão. À direita está o ideograma fu, que empresta o som e o significado ao caractere. No canto inferior direito, três traços representam três pegadas que retornam. Era um ideograma do passado remoto. No canto superior direito, há duas formas ovais representando dois sóis. Na verdade, os antigos empregavam a imagem de dois sóis para representar dois elementos yang. O sol superior mostra que o yang está caindo, como a linha sólida no topo de Bo. O sol inferior significa que o yang está retornando, como a linha sólida na parte inferior de Fu. O traço horizontal na parte mais alta representa o número um. O desenho todo do lado direito do ideograma explica que um yang está caindo e o outro, retornando, indo e voltando, em um movimento cíclico interminável. Assim é o *Livro das mutações*.

Seqüência do hexagrama: *As coisas não podem ultrapassar o extremo. Quando chegam ao limite, retornam à origem. Assim, depois da Queda vem o Retorno.*

Este hexagrama é uma continuação do anterior, Queda. Durante o período de decadência, as forças maléficas progridem e sucedem-se umas às outras até chegarem à posição mais elevada. A situação parece desesperadora. Contudo, os chineses acreditam que o retorno e o recomeço são verdades universais e eternas. Quando a decadência chega ao extremo, ocorre uma mutação. Então a luz brilha na escuridão e a situação volta a se iluminar.

Embora este hexagrama não seja caracterizado como auspicioso, ele o é. O trigrama interno é Trovão; o externo, Terra. O atributo de Trovão, o filho mais velho, é agir; o atributo de Terra, a mãe, é corresponder. Aqui, a mãe corresponde à ação do filho mais velho. Ele pode prosseguir sem obstáculos. Assim, a Decisão do Rei Wen sobre o hexagrama oferece comentários positivos.

Decisão

> Retorno.
> Próspero e tranqüilo.
> Ir e vir.
> Nenhum prejuízo.
> Os amigos chegam.
> Nenhuma culpa.
> O Tao de cair e retornar,

Em sete dias vem o retorno.
É favorável ter para onde ir.

Comentário sobre a Decisão

O retorno é próspero e tranqüilo,
O firme retorna.
Assim, indo e vindo, não há prejuízo.
Os amigos chegam; não há nenhuma culpa.

Queda e retorno
De acordo com o Tao do aumento e da diminuição.
Em sete dias vem o retorno.
É o Tao do Céu.

É favorável ter para onde ir.
O firme cresce e se estende.
Deste hexagrama, Fu,
Pode-se ver o coração do Céu e da Terra.

Comentário sobre o Símbolo

Trovão sob Terra:
Uma imagem do Retorno.
Assim,
O antigo rei fechava os portões das passagens entre as montanhas
No solstício de inverno.
Os caixeiros-viajantes não viajavam,
Nem o rei inspecionava seus estados.

Texto dos Yao

1. Nove na primeira posição
   Não vai longe demais, retorna.
   Nenhum desastre, nenhum arrependimento.
   Suprema boa fortuna.

   Retornar sem ir longe demais.
   Cultiva-se a virtude.

2. Seis na segunda posição
   Retornando com elegância.
   Boa fortuna.

*A boa fortuna de retornar com elegância.
Subordinado ao bondoso.*

3. Seis na terceira posição
Retornando repetidamente.
Adversidade.
Nenhuma culpa.

   *A adversidade de retornar repetidamente.
   É adequado ser desculpado pelo erro.*

4. Seis na quarta posição
Trilhando o caminho central.
Retorno solitário.

   *Trilhando o caminho central.
   Retorno solitário.
   Seguindo o caminho certo.*

5. Seis na quinta posição
Retornando sinceramente.
Nenhum arrependimento.

   *Retornando sinceramente.
   Central, ele consegue se examinar.*

6. Seis na sexta posição
Retornando confuso.
Infortúnio.
Há calamidade e tribulação.
Envolvendo-se na mobilização da multidão;
No final: uma grande derrota.
Para o governante do Estado,
Infortúnio.
Dez anos:
Incapaz de recomeçar.

   *O infortúnio de retornar confuso.
   Opõe-se ao caminho do governante.*

Significado

Este hexagrama, junto com o anterior, manifesta a verdade da mudança. Quando as coisas chegam ao extremo, alternam para o oposto. Assim, depois de um período de queda, vem o retorno. Volta a luz que fora banida. A mudança não vem pela força – está de acordo com a lei da natureza. O retorno surge espontaneamente, como a primavera brilhante depois de um inverno rigoroso. É uma questão de circunstância em conseqüência da situação e do momento adequados. Como é a lei da natureza, nenhuma força humana pode alterá-la.

A linha principal do hexagrama é a sólida na primeira posição. É o único elemento yang. O Comentário de Confúcio sobre a Decisão diz: "O retorno é próspero e tranqüilo, o firme retorna." A Decisão do Rei Wen diz: "Em sete dias vem o retorno." Há duas interpretações.

A primeira explicação considera os sete dias como um ciclo. No I Ching, cada hexagrama tem seis linhas. Para que cada linha ascenda e retorne à posição original, são necessárias sete etapas. Se cada etapa representar um dia, o movimento levará sete dias. Sete dias formam um ciclo. A segunda interpretação dá a entender que o sétimo dia pode ter sido confundido com o sétimo mês. A diferença entre os caracteres chineses para dia e mês é mínima. A premissa é que do solstício de verão no quinto mês ao solstício de inverno no décimo primeiro há um intervalo de seis meses. O sétimo mês assinalaria o início de um novo ciclo.

O Comentário sobre a Decisão diz: "Deste hexagrama, Fu, pode-se ver o coração do Céu e da Terra." Revela a cosmologia da escola confucionista. Certa vez, Confúcio disse: "O Céu e a Terra têm um coração que gosta de criar e propagar." Os estudiosos confucionistas defendem que deve-se seguir o Tao do Céu e da Terra, ou seja, criar e propagar sem cessar. Os taoístas, porém, adotam outra visão. Lao-tsé diz:

> Alcance o vazio mais alto;
> Mantenha a mais profunda quietude.
> Quando dez mil seres levantam-se e caem,
> Observe seu retorno.

Os taoístas aceitam a idéia do movimento cíclico de Quedas e Retornos sucessivos, mas acreditam que a existência se origina da inexistência e o movimento, da imobilidade. É só quando se chega a um estado de desprendimento total que se pode ver o coração do Céu e da Terra. Na cultura chinesa, as escolas confucionista e taoísta complementam-se como o yin e o yang. A filosofia da escola confucionista é mover-se e agir; a da taoísta é retirar-se e nada fazer. Porém, ambas originam-se do I Ching.

Este hexagrama é auspicioso porque a energia yang retorna. Mas a Decisão não menciona sua auspiciosidade porque a energia yang ainda é fraca. Sua realização depende de esforço. A primeira linha, entretanto, pressagia suprema boa fortuna. Na realidade, ninguém é perfeito. Quando se é capaz de retornar sem ter ido longe demais em direção ao mal, há suprema fortuna. A segunda linha pressagia boa fortuna porque é um elemento yin em uma posição central. Nesta posição, a pessoa é capaz de retornar alegremente ao que é bom, porque é subordinada ao virtuoso que está abaixo.

Este hexagrama indica que, por meio da influência do Rei Wen e do Rei Wu, em pouco tempo corrigiu-se a decadência. Restabeleceu-se a norma social. A cortesia e a etiqueta criadas pelo Duque de Zhou foram colocadas em vigor imediatamente. O Rei Wen estava feliz com a situação; afirmou que o retorno trouxe êxito. O ir-e-vir do povo não causava prejuízo; a chegada e a partida dos povos de outros reinos não causavam dano algum. Queda e retorno ocorriam de acordo com o Tao do aumento e da diminuição. Era favorável prosseguir. O Duque de Zhou lembra que, ao retornar sem ir longe demais, não há necessidade de arrependimento. Retornar ao bem alegremente e com elegância traz boa fortuna, mas retornar repetidamente é perigoso. Ao retornar, deve-se percorrer o caminho central com honestidade e sinceridade. Quando se perdem o momento e a direção adequados para retornar, provocam-se calamidades.

(1) Nove na primeira posição. Retorno alterna para Corresponder (2) ☰☷

Esta linha é a principal do hexagrama. Representa o início de um incidente. O elemento yang na primeira posição começa a crescer e a repelir as forças negativas. Simboliza o retorno da luz depois da escuridão. Além disso, representa o retorno após um erro insignificante. Como o erro está na etapa inicial, ainda não é grave. Quando a pessoa sabe corrigir os próprios erros no início, não é muito difícil recomeçar. Não há do que se arrepender. No comentário sobre esta linha, Confúcio diz: "Retornar sem ir longe demais. Cultiva-se a virtude." Isto se refere ao seu discípulo preferido, Yen-hui. Certa vez ele disse: "Yen-hui age quase sem erro. Se há algum erro, ele nunca deixa de percebê-lo. Depois, nunca o comete uma segunda vez." Este comportamento, obviamente, é o mais auspicioso de todos.

(2) Seis na segunda posição. Retorno alterna para Aproximação (19) ☷☷

A segunda linha é um elemento yin em uma posição yin – central, correta e próxima à linha firme na primeira posição. Nesta posição, a pessoa deixa a escuridão e retorna alegremente à luz. Ela se liga à linha principal, que é uma pessoa bondosa, e sofre sua influência; retorna ao caminho apropriado e há boa fortuna.

(3) Seis na terceira posição. Retorno alterna para Brilho Ferido (36) ☲

A terceira linha é um elemento yin em uma posição yang – nem central nem correta. Está no topo do trigrama interno, Trovão. O atributo de Trovão é a inquietação. Nesta posição, a pessoa costuma repetir erros, mas retorna toda vez. É sempre possível retornar à luz. Repetir erros é perigoso; contudo, quando retorna repetidamente, o indivíduo ainda merece ser perdoado pelos erros.

(4) Seis na quarta posição. Retorno alterna para Agir (51) ☳

A quarta linha está no meio do hexagrama, cercada por quatro elementos yin, dois acima e dois abaixo. A pessoa que ocupa esta posição trilha o caminho errado ao lado de maus companheiros, mas, no meio do percurso, retorna ao caminho certo. Como esta linha interage com o elemento yang na primeira posição, ela tem condições de não ir ao extremo. O Texto dos Yao não menciona boa fortuna ou infortúnio porque, para este hexagrama, a energia yang acabou de retornar – é difícil fazer previsões. Mas, quando se age de acordo com o caminho certo, deve-se ignorar se a conseqüência será boa fortuna ou infortúnio. Esta é a postura adequada. Dong Chong-su, um grande sábio da dinastia Han, disse: "Um indivíduo benevolente age de acordo com o que é apropriado, não busca lucro. Ilumina o Tao, não conta méritos." O verdadeiro espírito do I Ching é fazer o que é adequado no momento certo e da maneira apropriada. Boa fortuna e infortúnio são conseqüências das ações do indivíduo.

(5) Seis na quinta posição. Retorno alterna para O Começo (3) ☵

A quinta linha está em uma posição superior – central em relação ao trigrama superior, Terra. Aquele que ocupa esta posição é honesto e sincero. É capaz de examinar as próprias ações e seguir o Caminho do Meio. No momento de retornar, empenha-se no aperfeiçoamento. Não há arrependimento.

(6) Seis na sexta posição. Retorno alterna para Nutrição (27) ☶

A sexta linha é um elemento yin em uma posição yin; seu atributo é a fraqueza. A posição não é central, indicando que a pessoa perdeu o caminho e a oportunidade de converter-se do erro. Haverá calamidades; mesmo depois de um longo período, o desastre não será sanado. Nesta linha, o trigrama superior, Terra, representa o território de um país. A sexta linha representa a posição do Céu e um imperador. Por isso, o Texto dos Yao diz que o infortúnio será na forma de uma calamidade natural, bem como de calamidades causadas pela fraqueza do imperador. A mensagem desta linha é que no ponto de transição – quando a pessoa adere obstinadamente ao curso errado e recusa-se a voltar atrás – certamente haverá perigo.

Referências adicionais para este hexagrama:

Imagem:	Terra sobre Trovão
Fórmula para recitação:	Trovão sob a Terra, Retorno
Elemento:	Terra
Estrutura:	Cinco yin com um yang
Mês:	O décimo primeiro mês do ano lunar, ou dezembro
Linha principal do hexagrama:	Nove na primeira posição
Hexagrama oposto:	Encontro (44)
Hexagrama inverso:	Queda (23)
Hexagrama correspondente:	Corresponder (2)

25
Wu Wang •
Sem Falsidade

Qian • Céu
Zhen • Trovão

Nome e estrutura

Wu Wang significa literalmente "não falso". Wilhelm traduz Wu Wang por Inocência (O Inesperado) e Blofeld, por Integridade, o Inesperado. Neste livro adoto o termo Sem Falsidade. Em chinês, Wu significa não e Wang, falso, desonesto ou insincero. Portanto, Wu Wang significa verdadeiro, honesto e sincero, sem nenhuma artificialidade. Era considerado o estado natural do indivíduo.

Seqüência do hexagrama: *Quando o ponto de virada retornar, não haverá falsidade nem insinceridade. Assim, depois do Retorno vem Sem Falsidade.*

Wu Wang é um termo abstrato, muito difícil de expressar por meio de ideogramas. Contudo, dois ideogramas representam o nome do hexagrama. O primeiro assemelha-se a uma pessoa de costas curvas, levando uma carga pesada. Esta imagem, que sugere a falta de fôlego, é usada para expressar "não". A parte superior consiste em três linhas que representam um fardo pesado; a parte inferior é o ideograma para uma pessoa, ren. A pessoa está sobrecarregada e, por fim, ficará sem fôlego.

O segundo ideograma tem duas partes. A superior, wang, empresta o som e o significado. Wang significa "afastar-se". Os antigos desenharam o ideograma de uma pessoa no topo. Abaixo há um traço vertical ligado a um horizontal, simbolizando o ato de afastar-se. Sob esta imagem há o ideograma de uma mulher. O ideograma para mulher é semelhante àquele para pessoa, exceto pela existência de uma linha curva no meio, representando os seios. Essas duas imagens juntas expressam que a mulher está se afastando, um antigo símbolo de falsidade.

Em *A biografia do Príncipe Chun Shen*, o famoso historiador Si-ma Qian da dinastia Han Ocidental (206 a.C. a 24 d.C.) referiu-se a Wu Wang como "não previsto" em vez de "não falso". Nos tempos antigos, as palavras previsto e falso tinham o mesmo som, mas grafias distintas. Essa mudança tem um significado filosófico: a verdade é o Tao do Céu. O ser humano procura agir da melhor maneira possível. Quanto à boa fortuna ou ao infortúnio, à bênção ou à calamidade, os eventos têm de seguir o próprio curso. Não se deve viver na expectativa. Este é o significado de Wu Wang.

Wu Wang vem de Recuar (33) ☰. Quando a linha sólida na sexta posição de Recuar "recua" para a primeira, Recuar alterna para Sem Falsidade (25) ☰. Assim, o Comentário de Confúcio sobre a Decisão diz: "O firme vem do exterior e torna-se o principal do interior." Quando a linha sólida na segunda posição de Disputa (6) ☰ troca de lugar com a linha maleável na primeira posição, Disputa alterna para Sem Falsidade. O elemento yang na segunda posição e o yin na primeira de Disputa não são corretos. Depois que trocam de lugar, ambos ficam corretos. Esta mudança é razoável e eqüitativa – verdadeira.

A estrutura do hexagrama é Céu ☰ sobre Trovão ☳. O trigrama interno é Trovão, simbolizando o movimento; o externo é Céu, indicando força. A linha sólida na quinta posição é firme, central e correta e corresponde à maleável na segunda, que também é central e correta. Estas duas condições proporcionam uma imagem muito auspiciosa de força com movimento – uma condição totalmente livre de falsidade, desonestidade e insinceridade. Por isso, este hexagrama possui as quatro virtudes supremas – yuan, heng, li e zhen, as virtudes do Céu. Os antigos sábios consideravam que o trovão era o som do Céu. O trovão ribombando sob o Céu proclamava essas virtudes a miríades de seres. Aqueles que as preservavam e cultivavam estavam em natural harmonia com a vontade do Céu e seriam poderosos e dotados do potencial de ser bem-sucedidos. Por isso, o Comentário de Confúcio sobre a Decisão diz: "Movimento com força; o firme está na posição central e tem um correspondente. Grande prosperidade e tranqüilidade por meio de sua retidão. Esta é a vontade do Céu."

Decisão

> Sem Falsidade.
> Perfeitamente próspero e tranqüilo.
> É favorável ser perseverante e reto.
> Se a intenção não é verdadeira,

Há problemas.
É desfavorável ter para onde ir.

Comentário sobre a Decisão

*Sem Falsidade.
O firme vem do exterior
E torna-se o principal do interior.*

*Movimento com força;
O firme está na posição central e tem um correspondente.
Grande prosperidade e tranqüilidade por meio de sua retidão.
Esta é a vontade do Céu.*

*Se a intenção do ser não for verdadeira,
Ele cairá em erros.
É desfavorável
Ter para onde ir.
Quando a verdade acaba,
Para onde se pode ir?
Quando a vontade do Céu não protege,
Como é possível fazer qualquer coisa?*

Comentário sobre o Símbolo

*Sob o Céu, ribomba o Trovão:
Uma imagem de todas as coisas acompanhadas pela veracidade.
Assim,
O antigo rei enriquece sua virtude em harmonia com o tempo
E nutre miríades de seres.*

Texto dos Yao

1. Nove na primeira posição
   Sem falsidade.
   Prosseguir: boa fortuna.
   *Prosseguir sem falsidade.
   Sua vontade será realizada.*

2. Seis na segunda posição
   Não conta com a colheita enquanto ara o solo,

Nem com os resultados durante o plantio.
Então, é favorável ter para onde ir.

Não conta com a colheita enquanto ara o solo.
Seu objetivo não é a riqueza.

3. Seis na terceira posição
Uma catástrofe sem falsidade,
Como se uma vaca amarrada fosse levada por um transeunte.
Ganha o transeunte,
Perde o aldeão.

O transeunte ganha a vaca.
Uma perda para os aldeões.

4. Nove na quarta posição
É adequado ser perseverante e reto.
Nenhuma culpa.

É adequado ser perseverante e reto.
Nenhuma culpa.
Ele é capaz de conservar firmemente sua natureza.

5. Nove na quinta posição
Uma doença para nenhuma falsidade.
Nenhum remédio.
Uma ocasião alegre.

Remédio para nenhuma falsidade.
Não se deve tentar.

6. Nove na sexta posição
Sem falsidade.
Agir: problemas.
Nada é favorável.

Ação sem falsidade.
O infortúnio é devido ao impasse.

Significado

Este hexagrama representa a sabedoria de manter-se fiel à verdade – ou seja, por mais que as situações mudem, a verdade nunca muda. Os antigos chineses não tinham um Deus pessoal; submetiam-se à vontade do Céu e resignavam-se ao seu destino. Acreditavam que a natureza e o dever da humanidade era viver e agir em harmonia com a vontade do Céu. A ação concorde com a virtude do Céu traria, por fim, fortuna e sucesso eternos. Quem tinha esta fé não contava com a colheita ao arar o solo. Esta postura não negligencia a lei de causa e efeito. O que é importante é o fato de a postura e a motivação estarem alinhadas com a virtude do Céu. O que se considera primeiro não é a recompensa a ser obtida, mas se o trabalho é de fato bom para a humanidade. Criar e nutrir miríades de seres é a virtude do Céu.

A linha sólida na primeira posição e a sólida na quinta qualificam-se para ser as principais do hexagrama. Contudo, a primeira linha é o ponto de partida do hexagrama. Neste, o ponto de partida é a própria verdade, a qual é a natureza essencial da humanidade. Quando se aborda uma tarefa, deve-se começá-la com veracidade. Por isso, a primeira linha é a mais conveniente para ser a principal.

Este hexagrama nos conta que, depois que o Rei Wu depôs o tirano de Shang, houve decadência entre o povo. Os governantes corrigiram-na antes que fosse longe demais. As normas sociais retornaram em pouco tempo. O Rei Wen disse que o princípio da nova administração deveria ser a veracidade. Acatou as lições aprendidas com a decadência e enfatizou que, se a intenção de um indivíduo, sobretudo a de um líder, não fosse verdadeira, ele cairia no erro. Não seria favorável seguir em nenhuma direção. O Duque de Zhou lembra que o progresso com veracidade trouxe boa fortuna. Por uma causa justa, não se deve contar nem com a colheita, nem com o resultado enquanto se cultiva a terra. Mesmo quando a veracidade depara com infortúnio, a pessoa deve ainda permanecer perseverante e reta. Mas ao agir, se não houver direção, não há vantagem.

(1) Nove na primeira posição. Sem Falsidade alterna para Obstáculo (12) ☷

A primeira linha é um elemento yang em uma posição yang. É a principal do trigrama interno, o começo de Sem Falsidade. O elemento yang na segunda posição de Disputa (6) ☷ não está em lugar correto. Depois que ele desce à posição inicial, trocando de lugar com o seis na primeira, torna-se correto, e Disputa alterna para Sem Falsidade. Como este nove na primeira posição é firme e forte, verdadeiro e sincero, ele também se torna a linha principal de Sem Falsidade. Obviamente, isto traz boa fortuna. Seu desejo será realizado.

*(2) Seis na segunda posição. Sem Falsidade alterna
para Cumprimento (10)* ☰

A segunda linha é um elemento yin em posição yin. Seus atributos são a maleabilidade e a correspondência; é central e correta. Nesta posição, a pessoa é capaz de ceder aos desejos do Céu e agir em harmonia com a natureza. Não conta com a colheita ao arar o solo, nem com os resultados ao cultivar novamente o solo antigo. Este é o verdadeiro espírito de Sem Falsidade. Com esta postura de buscar a verdade, haverá vantagem em qualquer direção.

*(3) Seis na terceira posição. Sem Falsidade alterna
para Busca de Harmonia (13)* ☰

A terceira linha é um elemento yin em posição yang – incorreto. A veracidade é uma virtude, mas nem sempre traz boa fortuna. O caso da terceira linha é o de uma vaca amarrada sendo levada por um transeunte – um infortúnio inesperado. Em chinês, chama-se "um infortúnio de wu wang", porque aquele que sofre esse infortúnio não está fazendo nada de errado. A verdade é que, quando depara com esse tipo de infortúnio, a pessoa verdadeira continua sendo verdadeira. Esta linha traz uma mensagem importante. Não se deve ter nenhuma previsão de boa fortuna ou infortúnio, bênção ou calamidade. Deve-se agir da melhor maneira possível e deixar que as coisas sigam seu curso natural. Este é o verdadeiro significado de Wu Wang.

*(4) Nove na quarta posição. Sem Falsidade alterna
para Aumento (42)* ☰

A quarta é uma linha sólida na parte inferior do trigrama superior, Céu. Seu atributo é firmeza e força. Não interage com o trigrama inferior, o que significa que a pessoa nesta posição não tem segredos. É capaz de permanecer perseverante e reta, quaisquer que sejam as situações que possam surgir. Isto é Wu Wang. Assim, obviamente, não há nenhuma culpa.

*(5) Nove na quinta posição. Sem Falsidade alterna
para Erradicação (21)* ☰

A quinta linha é um elemento yang em uma posição yang. É central e correta e ocupa a posição suprema do trigrama superior, Céu. Interage com o elemento yin na segunda posição. É uma das linhas mais auspiciosas deste hexagrama. Todas essas circunstâncias mostram que aquele nesta posição é firme e forte, verdadeiro e sincero. É incapaz de ser hipócrita, assim como uma pessoa saudável é incapaz de ser doente. Se o indivíduo saudável tomar remédio, não estará sendo verdadeiro. Um antigo adágio chinês diz: "A veracidade não precisa de artificialidade, assim como o indivíduo saudável não precisa de remédios."

(6) Nove na sexta posição. Sem Falsidade alterna para Seguir (17)

A linha yang na sexta posição manifesta a verdade de Sem Falsidade. Aquele que ocupa esta posição é verdadeiro, não é hipócrita. Contudo, chegou ao extremo de Sem Falsidade. Portanto, o Texto dos Yao alerta que é melhor não agir. Esta linha indica a necessidade de ser verdadeiro em relação ao tempo e à situação. Prossiga no momento adequado para prosseguir e recue na situação favorável para recuar. Agir de acordo com o momento adequado e as condições favoráveis é o verdadeiro significado de Sem Falsidade. Assim, pode-se evitar infortúnios desnecessários.

Referências adicionais para este hexagrama:

Imagem:	Céu sobre Trovão
Fórmula para recitação:	Trovão ribomba sob o Céu, Sem Falsidade
Elemento:	Metal
Estrutura:	Quatro yang com dois yin
Mês:	O nono mês do ano lunar, ou outubro
Linha principal do hexagrama:	Nove na primeira posição
Hexagrama oposto:	Crescimento Ascendente (46)
Hexagrama inverso:	Grande Acúmulo (26)
Hexagrama correspondente:	Desenvolvimento Gradual (53)

26
DA XÜ • GRANDE ACÚMULO

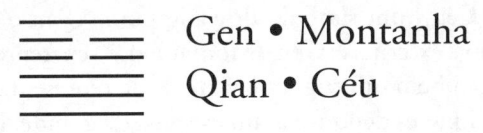

Gen • Montanha
Qian • Céu

NOME E ESTRUTURA

Em chinês, Da significa grande e Xü, acúmulo. Por isso, juntando as duas idéias, Da Xü é Grande Acúmulo. Da Xü é o inverso do hexagrama precedente, Sem Falsidade. O acúmulo em questão é o acúmulo de virtudes. A pessoa verdadeira, ou veraz, acumula virtudes naturalmente. Wilhelm traduz Da Xü por O Poder de Domar do Grande e Blofeld, por O Grande Nutridor.

O nome deste hexagrama é formado por dois caracteres chineses. O primeiro significa grande; o segundo, criar gado ou armazenar algo.

Em chinês, o termo "armazenar" pode ser aplicado a coisas, alimentos ou virtudes. Neste hexagrama, trata-se de armazenar virtudes.

Há dois ideogramas que demonstram o significado deste hexagrama. O primeiro significa "grande". Os antigos chineses, como já dissemos, acreditavam que o Céu, a Terra e os seres humanos são todos grandes. Assim, empregaram o desenho de um ser humano para representar a grandeza. O desenho acima é de uma pessoa em pé, com braços e pernas bem abertos, mostrando sua grandeza. O segundo tem duas partes. A inferior representa um campo, e a superior, duas pilhas de feno armazenadas uma sobre a outra, com uma cobertura sobre elas. O ideograma oferece a imagem de armazenar ou acumular.

Seqüência do hexagrama: *Quando a veracidade está presente, o acúmulo é possível. Assim, depois de Sem Falsidade vem o Grande Acúmulo.*

Quando a linha maleável na sexta posição de Necessidade (5) ☰ troca de lugar com a sólida na quinta posição, Necessidade alterna para

Grande Acúmulo. É um sinal de grande virtude que o ocupante da posição mais elevada permita ao da quinta posição que lhe tome o lugar e fique acima dele. Este é o espírito de Grande Acúmulo.

A estrutura do hexagrama é Montanha ☶ sobre Céu ☰. Ele apresenta a imagem do Céu entre os picos das montanhas. Os antigos viam as nuvens no Céu acumulando chuva entre os picos. Esse tipo de acúmulo era considerado grande. Além disso, o trigrama interno é Qian (Céu), um símbolo do yang puro. Qian é um trigrama yang. O trigrama externo é Gen (Montanha). Gen representa o filho mais novo e é também um trigrama yang. Yang representa grande; portanto, os antigos chineses denominaram este guá de grande. (No I Ching, quando há duas linhas yin e uma yang em um trigrama, trata-se de um trigrama yang; e vice-versa.)

Decisão

> Grande Acúmulo.
> É favorável ser perseverante e reto.
> Não coma em casa.
> Boa fortuna.
> É favorável atravessar grandes rios.

Comentário sobre a Decisão

> *Grande Acúmulo.*
> *Firmeza forte,*
> *Sinceridade substancial,*
> *Luz brilhante.*
> *Ele renova sua virtude diariamente.*
>
> *O firme ascende e honra o virtuoso.*
> *É capaz de manter imóvel a sua força.*
> *Isto é grande e correto.*
>
> *Não coma em casa. Boa fortuna.*
> *Nutrem-se pessoas de virtude.*
> *É favorável atravessar grandes rios.*
> *Ele corresponde ao Céu.*

Comentário sobre o Símbolo

Céu entre Montanhas.
Uma imagem de Grande Acúmulo.
Assim,
O homem superior tem amplos conhecimentos
E se lembra das palavras e atos do passado
Para acumular sua virtude.

Texto dos Yao

1. Nove na primeira posição
   Há adversidade.
   É favorável parar de avançar.

   Há adversidade.
   É favorável parar de avançar.
   A pessoa não se expõe à calamidade.

2. Nove na segunda posição
   Solta-se o suporte do eixo de um carroção.

   Solta-se o suporte do eixo de um carroção.
   Ele está na posição central: nenhum erro.

3. Nove na terceira posição
   Um bom cavalo dá caça.
   É favorável ser perseverante e reto na tribulação.
   Pratique diariamente a defesa e o manejo de carruagens.
   É favorável ter para onde ir.

   É favorável ter para onde ir.
   A vontade do mais elevado está de acordo com ele.

4. Seis na quarta posição
   Os chifres de um jovem touro com uma placa presa a eles.
   Suprema boa fortuna.

   A suprema boa fortuna do seis na quarta posição.
   Há ocasião para alegria.

5. Seis na quinta posição
   As presas de um javali castrado.
   Boa fortuna.

A boa fortuna do seis na quinta posição.
Há ocasião para felicitações.

6. Nove na sexta posição
Como é desimpedida a via para o Céu!
Próspero e tranqüilo.

Como é desimpedida a via para o Céu!
O caminho está totalmente aberto para prosseguir.

SIGNIFICADO

Este hexagrama representa a verdade do grande acúmulo, mas também a verdade de conter-se e esperar. Quando a pessoa conserva-se veraz, certamente acumula grande força e fortuna para aumentar com vigor suas realizações. Contudo, quando as coisas chegam ao clímax, alternam para seu oposto. Quem possui riqueza e força, mas não sabe esperar, costuma empreender ações imprudentes. Assim, durante o período de grande acúmulo, a pessoa deve permanecer calma e atenta, mantendo-se imóvel no momento em que deve ficar imóvel. Se for necessário, deve parar de agir. Durante o momento de prosseguir rapidamente, há certo perigo. Portanto, o texto alerta contra o avanço descontrolado, em vez de incentivá-lo.

A estrutura do hexagrama é Montanha ☶ sobre Céu ☰. O atributo do Céu é o poder criativo; e o da Montanha, a quietude. A estrutura nos conta que o poder criativo mantém-se quieto e imóvel. Não é a ocasião apropriada para demonstrá-lo, mas sim para acumulá-lo. Acumular energia é preparar-se para liberá-la. Acumular conhecimentos é preparar-se para disseminá-los. Acumular riqueza é preparar-se para beneficiar a sociedade. O grande acúmulo é prenúncio de grandes realizações. Se o acúmulo for abundante, será inesgotável.

Tanto a linha maleável na quinta posição quanto a sólida na sexta podem ser a principal. Em seu Comentário sobre a Decisão, Confúcio diz: "O firme ascende e honra o virtuoso." O firme denota a sexta linha, e o virtuoso refere-se à quinta linha. A quinta posição é digna de um rei. Neste hexagrama, o sábio no topo já acumulou sua virtude e também respeita as pessoas de virtude. Por isso, a Decisão do Rei Wen diz: "Não coma em casa." Um sábio virtuoso aconselha um rei virtuoso a sair e procurar pessoas virtuosas para servir ao país. Por essas razões, a sexta linha é mais adequada para ser a principal do hexagrama. Contudo, para realizar grandes feitos, é prudente primeiro acumular virtudes. As cinco primeiras linhas sugerem que a ocasião de grandes realizações ainda não chegou.

Este hexagrama conta que, depois que o Rei Wen explicou que a veracidade deveria ser a diretriz da nova administração, instruiu os subordinados a acumular virtudes e falar honestamente com os subordinados da dinastia Shang. O Duque de Zhou lembrou que foi difícil lidar com os conflitos entre os subordinados de Zhou e de Shang. Foi como se o suporte do eixo de um carroção tivesse se soltado. Antes de se acumular totalmente a virtude, os conflitos não devem ser tratados levianamente. A virtude deve ser praticada diariamente, como a defesa e o manejo de carruagens. Depois de instruídas as autoridades civis e os oficiais militares da dinastia Shang, foi como se uma placa fosse afixada às pontas dos chifres de um jovem touro (para impedir que o touro machucasse alguém) e os javalis fossem castrados. O perigo se fora. Vieram o progresso e o êxito, seguindo o caminho do Céu.

(1) Nove na primeira posição. Grande Acúmulo alterna para Remediar (18)

A linha sólida na primeira posição simboliza o avanço inicial. Avanço é o atributo do trigrama interno, Céu. As três linhas sólidas do Céu estão prosseguindo, mas seu avanço é bloqueado pelo trigrama externo, Montanha. Esta linha interage com a linha maleável na quarta posição, mas também é bloqueada por ela. O Texto dos Yao diz: "Há adversidade. É favorável parar de avançar." Durante a época de grande acúmulo, qualquer avanço prematuro é perigoso.

(2) Nove na segunda posição. Grande Acúmulo alterna para Ornamentação (22)

A linha sólida na segunda posição é central. Representa aquele que não costuma ir ao extremo e sabe como agir de acordo com as circunstâncias. O Texto dos Yao diz: "Solta-se o suporte do eixo de um carroção", indicando que nesta situação não é favorável prosseguir. Durante a época de grande acúmulo, a pessoa sabe que parar de prosseguir é agir de acordo com o caminho central. Assim, não há erro.

(3) Nove na terceira posição. Grande Acúmulo alterna para Diminuição (41)

A terceira linha se encontra no topo do trigrama inferior; denota o fim do primeiro estágio. A linha interage com a sólida no topo do trigrama externo, Montanha (Quietude). A situação ainda não favorece o avanço. A pessoa que ocupa esta posição está muito ansiosa para avançar, como se, montada em um bom cavalo, estivesse pronta para partir para a caçada. O Texto dos Yao alerta que a pessoa deve prever a tribulação. Deve praticar a defesa e o manejo de carruagens diariamente antes de agir; então haverá vantagem, qualquer que seja a direção em que prossiga.

(4) Seis na quarta posição. Grande Acúmulo alterna para Grande Colheita (14) ☶

O Texto dos Yao da quarta linha diz: "Os chifres de um jovem touro com uma placa presa a eles." Coloca-se uma placa nos chifres do touro para impedi-lo de ferir as pessoas. O trigrama superior, Montanha, mantém inerte a energia yang excessiva do trigrama inferior. O elemento yin na quarta posição interage com o elemento yang na primeira posição. A linha inferior representa um touro jovem. Como ele ainda é jovem, sua força não é grande. Coloca-se uma placa sobre seus chifres; impede-se, assim, que ele avance. É sempre melhor prevenir os problemas antes que aconteçam. O resultado é suprema boa fortuna.

(5) Seis na quinta posição. Grande Acúmulo alterna para Pequeno Acúmulo (9) ☴

A quinta linha é um elemento yin em uma posição yang, interagindo com o elemento yang na segunda posição. Este elemento yang é muito mais forte que o da primeira posição. É representado pelas presas de um javali, indicando dificuldades mais complexas que o touro na quarta posição. A pessoa situada na quinta posição é dócil; percorre o caminho central. Para impedir que o javali fira as pessoas, não retira suas presas, mas castra o animal. A castração do javali o torna dócil. Isto resolve a natureza fundamental do problema e, por isso, há ocasião para felicitações.

(6) Nove na sexta posição. Grande Acúmulo alterna para Progresso (11) ☷

Armazena-se energia para liberá-la e acumula-se riqueza para fazer algo importante. Se o acúmulo e o gasto ocorrem ao mesmo tempo, não haverá acúmulo. A sexta linha deste hexagrama representa uma situação em que o acúmulo de riqueza é grande e o acúmulo de sabedoria e virtude, abundante. É hora de liberar a energia criativa. Para quem segue o caminho do Céu, a trilha se abre amplamente para ir adiante.

Referências adicionais para este hexagrama:

Imagem:	Montanha sobre Céu
Fórmula para recitação:	Céu entre picos de Montanhas, Grande Acúmulo
Elemento:	Terra
Estrutura:	Quatro yang com dois yin
Mês:	O oitavo mês do ano lunar, ou setembro
Linha principal do hexagrama:	Nove na sexta posição
Hexagrama oposto:	Reunir (45)
Hexagrama inverso:	Sem Falsidade (25)
Hexagrama correspondente:	A Jovem que se Casa (54)

27
Yi • Nutrição

Gen • Montanha
Zhen • Trovão

NOME E ESTRUTURA

Originalmente, Yi denotava o queixo, o maxilar inferior. Posteriormente, estendeu-se seu significado e Yi passou a designar também a nutrição que mantém as pessoas em boa forma. Wilhelm traduz Yi por As Bordas da Boca (Prover Alimento) e Blofeld, por Alimento (literalmente Mandíbulas).

Seqüência do hexagrama: *Quando as coisas se acumulam em grande quantidade, a nutrição se torna disponível. Assim, depois do Grande Acúmulo vem a Nutrição.*

O ideograma é formado por duas partes. A esquerda parece a vista lateral de uma cavidade oral com dentes nos maxilares superior e inferior. Há um objeto entre os dentes, simbolizando o alimento a ser ingerido para nutrir o corpo e o espírito. A parte direita do ideograma tem a função de dar-lhe o som, yi. É um ideograma antigo, que representa uma cabeça. A imagem na parte superior direita assemelha-se a uma cabeça com dois traços horizontais no meio representando a boca. Acima da cabeça há um lenço e, abaixo, dois traços representam duas pernas. Este é, na verdade, outro ideograma de ren, pessoa.

Indubitavelmente, o Rei Wen derivou o nome Nutrição de uma percepção da forma do hexagrama. Das seis linhas, apenas a sexta e a primeira são sólidas – representam as mandíbulas. Todas as outras são interrompidas; representam os dentes. A forma das seis linhas nos dá a imagem de uma boca, simbolizando o ato de comer para nutrir-se. A estrutura do hexagrama é Montanha ☶ sobre Trovão ☳. O atributo da Montanha é a quietude e o do Trovão, o movimento. Quando comemos, o maxilar superior permanece imóvel; apenas o inferior se move para cima e para baixo. O assunto das três primeiras linhas é nutrir-se; o das três linhas seguintes é nutrir o próximo.

Necessidade, o quinto hexagrama, também aborda o tema da nutrição. A Necessidade segue-se à Infância. A seqüência ordenada dos hexagramas diz: "Quando as coisas estão na infância, não se deve negligenciar sua nutrição." Em Necessidade, nutre-se o corpo para crescer. Contudo, a nutrição neste hexagrama é diferente – tem mais a ver com a sabedoria de nutrir a si e ao próximo do que com o ato de comer e beber. A Decisão do Rei Wen sobre o hexagrama nos aconselha a termos ciência de como nutrir os outros e a prestarmos atenção ao que comemos e bebemos.

Decisão

> Nutrição.
> Perseverança e retidão: boa fortuna.
> Observe sua nutrição;
> Preste atenção ao que está em sua boca.

Comentário sobre a Decisão

> *Nutrição.*
> *Perseverança e retidão: boa fortuna.*
> *Quando a nutrição é correta,*
> *Vem a boa fortuna.*
>
> *Observar como você nutre os outros*
> *É observar o que você nutre.*
> *Prestar atenção ao que está em sua boca*
> *É prestar atenção em como você se nutre.*
>
> *O Céu e a Terra nutrem todos os seres.*
> *Os santos sábios nutrem os virtuosos,*
> *E assim alcançam a todos.*
> *Grande, sem dúvida, é a nutrição em seu tempo!*

Comentário sobre o Símbolo

Trovão sob a Montanha.
Uma imagem da Nutrição.
Assim,
O homem superior é cuidadoso com suas palavras
E moderado no comer e no beber.

Texto dos Yao

1. Nove na primeira posição
   Pondo de lado sua tartaruga espiritual,
   Fitando-me com água na boca.
   Infortúnio.

   Fitando-me com água na boca.
   Não é um gesto nobre.

2. Seis na segunda posição
   Virado de cabeça para baixo,
   Buscando nutrição.
   É contrário ao normal.
   Da colina, buscando a nutrição.
   Prosseguir: infortúnio.

   Seis na segunda posição, prosseguir: infortúnio.
   Prosseguindo sem o apoio de amigos.

3. Seis na terceira posição
   Contrário ao normal,
   Buscando nutrição.
   Perseverança: infortúnio.
   Dez anos, não usados.
   Nada é favorável.

   Dez anos, não usados.
   É bastante contrário ao caminho adequado.

4. Seis na quarta posição
   Virado de cabeça para baixo,
   Buscando nutrição.
   Boa fortuna.
   O olhar de um tigre, ávido, ávido.

Seu desejo, perseguir, perseguir.
Nenhuma culpa.

*Boa fortuna em estar virado de cabeça para baixo, buscando nutrição.
O que está acima emite luz.*

5. Seis na quinta posição
Contrário ao normal.
Mantenha-se perseverante e reto.
Boa fortuna.
Não é adequado atravessar grandes rios.

*Boa fortuna em manter-se perseverante e reto,
Por seguir fielmente o que está acima.*

6. Nove na sexta posição
Desta nutrição,
Adversidade: boa fortuna.
É favorável atravessar grandes rios.

*Desta nutrição,
Adversidade: boa fortuna.
Há grandes bênçãos.*

Significado

Este hexagrama esboça o princípio de nutrir. Nos tempos antigos, o conceito chinês de nutrição incluía cultivar, sobretudo a virtude. Para os antigos chineses, nutrir sem cultivar era coisa de animais. O venerado sábio Mêncio diz:

Encher com alimento,
Aquecer com roupas,
Viver alegremente sem conhecimento,
É pouco diferente dos animais.

Os antigos sábios diziam que nutrir e cultivar não eram questões reservadas à família, mas diziam respeito à sociedade como um todo. Nutrir e cultivar a família era egoísmo; nutrir e cultivar a sociedade, altruísmo. Em comparação com a nutrição da virtude, a nutrição do corpo era secundária. Assim, os sábios eram cautelosos com as palavras, moderados na dieta e preocupados em oferecer nutrição e instrução ao povo.

Tanto a linha maleável na quinta posição quanto a sólida na sexta poderiam ser a principal do hexagrama. Contudo, a sólida na sexta posição é a fonte da nutrição. O Comentário de Confúcio sobre a Decisão diz: "O Céu e a Terra nutrem todos os seres. Os santos sábios nutrem os virtuosos, e assim alcançam a todos." A linha principal do hexagrama refere-se à pessoa que está tentando seguir os passos dos sábios. As três primeiras linhas do hexagrama referem-se à nutrição da própria pessoa – ou resulta em infortúnio ou nada será favorável. As três linhas seguintes têm a ver com nutrir não só a si mesmo, mas também ao próximo. Os resultados são benéficos.

Este hexagrama indica que, depois que o Rei Wu depôs o tirano de Shang, houve escassez nos domínios da dinastia Shang. O Rei Wen instruiu as pessoas a nutrir os adeptos da dinastia Shang espiritual e fisicamente. O Duque de Zhou conta como os adeptos da dinastia Shang puseram de lado suas tartarugas espirituais e buscaram nutrição física na dinastia Zhou. Normalmente, os conquistados fornecem sustento ao conquistador, mas aqui é este que nutre os conquistados. Se o conquistador fornecesse apenas nutrição física aos conquistados, isso resultaria em infortúnio. Já a nutrição física e espiritual trouxe boa fortuna.

(1) Nove na primeira posição. Nutrição alterna para Queda (23)

A linha sólida na primeira posição representa um indivíduo de caráter resoluto, interagindo com a linha maleável na quarta posição. A tartaruga é um animal capaz de sobreviver por longo tempo sem comer ou beber. Na China antiga, era considerada um animal espiritual por causa de sua longevidade. O Texto dos Yao, "Pondo de lado sua tartaruga espiritual, fitando-me com água na boca", denota que a pessoa que ocupa esta posição coloca de lado a espiritualidade e fica a olhar a pessoa que está acima a comer. "Água na boca" sugere ganância. Há um adágio chinês que diz: "Água na boca de ganância; não é um comportamento nobre." A linha sólida na posição inferior é firme e forte. Aquele que está nesta posição deve confiar em si mesmo para buscar nutrição para o corpo físico e a natureza espiritual. Porém, ele coloca de lado os próprios recursos e busca lucro na labuta do próximo. Tal comportamento gera o infortúnio.

(2) Seis na segunda posição. Nutrição alterna para Diminuição (41)

A linha maleável na segunda posição representa uma pessoa incapaz de ser independente. Primeiro ela busca nutrição no indivíduo que está abaixo, na linha inferior. São yin e yang complementares. Porém, buscar nutrição de uma pessoa inferior é contrário ao normal. Depois, ela tenta buscar nutrição no que está acima, no topo. Também são yin e yang complementares. Mas o que ocupa a sexta posição é alto demais para se alcançar – eles não se correspondem. É como buscar nutrição de uma colina sem querer sair da planície – não é realista. É melhor ser independente.

(3) Seis na terceira posição. Nutrição alterna para Ornamentação (22) ☷

O elemento yin na terceira posição interage com o yang na sexta. Normalmente, não há perigo. Aqui, a linha maleável na terceira posição é um elemento yin em posição yang: nem central nem correta. Além disso, ocupa o topo do trigrama inferior, Trovão (Agir), sugerindo que o ocupante desta posição pretende agir de forma contrária ao normal. Ela já atingiu o extremo. Agindo contrariamente ao que é adequado, vai contra o princípio de buscar nutrição; há infortúnio. O Texto dos Yao alerta para não agir durante dez anos, o que representa um longo período.

(4) Seis na quarta posição. Nutrição alterna para Erradicação (21) ☶

Esta linha se localiza na parte inferior do trigrama superior. Quem ocupa uma posição mais elevada tem o dever de nutrir os outros, mas esta pessoa é incapaz de cumpri-lo sozinha. Já que interage com a linha mais baixa do hexagrama, busca nutrição ali. Isto vira o relacionamento de cabeça para baixo. Contudo, sua situação é diferente daquela na terceira posição. Este seis na quarta é um elemento yin em uma posição yin. A posição é correta; ela não é egoísta. Interagindo com a linha na primeira posição, ela não busca nutrição para si mesma, mas para os outros. Por isso, há boa fortuna. O Texto dos Yao explica que mesmo com o olhar de um tigre, que fita a presa com desejo insaciável, a atitude desta pessoa não resulta em erro. Como sua intenção é nutrir outras pessoas, há boa fortuna em vez de culpa. O Comentário de Confúcio sobre o Texto dos Yao diz: "Boa fortuna em estar virado de cabeça para baixo, buscando nutrição. O que está acima emite luz." O trigrama superior é Montanha, que às vezes também representa animais ferozes. Portanto, o texto usa o tigre como analogia.

(5) Seis na quinta posição. Nutrição alterna para Aumento (42) ☴

A linha maleável na quinta posição está no lugar do governante. É um elemento yin em uma posição yang – central, mas incorreta. Não é forte o suficiente para, sozinho, nutrir e instruir as pessoas; ao contrário, depende do que está acima, o sábio na sexta posição. Assim, age de forma contrária ao que é adequado. Embora isso vá contra sua vontade, a pessoa não tem escolha. Sua intenção é pura e correta; tudo o que faz é em prol do povo. Portanto, a orientação é permanecer perseverante e reto; a boa fortuna virá da ação de seguir o sábio com dedicação. A estrutura do hexagrama é sólida no exterior e vazia no interior, como um barco. Depois que esta linha alterna de maleável para sólida, o trigrama superior alterna para Vento. Um barco vazio encontra vento e tempestade – há perigo. Assim, o Texto dos Yao alerta que não se devem atravessar grandes rios; ou seja, não se deve fazer nada levianamente.

(6) Nove na sexta posição. Nutrição alterna para Retorno (24)

A sexta linha está no topo do hexagrama. A nutrição está completa. O Tao de nutrir, em um sentido limitado, é nutrir o lar. Em um sentido mais amplo, é servir ao povo. Embora o sábio viva na abundância, ele nunca esquece a época de escassez. Assim, o Texto dos Yao diz: "Desta nutrição, adversidade: boa fortuna." A sexta linha representa um sábio. O governante depende dele para nutrir o povo. A estrutura do hexagrama é sólida no exterior e vazia no interior, como um barco. Quando esta linha muda de sólida para maleável, o trigrama superior alterna para Terra, que indica seguir. Quando um barco vazio segue o vento, é favorável atravessar grandes rios. O sábio está ciente do perigo e supera todas as dificuldades enquanto atravessa grandes rios. Pressagia grandes bênçãos.

Referências adicionais para este hexagrama:

Imagem:	Montanha sobre Trovão
Fórmula para recitação:	Trovão sob a Montanha, Nutrição
Elemento:	Terra
Estrutura:	Dois yang com quatro yin
Mês:	O décimo primeiro mês do ano lunar, ou dezembro
Linha principal do hexagrama:	Nove na sexta posição
Hexagrama oposto:	Grande Excedente (28)
Hexagrama inverso:	Nutrição (27)
Hexagrama correspondente:	Corresponder (2)

28
DA GUO • GRANDE EXCEDENTE

Dui • Lago
Xun • Madeira

NOME E ESTRUTURA

Da é grande; Guo, excedente. Wilhelm traduz Da Guo por Preponderância do Grande e Blofeld, por Excesso. Sigo o significado literal em chinês, Grande Excedente.

Este hexagrama é o oposto do anterior. Todas as linhas sólidas do hexagrama precedente convertem-se em maleáveis, e as maleáveis em sólidas. Assim, Nutrição ䷚ alterna para Grande Excedente ䷛. Durante um período de grande excesso, inevitavelmente há ações extraordinárias, que exigem uma grande quantidade de nutrição. Portanto, Nutrição e Grande Excedente se complementam.

Seqüência do hexagrama: *Sem nutrir, é impossível agir. Assim, depois da Nutrição vem o Grande Excedente.*

Da Guo denota exceder grandemente; empreender ações extraordinárias. A estrutura do hexagrama é Lago ☱ sobre Madeira ☴. Há quatro linhas sólidas e duas maleáveis. O número de linhas sólidas é o dobro de maleáveis; o yang excede muito o yin. Esta é uma razão pela qual o Rei Wen denominou este hexagrama de Grande Excedente. O nome também advém da estrutura – na disposição das linhas pode-se ver o esquema da estrutura de uma casa. As seis linhas representam a viga horizontal mais elevada do telhado. A estabilidade de uma casa depende muito da qualidade desta viga, porque todos os caibros apóiam-se nela. Aqui, a cumeeira não é estável. As duas extremidades da peça são fracas (linhas maleáveis), enquanto a parte central é forte (quatro linhas sólidas). Este desenho revela que o peso da parte central da cumeeira excede a capacidade das duas extremidades para sustentá-la. Esta é outra razão para o nome Grande Excedente, que sugere que o telhado está prestes a cair e é hora de ir a algum lugar ou fazer alguma coisa para remediar a situação.

Dois ideogramas compõem o nome do hexagrama. O primeiro, da, representa "grande". É a imagem de uma pessoa em pé com braços e pernas bem abertos, mostrando sua grandeza. O segundo ideograma consiste em duas partes. Três linhas curvas no canto superior esquerdo simbolizam três pegadas que seguem adiante. Sob as pegadas está o ideograma zhi, que significa parar. À direita está o ideograma guo; sua função é emprestar o som ao caractere. Parece a seção transversal da vista lateral de uma casa. Há dois pilares de cada lado e uma viga assentada sobre eles. Sob a viga há um quadradinho representando uma boca, metonímia que significava "pessoa" na antiga China, assim como dizemos "muitas bocas para alimentar" em português. O fato de a pessoa estar colocada sob a viga e entre os pilares dá a entender que a estrutura é uma casa. Sobre a viga há uma estrutura adicional que lhe dá uma carga extra, simbolizando o excesso.

Neste hexagrama, as linhas sólidas na segunda e na quinta posição são centrais. O trigrama interno é Vento. Aqui, Vento representa "brando"; por exemplo, velejar com um vento brando e constante. O trigrama externo é Lago (Feliz). Velejando com vento favorável, as pessoas ficam felizes. É possível obter apoio e ajuda e prosseguir tranqüilamente sem obstáculos. Assim, a Decisão diz que é favorável prosseguir; haverá êxito.

Decisão

> Grande Excedente.
> A cumeeira verga.
> É favorável ter para onde ir.
> Próspero e tranqüilo.

Comentário sobre a Decisão

> *Grande Excedente.*
> *Indica que o excedente é grande.*
>
> *A cumeeira verga;*
> *As duas extremidades são fracas.*

*O firme excede o maleável
Na posição central.*

*Tranqüilo e alegre na ação.
É favorável ter para onde ir.
Há êxito.
É verdadeiramente grande o momento do Grande Excedente!*

Comentário sobre o Símbolo

*O lago ergue-se acima da árvore:
Uma imagem de Grande Excedente.
Assim,
O homem superior permanece sozinho sem temor
E afasta-se do mundo sem deprimir-se.*

Texto dos Yao

1. Seis na primeira posição
   Para um tapete
   Use sapé branco.
   Nenhuma culpa.

   *Para um tapete, use sapé branco.
   É para colocar materiais macios por baixo.*

2. Nove na segunda posição
   O salgueiro seco produz brotos;
   O ancião desposa uma jovem.
   Nada é desfavorável.

   *O ancião desposa uma jovem.
   Pode-se equilibrar o excesso e a escassez.*

3. Nove na terceira posição
   A cumeeira verga.
   Infortúnio.

   *O infortúnio da cumeeira envergada,
   Incapaz de obter apoio.*

4. Nove na quarta posição
   A cumeeira se curva para cima.

Boa fortuna.
Se interagir com os outros,
Humilhação.

A boa fortuna da cumeeira que se curva para cima.
Não confie no apoio que vem de baixo.

5. Nove na quinta posição
   O salgueiro seco produz flores.
   A anciã desposa o jovem.
   Nenhuma culpa. Nenhum elogio.

   O salgueiro seco produz flores.
   Como isto pode durar muito tempo?
   A anciã desposa o jovem.
   Poderia ser vergonhoso?

6. Seis na sexta posição
   Passando por um rio,
   Água sobre a cabeça.
   Infortúnio.
   Nenhuma culpa.

   O infortúnio de passar por um rio;
   Não há base para acusações.

Significado

Grande Excedente sugere desequilíbrio. Denota uma situação extraordinária que requer ações extraordinárias. O Comentário de Confúcio sobre o Símbolo diz: "O homem superior permanece sozinho sem temor e afasta-se do mundo sem deprimir-se." Esta é a postura apropriada para empreender ações extraordinárias em uma situação extraordinária. Como a situação é incomum, nem todos são capazes de agir; o homem superior deve permanecer sozinho, sem medo. Se fracassar, pode se afastar do mundo sem sofrimento. Assim, age de acordo com o espírito da ação extraordinária em uma situação extraordinária.

As coisas grandes demais são difíceis de controlar, e as demasiado firmes são fáceis de quebrar: este é o problema do Grande Excedente. Este hexagrama expõe a verdade do ajuste entre o forte e o fraco, o excessivo e o insuficiente. Quando se domina o princípio do ajuste, por mais difícil que seja a situação, qualquer problema pode ser resolvido. Por exemplo, se algo tende a se quebrar facilmente, pode-se colocá-lo sobre um material macio, como sapé, para protegê-lo. Para abrandar a firmeza e equilibrar as deficiências, é preciso saber fazer adaptações.

Este hexagrama também expõe o princípio das ações extraordinárias. No processo de agir, durante a época do Grande Acúmulo e da Nutrição, a pessoa desenvolve força, armazena conhecimentos, acumula experiência e educa seus seguidores e sucessores para entender e realizar suas aspirações e ambições. Até o ponto em que o excesso se torna grande demais, podem-se empreender ações extraordinárias, o que não é tarefa simples. Deve-se exercer extrema cautela, empregando a teoria do equilíbrio entre yin e yang. Ou seja, moderar o yang com o yin e elevar o yin com o yang. Assim, as pessoas ficarão felizes em seguir e apoiar.

A linha principal do hexagrama é incomum – a linha sólida na quarta posição. Normalmente, a principal é a linha sólida na segunda ou na quinta posição. São firmes e fortes, centrais e corretas. Contudo, neste hexagrama, nenhuma das duas se qualifica. A linha sólida na segunda posição é firme e central, mas não ultrapassou o trigrama inferior. A outra, na quinta posição, é firme, central e correta, mas muito próxima do elemento yin na sexta posição. É aí que a cumeeira pode quebrar. Apenas a quarta linha – firme e forte – localiza-se no meio da cumeeira e se curva para cima. É adequada para ser a principal do hexagrama. Das seis linhas, apenas a sólida na terceira posição está em situação infeliz. As demais são capazes de se alternar de yin para yang ou de yang para yin sem problemas.

Este hexagrama nos conta que, depois de fundada a dinastia Zhou, seu território expandiu-se bastante e o trabalho administrativo foi amplo. Era necessário fazer adaptações. O Rei Wen ensinou que o Grande Excedente era como uma cumeeira vergando-se. Embora fosse favorável prosseguir, ações extraordinárias eram indispensáveis para fazer ajustes. O Duque de Zhou lembra que os ajustes foram feitos com reverência e cautela, como ao oferecer-se um sacrifício ao Céu e aos antepassados. Primeiro, o resultado foi bom, como um salgueiro seco produzindo brotos. Contudo, havia um número muito grande de adeptos da dinastia Shang esperando por disposições e esquemas adequados. O Rei Wu trabalhou arduamente, como se atravessasse um rio. A água estava acima de sua cabeça, mas não houve nenhuma culpa.

(1) Seis na primeira posição. Grande Excedente alterna para Eliminação (43) ☱

O Texto dos Yao diz: "Para um tapete, use sapé branco." Nos tempos antigos, não havia mesas nem cadeiras. Sentava-se no chão. Quem oferecia sacrifícios ao Céu ou aos antepassados espalhava sapé pelo chão e colocava sobre essa planta todos os vasos, demonstrando seu espírito reverente. A linha inferior é maleável, símbolo de que aquele nesta posição é humilde e cauteloso. A linha está na parte inferior do trigrama inferior, Vento, que representa um caráter dócil. Quando tem de empreender ações extraordinárias, essa pessoa é cautelosa e reverente, como ao espalhar sapé sobre o chão durante a oferenda do sacrifício. Se houver um acidente, os vasos não serão danificados. Não há nenhuma culpa.

(2) Nove na segunda posição. Grande Excedente alterna para Influência Mútua (31)

Os salgueiros crescem próximos à água. O trigrama inferior é Madeira. As quatro linhas yang no meio deste guá podem ser vistas como um único elemento yang, que lhe dá a aparência do trigrama Água. Assim, empregou-se o salgueiro como um símbolo. A linha sólida na segunda posição é a mais baixa das quatro linhas yang. Simboliza o início do Grande Excedente. Este elemento yang não interage com aquele na quinta posição; ambos são yang. Contudo, está próximo ao elemento yin na primeira posição. Estes yin e yang se atraem, como um ancião desposando uma jovem. O ancião obtém nutrição da jovem esposa e tem filhos, como um salgueiro seco produzindo novos brotos. O ancião e a jovem esposa simbolizam excesso e escassez. Quando equilibrados, nada é desfavorável. Esta linha revela a verdade de que é possível ajustar e equilibrar o excesso e a escassez.

(3) Nove na terceira posição. Grande Excedente alterna para Exaustão (47)

A terceira e a quarta linhas estão no meio do hexagrama. O texto usa uma cumeeira, a viga horizontal mais elevada de um telhado, como analogia. A terceira linha é um elemento yang em uma posição yang – extremamente firme, rígida e fácil de quebrar. Dá a entender que uma pessoa rígida, voluntariosa, enfrenta uma situação perigosa, como a cumeeira envergada prestes a quebrar. A pessoa interage com o elemento yin na sexta posição, que deseja ajuda, mas ninguém pode ajudar um indivíduo teimoso. Esta situação é perigosa.

(4) Nove na quarta posição. Grande Excedente alterna para Reabastecimento (48)

A quarta linha é um elemento yang em uma posição yin; possui os atributos de yin e yang. É mais equilibrado do que o elemento na terceira posição. A pessoa que ocupa esta posição consegue levar uma carga pesada.

Por isso, o Texto dos Yao diz que há boa fortuna. Contudo, esta linha interage com o elemento yin na primeira posição; sente-se tentada a depender do yin ao agir. A primeira linha é um elemento yin em uma posição yin – excessivamente yin. Quando aquele em uma situação yin e yang equilibrada depende de alguém com excesso de yin, há humilhação. É por isso que o Texto dos Yao diz: "Se interagir com os outros, humilhação."

(5) Nove na quinta posição. Grande Excedente alterna para Longa Duração (32) ☳

O elemento yang na quinta posição está no topo dos quatro elementos yang. Atinge a extremidade de Grande Excedente. Não interage com o elemento yang na segunda posição. Portanto, a pessoa que se encontra nesta situação costuma buscar união com o elemento yang mais elevado. A quinta linha é um elemento yang em uma posição yang, simbolizando um jovem. A linha superior é um elemento yin em uma posição yin, simbolizando uma anciã. Esta união é tão incomum quanto um salgueiro seco produzindo uma flor. Não há culpa, mas não há elogios.

(6) Seis na sexta posição. Grande Excedente alterna para Encontro (44) ☴

O elemento yin na sexta posição está na extremidade do hexagrama. É uma pessoa fraca demais para atravessar um rio. Suas reações exageradas, conseqüências da falta de autoconhecimento, colocam-na na água e esta cobre-lhe a cabeça. Obviamente, há perigo. Ela é um elemento yin em uma posição yang; talvez não seja muito voluntariosa. Se a reação exagerada for necessária e puder ser tratada com cuidado, não haverá motivo para culpa.

Referências adicionais para este hexagrama:

Imagem:	Lago sobre Madeira
Fórmula para recitação:	Lago sobre Madeira, Grande Excedente
Elemento:	Metal
Estrutura:	Quatro yang com dois yin
Mês:	O décimo mês do ano lunar, ou novembro
Linha principal do hexagrama:	Nove na quarta posição
Hexagrama oposto:	Nutrição (27) ☶
Hexagrama inverso:	Grande Excedente (28) ☱
Hexagrama correspondente:	Iniciar (1) ☰

29
KAN • ESCURIDÃO

☵ Kan • Água
☵ Kan • Água

NOME E ESTRUTURA

Kan é um poço; pode-se interpretá-lo também como queda. Wilhelm traduz Kan por O Abismal e Blofeld, por Abismo. Neste livro, usa-se a palavra Escuridão. O ideograma escolhido para este hexagrama é uma forma antiqüíssima e muito bela. A parte esquerda é um símbolo da Terra. A direita é formada por duas partes. A porção superior representa uma pessoa apoiada em um pé só com o outro erguido, sem tocar o solo, dando a entender que está caindo. Diretamente sob um dos pés há um traço vertical simbolizando o movimento de queda. A porção inferior do ideograma parece um poço. Temos aqui a imagem de alguém que cai num poço. O significado de Kan é duplo: ou poço, ou cair. Deve-se destacar que, na versão posterior do ideograma, o desenho do poço foi eliminado.

O tema central deste hexagrama é: cair, mas sem afogar-se; em perigo, mas não perdido. Mantenha-se confiante: acalme a mente. Com convicção e fé, cautela e confiança, pode-se enfrentar qualquer situação difícil. Tanto O Abismal quanto Abismo têm o sentido de não ter fundo. Kan é um poço, mas não sem fundo. Há esperança.

Kan é formado por dois trigramas, Água ☵ sobre Água ☵. Nos tempos antigos, os chineses viviam no interior; não eram ligados ao mar. Por isso, a Água era associada à dificuldade e ao perigo. De acordo com o sistema dos cinco elementos, as cores da Água são azul-escuro e negro. Não há luz em um poço. Portanto, pode-se também interpretar o significado de Kan como cair na escuridão. No I Ching, as linhas yin de um trigrama que alternam para linhas yang, ou vice-versa, são chamadas inversas.

A forma invertida deste hexagrama é Li, cujo significado é "ligar-se ao brilho".

De acordo com a seqüência de Fu Xi dos oito trigramas, Qian representa o Céu, Kun a Terra, Li o sol e Kan, a lua. Além do Céu e da Terra, o sol e a lua eram os dois símbolos mais importantes para os antigos chineses. O sol e a lua lá no alto do céu foram os dois primeiros objetos naturais em que eles perceberam a presença dos princípios yin e yang. Os antigos admitiam que o sol era a fonte do calor e da luz. Denominaram-no tai yang, que significa o mais yang ou o mais quente, o mais brilhante. Além disso, perceberam que a lua, em si, não tinha nem calor nem luz; seu brilho era meramente o reflexo do sol. Denominaram-na tai yin, que significa a mais yin ou a mais fria, a mais escura. Das fases da lua originaram-se o princípio de mutação e também o da continuidade da mutação – os dois princípios que são a base do I Ching. Céu e Terra, sol e lua eram as quatro divindades que os antigos chineses mais reverenciavam. O Céu e a Terra, respectivamente, representam o puro yang e o puro yin. Sol e lua representam yin dentro de yang e yang dentro de yin, respectivamente. Os antigos relacionaram esses quatro hexagramas aos quatro pontos cardeais – Qian para o sul, Kun para o norte, Li para o leste e Kan para o oeste. Qian, Kun, Li e Kan eram os hexagramas mais relevantes no I Ching; assim, Qian e Kun foram colocados no início do Cânone Superior e Kan e Li, no final.

Todo o I Ching expõe o princípio de yin e yang. Yin e yang existem em tudo. São opostos, mas mutuamente interdependentes; sem yin, não haveria yang, e vice-versa. Sol e lua, fogo e água, luz e trevas são os exemplos mais óbvios de yin e yang. O símbolo do sol é Li, que significa Fogo ou Brilho; o símbolo da lua é Kan, que significa Água ou Escuridão. Por essas razões, sinto-me à vontade para usar Escuridão como nome deste hexagrama e referir-me à sua forma invertida, Li, como Brilho.

Escuridão representa não apenas um poço, mas também uma situação difícil ou perigosa. A estrutura deste hexagrama é uma duplicação do trigrama Água. A imagem da Água é uma linha yang caindo entre duas yin, como a água corrente fluindo por entre as margens de um rio. Nos tempos antigos, a travessia de um rio representava grande perigo. Portanto, Água designava uma situação difícil ou perigosa. Aqui, Água é duplicada, sugerindo a queda em uma situação repleta de dificuldades ou perigos. Contudo, os antigos chineses acreditavam que, por mais perigosa ou escura que fosse uma situação, quando a pessoa era capaz de seguir o caminho do Céu, poderia passar por ela com a mesma segurança que a água passa por uma grota.

Seqüência do hexagrama: *As coisas não podem ficar em excesso para sempre. Assim, depois do Grande Excedente vem a Escuridão.*

Decisão

Dupla escuridão.
Seja sincero e verdadeiro.
Confie no coração e na mente.
Próspero e tranqüilo;
As ações serão honradas.

Comentário sobre a Decisão

A escuridão é dupla.
Os perigos sucedem-se uns aos outros.

A água flui e preenche,
Sem acumular, mas correndo.
Passa por lugares perigosos;
Nunca perca a autoconfiança.

Confie no coração e na mente.
Os firmes estão nas posições centrais.
As ações serão honradas.
Prosseguindo, haverá êxito.

O perigo no Céu,
Ninguém pode galgá-lo.
O perigo na Terra,
Há montanhas e rios.

Reis e príncipes
Tiram vantagem das situações perigosas
Para proteger seus reinos.

É grande, de fato, no momento adequado,
Tirar vantagem dessas situações perigosas.

Comentário sobre o Símbolo

A água flui duas vezes,
A Escuridão é duplicada.

*Assim,
O homem superior cultiva e pratica a virtude constantemente
E interage por meio do ensino.*

Texto dos Yao

1. Seis na primeira posição
   Dupla escuridão.
   Caindo em um poço dentro de outro.
   Infortúnio.

   *Dupla escuridão.
   Caindo em um poço dentro de outro.
   A pessoa perdeu o caminho;
   Haverá infortúnio.*

2. Nove na segunda posição
   Escuridão; há perigo.
   Lute por coisas pequenas.
   Obter.

   *Lute por coisas pequenas,
   Ainda ao longo do caminho do meio.*

3. Seis na terceira posição
   Indo ou vindo: escuridão, escuridão.
   Perigo: simplesmente aguarde.
   Já caído em um poço dentro de outro;
   Não aja.

   *Indo ou vindo: escuridão, escuridão.
   Qualquer esforço termina sem êxito.*

4. Seis na quarta posição
   Uma jarra de vinho, dois cestos de alimentos.
   Simples recipientes de barro.
   Simples oferendas pela janela
   Acabam em nenhuma culpa.

   *Uma jarra de vinho, dois cestos de alimentos.
   O firme e o maleável se encontram.*

5. Nove na quinta posição
   Água no poço, sem transbordar.

Enche apenas até a borda.
Nenhuma culpa.

Água no poço, mas sem transbordar.
A linha central ainda não é grande o bastante.

6. Seis na sexta posição
Amarrado com cordas pretas,
Confinado numa moita de espinhos.
Três anos, sem remissão.
Infortúnio.

O seis na sexta perdeu o caminho adequado.
Infortúnio por três anos.

SIGNIFICADO

Este hexagrama é um dos oito que foram formados duplicando-se um dos trigramas – neste caso, Água ☵.

A imagem do hexagrama é escuridão seguida por escuridão, dificuldade após dificuldade e perigo após perigo. O tema principal é como lidar com situações difíceis ou perigosas. Os antigos sábios sempre ensinaram o povo a ser cauteloso. Reza um antigo ditado: "Onde há precaução, não há perigo." Contudo, no curso da vida, às vezes não se podem evitar situações perigosas ou difíceis. Como lidar com elas? Primeiro, é importante manter a calma e uma atitude positiva. Seja cauteloso e confiante. Ao passar pela escuridão, mantenha-se calmo como quem caminha sobre o chão plano. Pense em como impedir que a situação piore, depois procure uma maneira de solucionar o problema. Sempre é possível transformar situações ruins em algo positivo. Este é o espírito central do I Ching.

Há duas linhas sólidas neste hexagrama, uma na segunda e outra, na quinta posição. A linha principal do hexagrama é a sólida na quinta posição. Água, aqui, simboliza um poço escuro. A natureza da água é fluir. Mas primeiro ela precisa encher o poço; só depois pode prosseguir. A linha sólida na segunda posição tem capacidade para ser a principal, mas não é tão adequada quanto a quinta, que é um elemento yang em uma posição yang.

Depois que o Rei Wu depôs o tirano de Shang, ainda precisou conquistar 99 reinos menores e subjugar 652 senhores feudais. Ao retornar vitorioso, o Rei Wu escolheu Gao-jing para ser a capital. Ali fundou a dinastia Zhou. Este hexagrama nos conta que nessa época a situação gerou trevas sobre trevas, dificuldades sobre dificuldades, perigos sobre perigos. O Rei Wu manteve a confiança e acalmou o coração e a mente. O Duque de Zhou narra as várias dificuldades e perigos que o Rei Wu superou.

(1) Seis na primeira posição. Escuridão alterna para Restrição (60)

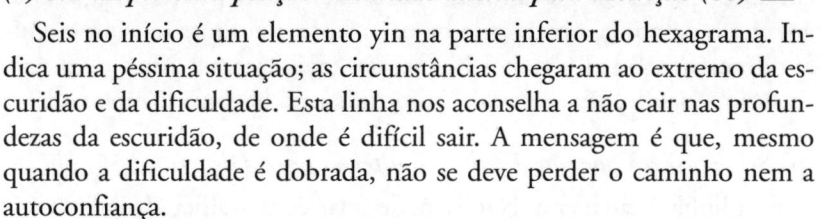

Seis no início é um elemento yin na parte inferior do hexagrama. Indica uma péssima situação; as circunstâncias chegaram ao extremo da escuridão e da dificuldade. Esta linha nos aconselha a não cair nas profundezas da escuridão, de onde é difícil sair. A mensagem é que, mesmo quando a dificuldade é dobrada, não se deve perder o caminho nem a autoconfiança.

(2) Nove na segunda posição. Escuridão alterna para União (8)

Nove na segunda posição é um elemento yang em uma posição yin. A situação ainda é difícil. Há perigo na escuridão. Felizmente, esta linha é um elemento yang central. Nesta posição, embora a pessoa não seja capaz de superar totalmente a dificuldade ou perigo, pode ser cautelosa e autoconfiante, compreendendo a situação, pode lutar para realizar pequenas mudanças.

(3) Seis na terceira posição. Escuridão alterna para Reabastecimento (48)

Seis na terceira posição é um elemento yin em uma posição yang – nem central nem correta, mas maleável e dócil. Nesta posição, a pessoa tem dificuldade tanto para seguir adiante quanto para voltar atrás. É como se estivesse caída em um poço escuro. Esta linha sugere que, quando se cai em tal situação, deve-se parar de lutar e esperar o momento e as circunstâncias favoráveis.

(4) Seis na quarta posição. Escuridão alterna para Exaustão (47)

Esta linha está em melhor situação. A quarta posição é a de um ministro, próximo ao rei na quinta. Aqui há um elemento yin em uma posição yin, dócil e submisso. Mas o rei é firme e forte. Em circunstâncias comuns, há muitas exigências relativas à etiqueta entre um rei e um ministro. Numa época de dificuldade e escuridão, eles simplesmente tratam-se com respeito. Uma jarra de vinho e cestos de alimentos são suficientes para que restaurem as forças. Não dependem de coisas materiais, mas apenas de um espírito de fidelidade e reverência. Esta é a postura a se adotar quando se enfrenta uma situação difícil: é preciso ser sincero como o rei e o ministro; fiel e reverente como quem faz um sacrifício.

(5) Nove na quinta posição. Escuridão alterna para Multidão (7) ☷

Nove na quinta posição está no centro do trigrama superior, mas próximo à extremidade, à sexta posição. O texto emprega a analogia da água enchendo um poço. Quando a água corrente cai em um poço, ele se enche antes que a água possa correr para diante. Nesta posição, a água chegou perto da borda – mais cedo ou mais tarde, transbordará e prosseguirá novamente. Esta linha mostra que, por mais escura e difícil que seja a situação, quando não se perde a autoconfiança, há sempre uma saída.

(6) Seis na sexta posição. Escuridão alterna para Dispersão (59) ☴

Esta linha é um alerta. Não se pode lidar com a dificuldade e o perigo deixando tudo ao acaso. É uma atitude negativa. A pessoa na sexta posição é um elemento yin cujo caráter é fraco. Quem mantém essa atitude negativa é como um prisioneiro amarrado por cordas e confinado numa moita de espinhos. Nos tempos antigos, era isso que realmente acontecia aos prisioneiros. Quem não conseguia a remissão em três anos ficava confinado para sempre. Ou seja, quando se assume uma atitude negativa, não há como livrar-se da dificuldade e do perigo. Deve-se cultivar uma postura de autoconhecimento e autopreservação.

Referências adicionais para este hexagrama:

Imagem:	Água sobre Água
Fórmula para recitação:	Água em dobro, Escuridão
Elemento:	Água
Estrutura:	Dois yang com quatro yin
Mês:	Solstício de inverno
Linha principal do hexagrama:	Nove na quinta posição
Hexagrama oposto:	Brilho (30) ☲
Hexagrama inverso:	Escuridão (29) ☵
Hexagrama correspondente:	Nutrição (27) ☶

30
LI • BRILHO

≡≡ Li • Fogo
≡≡ Li • Fogo

NOME E ESTRUTURA

Li é o oposto do hexagrama precedente, Kan. Representa Fogo ou Brilho. Quando as linhas de um hexagrama alternam de yin para yang ou de yang para yin, surge um novo hexagrama – o oposto do original. Wilhelm traduz Li por Aderir, Fogo; Blofeld, por Beleza Flamejante. Aqui, uso Brilho. Li significa sair, partir, estar longe de, mas, nos tempos antigos, também significava prender, juntar a. É por isso que a seqüência ordenada do hexagrama refere-se à adesão.

A metade esquerda deste ideograma é um animal antigo denominado li; a metade direita é um pássaro antigo com penas amarelas brilhantes chamado zhui. Um caractere chinês, na maioria dos casos, é composto de duas partes: uma define o som; a outra, o significado. Neste ideograma, o lado esquerdo empresta o som ao caractere Li, enquanto o direito dá o significado. Os antigos escolheram a cor brilhante do pássaro para significar o caractere; assim, Li simboliza brilho, embora não seja esse o seu sentido literal. Está associado ao Fogo, ao sol e à energia mais yang. Por isso, uso Brilho como nome deste hexagrama. Complicações como esta e a necessidade de conhecer a história e a mudança dos significados de cada palavra e caractere é que dificultam a tradução adequada do I Ching.

É de grande importância o fato de o Rei Wen ter colocado este hexagrama, Li, junto com o anterior, Kan, como os dois últimos capítulos do Cânone Superior. O I Ching expõe a verdade de yin e yang; opõem-se, mas também se complementam. O Cânone Superior demonstra o princípio yin-yang nos fenômenos naturais, começando com Qian e Kun, e terminando com Kan e Li. Esses quatro hexagramas possuem um significado especial no I Ching. O Rei Wen considerou Qian e Kun como os símbolos do Céu e da Terra, e Kan e Li como os símbolos do sol e da lua. O Céu e a Terra representam o puro yang e o puro yin. O sol e a lua nos contam que dentro de yang existe yin, e dentro de yin há yang. De acordo com a seqüência de Fu Xi dos oito trigramas ou guá primários, Qian, Kun, Kan e Li foram designados como os quatro pontos cardeais do universo. O Rei Wen colocou Qian e Kun no início do Cânone Superior, e Kan e Li no final. Esses quatro hexagramas eram os símbolos mais distintos dos fenômenos naturais. O objetivo do Cânone Superior é traçar o Tao do Céu e aplicá-lo à vida humana. Os antigos acreditavam que a verdade exposta no Cânone Superior era tão perpétua quanto o Céu e a Terra, tão correta quanto os quatro pontos cardeais e tão brilhante quanto o sol e a lua. Na verdade, os chineses reuniram os ideogramas do sol e da lua para formar um novo caractere, ming, que significa brilho.

Seqüência do hexagrama: *Quem cai na escuridão certamente procura segurar-se a alguma coisa. Assim, depois da Escuridão vem a adesão uns aos outros e ao Brilho.*

A estrutura do hexagrama é Fogo ☲ sobre Fogo ☲. Os atributos do Fogo são a adesão e o brilho. Quando dois trigramas Fogo se combinam, o Brilho é duplicado. Durante os períodos de escuridão e perigo, as pessoas devem se unir. Quando se unem, tudo fica mais brilhante.

Decisão

Brilho.
É favorável ser perseverante e reto.
Próspero e tranqüilo.
Criar uma vaca:
Boa fortuna.

Comentário sobre a Decisão

Brilho.
Significa prender-se a algo.

O sol e a lua prendem-se ao Céu.
Sementes e plantas prendem-se à Terra.

O brilho duplo prende-se ao que é correto.
Assim, tudo sob o Céu se transforma.
O maleável prende-se às posições centrais e corretas.
Por isso, há prosperidade e tranqüilidade.
É como criar uma vaca;
Traz boa fortuna.

Comentário sobre o Símbolo

Brilho duplicado:
Uma imagem da luminosidade do sol.
Assim,
O grande homem irradia continuamente
Virtude e ações brilhantes por todo o mundo.

Texto dos Yao

1. Nove na primeira posição
   Passos confusos.
   Caminhe com reverência.
   Nenhuma culpa.

   Reverência por passos confusos.
   Evite erros.

2. Seis na segunda posição
   Brilho amarelo.
   Suprema boa fortuna.

   A suprema boa fortuna do brilho amarelo.
   Ele percorre o caminho central.

3. Nove na terceira posição
   Brilho do pôr-do-sol.
   Não bate num recipiente de barro nem canta,
   Suspirando de tristeza pela velhice.
   Infortúnio.

   Brilho do pôr-do-sol.
   Como pode durar muito?

4. Nove na quarta posição
   Vem subitamente.
   Flameja,
   Morre,
   Desaparece.

   Vem subitamente:
   Não há lugar para ele.

5. Seis na quinta posição
   Um rio de lágrimas,
   Suspirando com pesar:
   Boa fortuna.

   A boa fortuna do seis na quinta:
   Está ligado à posição do rei.

6. Nove na sexta posição
   O rei empenha-se em lançar uma expedição.
   Há um decreto:
   Matar o líder,
   Capturar os seguidores.
   Nenhuma culpa.

   O rei empenha-se em lançar uma expedição.
   Traz retificação ao país.

SIGNIFICADO

Este hexagrama é um dos oito formados pela duplicação dos oito trigramas. Seu nome simboliza calor e luz, cuja fonte é o sol. O atributo de Li é brilho, que simboliza inteligência e sabedoria. Sentir-se constrangido por problemas não solucionados é como cair na escuridão. Encontrar uma solução compara-se à luz que põe fim à escuridão. O hexagrama precedente, Escuridão, mostra como lidar com uma condição difícil ou perigosa. Ensina a cautela juntamente com a sinceridade, a confiança e a dedicação. Este hexagrama, Brilho, explica a distinção entre o certo e o errado. Se a pessoa não for sincera e não se engajar de todo o coração, não será capaz de distinguir o que é ou não é adequado.

Há duas linhas maleáveis neste hexagrama – uma na segunda e a outra na quinta posição. A linha principal do hexagrama é a segunda. A chama de uma fogueira começa no nível mais baixo, onde brilha mais.

Embora a linha maleável na quinta posição esteja em um lugar supremo – central, mas não correto –, não é adequada para ser a principal.

Este hexagrama é uma continuação do precedente, que nos conta que, enquanto o Rei Wu conquistava pequenos reinos e subjugava senhores feudais, lembrou que, se as pessoas viessem juntar-se ao brilho, haveria prosperidade. Era favorável ser perseverante e reto. A submissão dos que eram dóceis como vacas traria boa fortuna. O Duque de Zhou conta como os vários tipos de pessoas foram tratados de maneira distinta. A política era matar o líder, e não seus seguidores. Assim, não havia culpa.

(1) Nove na primeira posição. Brilho alterna para Viagem (56) ☰

Nove no início é um elemento yang em uma posição yang. É o começo de Brilho e simboliza um indivíduo inteligente, firme e ativo, mas muito ansioso para prosseguir. Infelizmente, no início de uma nova situação, é difícil ver o final. Assim, os passos ficam confusos. Caminhando-se com cautela, não haverá nenhuma culpa.

(2) Seis na segunda posição. Brilho alterna para Grande Colheita (14) ☰

Seis na segunda posição está em uma situação de suprema auspiciosidade. O Texto dos Yao menciona o brilho amarelo. Isto é semelhante ao seis na quinta posição do segundo hexagrama, Kun – "Roupa de baixo amarela. Suprema boa fortuna." O amarelo é a cor da Terra. No sistema dos cinco elementos, a Terra ocupa a posição central. Por isso, o Duque de Zhou empregou o amarelo para indicar o centro. A linha maleável na segunda posição é central e correta e, portanto, auspiciosa. A mensagem deste hexagrama é que, quando a pessoa se liga a alguém ou a alguma coisa, deve seguir o princípio de ser central e correta.

(3) Nove na terceira posição. Brilho alterna para Erradicação (21) ☰

Nove na terceira posição é um elemento yang em uma posição yang, no meio de dois trigramas, Fogo e Fogo. Nesta situação, o trigrama inferior representa o sol poente, a oeste, e o trigrama superior significa o sol nascente, a leste. Os antigos chineses usavam o pôr-do-sol como metáfora para a velhice. O sol declina rapidamente, como o fim da vida. Neste hexagrama, somos informados de que a vida e a morte são fenômenos naturais, como o nascer e o pôr-do-sol. O velho deve bater em recipientes de barro, cantar e desfrutar totalmente as bênçãos da vida. Suspirar de dor pela velhice representa grande infortúnio.

(4) Nove na quarta posição. Brilho alterna para Ornamentação (22) ☷

Nove na quarta posição também se encontra no meio de dois trigramas, Fogo e Fogo. Ele é firme e forte; sua situação é comparada ao nascer do sol. O Texto dos Yao diz: "Vem subitamente" porque o trigrama inferior correspondente é Vento ☴. Quando o fogo pega o vento, ele inflama instantaneamente; o resultado é: "Flameja, morre, desaparece." Uma história usada para explicar este hexagrama diz que, certa vez, um velho rei morreu de repente e um rei jovem assumiu o trono. Seguiram-se disputas pelo poder. As forças obscuras flamejaram, morreram e desapareceram. Esta linha mostra que, no decorrer da vida, o brilho pode surgir repentinamente e depois desaparecer com a mesma rapidez. Deve-se ser inteligente e sábio o suficiente para lidar com as variações da vida.

(5) Seis na quinta posição. Brilho alterna para Busca de Harmonia (13) ☷

Seis na quinta posição é um elemento yin em posição yang. É central, mas incorreto. Embora esta linha esteja em posição suprema, é fraquíssima. Nesta posição, a pessoa sente a pressão oriunda dos dois elementos yang acima e abaixo; derrama um rio de lágrimas e suspira dolorosamente. Felizmente, é dócil e percorre o caminho central; portanto, ainda há boa fortuna. O Comentário de Confúcio diz: "A boa fortuna do seis na quinta: está ligado à posição do rei." Este yao mostra que aquele nesta posição não se sente tão confuso quanto o que está na posição inferior, mas não tem uma postura positiva. Derrama lágrimas e suspira. Como pode desfrutar a vida?

(6) Nove na sexta posição. Brilho alterna para Abundância (55) ☷

Este nove ocupa a posição mais elevada do hexagrama. Atinge o clímax do Brilho. Por fim, quem está nesta posição amadurece. Há uma parábola que explica o significado deste hexagrama: quem está nesta posição pode ver claramente toda a situação do reino, como um rei. É firme e forte, mas bondoso e dócil, capaz de empreender uma expedição para trazer luz ao país. Além disso, nesta posição, deve-se cultivar a virtude e a sabedoria de um homem superior. "Matar o líder, capturar os seguidores" é a linha-chave deste hexagrama. Ela quer dizer que se deve lidar com a origem do problema, não com os problemas secundários. Este princípio é útil para cultivar a virtude e deve ser praticado no cotidiano. Assim, não haverá culpa.

Referências adicionais para este hexagrama:

Imagem:	Fogo sobre Fogo
Fórmula para recitação:	Fogo em dobro, Brilho
Elemento:	Fogo
Estrutura:	Dois yin com quatro yang
Mês:	Solstício de verão
Linha principal do hexagrama:	Seis na segunda posição
Hexagrama oposto:	Escuridão (29)
Hexagrama inverso:	Brilho (30)
Hexagrama correspondente:	Grande Excedente (28)

O CÂNONE INFERIOR

O Cânone Inferior contém trinta e quatro hexagramas, de Xian e Heng a Ji Ji e Wei Ji. Xian e Heng representam a Influência Mútua e a Longa Duração da união entre um homem e uma mulher. Ji Ji e Wei Ji representam o ciclo sem fim das questões humanas, de Já Realizado a Ainda Não Realizado. Este cânone explica o aspecto yin dos fenômenos naturais, o Tao da Humanidade.

31
XIAN • INFLUÊNCIA MÚTUA

Dui • Lago
Gen • Montanha

NOME E ESTRUTURA

Seqüência do hexagrama: *Depois que o Céu e a Terra passaram a existir, produziram-se miríades de seres. Depois que miríades de seres passaram a existir, vieram o masculino e o feminino. Depois que o masculino e o feminino se distinguiram, veio o relacionamento de marido e mulher. Depois que marido e mulher se uniram, vieram o pai e o filho. Depois de pai e filho, vieram o governante e o ministro. Depois de governante e ministro, vieram o alto e o baixo. Depois que o alto e o baixo passam a existir, então pode-se praticar a etiqueta adequadamente.*

Originalmente, Xian significava todos, juntos ou mútuo. Wilhelm traduz Xian por A Influência (Cortejar); Blofeld usa Atração, Sensação. Neste livro, chama-se Influência Mútua. São representados aqui dois ideogramas antigos intimamente relacionados. O superior é xian, e o outro, na margem esquerda, gan. Quando o ideograma de coração, xin, está colocado sob xian, este se torna gan. De acordo com o Comentário de Confúcio sobre a Decisão, xian deve ser gan. Gan significa influência, tem a conotação de emocionar o coração. Se considerarmos o contexto geral deste hexagrama, gan tem mais sentido. Sugeriu-se que o ideograma para coração talvez tenha sido deixado de fora do texto antigo. Nos antigos textos chineses, era freqüente eliminar-se o radical ou a raiz de um caractere complicado.

A estrutura do hexagrama é Lago ☱ sobre Montanha ☶. Como o lago contém água, ele tem o atributo de afundar, descer. É óbvio que a natureza de uma montanha é elevar-se. Em Lago sobre Montanha, um desce e o outro sobe. A montanha, abaixo, sustenta a base do lago, e o lago, acima, fornece umidade para nutrir a montanha. Influenciam-se mutuamente, como um homem e uma mulher namorando. A Influência Mútua é o tema principal deste hexagrama.

No sistema do I Ching, o Lago representa a filha mais nova; e a Montanha, o filho mais novo. Lago sobre Montanha é o símbolo de um jovem atraente cortejando uma bela donzela. Como são jovens e cheios de energia, sua influência mútua é poderosa e sincera. Este hexagrama simboliza os recém-casados. O trigrama inferior, Montanha, mantém-se imóvel, em quietude; o superior, Lago, é agradável. O amor mútuo não existe sem dedicação total. Deve ser estável como a montanha e puro como a água do lago. Para os chineses, o amor mútuo entre homem e mulher é a vontade do Céu e da Terra. Não deve ser jamais motivado por razões egoístas, se o for, a união não terá êxito e não será duradoura. Por isso, o Rei Wen colocou Influência Mútua e Longa Duração no início do Cânone Inferior, relacionando-os à seqüência de Qian e Kun, a força criativa do Céu e a força correspondente da Terra, no início do Cânone Superior. Pode-se ver que a seqüência dos 64 hexagramas feita pelo Rei Wen é muito bem organizada.

O objetivo do I Ching é explorar o Tao do Céu e o Tao da Humanidade. Céu é o termo chinês que significa a Natureza Essencial ou Deus. Seguir o Tao da Natureza ou o Tao de Deus para estabelecer o Tao da Humanidade é a antiga maneira chinesa de orientar a vida pessoal e lidar com as questões sociais. O objetivo do Cânone Superior é explorar a lei do Céu e, por isso, ele começa com a interação de Céu e Terra e termina com a de Água e Fogo. Céu e Terra são os aspectos yin e yang dos fenômenos naturais, enquanto Água e Fogo são os aspectos yang e yin das questões humanas. Os chineses acreditavam que a natureza masculina era semelhante ao Fogo e a feminina, à Água. Fogo e Água representam o masculino e o feminino. Quando interagem, esses opostos se tornam complementares.

Quando o Rei Wen organizou os 64 hexagramas, seguiu o sistema de Fu Xi dos oito trigramas, que representam as oito direções. Céu, Terra, Fogo e Água simbolizam os quatro pontos cardeais, ou seja, sul, norte, leste e oeste, respectivamente. O Rei Wen designou o Céu e a Terra para iniciar e a Água e o Fogo para finalizar o Cânone Superior. O objetivo do Cânone Inferior é explorar as questões humanas e começa com a união de marido e mulher. Seguindo um padrão de correspondência como Cânone Superior, o Rei Wen empregou as quatro direções diagonais da Seqüência do Céu Anterior de Fu Xi para começar e terminar o Cânone Inferior. Este hexagrama, Xian, é composto por Montanha e Lago. No sistema de Fu Xi dos oito trigramas, Montanha é noroeste e Lago, sudeste – direções opostas. O Rei Wen os colocou juntos e deu-lhes a qualidade de influência mútua. Quando Lago e Montanha interagem, esses opostos se tornam complementares.

Decisão

Influência Mútua.
Próspero e tranqüilo.
É favorável ser perseverante e reto.
Desposa uma donzela.
Boa fortuna.

Comentário sobre a Decisão

Xian, Influência Mútua.
O dócil está acima; o firme, abaixo.
O amor dos dois induz e interage;
Forma-se uma união.
Mantendo-se quieto e alegre,

O homem se subordina à mulher.
Por isso, há prosperidade e tranqüilidade
Em ser perseverante e reto.
Desposar uma donzela traz boa fortuna.
Céu e Terra se influenciam;
Então, todas as coisas tomam forma e recebem o ser.
O sábio santo influencia o coração das pessoas;
Então, o mundo alcança a paz e a harmonia.
Ao contemplarmos sua influência mútua,
Podemos ver a natureza do Céu e da Terra e de todos os seres.

Comentário sobre o Símbolo

Lago sobre Montanha.
Uma imagem da Influência Mútua.
Assim,
O homem superior abre o coração e a mente
Para aceitar as pessoas sem preconceito.

Texto dos Yao

1. Seis na primeira posição
   Influência mútua sobre os grandes dedos dos pés.

   Influência mútua sobre os grandes dedos dos pés.
   Sua vontade está dirigida para fora.

2. Seis na segunda posição
   Influência mútua sobre as panturrilhas.
   Infortúnio.
   Esperar: boa fortuna.

   Mesmo quando o infortúnio ameaça,
   Esperar traz boa fortuna.
   Seja flexível e razoável.
   Não haverá nenhum dano.

3. Nove na terceira posição
   Influência mútua sobre as coxas.
   Insiste em seguir.
   Prosseguir: humilhação.

   Influência mútua sobre as coxas.
   É difícil conviver um com o outro.
   Insistindo em seguir os outros,
   Ele adota um comportamento inferior.

4. Nove na quarta posição
   Perseverança e retidão: boa fortuna.
   O arrependimento desaparece.
   Hesitar, hesitar,
   Chegar ou partir?
   Amigos seguem seu pensamento.

   Perseverança e retidão: boa fortuna.
   O arrependimento desaparece.
   Hesitar, hesitar; chegar ou partir?
   Ele ainda não se tornou brilhante e grande.

5. Nove na quinta posição
   Influência mútua sobre a região dorsal.
   Nenhum arrependimento.

*Influência mútua sobre a região dorsal.
Sua vontade é superficial.*

6. Seis na sexta posição
   Influência mútua
   Sobre o maxilar, a face e a língua.

   *Influência mútua sobre o maxilar, a face e a língua.
   A boca aberta faz promessas vazias.*

SIGNIFICADO

Hui-yuan, um eminente monge da dinastia Jin oriental (317-420), diz que a raiz do I Ching é a influência mútua. O tema do hexagrama é o cultivo da influência mútua entre as pessoas. No conceito chinês, a influência mútua entre marido e mulher é a mais forte e duradoura. Os antigos sábios empregavam a imagem de marido e mulher para expor a verdade de Influência Mútua. Para influenciar um ao outro, qualquer que seja o tipo de relacionamento, ambas as partes devem ser sinceras e livres de preconceito. Seus corações e mentes devem ser tão puros quanto o céu claro e tão abertos quanto o vasto oceano. Portanto, agindo em harmonia, o homem superior abre completamente o coração e a mente para aceitar as pessoas sem preconceito.

Em chinês, influência (gan) é formada por dois caracteres – mútuo (xian) e coração (xin). Quando se tira o "coração" de gan, este se transforma em xian. No texto do I Ching, é possível que o autor tenha removido intencionalmente o "coração". Para os antigos chineses, o coração tinha uma função mental. É compreensível que, para obter a influência mútua, as pessoas tenham de superar ou livrar-se do coração egoísta e tornar-se desinteressadas, ou altruístas. Assim, o nome do hexagrama é Xian, Influência Mútua sem egoísmo. O Texto dos Yao do Duque de Zhou usa diversas partes do corpo humano para expor várias situações de Influência Mútua. Todas as linhas no trigrama inferior interagem com as linhas correspondentes no superior, equilibrando o yin com o yang. Ou seja, cada linha busca sua companheira correspondente. O problema é que, na busca da influência mútua, é difícil agir sem egoísmo.

O tema do Cânone Inferior são as questões humanas. Começa com o relacionamento de marido e mulher. A influência mútua de um homem e uma mulher é um fenômeno natural e social. Contudo, para este tipo de relacionamento durar, ambas as partes precisam ser altruístas, verdadeiras e humildes. Caso contrário, não serão capazes de se comunicar um com o outro, gozar um da companhia do outro e ser aceitos. Pode-se aplicar este princípio e processo a todos os tipos de relacionamentos humanos. Todos eles começam com a influência mútua sem egoísmo. Assim, ela surge espontaneamente.

A linha principal do hexagrama é a sólida na quarta posição, que está no meio do hexagrama, equivalente à localização do coração no corpo humano. A influência mútua deve irradiar-se do coração. A quinta linha sólida ocupa uma posição suprema – firme, central e correta –, mas não está na posição do coração e, portanto, não é tão adequada para ser a principal deste hexagrama.

Depois de estabelecida a dinastia Zhou, o Rei Wen incentivou o povo a formar lares e iniciar carreiras para estabilizar sua vida e a do reino. O Duque de Zhou formulou regras de etiqueta e compôs música para mudar os costumes sociais dominantes. Neste hexagrama, o Duque de Zhou relata diversas maneiras e etapas da busca da influência mútua, com suas conseqüências.

(1) Seis na primeira posição. Influência Mútua alterna para Abolir o Antigo (49)

Os dedos dos pés são a parte mais baixa do corpo, assim como a primeira linha está na parte mais baixa do hexagrama. O elemento yin na primeira posição interage com o yang na quarta. Nesta posição, a pessoa pretende seguir aquela que está na quarta posição – há influência mútua. Contudo, este elemento é fraquíssimo para prosseguir, porque a primeira linha simboliza um estágio inicial. Neste estágio, a influência mútua apenas começou, e a boa fortuna ou o infortúnio ainda são incertos. Dependem de sinceridade e perseverança.

(2) Seis na segunda posição. Influência Mútua alterna para Grande Excedente (28)

"Influência mútua sobre as panturrilhas" significa que a pessoa que ocupa esta posição está agindo. O elemento yin na segunda posição interage com o yang na quinta. Nesta posição, a pessoa pretende buscar o que quer. Esta linha está no meio do trigrama inferior, Montanha, ou Quietude. A situação sugere que, para buscar a influência mútua, é melhor esperar até que a outra parte esteja preparada. Qualquer ação prematura é desfavorável. O segredo do momento oportuno está oculto no equilíbrio mental e físico com a natureza. Por isso, a satisfação e a paz no viver trazem a boa fortuna.

*(3) Nove na terceira posição. Influência Mútua alterna
para Reunir (45)* ☷☱

O elemento yang na terceira posição interage com o elemento yin na sexta. A pessoa que ocupa esta posição está ansiosa para buscar a que ocupa a posição do alto, porque o Texto dos Yao diz que a Influência Mútua chegou às coxas, indicando que o indivíduo está pronto para seguir em frente. Por outro lado, como aquele que ocupa esta posição está no topo do trigrama interno, Montanha (Quietude), precisa de paciência para esperar até que a outra parte esteja pronta. Para a influência mútua, a pior coisa é agir inconseqüentemente. Se esta pessoa não tiver paciência e, por qualquer ação impensada, seguir o que ocupa a segunda ou a primeira posição, haverá arrependimento.

*(4) Nove na quarta posição. Influência Mútua alterna
para Tribulação (39)* ☵☶

Nos Textos dos Yao, cada linha se relaciona a uma parte do corpo humano, exceto esta. Há três linhas yang neste hexagrama. A quarta é a linha do meio – sob o pescoço e acima da coxa. Acredita-se que a palavra coração foi intencionalmente eliminada do ideograma porque o coração humano (os chineses o consideram equivalente à mente) é imprevisível. Nesta posição, é preciso trabalhar o coração, o sentimento. A influência mútua depende muito do sentimento do coração. Apenas por meio da perseverança e retidão é que o arrependimento desaparecerá. Trata-se de um elemento yang em uma posição yin, uma mente intranqüila. Caso a hesitação continue, apenas alguns amigos o seguirão, mas, ao mesmo tempo, você deve ter consciência de que é influenciado por outras pessoas. Esta é a linha principal do hexagrama. A mensagem é que você deve eliminar as intenções egoístas, tornando-se aberto e honesto; então, a hesitação desaparecerá.

*(5) Nove na quinta posição. Influência Mútua alterna
para Pequeno Excedente (62)* ☳☶

Há três linhas sólidas neste hexagrama: a terceira, a quarta e a quinta. A quarta, no meio, representa o coração. A quinta está acima do coração, representando a região dorsal. Aqui, usa-se outra analogia. O trigrama superior é Lago, que simboliza a boca. A linha quebrada no topo de duas linhas sólidas tem o aspecto de dois lábios. Portanto, a linha superior simboliza uma pessoa adepta das palavras doces e frases melosas, e de inventar histórias. Quem ocupa esta posição deve desconsiderar essas palavras doces e frases melosas assim como as costas ignoram a boca; então, não haverá arrependimento.

A quinta linha é um elemento yang em uma posição yang, central e correta. Interage com o elemento yin na segunda posição. Contudo, há outras duas linhas sólidas entre eles. Nesta posição, a tendência é desistir do ocupante da segunda e aproximar-se do elemento da sexta, ou seja, buscar o que está ao alcance da mão e virar as costas ao que está distante. A mensagem é que quem toma uma decisão não deve ser ignorante.

(6) Seis na sexta posição. Influência Mútua alterna para Recuar (33)

A linha maleável na sexta posição é um elemento yin em uma posição yin na extremidade do hexagrama. Ao mesmo tempo, está no topo do trigrama superior, Lago, representando a boca. Dentro da boca está a língua. Esta linha denota que a pessoa nesta posição gosta de usar palavras doces e frases melosas. Quando se abre a boca meramente para fazer promessas vãs, não há como obter a influência mútua.

Referências adicionais para este hexagrama:

Imagem:	Lago sobre Montanha
Fórmula para recitação:	Lago sobre Montanha, Influência Mútua
Elemento:	Metal
Estrutura:	Três yang com três yin
Mês:	O quinto mês do calendário lunar, ou junho
Linha principal do hexagrama:	Nove na quarta posição
Hexagrama oposto:	Diminuição (41)
Hexagrama inverso:	Longa Duração (32)
Hexagrama correspondente:	Encontro (44)

32
HENG • LONGA DURAÇÃO

☳ Zhen • Trovão
☴ Xun • Vento

NOME E ESTRUTURA

Heng significa persistência, perseverança, longa duração.

Seqüência do hexagrama: *A união de marido e mulher não deve ser efêmera. Assim, depois da Influência Mútua vem a Longa Duração.*

Wilhelm traduz Heng por Duração; Blofeld, por O Duradouro. Neste livro, traduz-se por Longa Duração. A estrutura do hexagrama é Trovão ☳ sobre Vento ☴. É o inverso do hexagrama precedente, Xian ☶, ou Influência Mútua. O hexagrama precedente simboliza um novo matrimônio. No I Ching, o Trovão representa o filho mais velho; e o Vento, a filha mais velha. Portanto, este hexagrama simboliza a união duradoura de um velho casal.

No hexagrama anterior, o filho mais jovem, Montanha, constitui o trigrama inferior, que está em posição subordinada. No namoro, geralmente o jovem costuma se subordinar à jovem. Aqui o trigrama inferior é substituído por Vento, que simboliza uma mulher mais velha em uma posição subordinada. O atributo do Vento é a docilidade. Além disso, o trigrama inferior representa uma situação interna. Sugere que a mulher assume mais responsabilidade em casa. O atributo do homem, Trovão, é força e atividade. O trigrama superior também é conhecido como trigrama externo, que representa uma situação externa. Aqui, indica que o homem assume mais responsabilidade no mundo externo.

Há dois traços horizontais no ideograma deste hexagrama – um no topo e o outro, na parte inferior. Estes dois traços representam as duas margens de um rio. Entre as margens há duas imagens – um barco à direita e um coração à esquerda. Três pessoas atravessam o rio de barco. Na China antiga, atravessar um rio não era tarefa fácil. Um antigo ditado chinês descreve a situação: "As pessoas no mesmo barco compartilham alegrias e tristezas." Compartilhar alegrias e tristezas significa trabalhar juntos em cooperação total com um único propósito – com um só coração. Por essa razão, o antigo sábio colocou um coração ao lado do barco. Originalmente, o barco entre as duas margens indicava a distância entre elas. Posteriormente, estendeu-se o significado para dar a entender simplesmente daqui até lá e, finalmente, do começo ao fim. Quando o antigo sábio desenhou um coração ao lado do barco, o significado estendeu-se ainda mais para incluir eterno, perpétuo.

O tema principal do Zhou I tem duas faces: seguir o Tao do Céu para estabelecer o Tao da Humanidade. Para seguir o Tao do Céu, o antigo sábio empregou Qian e Kun, caracterizando a função do Céu e da Terra, para abrir o Cânone Superior. Para estabelecer o Tao da Humanidade, o antigo sábio escolheu Xian e Heng, o pré-requisito de marido e mulher, para iniciar o Cânone Inferior. O relacionamento entre o Céu e a Terra é interativo e eterno. Da mesma maneira, o relacionamento entre marido e mulher deve ter a qualidade de influência mútua duradoura.

A união de um homem e de uma mulher, para os chineses, é um evento sagrado. Na antiga cerimônia de casamento, o homem e a mulher faziam um voto sagrado diante do Céu, da Terra e da pessoa encarregada do casamento. Qian representava o lado do noivo e Kun, o da noiva. Assim, a união de um homem e uma mulher era semelhante à união do Céu e da Terra. A mensagem deste hexagrama é que a sinceridade, a pureza e o desprendimento são os elementos essenciais de um relacionamento duradouro.

Decisão

 Longa Duração.
 Próspero e tranqüilo.
 Nenhuma culpa.
 É favorável ser perseverante e reto.
 É favorável ter para onde ir.

Comentário sobre a Decisão

Heng é Longa Duração.
O firme está acima; o dócil, abaixo.
Trovão e vento apóiam-se mutuamente.

Seja dócil e mantenha-se em movimento.
O firme e o dócil se correspondem.
Isto significa Longa Duração.

A Longa Duração traz êxito; não há nenhuma culpa.
É favorável ser perseverante e reto.
Isto indica que Longa Duração concorda com o Tao.
O Tao do Céu e da Terra é duradouro; nunca termina.

É favorável ir a algum lugar.
O fim é sempre seguido por um novo começo.

O sol e a lua dependem do Tao do Céu;
Assim, seu brilho pode ser duradouro.

As quatro estações mudam e transformam;
Assim, sua produção de seres pode durar por muito tempo.
O sábio santo persevera por muito tempo em seu modo de vida;
Então todas as coisas sob o Céu são levadas à perfeição.
Contemple o Tao da Longa Duração
Para ver a natureza do Céu e da Terra e de todos os seres.

Comentário sobre o Símbolo

A união de Trovão e Vento.
Uma imagem de Longa Duração.
Assim,
O homem superior permanece firme sem mudar seu objetivo.

Texto dos Yao

1. Seis na primeira posição
   Profundamente duradouro.
   Perseverança: infortúnio.
   Nada é favorável.

   O infortúnio do profundamente duradouro,
   Por buscar essência e profundidade logo no início.

2. Nove na segunda posição
   O arrependimento desaparece.

   O arrependimento desaparece para o nove na segunda.
   Mantém-se na posição central.

3. Nove na terceira posição
   Não duradoura, a virtude
   Provavelmente encontra desgraça.
   Perseverança: humilhação.

   Não duradoura, a virtude.
   Ninguém o tolera.

4. Nove na quarta posição
   Campo.
   Sem aves.

   Tendo-se afastado da posição adequada por tanto tempo,
   Como pode ele apanhar a caça?

5. Seis na quinta posição
   Duradoura, a virtude.
   Perseverante e reto.
   Esposas: boa fortuna.
   Maridos: infortúnio.

   A docilidade traz boa fortuna para a esposa;
   Ela o segue até o fim.
   Um homem precisa tomar decisões resolutas.
   Seguir uma mulher com obediência: péssimo fim.

6. Seis na sexta posição
   Agitação duradoura.
   Infortúnio.

   Agitação duradoura na posição de cima.
   Grandemente sem mérito.

SIGNIFICADO

Este hexagrama usa a imagem da união de Trovão e Vento para mostrar um relacionamento duradouro. Trovão e vento correspondem um ao outro como fenômenos naturais. Assim, o homem superior permanece firme e não muda seu objetivo. Os chineses acreditam que o caminho da natureza é sempre correto. Por isso, é duradouro. O conceito chinês de correção é ser livre de desvio. Qualquer excesso ou deficiência representa um desvio e não é correto. O segredo do êxito é percorrer o caminho central, ou seja, nunca reagir em excesso. Tudo o que for certíssimo pode ser duradouro.

De acordo com a estrutura, o trigrama superior, Trovão, é yang, o filho mais velho; o trigrama inferior, Vento, é yin, a filha mais velha. No Comentário sobre a Decisão, Confúcio diz: "O firme está acima; o dócil, abaixo. Trovão e Vento apóiam-se mutuamente." Este é o antigo conceito chinês de matrimônio – que o marido deve tomar a iniciativa e a mulher deve ser subordinada. Este é o caminho para um casamento harmonioso. É também um fenômeno natural o fato de o vento e o trovão trabalharem juntos para criar uma tempestade. O trigrama inferior, Vento, apóia as ações do superior, Trovão. Segundo os antigos sábios, deve-se seguir a lei natural. Este é o Tao do Céu e da Terra, que é duradouro, nunca termina. Confúcio define o tema principal deste hexagrama:

> *O sol e a lua dependem do Tao do Céu;*
> *Assim, seu brilho pode ser duradouro.*
> *As quatro estações mudam e transformam;*
> *Assim, sua produção de seres pode durar por muito tempo.*
> *O sábio santo persevera por muito tempo em seu modo de vida;*
> *Então todas as coisas sob o Céu são levadas à perfeição.*
> *Contemple o Tao da Longa Duração*
> *Para ver a natureza do Céu e da Terra e de todos os seres.*

Neste hexagrama, a primeira e a quarta linhas são yin e yang complementares, assim como a quinta e a segunda e a sexta e a terceira. Todas as seis linhas estão em harmonia com suas correspondentes. Isto é necessário para que algo dure. Quando uma pessoa faz algo que tenha efeitos duradouros, é certo que obterá realizações. Contudo, há um pré-requisito essencial: ser perseverante e reta. Então não haverá nenhuma culpa e será favorável ir a qualquer lugar.

A linha principal do hexagrama é a sólida na segunda posição. De acordo com o I Ching, só o que percorre o caminho central pode ter efeitos duradouros. Há duas linhas centrais neste hexagrama: a sólida na segunda posição e a maleável, na quinta. Na maioria dos hexagramas, a quinta linha é a posição superior. Mas, aqui, é fraca. Embora central, não é tão firme e forte quanto a sólida na segunda posição. Portanto, esta é mais adequada para ser a principal deste hexagrama. Para estabilizar a ordem social e influenciar os costumes sociais dominantes, o Rei Wen incentivou o povo a cultivar a virtude da perseverança e a firmeza de propósito. Neste hexagrama, o Duque de Zhou narra diversas maneiras de buscar relacionamentos duradouros e seus resultados.

(1) Seis na primeira posição. Longa Duração alterna para Grande Força (34)

Este é um elemento yin em uma posição yang – nem central nem correta. Interage como elemento yang na quarta posição. O trigrama inferior é Vento (Penetrar), dando a entender que a pessoa que ocupa a posição inferior está disposta a estabelecer um relacionamento com o ocupante da quarta posição. Contudo, há duas linhas sólidas entre eles. A situação não é favorável. Não se pode querer um relacionamento profundo e intenso logo no estágio inicial. Amor mútuo e relacionamentos duradouros levam tempo para ser cultivados.

(2) Nove na segunda posição. Longa Duração alterna para Pequeno Excedente (62)

A linha sólida na segunda posição é um elemento yang em posição yin, incorreta. Esta linha ocupa a posição central do trigrama inferior e interage com o elemento yin na quinta posição. Infelizmente, há duas linhas yang entre eles. Nesta posição, ninguém pode prosseguir tranqüilamente. Conhecendo a situação, a pessoa se mantém no caminho central e age de modo razoável. Assim, o arrependimento desaparece. Esta linha indica que aqueles que percorrem o caminho central conseguem permanecer firmes e alcançar sua meta final. Não há motivo para arrependimento.

(3) Nove na terceira posição. Longa Duração alterna para Alívio (40)

A linha sólida na terceira posição é um elemento yang em uma posição yang, mas ultrapassou o caminho central. Embora aquele nesta posição seja firme e forte e interaja com o elemento yin na sexta posição, há, infelizmente, uma falta de contentamento com a situação presente. Nesta posição, a pessoa pretende prosseguir, mas tem duas linhas yang à sua volta, uma abaixo, a outra acima. Se insistir em prosseguir, provavelmente provocará desgraças. Mesmo mantendo a perseverança e a retidão, ainda há ocasião para arrependimento. Nesta situação, é favorável manter-se quieto e não prosseguir, porque ninguém o toleraria. Nos *Analectos*, Confúcio diz: "Longa Duração sem virtude, recebe a visita da desgraça." Obviamente, Confúcio adotou a idéia a partir da contemplação desta linha.

*(4) Nove na quarta posição. Longa Duração alterna
para Crescimento Ascendente (46)* ☷

A linha sólida na quarta posição está na parte inferior do trigrama superior, Trovão. O atributo de Trovão é a ação. O texto usa a caça no campo como analogia. Nesta posição, a pessoa pretende seguir em frente. A quarta linha interage com a primeira linha do trigrama inferior, Vento. No I Ching, Vento também representa um galo. Assim, o Texto dos Yao menciona aves. A linha sólida na quarta posição é um elemento yang em posição yin. A posição não é apropriada e, por isso, ela não captura nenhuma ave. Portanto, Confúcio diz: "Tendo-se afastado da posição adequada por tanto tempo, como pode ele apanhar a caça?" Ou seja, nada pode ser realizado.

*(5) Seis na quinta posição. Longa Duração alterna
para Grande Excedente (28)* ☱

A linha maleável na quinta posição é um elemento yin, que indica um caráter dócil. Esta linha está na posição central do trigrama superior, Trovão. A pessoa que ocupa esta posição não só é dócil como também verdadeira. Esta linha interage com a sólida na segunda posição, sugerindo que mantém firmemente a docilidade e a veracidade para com aquele ao qual se liga. Na antiga China, a docilidade é uma das maiores virtudes de uma mulher, mas não de um homem. O homem precisa tomar decisões firmes. A mensagem principal desta linha é que, se você agir adequadamente agora, ficará livre de agir desnecessariamente depois. Mesmo mantendo a virtude da docilidade, um homem ou uma mulher ainda precisam considerar cada situação. No decorrer da história, épocas distintas tiveram limitações e normas sociais específicas. Culturas diversas adotam padrões distintos. Funções distintas envolvem responsabilidades próprias. É preciso ajustar as ações e a perspectiva de acordo com a situação. Qualquer excesso ou insuficiência de ação é incorreto. Para obter êxito, percorrer o caminho central.

*(6) Seis na sexta posição. Longa Duração alterna
para Instituir o Novo (50)* ☳

O atributo do Trovão é o movimento. A linha na sexta posição está no final de um movimento – é hora de parar. Se persistir no movimento, o resultado será o infortúnio. "O sol e a lua dependem do Tao do Céu; assim, seu brilho pode ser duradouro. As quatro estações mudam e transformam; assim, sua produção de seres pode durar por muito tempo." A via da Longa Duração está em a pessoa deixar que a situação determine suas mudanças e as transformações.

Referências adicionais para este hexagrama:

Imagem:	Trovão sobre Vento
Fórmula para recitação:	Trovão sobre Vento, Longa Duração
Elemento:	Madeira
Estrutura:	Três yang com três yin
Mês:	O sétimo mês do calendário lunar, ou agosto
Linha principal do hexagrama:	Nove na segunda posição
Hexagrama oposto:	Aumento (42)
Hexagrama inverso:	Influência Mútua (31)
Hexagrama correspondente:	Eliminação (43)

33
Dun • Recuar

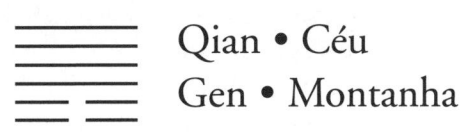

☰ Qian • Céu
☶ Gen • Montanha

Nome e estrutura

Dun é esconder-se, afastar-se, recuar. Wilhelm traduz Dun por A Retirada e Blofeld, por Ceder, Afastamento. Neste livro, usa-se o termo Recuar. O ideograma de Dun consiste em duas partes. À esquerda temos um ideograma do passado remoto. Três traços curvos representam três pegadas indo adiante. Sob elas há um minúsculo ideograma, zhi, cujo significado é "parar". Esses dois ideogramas criam a imagem de seguir adiante e parar bruscamente. O ideograma à direita é complicado, consistindo em três desenhos: um porquinho, um pedaço de carne e uma mão. Oferece-se um pedaço de carne de porco como sacrifício em uma cerimônia memorial. O porquinho está dividido em duas partes – mostrados na parte superior e inferior do ideograma. No meio, há um pedaço de carne à esquerda e uma mão, à direita. Como um todo, trata-se do desenho de uma pessoa fazendo uma cerimônia de sacrifício durante um retiro.

Seqüência do hexagrama: *As coisas não podem permanecer muito tempo no mesmo lugar. Assim, depois da Longa Duração vêm o afastamento e o retiro.*

A estrutura do hexagrama é Céu ☰ sobre Montanha ☶. O atributo do Céu é o poder criativo. Neste hexagrama, representa um sábio que vive de acordo com a vontade do Céu. O atributo da Montanha é a quietude. A estrutura mostra que um sábio confronta a quietude e se afasta.

Há quatro linhas sólidas e duas maleáveis neste hexagrama. As duas maleáveis situam-se na parte inferior. Estão avançando. Esta é uma situação em que as pessoas inferiores se multiplicam e ganham poder. É hora de o sábio recuar. Recuar não é fugir. Fugir, escapar do perigo em qualquer circunstância, é covardia. Mas o recuo também pode visar à preservação da força, aguardando o momento certo para avançar no futuro. A pessoa sábia usa a força adequadamente. Quando o momento não é certo, recue. A Decisão do Rei Wen diz que, para o pequeno, é favorável ser perseverante e reto. A palavra pequeno denota pessoas inferiores. Na época em que se favorecem os inferiores, é melhor para os sábios recuar, conservando-se perseverantes e retos, para avançar no futuro.

Este hexagrama, Dun, é um dos doze hexagramas sazonais. Representa o sexto mês do calendário lunar chinês.

Decisão

>Recuar.
>Próspero e tranqüilo.
>O pequeno: é favorável ser perseverante e reto.

Comentário sobre a Decisão

>*Recuar, próspero e tranqüilo.*
>*A prosperidade e a tranqüilidade estão em recuar.*
>
>*O firme está na posição correta*
>*E reage adequadamente.*
>*Está de acordo com o tempo.*
>
>*O pequeno:*
>*É favorável ser perseverante e reto.*
>*Está avançando e crescendo.*
>
>*Grande, de fato, é a importância de recuar*
>*No momento certo.*

Comentário sobre o Símbolo

>*Montanha sob o Céu,*
>*Uma imagem de Recuar.*
>*Assim,*
>*O homem superior mantém as pessoas inferiores a distância,*
>*Com dignidade, mas sem inimizade.*

Texto dos Yao

1. Seis na primeira posição
   Recuando na cauda.
   Adversidade.
   Não use nada.
   Há para onde ir.

   A adversidade de recuar na cauda.
   Se nenhuma ação for empreendida,
   Que infortúnio pode haver?

2. Seis na segunda posição
   Segurando firme
   Com couro de boi amarelo.
   Ninguém é capaz de soltar.

   Segurando firme com couro de boi amarelo.
   Denota vontade firme.

3. Nove na terceira posição
   Preso, recua.
   Há doença.
   Adversidade.
   Alimentar criados e criadas:
   Boa fortuna.

   Preso, recua: adversidade.
   Ele está abalado e exausto.
   Alimentar criados e criadas: boa fortuna.
   Ele não pode fazer grandes coisas.

4. Nove na quarta posição
   Afeiçoado a recuar:
   Homem superior – boa fortuna;
   Sujeito pequeno – não!

   O homem superior gosta de recuar.
   O sujeito pequeno não pode fazê-lo.

5. Nove na quinta posição
   Recuo adequado.
   Perseverança e retidão:
   Boa fortuna.

Recuo adequado.
Perseverança e retidão: boa fortuna.
Ele retifica seu desejo.

6. Nove na sexta posição
Recuo elegante.
Nada é desfavorável.

Recuo elegante.
Nada é desfavorável,
Não há a menor dúvida.

SIGNIFICADO

Este hexagrama emprega a imagem de uma montanha elevada e do Céu distante para expor o significado construtivo de recuar. Quando as forças obscuras se disseminam e o brilho está alto demais para ser alcançado, a pessoa deve recuar em vez de comprometer-se com a escuridão. Assim, Recuar tem um significado positivo. Como Recuar é construtivo, a maioria das linhas é auspiciosa, as exceções são a primeira e a terceira. Uma está atrasada demais para recuar, e a outra já recuou, mas ainda se prende à escuridão. A linha na sexta posição representa o nível mais alto de recuo.

Três linhas neste hexagrama se qualificam para ser a principal – as duas maleáveis na parte inferior e a sólida na quinta posição. O Comentário de Confúcio sobre a Decisão diz: "O firme está na posição correta e reage adequadamente. Está de acordo com o tempo." Isto se refere à linha sólida na quinta posição. Contudo, o nome do hexagrama é Recuar. A causa do recuo são as duas linhas maleáveis na parte inferior. Elas avançam e, assim, obrigam as linhas sólidas a recuar. Uma das linhas maleáveis é, portanto, a mais adequada para ser a principal de Recuar. A linha maleável na segunda posição é central e correta e a melhor para ser a principal. As duas linhas maleáveis deste hexagrama representam as forças obscuras se multiplicando e aumentando em poder. As quatro linhas sólidas simbolizam as forças luminosas. Estão recuando, mas esse recuo é construtivo. Como a ocasião não é favorável para a luz, ela recua no momento certo e com a atitude correta. Sua meta é preservar a força para avançar e vencer no futuro.

Durante o período de nomeação dos senhores feudais e estabilização da vida do povo, as condições nem sempre eram favoráveis. O Rei Wen arcou com pesadas responsabilidades. Quando as pessoas inferiores ao redor do tirano de Shang estavam se multiplicando e ganhando poder, o Rei Wen recuou. Recuar era uma estratégia de concessão para averiguar as intenções hostis de tais pessoas. O Duque de Zhou menciona diversas maneiras de recuar. Ele indica que, no momento favorável para o recuo, a pessoa deve esconder sua capacidade e ganhar tempo. Recuar é construtivo – preservar a força, aguardando a ocasião certa para avançar no futuro.

(1) Seis na primeira posição. Recuar alterna para Busca de Harmonia (13)

O Texto dos Yao diz: "Recuando na cauda." A cauda é a parte traseira de um animal. Representa o último a recuar. Quando as forças obscuras começam a se aproximar, é difícil perceber esse fato. Se a pessoa não for capaz de agir para impedir esse crescimento, haverá o potencial de adversidade. De acordo com a experiência dos antigos sábios, "Se nenhuma ação for empreendida, que infortúnio pode haver?". O trigrama inferior é Montanha, cujo atributo é quietude, um aspecto de Recuar.

(2) Seis na segunda posição. Recuar alterna para Encontro (44)

A segunda linha, no meio do trigrama inferior, representa aquele que segue a Doutrina do Meio, ou seja, percorre o caminho central. Durante o período favorável para recuar, ele esconde sua capacidade e ganha tempo. O recuo é construtivo. O Duque de Zhou empregou uma analogia para descrever sua perseverança: "Segurando firme com couro de boi amarelo. Ninguém é capaz de soltar." O fato de ninguém ser capaz de soltar significa que ninguém consegue interrompê-lo. Amarelo é a cor da Terra, e seu atributo é ser central e obediente. Aquele que está nesta posição deve curvar-se ao tempo e à situação e percorrer o caminho do meio. Faz um recuo construtivo em vista de um futuro avanço.

(3) Nove na terceira posição. Recuar alterna para Obstáculo (12)

A terceira linha é um elemento yang em uma posição yang. É firme e correto, mas sobrecarregado pelos dois elementos yin abaixo. Quem está nesta posição já se afastou das forças obscuras, mas ainda se prende à escuridão. Caso não consiga manter distante a escuridão, haverá sofrimento; por exemplo, uma doença. O texto alerta que é melhor ficar em casa e cuidar de coisas insignificantes. Nos tempos antigos, havia muitos empregados na casa de um nobre feudal. "Alimentar criados e criadas" significa ficar em casa.

(4) Nove na quarta posição. Recuar alterna para Desenvolvimento Gradual (53) ☷

A linha sólida na quarta posição está na parte inferior do trigrama superior, Céu. Possui um caráter firme e forte e interage com o elemento yin na primeira posição do trigrama inferior, que representa a força obscura. No momento de recuar, é favorável cortar bruscamente o vínculo com as forças obscuras. O Texto dos Yao diz que o homem superior pode obter êxito ao recuar, mas não o homem inferior. Libertar-se das forças obscuras não é uma tarefa fácil. Apenas um sábio pode preservar sua pureza ao recuar; uma pessoa inferior, não.

(5) Nove na quinta posição. Recuar alterna para Viagem (56) ☷

A quinta linha é um elemento yang em uma posição yang, central e correta. Interage com o elemento yin na segunda posição, que também é central e correta – recuar não seria um retrocesso para quem está na quinta posição. Recuar sem manter vínculos com a escuridão é uma retirada admirável. Há boa fortuna. Em comparação com aquele na sexta posição, este ainda não é capaz de abandonar totalmente as questões da sociedade humana. Portanto, ainda precisa manter a perseverança e a retidão.

(6) Nove na sexta posição. Recuar alterna para Influência Mútua (31) ☷

A sexta linha representa o término de uma situação. Não há mais espaço para avançar e progredir. Está além da posição de um rei; representa um sábio. Quem está aqui, está livre de vínculos e abraça o espírito do desprendimento, que é favorável em todos os aspectos. Mesmo quando há avanço, não há vínculo.

Referências adicionais para este hexagrama:

Imagem:	Céu sobre Montanha
Fórmula para recitação:	Céu sobre Montanha, Recuar
Elemento:	Metal
Estrutura:	Quatro yang com dois yin
Mês:	O sexto mês do calendário lunar, ou julho
Linha principal do hexagrama:	Seis na segunda posição
Hexagrama oposto:	Aproximação (19) ☷
Hexagrama inverso:	Grande Força (34) ☷
Hexagrama correspondente:	Encontro (44) ☷

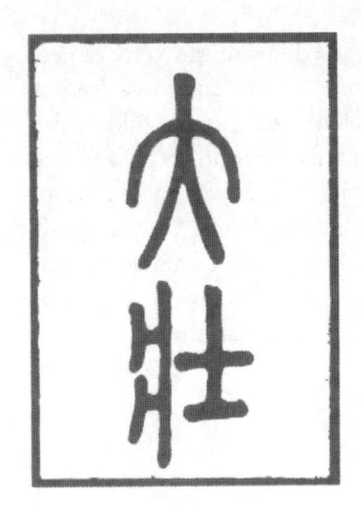

34
DA ZHUANG •
GRANDE FORÇA

☷ Zhen • Trovão
☰ Qian • Céu

NOME E ESTRUTURA

Da é grande. Zhuang significa força. Tanto Wilhelm quanto Blofeld traduzem Da Zhuang por O Poder do Grande. Este livro adota o sentido literal, Grande Força. O nome consiste em dois ideogramas. O primeiro, da, parece uma pessoa em pé, com braços e pernas bem abertos. O atributo de grandeza era associado ao Céu, à Terra e aos seres humanos.

O segundo ideograma, zhuang, é formado por duas partes. À esquerda está um ideograma da antiguidade, parece uma arma. Nos tempos antigos, uma arma era feita de bambu ou madeira. À direita há outro ideograma – shi. Nos tempos antigos, shi era a classe mais baixa dos subordinados feudais. Posteriormente, passou a representar um intelectual. No início, indivíduos de grande força eram selecionados como guardas para proteger a realeza. Eram tão fortes e sólidos quanto os troncos das árvores. O ideograma emprega o desenho de um homem forte com os braços estendidos como uma cruz fincada no chão. Quando se juntam esses dois desenhos, zhuang tem o significado de força.

Seqüência do hexagrama: *As coisas não podem recuar para sempre. Assim, depois de Recuar vem a Grande Força.*

Este hexagrama é o inverso do precedente, Recuar. Recuar é um meio negativo para alcançar um fim positivo. Grande Força representa um avanço positivo para futuras realizações. A estrutura do hexagrama é Trovão ☳ sobre Céu ☰. Os antigos chineses acreditavam que o trovão era energia yang. Quando a energia yang permeia o Céu, sua força é enorme. Em Recuar, há duas linhas maleáveis abaixo de quatro sólidas. Em Grande Força, as duas linhas maleáveis recuam para o topo do hexagrama. Quatro linhas firmes na parte inferior ascendem cada vez mais e ficam cada vez mais fortes. É daí que vem o nome Grande Força. O atributo de Trovão é movimento e o de Céu, força. Este hexagrama é a união de movimento e força, resultando em Grande Força, um dos doze hexagramas sazonais. Representa o segundo mês do calendário lunar chinês.

Decisão

Grande Força.
É favorável ser perseverante e reto.

Comentário sobre a Decisão

Grande Força.
A força torna-se grande.

Firme em movimento.
A força é grande.

Grande força.
É favorável ser perseverante e reto.

O que é grande deve ser justo.
Quando a justiça é grande,
Pode-se ver a verdade do Céu e da Terra.

Comentário sobre o Símbolo

Trovão sobre Céu:
Uma imagem de Grande Força.
Assim,
O homem superior não age de modo contrário à cortesia.

Texto dos Yao

1. Nove na primeira posição
   Fortalecendo os dedos dos pés.

Prosseguir: infortúnio.
Seja sincero e verdadeiro.
Grande força nos dedos dos pés.
Certamente resulta em fracasso.

2. Nove na segunda posição
   Perseverança e retidão:
   Boa fortuna.

   Boa fortuna do nove na segunda.
   Está na posição central.

3. Nove na terceira posição
   O homem inferior usa a força;
   O homem superior não usa nada.
   Perseverança: adversidade.
   Um carneiro investindo contra a cerca
   Enrosca os chifres.

   O homem inferior usa a força.
   O homem superior nunca age violentamente.

4. Nove na quarta posição
   Perseverança e retidão: boa fortuna.
   O arrependimento desaparece.
   A cerca cai,
   Não há mais enrosco.
   Força nos raios das rodas de uma grande carroça.

   A cerca cai, não há mais enrosco.
   Ele pode prosseguir.

5. Seis na quinta posição
   Perder um carneiro no campo.
   Nenhum arrependimento.

   Perder um carneiro no campo.
   A posição não é adequada.

6. Seis na sexta posição
   Um carneiro investe contra uma cerca,
   Incapaz de recuar,
   Incapaz de prosseguir.

Nada é favorável.
Dificuldade; depois, boa fortuna.

Incapaz de recuar ou prosseguir,
Não é auspicioso.
Se a dificuldade é percebida,
Há boa fortuna.
Assim, a culpa não durará muito tempo.

SIGNIFICADO

Este hexagrama expõe o princípio de como usar a grande força. O tema principal é que a pessoa não deve se tornar muito voluntariosa e obstinada. Para os antigos chineses, a grande força não devia manifestar-se como mera força física. A força moral era mais importante e poderosa que a física. As conquistas dependentes da força física não poderiam durar. Só a força moral podia irradiar seu brilho e aspirar à eternidade. Por essa razão, a primeira, a terceira e a sexta linhas mostram que, para aqueles que dependem demais da força e perdem a equanimidade, nada é favorável e existe perigo. A linha principal deste hexagrama é incomum. Há quatro linhas sólidas; a que está na segunda posição é central, uma boa localização para ser a principal. Porém, a quarta linha é a líder de quatro elementos yang – merece ser a principal.

A estratégia do Rei Wen para lidar com as pessoas inferiores que cercavam o tirano de Shang obteve êxito. Recuando, o Rei Wen acumulou grande força. Ensinou ao seu povo que era necessário ser perseverante e reto. O Duque de Zhou alerta que durante o período em que a força cresce as pessoas costumam tornar-se obstinadas e perder o controle. Conquistar o inferior meramente pelo uso da força não garante o êxito. Deve-se empregar a justiça e agir de acordo com o Caminho do Meio. Quando a situação não é propícia para prosseguir, a pessoa não deve exagerar.

(1) Nove na primeira posição. Grande Força alterna
para Longa Duração (32) ☷

Os dedos dos pés são a parte mais baixa do corpo humano, como a primeira linha dentro de um hexagrama. A primeira linha deste hexagrama é um elemento yang em uma posição yang. Nesta posição, o indivíduo tem um forte desejo de prosseguir. Como a primeira linha é somente o início de Grande Força, ainda não é forte o suficiente para transportar todo o corpo. Além disso, não interage com o elemento yang na quarta posição. Assim, prosseguir traz infortúnio. O Texto dos Yao diz: "Prosseguir: infortúnio. Seja sincero e verdadeiro." Este elemento yang em uma posição yang, na parte inferior do trigrama interno, Céu, é excessivamente yang. Ostentar a força e empenhar-se em eclipsar os outros traz infortúnio.

(2) Nove na segunda posição. Grande Força alterna para Abundância (55) ☳

A segunda linha é um elemento yang em uma posição yin. Embora a posição seja incorreta, é central no trigrama inferior. Nesta posição, a pessoa pode agir de acordo com o Caminho do Meio. Quem está em uma posição de grande força costuma se exceder. Se for capaz de se conter e persistir em agir corretamente, haverá boa fortuna.

(3) Nove na terceira posição. Grande Força alterna para A Jovem que se Casa (54) ☳

A terceira linha é um elemento yang em uma posição yang. Há três elementos yang no trigrama inferior. A terceira linha já ultrapassou o meio; nesta posição, há excesso de yang. Pode se tornar obstinada e perder o controle. Em uma posição de grande força, as pessoas inferiores podem importunar e humilhar os outros. O Duque de Zhou alerta que isto é como um carneiro investindo contra uma cerca, enroscando os chifres. O homem superior nunca perderia o controle.

(4) Nove na quarta posição. Grande Força alterna para Progresso (11) ☳

A quarta linha é a principal do hexagrama. É a líder dos quatro elementos yang e o fator principal para superar o inferior. A conquista do inferior pelo mero uso da força não garante o êxito. Deve-se empregar a justiça. Este é o tema desta linha e do hexagrama como um todo. Como líder dos elementos yang, esta linha já chegou ao trigrama superior. É fortíssima. Nesta situação, depender de grande força trará perigo e arrependimento. Por isso, o Texto dos Yao diz: "Perseverança e retidão: boa fortuna. O arrependimento desaparece." Felizmente, trata-se de um elemento yang em uma posição yin; não prossegue às cegas com força e poder. Assim, o arrependimento desaparece.

O trigrama superior é Trovão. Quando esta linha alterna de sólida para maleável, o trigrama superior alterna para Kun. Aqui, Trovão é o bambu, uma cerca viva, e Kun representa uma grande carroça. Como esta pessoa consegue se conter, o Texto dos Yao diz: "A cerca cai, não há mais enrosco. Força nos raios das rodas de uma grande carroça." Assim, ela pode prosseguir.

(5) Seis na quinta posição. Grande Força alterna para Eliminação (43)

Quando se combinam as linhas do hexagrama de duas em duas, Grande Força se torna Dui. Dui simboliza um carneiro, e as linhas lembram a cara de um carneiro. Originalmente o Texto dos Yao dizia: "Perder um carneiro em I." Este I, em chinês, é exatamente o mesmo caractere do nome I Ching. I significa fácil, levianamente ou mudança. Por isso, outras traduções apresentam este texto como: "Perder o cabrito com facilidade", "Ele sacrifica um cabrito levianamente", ou "Perder as ovelhas por causa de mudanças". Contudo, nos tempos antigos, I também significava campo. Esta tradução preserva o significado antigo: "Perder um carneiro no campo."

Esta linha é um elemento yin em uma posição yang – um carneiro dócil. Como ocupa uma posição central, o carneiro não age com descontrole. Ele sabe que a situação de grande força acabará. Quando os quatro elementos yang se aproximam ameaçadoramente, ele cede. Fica tão calmo quanto se estivesse perdido no campo, sem arrependimento. Como entende que sua posição não é propícia a prosseguir, não tem arrependimento.

(6) Seis na sexta posição. Grande Força alterna para Grande Colheita (14)

A sexta linha representa a diminuição da grande força. O antigo sábio, para explicar a situação, emprega a analogia de um carneiro investindo contra uma cerca viva. Como a linha está no topo, não há como prosseguir. Além disso, é fraca; não tem força para retornar. Nada é favorável. Felizmente, esta linha é um elemento yin. Seu caráter flexível a liberta do excesso em suas ações. O espírito do I Ching é lembrar às pessoas que ajam sem erro. Se aquele que ocupa esta posição for capaz de perceber a dificuldade e ceder, haverá boa fortuna. Confúcio diz em seu comentário sobre o Texto dos Yao: "Se a dificuldade é percebida... a culpa não durará muito tempo."

Referências adicionais para este hexagrama:

Imagem: Trovão sobre Céu
Fórmula para recitação: Trovão sobre Céu, Grande Força
Elemento: Madeira
Estrutura: Quatro yang com dois yin
Mês: O segundo mês do calendário lunar, ou março
Linha principal do hexagrama: Nove na quarta posição
Hexagrama oposto: Observação   (20)
Hexagrama inverso: Recuar   (33)
Hexagrama correspondente: Eliminação   (43)

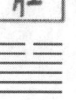

35
JING • PROSSEGUIR

☲ Li • Fogo
☷ Kun • Terra

NOME E ESTRUTURA

Jing é avançar, promover ou prosseguir. Tanto Wilhelm quanto Blofeld traduzem Jing por Progresso. Adoto o termo Prosseguir.

Seqüência do hexagrama: *As coisas não podem permanecer para sempre em grande força. Assim, depois da Grande Força vem o Prosseguir.*

A estrutura do hexagrama é Fogo ☲ sobre Terra ☷. Fogo é um símbolo de Li, que representa o sol. A estrutura deste hexagrama mostra que o sol nasce sobre a Terra, uma imagem de progresso ou de um processo.

O ideograma de Jing é um belo desenho do sol nascendo sobre a terra. O círculo na parte inferior é um símbolo do sol. Acredita-se que o traço horizontal no meio do sol representa uma mancha escura em sua superfície. Acima do sol, há duas linhas retas que simbolizam o horizonte. Sobre a terra, duas plantas crescem e florescem, com a energia yang do sol, brilhando como a chama de uma fogueira. O ideograma mostra não apenas o ato de prosseguir, mas também a irradiação da energia.

Decisão

Prosseguir.
O Senhor Kang é honrado com vários cavalos.
Em um só dia, três vezes recebido para entrevista.

Comentário sobre a Decisão

Prosseguir.
Denota progresso.

O brilho surge sobre a terra.
O submisso adere ao brilhante.
O dócil prossegue e ascende.

Simboliza que o senhor que mantém o país em ordem
É honrado com vários cavalos
E recebido em entrevistas três vezes no dia.

Comentário sobre o Símbolo

A Luz procede sobre a Terra.
Uma imagem de Prosseguir.
Assim,
O homem superior cultiva suas virtudes
E por si mesmo as ilumina.

Texto dos Yao

1. Seis na primeira posição
   Prosseguir, ser detido.
   Perseverança e retidão: boa fortuna.
   Sem confiança.
   Calmo e sem pressa:
   Nenhuma culpa.

   Prosseguir, ser detido.
   Sozinho, ele percorre o caminho certo.
   Calmo e sem pressa.
   Não recebeu uma nomeação.

2. Seis na segunda posição
   Prosseguir com preocupação.
   Perseverança e retidão: boa fortuna.
   Recebendo esta grande bênção
   De sua avó.

   Recebendo esta grande bênção
   Em conseqüência da posição correta e central.

3. Seis na terceira posição
   Conquista a confiança da multidão.
   O arrependimento desaparece.

   Conquista a confiança da multidão.
   O desejo é ascender.

4. Nove na quarta posição
   Prosseguir como um rato.
   Perseverança: adversidade.

   Um rato enfrenta adversidade
   Mesmo mantendo-se perseverante.
   A posição não é adequada.

5. Seis na quinta posição
   O arrependimento desaparece.
   Perder ou ganhar,
   Pare de se preocupar.
   Prosseguir: boa fortuna.
   Nada é desfavorável.

   Ganhar ou perder, pare de se preocupar.
   Se prosseguir, vai ter motivos para felicitações.

6. Nove na sexta posição
   Prosseguir e acertar o chifre.
   É adequado conquistar um domínio para si.
   Adversidade: boa fortuna.
   Nenhuma culpa.
   Perseverança: humilhação.

   É adequado conquistar um domínio para si.
   Seu caminho ainda não é brilhante.

Significado

Este hexagrama expõe o princípio de prosseguir. Quem é dotado de grande força pode progredir e contribuir com seu talento para a sociedade. É como o sol nascente brilhando sobre todos os seres na Terra. No processo de prosseguir, a motivação deve ser pura. Se a situação não é tranqüila, deve-se manter a perseverança e a retidão e seguir o Caminho do Meio. Então, as pessoas próximas darão apoio. Além disso, este hexagrama demonstra a verdade da natureza complementar de yin e yang. Yin é maleável; yang, firme. Os antigos achavam que um caráter firme demais teria dificuldade para lidar com as pessoas. Se não houvesse firmeza suficiente, seria difícil lidar com o curso da vida. O ato de prosseguir deve ser estável, gradativo e constante.

A linha principal deste hexagrama é a maleável na quinta posição, no meio do trigrama superior, Li (Fogo). Quando yin assume a posição média de Céu ☰, este se transforma em Fogo ☲. A imagem do hexagrama é o sol nascendo sobre a Terra. Depois de ganhar grande força, o Rei Wen teve a oportunidade de prosseguir. Quando ajudou Shang a manter o país em ordem, honraram-no com vários cavalos. Em um só dia, foi recebido três vezes para entrevistas. O Duque de Zhou dá a entender que era auspicioso prosseguir, mas aproximar-se demais do tirano era como ser um rato na corte. Haveria humilhação e adversidade. Se o rei ganhasse a confiança do povo e não mais se perguntasse se seus planos fracassariam ou não, nada seria desfavorável. Se, porém, continuasse prosseguindo, sem pôr para si um limite, seria levado ao arrependimento.

(1) Seis na primeira posição. Prosseguir alterna para Erradicação (21) ☲

Todas as linhas neste hexagrama pretendem prosseguir. Contudo, a primeira simboliza um indivíduo que acabou de entrar na sociedade. Sem experiência, deseja prosseguir, mas detém-se. Esta linha é um elemento yin em uma posição yang, incorreta. Embora interaja com o elemento yang na quarta posição, há dois elementos yin entre eles. É difícil interagir. Por isso, o Texto dos Yao diz: "Sem confiança." Entretanto, a primeira e a quarta linhas são yin e yang complementares. Quando a primeira linha acumular experiência, elas se apoiarão. O Texto dos Yao pede para manter a calma e não ter pressa. O segredo é manter a perseverança e a retidão; então, haverá boa fortuna.

(2) Seis na segunda posição. Prosseguir alterna
 para Ainda Não Realizado (64) ☲

A segunda linha é um elemento yin em uma posição yin – central e correta. Não interage como elemento yin na quinta posição, que é o lugar de um rei. Quem ocupa esta posição não pode obter apoio de cima. A pessoa prossegue, mas está preocupada. Contudo, é central e correta; se conseguir manter a perseverança e a retidão, receberá grandes bênçãos, como as de uma avó. Haverá boa fortuna. Avó, em chinês, é wang mu. Literalmente, wang significa rei e mu, mãe. Por essa razão, Wilhelm traduz wang mu por antepassados e Blofeld, por Rainha-Mãe. De acordo com o mais antigo dicionário chinês de caracteres, *Er Ya*, wang mu significa a mãe do pai. Neste hexagrama, todos os elementos yin simbolizam mulheres. A linha maleável na terceira posição é a mãe, e a quinta, a avó. Não se preocupe; sem dúvida, o central e correto trará boa fortuna – esta é a mensagem do hexagrama.

(3) Seis na terceira posição. Prosseguir alterna para Viagem (56) ☷

O Texto dos Yao diz: "Conquista a confiança da multidão. O arrependimento desaparece." O trigrama inferior é Kun, que representa uma multidão. A terceira linha é a mais elevada das três yin; portanto, ganha a confiança delas. Esta linha é um elemento yin em uma posição yang, nem central nem correta – há arrependimento. Felizmente, as duas linhas maleáveis abaixo pretendem prosseguir com ela. As três juntas têm as mesmas idéias. Assim, o arrependimento desaparece. Com a confiança da multidão, a pessoa que ocupa esta posição pode ascender (progredir) e realizar sua vontade.

(4) Nove na quarta posição. Prosseguir alterna para Queda (23) ☶

A quarta linha é um elemento yang em uma posição yin – nem central nem correta. Está na posição de um ministro, próximo ao rei. Contudo, não está qualificado para essa posição, porque é um elemento yang em uma posição yin. Quando esta linha alterna de yang para yin, o trigrama superior alterna de Li ☲ para Gen ☶ . Gen representa, entre outras coisas, um rato. Yang tem o atributo de grande tamanho. Por isso, o Texto dos Yao diz: "Prosseguir como um rato." A natureza do rato é agir sem metas e ser ganancioso. Nesta posição, a pessoa precisa de autoconhecimento. Se não for virtuosa e for gananciosa como um rato, mesmo sendo perseverante, haverá malefício. A mensagem deste hexagrama é que ninguém deve agir sem ter uma meta, nem ser ganancioso, sobretudo em um cargo elevado.

(5) Seis na quinta posição. Prosseguir alterna para Obstáculo (12) ☰

Esta é a linha principal do hexagrama. Sendo um elemento yin em uma posição yang, há arrependimento. Contudo, tem a posição dominante no trigrama superior, Fogo, que representa a luz. O trigrama inferior é a Terra, submissa. Se aquele que ocupa esta posição tiver humildade e for aberto e franco, receberá o apoio da linha sólida na quarta posição. Se for capaz de se humilhar para aceitar as orientações de um sábio (a linha sólida na sexta posição), parar de se preocupar se os planos fracassarão ou não e prosseguir gradativa e constantemente, como o sol nascente, sua luz iluminará cada canto da terra, como o sol. As pessoas o seguirão. Nada é desfavorável.

(6) Nove na sexta posição. Prosseguir alterna para Contentamento (16) ☷

A sexta linha é um elemento yang em uma posição yin – nem central nem correta. Quem ocupa esta posição, chegou ao extremo, como quem prossegue de encontro à ponta de um chifre. Não há saída. Por causa de sua firmeza, ainda tem força para conquistar um domínio para si – o que significa ter autocontrole. Se tiver cuidado com o perigo, haverá boa fortuna. Prosseguir trará arrependimento.

Referências adicionais para este hexagrama:

Imagem:	Fogo sobre Terra
Fórmula para recitação:	O Sol se eleva sobre a Terra, Prosseguir
Elemento:	Fogo
Estrutura:	Dois yang com quatro yin
Mês:	O segundo mês do calendário lunar, ou março
Linha principal do hexagrama:	Seis na quinta posição
Hexagrama oposto:	Necessidade (5)
Hexagrama inverso:	Brilho Ferido (36)
Hexagrama correspondente:	Tribulação (39)

36
Ming Yi •
Brilho Ferido

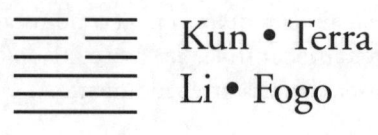

Kun • Terra
Li • Fogo

Nome e estrutura

Ming significa brilho, luminosidade. Yi tem mais de dez significados em chinês. Como verbo, significa cortar, exterminar, ferir. Literalmente, Ming Yi significa que o brilho está ferido. Wilhelm traduz Ming Yi por Obscurecimento da Luz; para Blofeld, é Obscurecimento da Luz, Ferimento. Contudo, em chinês, é a palavra guang que se refere ao brilho da luz. Ming indica o brilho da mente, da inteligência e da virtude.

Seqüência do hexagrama: *Quando as pessoas prosseguem sem limitações, certamente alguém sairá ferido. Assim, depois de Prosseguir vem o Brilho Ferido.*

Este hexagrama é o inverso do anterior, Prosseguir ☷. Há uma famosa máxima chinesa: tao guang yang hui, que significa esconder a luz e ganhar tempo. Esta é a conotação de Brilho Ferido. Quem prossegue, corre até mesmo o risco de ferir-se. Quando o brilho fica ferido, a pessoa vê-se forçada a recuar, a curar as feridas. Depois, será favorável prosseguir mais um pouco.

O nome do hexagrama é formado por dois ideogramas. O primeiro, ming, é composto dos símbolos do sol, à esquerda, e da lua, à direita. O ditado chinês "Sol e lua, brilho" indica o caráter de ming. O segundo ideograma, yi, é composto por dois símbolos: um homem enorme e um arco. Quem está familiarizado com os hexagramas Grande Colheita (14), Grande Acúmulo (26), Grande Excedente (28) e Grande Força (34) poderá perceber que o ideograma de "grande" – da – forma o fundo de yi. Aqui, yi representa um grande homem ou um homem grande. No meio, há um arco. O texto emprega a imagem de um homem enorme com um arco para expressar o ato de ferir.

A estrutura do hexagrama é Terra ☷ sobre Fogo ☲, uma imagem do sol no poente, quando seu brilho é escondido pela Terra. A escuridão aumenta cada vez mais, representando tribulação. Tal situação foi vivida pelo Rei Wen quando o tirano de Shang o prendeu. O Rei Wen era brilhante por dentro e gentil por fora. Adotou a arte de tao guang yang hui – esconder o brilho e ganhar tempo – ao lidar com uma situação dificílima. Ser brilhante por dentro e gentil por fora era uma das maiores virtudes na antiga China. Para os sábios antigos, só o brilhante e o gentil podiam superar as trevas e o inflexível. Somente os mais sábios e, ao mesmo tempo, mais fortes eram capazes de valorizar essa virtude e cultivá-la.

Decisão

Brilho Ferido.
É favorável ser perseverante e reto na tribulação.

Comentário sobre a Decisão

O brilho afundou sob a Terra.
É Brilho Ferido.

No interior há graça e brilho.
No exterior é gentil e flexível.
Confrontado por grande tribulação.
Foi isto que o Rei Wen vivenciou.

É favorável ser perseverante e reto na tribulação.
Isto é cobrir o brilho.

Em meio à tribulação,
Não obstante mantendo a mente quieta e a vontade firme.
Foi isto que Ji Zi encontrou.

Comentário sobre o Símbolo

O brilho afundou sob a Terra.
Uma imagem de Brilho Ferido.
Assim,
O homem superior permanece em harmonia com a multidão.
Seu brilho está coberto, mas sua luz ainda se irradia.

Texto dos Yao

1. Nove na primeira posição
   O brilho ferido está voando,
   De asas caídas.
   O sábio se retira;
   Três dias, ignora a comida.
   Há para onde ir.
   O anfitrião faz mexericos.

   O sábio se retira;
   É justo não comer.

2. Seis na segunda posição
   Brilho ferido,
   Ferido na coxa esquerda.
   Precisa de ajuda, um cavalo forte.
   Boa fortuna.

   A boa fortuna do seis na segunda.
   Ele age de acordo com o princípio e a situação.

3. Nove na terceira posição
   Brilho ferido
   Caçando ao sul.
   Capturou o grande líder.
   Não aja com pressa indevida;
   Seja perseverante e reto.

   Caçando ao sul.
   Realizou-se um grande feito.

4. Seis na quarta posição
   Entrando à esquerda do abdome,
   Conhecendo o coração do brilho ferido.
   Abandone a moradia.

   Entrando à esquerda do abdome,
   Aprende a intenção de sua mente.

5. Seis na quinta posição
   O brilho ferido de Ji Zi.
   É favorável ser perseverante e reto.

   A perseverança e retidão de Ji Zi:
   Foi impossível extinguir seu brilho.

6. Seis na sexta posição
   Nenhum brilho,
   Apenas escuridão.
   Primeiro, ascende ao Céu.
   Depois, cai à Terra.

   Primeiro, ascende ao Céu.
   Ele iluminou os quatro cantos da Terra.
   Depois, cai à Terra.
   Ele perdeu o código de conduta.

SIGNIFICADO

Este hexagrama expõe a verdade de ocultar o brilho e ganhar tempo durante uma situação dificílima. Há duas linhas qualificadas para ser a principal: as maleáveis na segunda e na quinta posição. Ambas são centrais, mas a quinta não é correta. Este hexagrama representa uma época de trevas e tribulação, como aquela em que viveram o Rei Wen e Ji Zi. Assim, as duas linhas principais representam esses dois sábios, que foram os mais feridos. O tema principal do hexagrama é a sabedoria de perceber a dificuldade e a tribulação e manter a perseverança e a retidão numa época de trevas, como fizeram o Rei Wen e Ji Zi.

(1) Nove na primeira posição. Brilho Ferido alterna para Humildade (15)

A primeira linha representa a situação de alguém ferido em época de trevas, como um pássaro ferido em pleno vôo. A linha representa o ferimento inicial. O ferimento do pássaro não é grave – ele ainda pode voar; conquanto tenha as asas caídas. O Duque de Zhou associou esta linha a um incidente na vida do sábio Bai Yi. É bem conhecido, na história chinesa, que Bai Yi recusou-se a comer o painço da dinastia Zhou.

Bai Yi e seu irmão, Shu Qi, viviam no reino de Zhou. Quando o Rei Wu deflagrou a revolução contra o tirano de Shang, eles discordaram, porque acreditavam que era errado depor qualquer rei. Quando o tirano foi deposto, retiraram-se para a montanha de Shou Yang, recusaram-se a comer o painço da dinastia Zhou e morreram. É a isto que Confúcio se refere em seu Comentário quando diz: "É justo não comer." Bai Yi e Shu Qi foram honrados como as figuras mais justas da história chinesa. Mêncio disse:

Bai Yi não servia a um senhor que ele não aprovasse.
Não se associava a um amigo que não estimasse.
Não permanecia na corte de um senhor mau nem falava com um homem mau.

Eram fiéis às suas crenças e até mesmo se recusaram a comer o alimento que julgavam injusto.

(2) Seis na segunda posição. Brilho Ferido alterna para Progresso (11)

O ferimento da segunda linha é mais grave que o da primeira. Na primeira, o pássaro ainda consegue voar, mas na segunda torna-se difícil caminhar. Este é um elemento yin em uma posição yin, central e correta. Aquele que ocupa esta posição é dócil e age de acordo com a situação, obtendo apoio; por isso, as questões terminam em boa fortuna. Quando esta linha alterna de maleável para sólida, o trigrama inferior alterna de Li para Qian. Qian também representa um garanhão. O Texto dos Yao diz para obter a ajuda de um cavalo forte. O cavalo forte é o Rei Wen, que resgatou o povo das mãos do tirano de Shang.

(3) Nove na terceira posição. Brilho Ferido alterna para Retorno (24)

A terceira linha é um elemento yang em uma posição yang – extremamente firme. Está no topo do trigrama superior, Li, uma posição das mais brilhantes. Contudo, está cercado por elementos yin. Além disso, interage com o elemento yin na sexta posição, que significa as Trevas. A situação não é boa. A pessoa aqui situada deve esconder o brilho e ter paciência. Como é firme e brilhante, durante a caçada no sul o grande líder será, por fim, capturado. Nos tempos antigos, o sul era colocado na parte superior do mapa. Portanto, neste hexagrama, o sul indica o elemento yin principal na quinta posição – o anfitrião da escuridão. Esta caçada no sul iluminará a escuridão. É uma ação portentosa, uma revolução; como tal, levará tempo; não se deve esperar que as coisas sejam postas nos eixos de imediato. Esta linha nos diz que, depois que o Rei Wen, preso pelo tirano de Shang por sete anos, foi libertado, ele instruiu seu filho, o Rei Wu, a empreender uma revolução contra o tirano.

(4) Seis na quarta posição. Brilho Ferido alterna para Abundância (55)

O texto desta linha é difícil de entender. A quarta linha está na parte inferior do trigrama superior, Terra. No I Ching, a Terra representa o abdome, bem como o escuro. A quarta linha também está no meio (no coração) deste hexagrama, Brilho Ferido; assim, o Texto dos Yao diz: "Entrando à esquerda do abdome, conhecendo o coração do brilho ferido." Um adágio chinês diz: "Sem entrar na cova do tigre, como será possível capturar seus filhotes?" Ou seja, depois de experimentar o perigo de uma situação, a pessoa pode usar o conhecimento adquirido para não ser mais uma vítima desamparada.

Esta linha está associada a um evento histórico. Quando Wei Zi, irmão mais velho do tirano de Shang, viu o irmão tiranizar o país, protestou várias vezes e foi rejeitado. Entendeu que as idéias do tirano não mudariam. Deixou o palácio e refugiou-se no domínio do Rei Wen. Depois que o tirano de Shang foi deposto, Wei Zi retornou e tornou-se um governante virtuoso.

(5) Seis na quinta posição. Brilho Ferido alterna para Já Realizado (63) ☷

A quinta linha é a principal do hexagrama. Está no centro do trigrama superior, Escuridão, e é também adjacente à sexta linha, que representa a escuridão máxima. Nesta posição, a pessoa caiu numa situação dificílima. Por ser central, é capaz de manter a perseverança e a retidão, como Ji Zi. É impossível extinguir a luz. Para os antigos chineses, permanecer perseverante e reto era a mais alta virtude quando se lidava com as trevas e a tribulação. Esta linha representa Ji Zi. Ji Zi era o tio virtuoso do tirano de Shang. Protestou contra o péssimo comportamento do sobrinho e foi repreendido. Seus melhores amigos aconselharam-no a se exilar; caso contrário, seria morto. Ji Zi respondeu: "Como subordinado de um rei, depois de ter rejeitadas minhas tentativas de dissuadir Sua Majestade de praticar a crueldade, se partisse, poria em evidência a maldade do rei e ganharia favor do povo. Não posso suportar agir assim." Embora Ji Zi soubesse que o rei estava errado, também sabia que, como servo leal, seria errado trair o rei. Com os cabelos despenteados, fingiu-se de louco. Retiraram-no do palácio e tornou-se escravo. Foi assim que Ji Zi ocultou intencionalmente seu brilho para evitar uma situação impossível. A mensagem desta linha e do hexagrama é, como diz Confúcio: "A perseverança e retidão de Ji Zi; foi impossível extinguir seu brilho."

(6) Seis na sexta posição. Brilho Ferido alterna para Ornamentação (22) ☷

O Texto dos Yao diz: "Nenhum brilho, apenas escuridão", representando a pior situação. A escuridão atinge um extremo. Nesta situação, a pessoa deve permanecer fiel. Quando a escuridão já ascendeu ao Céu, ela logo cairá nas profundezas da Terra. Com esta lealdade, perseverança e retidão, o Rei Wen e o sábio Ji Zi sobreviveram. O que eles conseguiram fazer, nós também conseguimos. O tirano de Shang, ao contrário, nunca agiu de acordo com a vontade do Céu e os desejos do povo; insistiu na tirania até o fim. Como diz Confúcio, ele caiu porque "perdeu o código de conduta".

Referências adicionais para este hexagrama:

Imagem:	Terra sobre Fogo
Fórmula para recitação:	Fogo sob a Terra, Brilho Ferido
Elemento:	Terra
Estrutura:	Dois yang com quatro yin
Mês:	O nono mês do calendário lunar, ou outubro
Linha principal do hexagrama:	Seis na quinta posição
Hexagrama oposto:	Disputa (6)
Hexagrama inverso:	Prosseguir (35)
Hexagrama correspondente:	Alívio (40)

37
Jia Ren • Lar

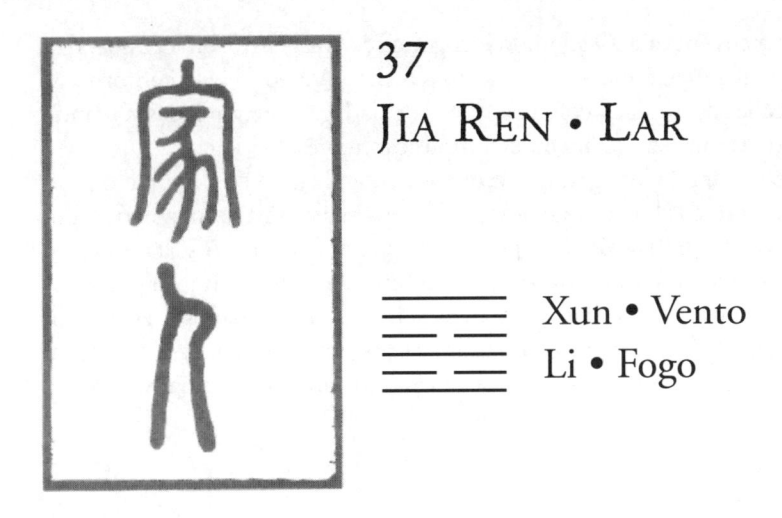

Xun • Vento
Li • Fogo

Nome e estrutura

Jia é família e ren, pessoa. Jia Ren denota todos os membros de uma família. Este hexagrama é denominado Jia Ren em vez de Jia porque Jia Ren inclui todos os membros de uma família e também os assuntos e relacionamentos domésticos. Jia Ren expõe os relacionamentos entre os familiares e a ética de uma família. Tanto Wilhelm quanto Blofeld traduzem Jia Ren por A Família. Adoto o termo Lar.

Perguntou-se a Confúcio: "Mestre, por que o senhor não está envolvido no governo?" Confúcio respondeu: "O que o *Shu Ching* [o mais antigo dos clássicos chineses] diz sobre a piedade? 'Ó, piedade filial. Nada, exceto a piedade filial!' Quem é filial é capaz de mostrar amor fraterno. Se essas qualidades forem preservadas na família, também serão praticadas no governo. Por que envolver-se no governo?" Além disso, Confúcio nos diz que o governo de um Estado depende da regulação da família. Quando o governante age como bom pai, filho e irmão, torna-se um modelo; então o povo seguirá seu exemplo.

Seqüência do hexagrama: *Aquele que é ferido no estrangeiro, certamente retorna ao lar. Assim, depois de Brilho Ferido vem o Lar.*

O nome do hexagrama consiste em dois ideogramas. Uma casa e um porco foram empregados para representar a família – jia – porque os princípios morais devem ser praticados em família. Assim como é preciso adestrar os animais, também é necessário educar os familiares. A estrutura do ideograma representa uma casa com paredes e telhado. No telhado há uma chaminé e, sob ele, um porco. Nos tempos antigos, era comum criar porcos em casa. O segundo ideograma é a imagem de uma pessoa, ren. Ela está inclinada, mãos e pés tocando o chão. Vemos o belo contorno de uma cabeça erguida, a coluna arqueada e nádegas arredondadas. Quando essas duas imagens se unem, a composição representa Lar.

A estrutura do hexagrama é Vento ☴ sobre Fogo ☲. Segundo o posicionamento das linhas, este hexagrama representa uma família harmoniosa. As quatro linhas sólidas representam quatro homens. A sexta linha é o pai; as outras três, os filhos. A primeira linha é o filho mais jovem, e a terceira e quinta são os dois filhos mais velhos, ambos casados – as duas linhas maleáveis na segunda e quarta posição são suas mulheres. A imagem do hexagrama é Vento oriundo do Fogo, indicando calor e harmonia.

Decisão

Lar.
É favorável para uma mulher
Ser perseverante e reta.

Comentário sobre a Decisão

Lar.
As mulheres obtêm a posição adequada no lado de dentro;
Os homens obtêm a posição adequada no lado de fora.
Quando homens e mulheres obtêm as posições adequadas,
Cumprem a grande norma do Céu e da Terra.

Em um lar há governantes dotados de autoridade:
São os pais.

Quando o pai é realmente um pai e o filho, um filho,
Quando o irmão mais velho é de fato um irmão mais velho
E o irmão mais jovem, um irmão mais jovem,
E o marido um marido, e a mulher, uma mulher,
Então o caminho daquela família está em condições adequadas.

Quando cada família está em condições adequadas,
Tudo sob o Céu está em condição estável.

Comentário sobre o Símbolo

O vento vem do fogo.
Uma imagem do Lar.

Assim,
O homem superior é substancial em suas palavras
E constante em seus atos.

Texto dos Yao

1. Nove na primeira posição
   Tome precauções dentro do lar.
   O arrependimento desaparece.

   Tome precauções dentro do lar,
   Antes que aconteça qualquer mudança na vontade.

2. Seis na segunda posição
   Não toma uma decisão arbitrária,
   Não empreende uma ação irresoluta.
   Encarregado de alimentar o lar,
   Perseverança e retidão: boa fortuna.

   A boa fortuna do seis na segunda,
   Em conseqüência de sua docilidade e suavidade.

3. Nove na terceira posição
   O lar, resmungando, resmungando.
   Arrependimento pela adversidade: boa fortuna.
   Mulheres e crianças brincando, brincando.
   No fim, humilhação.

   O lar, resmungando, resmungando.
   Ninguém se excede
   Mulheres e crianças brincando, brincando.
   Pode-se perder o controle do lar.

4. Seis na quarta posição
   Enriquece o lar.
   Grande boa fortuna.

   Enriquece o lar –
   Grande boa fortuna
   Em conseqüência de sua docilidade e posição correta.

5. Nove na quinta posição
   O rei influencia seu lar.
   Não se preocupe.
   Boa fortuna.

O rei influencia seu lar.
Associam-se uns aos outros com amor mútuo.

6. Nove na sexta posição
   Sendo sincero e reto,
   Com dignidade,
   No fim, boa fortuna.

   Boa fortuna de dignidade.
   Ele confia no exame de sua própria consciência.

SIGNIFICADO

Este hexagrama expõe o princípio da administração do lar. Na antiga China, a piedade filial (em relação aos pais) e o respeito pelo irmão mais velho eram considerados a origem de toda a moralidade. A atmosfera de um lar deve ser harmoniosa e tranqüila. Não é correto ser nem muito rígido nem muito tolerante. O tema principal do hexagrama está na quinta linha. Indica o amor mútuo.

A imagem do hexagrama é Vento ☴ sobre Fogo ☲. O vento surge do fogo. Este hexagrama simboliza que o vento da harmonia é alimentado pelas chamas do amor. A atmosfera harmoniosa de um lar começa no início, na primeira linha, e se estende de dentro (trigrama interno) para fora, para o trigrama externo. Este hexagrama tem duas linhas principais porque o lar compõe-se de um homem e uma mulher. O Comentário sobre a Decisão diz: "As mulheres obtêm a posição adequada no lado de dentro; os homens obtêm a posição adequada no lado de fora." "No lado de dentro" se refere ao trigrama interno; "no lado de fora" indica o externo. A linha sólida na quinta posição representa o marido; a maleável na segunda, a mulher.

Os antigos sábios sempre aplicavam o princípio da administração doméstica ao governo do país. Para eles, um país era simplesmente um enorme lar. Com o espírito de sinceridade e amor mútuo, pode-se criar uma situação harmoniosa em qualquer lugar, em qualquer circunstância. Em seus *Analectos*, Confúcio diz:

A partir do exemplo amoroso de um lar,
Um estado inteiro se torna amoroso.
A partir da cortesia de um lar,
Um estado inteiro se torna cortês.

Este hexagrama conta que, depois de sair da prisão, o Rei Wen retornou ao lar. Percebendo que a estabilidade do país dependia da estabilidade das famílias, incentivou o povo a estabelecer famílias e carreiras. Disse que, em um lar, era mais favorável para as mulheres ser perseverantes e retas. O Duque de Zhou narra diversas maneiras de regulamentar um lar. Com um espírito de sinceridade e dignidade, a influência de um lar pode se estender a toda a comunidade.

(1) Nove na primeira posição. Lar alterna para Desenvolvimento Gradual (53) ☶

A primeira linha é o início do hexagrama. É um elemento yang em uma posição yang – firme e correta. Nesta posição, a pessoa consegue tomar precauções no lar para impedir qualquer arrependimento. Assim, o arrependimento desaparecerá. Yan zhi-tui (531-590), um famoso sábio confucionista da dinastia Qi do norte (550-577), diz em sua obra *Instruções para o lar* que se deve começar a influenciar a nora assim que ela entra na família. A educação de filhos e filhas deve começar quando ainda são bebês. A idéia é prevenir para não ter de remediar.

(2) Seis na segunda posição. Lar alterna para Pequeno Acúmulo (9) ☴

A segunda linha representa uma dona de casa. É um elemento yin em uma posição yin, mas parece dócil demais. Contudo, ocupa a posição central do trigrama interno, o lugar ideal para uma dona de casa. Ser dócil e perseverante é uma virtude essencial para a esposa. O Texto dos Yao diz: "Não toma uma decisão arbitrária, não empreende uma ação irresoluta"; está encarregada de alimentar a família, e a perseverança e a retidão trazem boa fortuna. É boa fortuna para um lar o fato de a mulher ser a anfitriã. No *Livro dos poemas*, a coletânea de antigas canções folclóricas compiladas por Confúcio, lê-se:

Como aquele pessegueiro é delicado e elegante;
Como sua folhagem é luxuriante.
A donzela vai à casa do marido,
Administrará o lar adequadamente.

Que o lar seja administrado adequadamente;
Depois, o povo do Estado poderá ser ensinado.

(3) Nove na terceira posição. Lar alterna para Aumento (42) ☴

A terceira linha está no topo do trigrama interno. Representa o governante do lar. É um elemento yang em uma posição yang – firme demais. Trata a família com rigor e isso resulta em arrependimento. Mas ainda há boa fortuna. A idéia de que os riscos e as brincadeiras de mulheres e crianças acabam em humilhação era um ponto de vista chinês característtico da antiguidade. Esta linha indica que não ser nem muito rígido nem muito tolerante é melhor para cultivar uma vida familiar harmoniosa. A moderação é o Caminho do Meio.

(4) Seis na quarta posição. Lar alterna para Busca de Harmonia (13)

A quarta linha é um elemento yin em uma posição yin; encontra-se no início do trigrama externo – Xun, Modéstia. Aquele que ocupa esta posição é dócil e modesto; consegue percorrer o caminho central e, assim, enriquecer o lar. Há grande boa fortuna.

(5) Nove na quinta posição. Lar alterna para Ornamentação (22)

Esta linha é a principal do hexagrama. É um elemento yang em uma posição yang – firme, correta e central – e em um lugar supremo. Interage com o elemento yin na segunda posição. A segunda posição é a anfitriã do lar; portanto, esta linha simboliza o rei que chegou ao lar. O firme e o maleável se associam em amor mútuo. Uma vida familiar harmoniosa trará boa fortuna.

(6) Nove na sexta posição. Lar alterna para Já Realizado (63)

A sexta linha representa o chefe do lar. É repleto de amor, mas conserva sua dignidade. Confiando em sua sinceridade e autodisciplina, consegue dar bom exemplo a todos os familiares. Além de afetar a família, sua influência vai além, trazendo boa fortuna. Mêncio diz: "Se um homem não seguir o Tao, não poderá esperar que a esposa e os filhos o façam. Se não lidar com as pessoas segundo o Tao, não poderá esperar que a esposa e os filhos o façam... Não há contentamento maior que o que vem da sinceridade e do exame da própria consciência."

Referências adicionais para este hexagrama:

Imagem:	Vento sobre Fogo
Fórmula para recitação:	O Vento provém do Fogo, Lar
Elemento:	Madeira
Estrutura:	Quatro yang com dois yin
Mês:	O quinto mês do calendário lunar, ou junho
Linha principal do hexagrama:	Seis na segunda posição
Hexagrama oposto:	Alívio (40)
Hexagrama inverso:	Diversidade (38)
Hexagrama correspondente:	Ainda Não Realizado (64)

38
KUI • DIVERSIDADE

Li • Fogo
Dui • Lago

NOME E ESTRUTURA

Kui significa ir contra, ser incompatível; diversidade.

Seqüência do hexagrama: *Quando o caminho próprio de um lar chega ao fim, certamente há diversidade. Assim, depois do Lar vem a Diversidade.*

Wilhelm traduz Kui por Oposição e Blofeld, por Alienar, Opostos. Neste livro, adota-se o termo Diversidade.

O significado original de kui era "os olhos não se entreolham", indicando que as linhas de visão das pessoas são diferentes. Há diversidade entre elas. O ideograma de Kui demonstra esse conceito de diversidade. Nele, há um olho desenhado à esquerda, na posição vertical, com dois tracinhos no meio. No início não havia esses dois traços, mas um círculo minúsculo, a pupila. No canto superior direito, há duas mãos, mostrando os dedos e as palmas. As palmas das mãos não estão voltadas uma para a outra; ao contrário, estão de costas. Essa posição sugere diversidade. Um arco e flecha estão desenhados sob as mãos. Há duas penas presas à extremidade da flecha para mostrar que ela se move e as penas voam. A flecha passa entre as duas mãos, tornando ainda maior o espaço de sua diversidade.

Este hexagrama é o inverso do anterior, Lar, que caracteriza a força centrípeta que mantém a família unida. Diversidade, por outro lado, mostra uma força centrífuga que diversifica a família. Um antigo adágio chinês diz: "Em uma família harmoniosa, tudo é próspero. Em uma família sem harmonia, tudo fica obstruído."

A estrutura do hexagrama é Fogo ☲ sobre Lago ☱. A chama do fogo ascende, enquanto a água no lago desce. Esses movimentos, ascendente e descendente, divergem. O Lago, simbolizando alegria, apega-se alegremente ao Fogo, Brilho. No curso da diversificação, ainda há similaridade – esta é a sabedoria especial do I Ching. Fogo representa a filha do meio e Lago, a filha mais jovem. Originaram-se dos mesmos pais. Contudo, ao crescerem, irão unir-se em matrimônio a famílias distintas. Naturalmente, seus interesses as levarão em direções diferentes. Portanto, a diversidade é inevitável. O segredo está em buscar a harmonia na diversidade.

Quando a segunda e a terceira linhas de Brilho trocam de lugar, Brilho alterna para Diversidade. Da mesma maneira, quando a quarta e a quinta linhas de Sinceridade Profunda (61) trocam de posição, e quando a segunda e a terceira e a quarta e a quinta linhas de Lar (37) sobem, obtemos este hexagrama. Em todas essas mudanças, as linhas maleáveis se movem para cima. Como resultado, a linha maleável na quinta posição é central e interage com a sólida na segunda. Assim, embora não se possam realizar grandes coisas, haverá boa fortuna nas pequenas. Por isso, o Comentário sobre a Decisão diz: "O alegre prende-se ao brilhante. O maleável avança e ascende. Conquista a posição central e interage com o firme. É por isso que há boa fortuna em pequenas coisas."

Decisão

> Diversidade.
> Pequenas coisas:
> Boa fortuna.

Comentário sobre a Decisão

> *Diversidade.*
> *O Fogo ascende; o Lago desce.*
> *Duas filhas vivem juntas;*
> *Suas mentes não se movem na mesma direção.*
>
> *O alegre prende-se ao brilhante.*
> *O maleável avança e ascende.*
> *Conquista a posição central e interage com o firme.*
> *É por isso que há boa fortuna em pequenas coisas.*
>
> *Céu e Terra são diferentes,*
> *Mas se unem no agir.*

Homem e mulher são diferentes,
Mas se apaixonam em uníssono.
Todos os seres são diferentes,
Mas suas funções são as mesmas.

Grande, de fato, é o momento e a importância da diversidade.

Comentário sobre o Símbolo

Fogo sobre Lago.
Uma imagem da Diversidade.
Assim,
O homem superior busca pontos comuns nas grandes questões
Enquanto deixa espaço para as diferenças nas menores.

Texto dos Yao

1. Nove na primeira posição
   O arrependimento desaparece.
   Perdendo um cavalo, não o persiga.
   Espontaneamente, ele retorna.
   Encontro com pessoas más.
   Nenhuma culpa.

   Encontro com pessoas más;
   Guarde-se do erro.

2. Nove na segunda posição
   Encontro com o senhor feudal numa rua estreita.
   Nenhuma culpa.

   Encontro com o senhor feudal numa rua estreita.
   Ele não se desviou do caminho adequado.

3. Seis na terceira posição
   Vendo uma carroça arrastada,
   Seu boi puxado,
   Como se sua testa estivesse tatuada e seu nariz, cortado.
   Sem começo,
   Há um fim.

   Vendo uma carroça arrastada,
   A posição não é correta.

Sem começo, há um fim;
Ele encontra alguém firme.

4. Nove na quarta posição
Diversidade isolada.
Encontro com o iniciador.
Fundiram-se sinceridade e veracidade.
Adversidade.
Nenhuma culpa.

Fundiram-se sinceridade e veracidade: nenhuma culpa.
Suas mentes comunicam-se e realizam-se.

5. Seis na quinta posição
O arrependimento desaparece.
Os homens do clã respondem
Como se mordessem carne macia.
Prosseguindo, que erro poderia haver?

Os homens do clã respondem
Como se mordessem carne macia.
Há motivo para felicitações.

6. Nove na sexta posição
Diversidade isolada.
Vendo um porco coberto de lama,
Uma carroça carregando demônios.
Primeiro puxa o arco,
Depois deixa-o de lado.
Não um invasor, mas uma pretendente.
Prosseguindo, encontra a chuva,
E, depois, boa fortuna.

A boa fortuna de encontrar chuva.
Todas as dúvidas se dissipam.

SIGNIFICADO

A diversidade é natural e inevitável. O segredo está em buscar a harmonia. Para os chineses, toda diversidade pode ser harmonizada, quer se dê entre familiares, entre os membros de uma sociedade ou entre as nações do mundo. A chave está na postura de cada um. Se ambos os lados estão dispostos a se reunir com sinceridade e veracidade, pode-se solucionar qualquer problema. O símbolo do hexagrama é Fogo ☲ sobre Lago ☱. A chama ascendente do fogo e o fluxo descendente da água do lago movem-se em direções opostas. Assim, o homem superior busca pontos em comum enquanto deixa espaço para as diferenças. Essa é a postura correta para neutralizar a diversidade. Com ela por fundamento, não haverá infortúnio. Contudo, a integração da diversidade também requer momento oportuno e situação propícia. Tanto a linha maleável na quinta posição quanto a sólida na segunda poderiam ser a principal. O Comentário sobre a Decisão diz: "O maleável avança e ascende. Conquista a posição central e interage com o firme." Este comentário nos diz que a linha maleável na quinta posição é a principal.

Este hexagrama informa que o povo da dinastia Shang reagiu positivamente à política do Rei Wen de receber pessoas de talento e virtude em seu país. Os que se opunham à tirania da dinastia Shang foram para Zhou em busca de proteção, um após o outro. O Rei Wen ensinou-lhes que estar ciente da diversidade e começar com pequenas coisas traria boa fortuna. O Duque de Zhou narra as diversas experiências dos que divergiram do tirano de Shang.

(1) Nove na primeira posição. Diversidade alterna para Ainda Não Realizado (64) ☲

A linha inferior é um elemento yang em uma posição yang; não interage com o elemento yang na quarta posição. Já que não trabalham juntos, como poderia haver arrependimento? Mas, durante o período de diversidade, os que deveriam interagir um com o outro divergem, e os que deveriam divergir, interagem – a diversidade entre as pessoas na primeira e na quarta posição desaparece. É como se alguém perdesse seu cavalo e não saísse para procurá-lo, mas o animal voltasse sozinho. No período de diversidade, é preciso ser generoso e magnânimo. Ao lidar com gente má, não é necessário manter uma grande distância. Mesmo encontrando-os face a face, não haverá culpa. Esta linha sugere que esclarecer um mal-entendido leva tempo; o cavalo perdido retornará espontaneamente. Com a atitude adequada, mesmo em encontrar pessoas com idéias diferentes, não haverá problema.

(2) Nove na segunda posição. Diversidade alterna para Erradicação (21) ☲

A segunda linha é um elemento yang em uma posição yin. Ela interage com o elemento yin na quinta posição, que é o senhor feudal. São yin e yang complementares – devem se encontrar. Mas, durante o período de diversidade, não podem. A pessoa que ocupa a segunda posição procura seu senhor em outro lugar. Por fim, encontra-o numa rua estreita, o que é incomum. A rua estreita em questão é uma rua fora das paredes do palácio. O subordinado e seu senhor conseguem se encontrar humildemente nesse local informal. Nisso, não há culpa. Esta linha indica que, no período de diversidade, deve-se manter um espírito de conciliação e transigência para melhor servir ao interesse geral.

(3) Seis na terceira posição. Diversidade alterna para Grande Colheita (14)

A terceira linha é um elemento yin em uma posição yang, interagindo com o elemento yang na sexta posição. Nesta posição, a pessoa deve ir ao encontro daquele que ocupa a sexta posição. Contudo, sua personalidade é fraquíssima e ela está bloqueada pelos elementos yang circundantes. É como se a carroça fosse arrastada pela linha sólida na segunda posição e o boi estivesse sendo puxado pela linha sólida na quarta posição. A situação é ruim – como quando a testa de um homem está tatuada e seu nariz, cortado. Essas eram duas formas antigas de punição. Entretanto, como são elementos correspondentes e aquele no topo é firme e forte, no final eles se encontram.

(4) Nove na quarta posição. Diversidade alterna para Diminuição (41)

A quarta linha é um elemento yang em uma posição yin; não interage com o elemento yang na primeira posição. Além disso, está cercado e isolado por elementos yin acima e abaixo. Mas o elemento yang na primeira posição é forte e firme, verdadeiro e reto. Ambos são yang. Assim, o Texto dos Yao diz: "Diversidade isolada. Encontro com o iniciador. Fundiram-se sinceridade e veracidade. Adversidade. Nenhuma culpa." O iniciador é a primeira linha.

(5) Seis na quinta posição. Diversidade alterna para Cumprimento (10)

A quinta linha é um elemento yin em uma posição yang. Embora ocupe o lugar supremo, seu atributo é a fraqueza e sua posição, incorreta. Há arrependimento. Por outro lado, é central e interage com o elemento yang na segunda posição, que o apóia como um homem do mesmo clã. O arrependimento desaparece. Que erro poderia haver?

*(6) Nove na sexta posição. Diversidade alterna para
A Jovem que se Casa (54)* ☳

O Texto dos Yao desta linha é muito imaginativo. Aquele que ocupa esta posição, a mais elevada, é um homem que age de maneira contrária à razão e ficou isolado. Ele interage com o elemento yin na terceira posição, mas tem uma atitude de dúvida. Quer encontrar a linha yin correspondente, mas ela está cercada por duas linhas sólidas, acima e abaixo. Ele suspeita que ela seja como um porco coberto de lama ou uma carroça carregada de demônios – uma coisa útil revestida de algo desagradável. Primeiro, puxa o arco; depois o deixa de lado. Finalmente, reconhece que ela não é uma inimiga, mas alguém que o está cortejando. Por fim, a chuva lava a lama e suas dúvidas são dissipadas; e, no final, eles se encontram. Há boa fortuna. Esta linha nos conta que resolver a diversidade deve ser tão natural quanto as nuvens que se acumulam e geram chuva. Leva tempo.

Referências adicionais para este hexagrama:

Imagem:	Fogo sobre Lago
Fórmula para recitação:	Fogo sobre Lago, Diversidade
Elemento:	Fogo
Estrutura:	Quatro yang com dois yin
Mês:	O décimo segundo mês do calendário lunar, ou janeiro
Linha principal do hexagrama:	Seis na quinta posição
Hexagrama oposto:	Tribulação (39) ☵
Hexagrama inverso:	Lar (37) ☲
Hexagrama correspondente:	Já Realizado (63) ☵

39
JIAN • TRIBULAÇÃO

☵ Kan • Água
☶ Gen • Montanha

NOME E ESTRUTURA

Originalmente, Jian significava imperfeito ou coxo. De imperfeito, o significado se estendeu para incluir dificuldade no andar ou tribulação. Wilhelm traduz Jian por Obstrução; Blofeld, por Dificuldade. Neste livro, uso Tribulação.

Seqüência do hexagrama: *O desentendimento e a diversidade em um lar certamente resultará em tribulação. Assim, depois da Diversidade vem a Tribulação.*

O ideograma do hexagrama mostra seu significado original – um coxo, com dificuldade para andar. Na parte superior do ideograma está o telhado de uma casa, com uma chaminé. Abaixo há o ideograma de pessoa, ren. Entre o telhado e a pessoa, há dois feixes de feno, representando roupas de cama. Essas imagens formam a parte superior do ideograma: o desenho de uma pessoa, debaixo do telhado de uma casa, coberta com duas peças de roupas de cama espessas para resistir ao frio. Na parte inferior, há o ideograma de um pé. De cada lado do pé e abaixo da pessoa, um par de muletas. Podem-se visualizar as muletas sob as axilas da pessoa com a perna imperfeita. A circulação sangüínea da perna coxa é deficiente; por isso, usou-se a imagem de um pé frio para demonstrar a dificuldade do coxo em andar.

A estrutura do hexagrama é Água ☵ sobre Montanha ☶. Representa uma situação em que à tribulação segue-se outra tribulação. Escalar uma montanha e atravessar um rio são empreendimentos árduos. O atributo da Água é a escuridão e o da Montanha, a quietude. Enquanto não chega o momento certo para superar a tribulação, é preciso ficar quieto, imóvel. Ficar quieto não significa desistir, mas apenas ceder à situação e esperar um momento mais auspicioso. Quando o momento adequado vier, será favorável buscar união ou consultar uma pessoa nobre para pedir-lhe conselhos construtivos. Qualquer avanço prematuro envolverá riscos. A superação da tribulação depende do momento, da situação e dos companheiros – em termos chineses, Céu, Terra e seres humanos, os três elementos primários.

Quando a linha sólida na quarta posição e a maleável na quinta posição de Pequeno Excedente (62) ☰☰ trocam de lugar, Pequeno Excedente alterna para Tribulação ☰☰. Avançando, a linha sólida na quarta posição de Pequeno Excedente atinge o centro do trigrama superior. Por isso, o Comentário sobre a Decisão diz: "Prosseguindo, obtém a posição central." Se a linha sólida na quarta posição de Pequeno Excedente recuar, ela confrontará o trigrama inferior, Montanha (Quietude). O comentário nos diz: "Não há saída." No I Ching, a Terra representa o sudoeste. O trigrama superior é Água, que se origina da Terra; por isso, também representa o sudoeste. O comentário diz que o sudoeste é vantajoso. O trigrama inferior, Montanha, representa o nordeste, e o comentário diz: "O nordeste é desfavorável."

No I Ching, existem dois hexagramas que indicam tribulação: o terceiro – O Começo – e este. Em O Começo, o Comentário sobre a Decisão diz: "O firme e o maleável unidos no próprio início; surgem dificuldades." Naquele caso, a tribulação está ligada à criação de todos os seres. Neste hexagrama, a tribulação ocorre durante o curso da vida. O indivíduo já cresceu e amadureceu. Confúcio nos ensina que o homem superior deve ser introspectivo para cultivar a virtude. Concordando com Confúcio, Mêncio diz:

> Quando uma pessoa ama aos outros, e eles não correspondem adequadamente, deve voltar-se para dentro e examinar o próprio amor. Quando trata os outros educadamente, e eles não retribuem o mesmo tratamento, deve voltar-se para dentro e examinar a própria educação. Quando não realiza seus desejos, deve voltar-se para dentro e examinar-se em todos os pontos.

Essa passagem revela o verdadeiro espírito do que os antigos sábios aprenderam com este hexagrama.

Decisão

Tribulação.
O sudoeste é favorável.
O nordeste é desfavorável.
É favorável ver um grande homem.
Perseverança e retidão: boa fortuna.

Comentário sobre a Decisão

Jian é Tribulação.
Perigo à frente.
Ver o perigo e saber permanecer quieto,
Sendo consciente e sábio.

Tribulação.
O sudoeste é favorável.
Prosseguindo, obtém a posição central.
O nordeste é desfavorável.
Não há saída.

Favorável ver um grande homem;
Prosseguir: há realizações.

Posição adequada.
Perseverança e retidão:
Boa fortuna.
Retificar o país.
Grande, de fato, é a função e o momento da tribulação!

Comentário sobre o Símbolo

Água na Montanha.
Uma imagem de Tribulação.
Assim,
O homem superior é introspectivo para cultivar sua virtude.

Texto dos Yao

1. Seis na primeira posição
   Prosseguir: tribulação.
   Retornar: elogio.

Prosseguir: tribulação.
Retornar: elogio.
Esperando pelo momento adequado.

2. Seis na segunda posição
   Rei e ministro: tribulação, tribulação.
   Não para seus próprios assuntos.

   Rei e ministro
   Tribulação sobre tribulação,
   No fim sem ressentimentos.

3. Nove na terceira posição
   Prosseguir: tribulação.
   Em vez disso, retornar.

   Prosseguir: tribulação.
   Em vez disso, retornar.
   Os que estão dentro alegram-se com ele.

4. Seis na quarta posição
   Prosseguir: tribulação.
   Retornar: união.

   Prosseguir: tribulação.
   Retornar: união.
   A posição adequada possui solidez.

5. Nove na quinta posição
   Grande tribulação.
   Os amigos vêm.

   Grande tribulação.
   Os amigos vêm.
   Confie na virtude do central.

6. Seis na sexta posição
   Prosseguir: tribulação.
   Retornar: uma grande realização.
   Boa fortuna.
   É favorável ver um grande homem.

   Prosseguir: tribulação.
   Retornar: uma grande realização.
   Desejos colocados no interior.
   É favorável ver um grande homem.
   Siga aquele de casta nobre.

Significado

Água sobre Montanha é uma imagem de tribulação que se segue à tribulação. Na vida, não há como evitar totalmente a tribulação. Ela deve ser superada; calamidades podem ser prevenidas. Nem sempre se deve deixar que as coisas sigam seu curso e resignar-se ao destino. Este hexagrama nos conta como lidar com a tribulação. Os antigos sábios sabiam o quanto era difícil escalar uma montanha e atravessar um rio. Além disso, passaram por todos os tipos de tribulações na jornada da vida. Algumas tribulações são evitáveis, mas outras, não. Quando se adota a atitude certa, quaisquer que sejam as tribulações, elas podem ser superadas. Em períodos de tribulação, um país precisa de um grande líder, associado a autoridades leais e apoiado pelo povo com um só coração e uma só alma. É isto que diz o Comentário sobre a Decisão quando aconselha a ver um grande homem; diz, ainda, que a posição adequada traz boa fortuna. Quando o momento não é auspicioso, deve-se esperar. Qualquer avanço prematuro levará a possíveis perigos.

A linha principal do hexagrama é a sólida na quinta posição. O Comentário sobre a Decisão diz: "Prosseguindo, obtém a posição central." Esta é a posição própria de um grande homem. Durante o período de tribulação, prosseguir é desfavorável. O Texto dos Yao menciona obstáculos e aconselha o retorno.

O hexagrama relata como o Rei Wen percebeu que o povo de Shang que veio a Zhou procurar abrigo sofria tribulações. Disse-lhes que seria melhor que ficassem no domínio de Zhou (sudoeste), e que seria desfavorável retornar ao reino de Shang (nordeste). Era favorável que vissem o grande homem (provavelmente o Rei Wen), mantendo-se perseverantes e retos. A boa fortuna prevaleceria. O Duque de Zhou nos conta como essas pessoas lidaram com diversas tribulações em situações diferentes.

(1) Seis na primeira posição. Tribulação alterna para Já Realizado (63)

A primeira linha é um elemento yin em uma posição yang. Seu atributo é a fraqueza e sua posição, incorreta. Não interage com o elemento yin na quarta posição. Todas essas condições indicam que é desfavorável prosseguir. A primeira linha está no início da tribulação – é melhor procurar entender a situação antes de agir. Nesta posição, quando a pessoa age cegamente, cai na escuridão do trigrama superior, Água. Se entender a situação e retornar, permanecendo no trigrama inferior, Quietude, receberá elogios.

*(2) Seis na segunda posição. Tribulação alterna para
Reabastecimento (48)* ☷

A segunda linha é um elemento yin em uma posição yin – central e correta. Interage com o elemento yang na quinta posição. Normalmente, esta linha pode prosseguir tranqüilamente, sem retrocesso. Contudo, a quinta linha está no meio do trigrama superior, Água, ou Escuridão. No I Ching, a segunda linha representa um general a serviço do rei. Quando um rei na quinta posição enfrenta tribulações, é dever do general apresentar-se para ajudar, sem importar-se com sua própria segurança; caso contrário, ele sentirá culpa e arrependimento a vida toda. Na história chinesa, o Texto dos Yao desta linha é citado como referência ao subordinado leal de um rei.

(3) Nove na terceira posição. Tribulação alterna para União (8) ☷

A terceira linha está na parte superior do trigrama interno. É o único elemento yang do trigrama interno e, assim, age para apoiar os elementos yin. Interage com o elemento yin na sexta posição. Contudo, este é fraco. Nesta situação, é difícil prosseguir. Se a pessoa que ocupa esta posição compreender as circunstâncias e retornar, permanecendo dentro do trigrama interno, os elementos yin se alegrarão e ela ficará segura.

*(4) Seis na quarta posição. Tribulação alterna
para Influência Mútua (31)* ☷

A quarta linha chegou à parte inferior do trigrama superior, Água, representando a Escuridão. É um elemento yin em uma posição yin, mas não interage com o elemento yin na primeira linha. Aquele que ocupa esta posição é fraco e está cercado por dois elementos yang, acima e abaixo. Tem a oportunidade de buscar união com o elemento yang abaixo, ao passo que o elemento yang na quinta posição está perdido em meio à escuridão (água). Portanto, o comentário diz: "Prosseguir: tribulação. Retornar: união. A posição adequada possui solidez."

(5) Nove na quinta posição. Tribulação alterna para Humildade (15) ☷

Esta é a linha principal. Representa um líder. Ele está no meio do trigrama superior, mas é sólido e firme e se associa àquele na segunda posição. São yin e yang complementares e solidários. As posições são adequadas e as atitudes, corretas. Ambos trabalham arduamente, e não para obter vantagens para si. Em seus Analectos, Confúcio diz: "O homem virtuoso não fica sozinho. Certamente, associados com idéias semelhantes virão formar uma união com ele."

Nesta posição, a pessoa colhe boa fortuna, mas o texto não o menciona porque a situação de tribulação prevalece.

(6) Seis na sexta posição. Tribulação alterna para Desenvolvimento Gradual (53)

Na sexta linha, qualquer avanço levará a mais tribulações. Se a pessoa entender a situação e retornar, terá duas opções. A sexta linha pode confiar no elemento que ocupa a quinta posição, que é firme e forte, central e correta, ou pode associar-se àquele na terceira posição porque são yin e yang complementares. Ela é prudentíssima; associa-se àquele na terceira posição e, juntos, vão ver o grande homem na quinta. Portanto, o Comentário de Confúcio sobre o Texto dos Yao diz: "Prosseguir: tribulação. Retornar: uma grande realização. Desejos colocados no interior. É favorável ver um grande homem. Siga aquele de casta nobre." O interior se refere ao trigrama interno, onde se localiza a terceira linha. De casta nobre indica a quinta linha, a posição de um rei.

Referências adicionais para este hexagrama:

Imagem:	Água sobre Montanha
Fórmula para recitação:	Água sobre Montanha, Tribulação
Elemento:	Água
Estrutura:	Dois yang com quatro yin
Mês:	O décimo primeiro mês do calendário lunar, ou dezembro
Linha principal do hexagrama:	Nove na quinta posição
Hexagrama oposto:	Diversidade (38)
Hexagrama inverso:	Alívio (40)
Hexagrama correspondente:	Ainda Não Realizado (64)

40
JIE • ALÍVIO

☷☳ Zhen • Trovão
☵ Kan • Chuva

NOME E ESTRUTURA

Jie tem muitos significados. Originalmente, a palavra queria dizer separar ou remover; depois, liberar ou aliviar – sobretudo aliviar a dor ou o sofrimento. Neste hexagrama, significa alívio da causa da tribulação. Wilhelm traduz Jie por Liberação e Blofeld, por Libertação. Liberação e libertação denotam o ato de permitir a saída, colocar em liberdade ou desatar. Aliviar, tornar mais leve, tem significado mais próximo de minorar – diminuir ou colocar um fim à dor, ao sofrimento ou à ansiedade. Dado o conteúdo deste hexagrama, adoto o nome Alívio.

Seqüência do hexagrama: *A tribulação não pode durar para sempre. Assim, depois da Tribulação vem o Alívio.*

O ideograma de Jie representa seu significado original, separar ou remover, e tem três partes. À esquerda, há um chifre; embaixo, à direita, um boi. A imagem parece a face de um boi com chifres curvados para cima. Repousando sobre o boi, há uma faca. Considerado como um todo, o ideograma mostra que, com uma faca, separou-se e removeu-se um chifre da cabeça de um boi. Este hexagrama é o inverso do anterior, Tribulação – depois que a tribulação chega ao fim, a tendência é que a pessoa se entregue novamente aos prazeres e crie novas tribulações. Assim, Tribulação e Alívio se complementam.

A estrutura do hexagrama é Trovão ☳ sobre Água ☵, significando uma tempestade com chuva forte. Trovão representa movimento e Água, escuridão. Pode-se imaginar que a tempestade é incontrolável e violenta. Quando a tremenda força da tempestade passa pela escuridão, alivia-se o perigo. Diz um antigo ditado chinês: "Após a tempestade, o céu fica mais claro." Chuvas e tempestades lavam a sujeira, mas não duram muito tempo. Depois que se alivia a atmosfera, quente e sufocante, pode-se respirar de novo livremente. Alivia-se a tensão, começa um novo ciclo.

Quando a linha sólida na terceira posição e a maleável na quarta posição de Crescimento Ascendente (46) ☷ trocam de lugar, Crescimento Ascendente alterna para Alívio ☷. O trigrama superior de Crescimento Ascendente é Terra, que representa o sudoeste. A linha sólida na terceira posição de Crescimento Ascendente ascende ao trigrama superior, Terra, e aquele hexagrama alterna para Alívio. Por isso, a Decisão diz: "Alívio. O sudoeste é favorável." Dá a entender que, para aliviar uma situação difícil, deve-se seguir o caminho do yin como a Terra, dócil e amável. Depois de aliviada a tribulação, a pessoa deve descansar e recuperar-se como a Terra, nutrindo e cultivando miríades de seres.

Decisão

> Alívio.
> O sudoeste é favorável.
> Não há para onde ir –
> Retorne, volte ao normal.
> Boa fortuna.
> Há para onde ir –
> Sem atraso: boa fortuna.

Comentário sobre a Decisão

> Alívio.
> *O perigo gera movimento.*
> *Através do movimento, elimina-se o perigo.*
> *Esse é o significado de alívio.*
>
> Alívio.
> *O sudoeste é favorável.*
> *Prosseguindo, conquista a multidão.*
> *O retorno traz boa fortuna.*
> *Ele obtém a posição central.*

Se há para onde ir,
Agir sem demora traz boa fortuna.
Ele receberá mérito por prosseguir.

Céu e Terra obtêm alívio;
Tempestade e chuva se juntam.
Quando tempestade e chuva se juntam,
Os brotos de plantas e árvores frutíferas começam a eclodir.

Grande, de fato, é o momento do alívio!

Comentário sobre o Símbolo

Trovão ribombante e chuva forte.
Uma imagem de Alívio.
Assim, o homem superior perdoa os erros
E lida serenamente com as falhas.

Texto dos Yao

1. Seis na primeira posição
   Nenhuma culpa.

   No encontro entre yin e yang,
   Não deve haver culpa.

2. Nove na segunda posição
   No campo
   Capturam-se três raposas.
   Obtém-se uma flecha dourada.
   Perseverança e retidão: boa fortuna.

   Boa fortuna para o nove na segunda,
   Por causa do caminho do meio.

3. Seis na terceira posição
   Carregando um fardo
   Viajando em carruagem,
   Uma tentação para os ladrões.
   Perseverança: humilhação.

   Carregando um fardo, viajando em carruagem,
   É uma vergonha.

Se eu mesmo atraio os ladrões,
A quem devo atribuir a culpa?

4. Nove na quarta posição
   Arrancando-se o dedo do pé,
   Os amigos vêm.
   Seja sincero e verdadeiro.

   Arrancar o dedo do pé:
   A posição não é adequada.

5. Seis na quinta posição
   O homem superior
   Alivia a tribulação:
   Boa fortuna.
   Seja sincero e verdadeiro com o sujeito inferior.

   O homem superior alivia a tribulação;
   Os sujeitos inferiores têm que recuar.

6. Seis na sexta posição
   O príncipe atira num falcão
   No topo da alta muralha de uma cidade.
   Acerta-o.
   Nada é desfavorável.

   O príncipe atira num falcão;
   Ele acalma o rebelde.

SIGNIFICADO

Este hexagrama é o inverso do anterior, Tribulação. Agora, alivia-se a tribulação. Para tal, o momento oportuno é importante. Se o momento não for favorável, não se deve agir. A Decisão indica que, se não há para onde ir, é propício retornar. Por outro lado, se há para onde ir, agir imediatamente traz boa fortuna. Além do momento oportuno, é importantíssimo haver harmonia entre as pessoas.

O hexagrama possui duas linhas principais: a maleável na quinta posição e a sólida, na segunda. A linha maleável na quinta posição representa um rei humilde e bondoso; a sólida na segunda representa um oficial forte e firme. Esses dois elementos são yin e yang complementares. Apóiam-se um no outro. Um líder sábio está trabalhando com um subordinado capacitado – juntos, aliviam a tribulação. As linhas maleáveis na segunda, terceira e sexta posição usam a raposa, o ladrão e o falcão, respectivamente, como imagens de perigos potenciais, dando a entender que, durante o tempo de alívio da tribulação, deve-se ainda ter cautela.

O hexagrama nos conta que se aliviou a tribulação daqueles que vieram ao reino de Zhou em busca de proteção contra o tirano de Shang. Para os que vieram, foi melhor ficar no reino de Zhou (sudoeste). Os que foram em frente, rumo a outros reinos, ainda teriam boa fortuna se, ao constatar que não tinham para onde ir, voltassem sem demora. O Duque de Zhou nos conta como a tribulação dessas pessoas só se aliviou quando os homens inferiores recuaram.

(1) Seis na primeira posição. Alívio alterna para A Jovem que se Casa (54) ☰

A primeira linha denota a transição entre Tribulação e Alívio. É um ponto de mutação. Assim, o Comentário sobre o Texto dos Yao diz que não deve haver culpa. Esta linha é um elemento yin em uma posição yang. O elemento é fraco, mas sua posição é baixa. Portanto, ele está seguro. A linha interage como elemento yang na quarta posição. Quando a tribulação começa a encontrar alívio, embora ainda não haja boa fortuna, também não há culpa.

(2) Nove na segunda posição. Alívio alterna para Contentamento (16) ☰

A segunda linha é um elemento yang em uma posição yin. A posição não está correta, mas é central. Interage com o elemento yin na quinta posição e consegue obter apoio daquele que ocupa a posição de rei. As três raposas representam os outros elementos yin. Sabe-se que as raposas são consideradas animais astutos e matreiros. A pessoa nesta posição é firme e forte, capaz de banir os que tentam enganar o rei. O Texto dos Yao diz: "No campo, capturam-se três raposas." A firmeza desta linha é representada pela flecha dourada. Com sua determinação, capturam-se as três raposas. A cor do ouro, amarelo, no sistema dos cinco elementos, é a cor da Terra, que ocupa a posição central, trazendo boa fortuna.

(3) Seis na terceira posição. Alívio alterna para Longa Duração (32) ☰

A linha maleável na terceira posição simboliza um homem inferior. É um elemento yin em uma posição yang. Sua colocação não está correta, mas ele ocupa a posição superior do trigrama inferior. Sua condição interior não é compatível com a posição. Na antiguidade, só os que pertenciam a uma elevada classe social tinham permissão para viajar de carruagem. Aqui temos um sujeito inferior carregando um fardo. Ao mesmo tempo, ele viaja de carruagem, atraindo os ladrões. Embora perseverante e reto, haverá arrependimento. Os sábios chineses enfatizavam que as aparências devem refletir a realidade. Caso contrário, o povo não confiará em seus líderes nem os seguirá.

(4) Nove na quarta posição. Alívio alterna para Multidão (7)

O Texto dos Yao diz: "Arrancando-se o dedo do pé, os amigos vêm." O dedo do pé denota a primeira linha. A quarta linha é um elemento yang em uma posição yin, enquanto a primeira é um elemento yin em uma posição yang. Essas duas linhas são yin e yang complementares, mas ocupam posições incorretas. A quarta linha representa um gentil-homem; e a outra, a primeira, simboliza um sujeito mesquinho. Não podem se apoiar. Para aliviar a tribulação, aquele que ocupa a quarta posição deve cortar relações com pessoas mesquinhas. Depois, será capaz de prosseguir. O elemento yin na quinta posição pode ser um bom amigo. Está na posição central, indicando que é sincero e fidedigno. Uma antiga máxima chinesa diz: "Coisas afins se juntam." Quando se tem uma pessoa mesquinha como companheiro, como podem surgir amigos honestos?

(5) Seis na quinta posição. Alívio alterna para Exaustão (47)

Há quatro elementos yin neste hexagrama. Só este é brilhante e sábio, porque ocupa uma posição suprema. Os outros três são pessoas mesquinhas, causadoras de tribulações. Os antigos sábios achavam que o indivíduo sábio e brilhante deve manter distância dos mesquinhos. Assim, o Texto dos Yao diz que contemplar o alívio da tribulação traz boa fortuna.

(6) Seis na sexta posição. Alívio alterna para Ainda Não Realizado (64)

Em geral, a sexta linha de um hexagrama é a posição de um sábio ou eremita. Neste hexagrama, é a posição de um senhor feudal. Esta linha, na extremidade do hexagrama, simboliza uma situação em que se aliviaram todas as tribulações. O falcão predador é uma ave de mau agouro, representando o elemento yin na terceira posição que luta por uma posição elevada. A muralha alta aqui mencionada é a sexta linha do hexagrama. O Comentário de Confúcio diz: "O príncipe atira num falcão; ele acalma o rebelde." O "rebelde" é a linha yin na terceira posição.

Referências adicionais para este hexagrama

Imagem:	Trovão sobre Água
Fórmula para recitação:	Trovão sobre Chuva, Alívio
Elemento:	Madeira
Estrutura:	Dois yang com quatro yin
Mês:	O segundo mês do calendário lunar, ou março
Linha principal do hexagrama:	Nove na segunda posição
Hexagrama oposto:	Lar (37)
Hexagrama inverso:	Tribulação (39)
Hexagrama correspondente:	Já Realizado (63)

41
Sun • Diminuição

Gen • Montanha
Dui • Lago

Nome e estrutura

Sun significa diminuir, perder ou danificar. Wilhelm traduz Sun por Diminuição, ao passo que Blofeld opta por Perda, Redução. Uso o termo Diminuição.

Seqüência do hexagrama: *Se o alívio continua até ao excesso; certamente algo se perde. Assim, depois do Alívio vem a Diminuição.*

O ideograma tem três partes. À esquerda está a imagem de uma mão, shou, segurando um objeto, com o punho fechado. Embaixo, à direita, há um antigo vaso para sacrifícios, geralmente usado para conter bebidas alcoólicas. Acima do vaso para sacrifícios há o ideograma de uma boca aberta, kou. A união desses três ideogramas nos conta que uma mão segura um vaso para sacrifícios, despejando dele a bebida. Enquanto despeja, a quantidade de bebida diminui. Quando o vaso fica vazio, a bebida acabou. Assim, Sun significa diminuir ou perder.

A estrutura do hexagrama é Montanha ☶ sobre Lago ☱. No sopé da montanha, há um lago. Este símbolo mostra esta imagem: um aumento da montanha é, ao mesmo tempo, uma diminuição do lago. A evaporação da água do lago, por exemplo, precipita-se sobre a montanha. Este hexagrama tem uma estreita relação com Tai, ou Progresso (11) ☰. O Comentário de Confúcio sobre a Decisão diz: "Diminuir o que está abaixo é aumentar o que está acima." Em Progresso, há três linhas sólidas no trigrama inferior. Quando a linha sólida na primeira posição se move para o topo, Progresso alterna para este hexagrama, Diminuição.

A estrutura do Cânone Superior e do Cânone Inferior do I Ching é bem formada. O Cânone Superior começa com Iniciar (1) e Corresponder (2). Após dez mutações, chegamos a Progresso (11) e Obstáculo (12). O Cânone Inferior começa com Influência Mútua (31) e Longa Duração (32). Depois de dez mutações, temos Diminuição (41) e Aumento (42). Assim, Diminuição e Aumento guardam estreita relação com Progresso e Obstáculo, o que nos permite perceber que a seqüência dos 64 hexagramas é um todo integrado.

Decisão

Diminuição.
Sinceridade e veracidade:
Suprema boa fortuna, nenhuma culpa.
É adequado ser perseverante e reto.
É favorável ter para onde ir.
Como usá-la?
Duas bandejas de bambu podem ser usadas para fazer oferendas.

Comentário sobre a Decisão

Diminuição.
Diminuir o que está abaixo
É aumentar o que está acima.
O caminho é beneficiar o que está acima.

Diminuindo, com sinceridade e veracidade,
Haverá suprema boa fortuna
Sem culpa.
Pode-se ser perseverante e reto.
É favorável ir a algum lugar.

Como se pode usar o princípio da diminuição?
Com verdade e sinceridade
Duas bandejas de bambu podem ser usadas para o sacrifício.
Mas o uso de duas bandejas de bambu deve ser decidido
De acordo com o tempo.

Há um momento para diminuir o firme
E aumentar o maleável.
Diminuição e aumento,

Plenitude e vazio,
Estas coisas ocorrem de acordo com as condições do tempo.

Comentário sobre o Símbolo

No sopé da Montanha,
Há um Lago.
Uma imagem de Diminuição.
Assim,
O homem superior controla sua ira
E reprime seu desejo.

Texto dos Yao

1. Nove na primeira posição
   Suspender os próprios negócios.
   Prosseguir, às pressas: nenhuma culpa.
   Ponderar o quanto se pode diminuir.

   Suspender os próprios negócios e prosseguir, às pressas.
   Apoiar o trabalho em plena cooperação com uma só mente.

2. Nove na segunda posição
   É favorável ser perseverante e reto.
   Prosseguir: infortúnio.
   Sem diminuir,
   Aumente.

   O favor e a perseverança do nove na segunda,
   A posição central o faz confirmar sua vontade.

3. Seis na terceira posição
   Três pessoas caminham juntas;
   Depois diminuem em uma.
   Uma pessoa caminha sozinha,
   Então encontra um amigo.

   Deve-se caminhar sozinho.
   Três pessoas juntas, surgem dúvidas.

4. Seis na quarta posição
   Diminuir sua indisposição,
   Apressar-se em ajudar.
   Há alegria: nenhuma culpa.

Diminuir sua indisposição.
É, de fato, motivo de alegria.

5. Seis na quinta posição
   Provavelmente é aumentado.
   Uma tartaruga que vale dez pares de cascos
   Não pode ser recusada.
   Suprema boa fortuna.

   A suprema boa fortuna do seis na quinta,
   Em conseqüência da bênção do alto.

6. Nove na sexta posição
   Sem diminuir, aumente.
   Nenhuma culpa.
   Perseverança e retidão: boa fortuna.
   É favorável ter para onde ir.
   Obtenha subordinados.
   Que não pensem nos próprios lares.

   Sem diminuir, aumento.
   Ele obtém o que quer, em larga escala.

SIGNIFICADO

O tema do hexagrama é a lei do equilíbrio entre diminuir e aumentar, dar e receber. Deve-se diminuir o que é excessivo. Da mesma maneira, deve-se aumentar o que é insuficiente. Assim é o universo. O hexagrama baseia-se na idéia de que diminuir o que está abaixo é aumentar o que está acima. Quando a linha sólida na terceira posição de Progresso torna-se maleável, e a maleável na sexta posição torna-se sólida, Progresso alterna para Diminuição. Neste hexagrama, "o que está abaixo" indica o povo; "o que está acima" refere-se ao rei. Assim, a linha principal é a maleável na quinta posição. Das seis linhas, as três do trigrama inferior são as doadoras e as três do trigrama superior, as receptoras.

Depois de fazer planos adequados para os que buscavam proteção no reino de Zhou, o Rei Wen tentou promover a prosperidade. Por um lado, começou a cobrar impostos do povo e, por outro lado, ensinou o povo a acumular bens e praticar a economia. Para dar um exemplo, fez uma grande cerimônia, mas usou apenas duas bandejas de bambu em vez das oito tradicionais, oferecendo um sacrifício simples com verdade e sinceridade. O Duque de Zhou descreve como cada qual deve se conter para permitir que os outros prosperem.

(1) Nove na primeira posição. Diminuição alterna para Infância (4) ☷

A primeira linha indica que é hora de diminuir o que está abaixo para aumentar o que está acima. O elemento yang na primeira posição é firme, forte, e possui o potencial de ajudar os outros. Interage com o elemento yin na quarta posição, que precisa de ajuda. Deixa de lado os próprios afazeres, apressando-se em ajudar. Não há culpa. Contudo, precisa considerar o quanto pode diminuir a si mesmo para beneficiar o próximo.

(2) Nove na segunda posição. Diminuição alterna para Nutrição (27) ☷

O elemento yang na segunda posição é firme e forte e ocupa a posição central do trigrama inferior. É capaz de seguir o Caminho do Meio e não empreende ações ousadas. É favorável permanecer perseverante e reto. O avanço prematuro sempre conduz ao infortúnio. Trazer aumento ao próximo sem diminuir-se é a melhor maneira de lidar com a questão de dar e receber.

(3) Seis na terceira posição. Diminuição alterna para Grande Acúmulo (26) ☷

O Texto dos Yao explica que este hexagrama, Diminuição, origina-se de Progresso. Quando o trigrama inferior de Progresso perde um elemento yang e este se move para o topo do trigrama superior, Progresso alterna para Diminuição. No primeiro caso, o Texto dos Yao diz: "Três pessoas caminham juntas; depois diminuem em uma." No segundo caso, quando o elemento yang se move para o topo do trigrama superior e encontra os elementos yin, o Texto dos Yao diz: "Uma pessoa caminha sozinha, então encontra um amigo." Esta linha analisa as relações humanas. Quem caminha sozinho pode encontrar um companheiro compatível consigo. Quando duas pessoas andam juntas, é fácil construir um relacionamento íntimo. Mas, quando há três pessoas em um relacionamento, surgem dúvidas.

(4) Seis na quarta posição. Diminuição alterna para Diversidade (38) ☷

O Texto dos Yao diz: "Diminuir sua indisposição", recomendando que a pessoa mitigue suas deficiências ou limitações. A quarta linha é um elemento yin em uma posição yin, cercada por dois elementos yin, acima e abaixo. Há excesso de yin e, portanto, existe uma deficiência. A pessoa que está nesta posição interage com o elemento yang na primeira posição. Depende da ajuda deste, que é forte e firme. Ao obter ajuda e apoio, alivia sua indisposição. Esta linha nos conta que um amigo verdadeiro é benéfico e importante para ajudar a diminuir nossas deficiências.

(5) Seis na quinta posição. Diminuição alterna para Sinceridade Profunda (61)

A quinta linha, no meio do trigrama superior, é um elemento yin em uma posição yang. Aquele que ocupa esta posição é dócil e modesto, capaz de aceitar benefícios com elegância. Como ocupa uma posição suprema e é virtuoso, durante o período de diminuir o que está abaixo para aumentar o que está acima, as pessoas estão dispostas a se sacrificar para aumentá-lo. Esta linha mostra a importância da modéstia. Um antigo ditado diz: "A modéstia ajuda a prosseguir, ao passo que a presunção causa atraso." A modéstia traz suprema boa fortuna.

(6) Nove na sexta posição. Diminuição alterna para Aproximação (19)

Todas as três linhas no trigrama superior são receptoras. A sexta linha é um elemento yang – tem mais que o suficiente. Não precisa diminuir os outros para beneficiar-se. Além de não trazer nenhuma culpa, aumentar os benefícios sem diminuir os outros é a melhor maneira de obter um aumento constante. Além disso, nesta situação, é correto diminuir o próprio excesso para aliviar a deficiência alheia. Assim, a pessoa obtém o apoio dos subordinados e conquista com abundância o que deseja.

Referências adicionais para este hexagrama:

Imagem:	Montanha sobre Lago
Fórmula para recitação:	Lago sob a Montanha, Diminuição
Elemento:	Terra
Estrutura:	Três yin com três yang
Mês:	O sétimo mês do calendário lunar, ou agosto
Linha principal do hexagrama:	Seis na quinta posição
Hexagrama oposto:	Influência Mútua (31)
Hexagrama inverso:	Aumento (42)
Hexagrama correspondente:	Retorno (24)

42
Yi • Aumento

☴ Xun • Vento
☳ Zhen • Trovão

Nome e Estrutura

Yi significa lucro, benefício, aumento. Wilhelm traduz Yi por Aumento; Blofeld, por Ganho. Neste livro, usa-se a tradução Aumento. Este hexagrama é o inverso do precedente. Diminuição e Aumento são opostos, mas complementares. Assim, as formas desses dois hexagramas são invertidas.

Seqüência do hexagrama: *Quando a diminuição termina, certamente virá o aumento. Assim, depois da Diminuição vem o Aumento.*

O ideograma de Yi é simples e claro. A parte inferior é a imagem de um recipiente doméstico. Acima dele está um antigo ideograma para água, shui. Veja que é exatamente igual ao símbolo do trigrama Kan, Água ☵. Água sobre um recipiente simboliza que ela está caindo dentro dele, um ato de aumento. A estrutura do hexagrama é Vento ☴ sobre Trovão ☳. Quando vento e trovão se apóiam, sua energia duplica. É também uma imagem de aumento. O trigrama interno, Trovão, indica que há firme resolução interna. O trigrama externo, Vento, indica que há penetrante ação externa. O Comentário de Confúcio sobre o Símbolo diz: "O homem superior segue o bem quando o vê, e corrige seus erros quando os encontra." Isto nos diz que o homem superior segue o bem com a rapidez do vento e corrige seus erros com a firmeza do trovão.

O tema do hexagrama anterior é diminuir o que está abaixo para aumentar o que está acima. Este hexagrama analisa como diminuir o que está acima para aumentar o que está abaixo. Quando o Céu ☰ perde um elemento yang, transforma-se em Vento. E, quando Terra ☷ ganha um elemento yang, transforma-se em Trovão. É uma imagem exata de diminuir o superior para aumentar o inferior. Aumento vem de Pi, Obstáculo (12) ䷋. Em Obstáculo, há três linhas sólidas no trigrama superior e três maleáveis no inferior. Quando a linha sólida mais elevada de Obstáculo se move para a base do hexagrama, ele alterna para Aumento. O Comentário sobre a Decisão diz: "Diminuir o que está acima é aumentar o que está abaixo." Além de Vento, o trigrama superior é também Madeira. Aqui, ele simboliza um barco de madeira que avança impulsionado pelo vento. O trigrama inferior é Trovão, que simboliza ação. Por isso, a Decisão do Rei Wen diz: "É favorável ter para onde ir. É favorável atravessar grandes rios."

Decisão

Aumento.
É favorável ter para onde ir.
É favorável atravessar grandes rios.

Comentário sobre a Decisão

Aumento.
Diminuir o que está acima
É aumentar o que está abaixo.
A alegria do povo é sem medidas.
O aumento do que está abaixo vem do que está acima.
Seu caminho é grandemente iluminado.

É favorável ter para onde ir
Porque é central e correto
E, portanto, abençoado.
É favorável atravessar grandes rios
Porque a madeira flutua sobre a água
E é impulsionada pelo vento.

Aumento se move com suavidade e mansidão.
Prossegue diariamente sem limites.
O Céu concede e a Terra aceita.
Assim, as coisas aumentam sem restrição.
O Tao do aumento sempre prossegue em harmonia com o tempo.

Comentário sobre o Símbolo

Vento e Trovão se apóiam.
Uma imagem de Aumento.
Assim,
O homem superior segue o bem quando o vê,
E corrige seus erros quando os encontra.

Texto dos Yao

1. Nove na primeira posição
   É favorável empenhar-se em levar adiante grandes realizações.
   Suprema boa fortuna; nenhuma culpa.

   Suprema boa fortuna. Nenhuma culpa.
   Embora o inferior não seja adequado para empenhar-se em grandes
       questões.

2. Seis na segunda posição
   Provavelmente é aumentado.
   Uma tartaruga que vale dez pares de cascos;
   Não se pode recusar.
   Firme perseverança e retidão:
   Boa fortuna.
   O rei está empenhado em ofertar ao Senhor do Céu.
   Boa fortuna.

   Aceitar benefícios com a mente aberta.
   Vem de fora.

3. Seis na terceira posição
   Ser aumentado.
   Envolvido em eventos infelizes.
   Nenhuma culpa.
   Com sinceridade e veracidade,
   Trilhando o caminho central,
   Dando notícias ao senhor com gui de jade.*

   Ser aumentado, envolvido em eventos desfavoráveis.
   Tudo é como deveria ser.

---

* Um bloco alongado de jade que os antigos governantes seguravam durante as cerimônias.

4. Seis na quarta posição
   Trilhando o caminho central,
   Dando notícias ao senhor.
   O senhor segue.
   É favorável usar isto como base para mudar a capital.

   Dando notícias ao senhor, ele segue.
   Seu propósito é aumentar o bem público.

5. Nove na quinta posição
   Com sinceridade e veracidade,
   Beneficiando seus corações.
   Não é preciso perguntar.
   Suprema boa fortuna.
   Com sinceridade e veracidade;
   Minha virtude será favorecida.

   Com sinceridade e veracidade,
   Beneficiando seus corações.
   Não é preciso perguntar a reação.
   Minha virtude será favorecida.
   É isto que ele realmente quer.

6. Nove na sexta posição
   Nenhum aumento, mas um golpe.
   Não manter o coração firme: infortúnio.

   Nenhum aumento.
   Ele tem uma tendência errônea.
   Mas um golpe –
   Vem de fora.

Significado

A mensagem do hexagrama é que os que estão acima beneficiam os que estão abaixo. As três linhas do trigrama superior representam as pessoas que dão e as três linhas do trigrama inferior, as que recebem. O caminho do ganho depende de boas ações concretas. É por isso que a Decisão diz: "É favorável ter para onde ir. É favorável atravessar grandes rios." A linha principal do hexagrama é a sólida na primeira posição. É a principal do trigrama inferior e, por isso, a mais conveniente para ser a principal do hexagrama.

Depois que o Rei Wen passou a cobrar impostos do povo e lhe ensinou a aumentar a produção e praticar a economia, tanto o governo quanto o povo acumularam riqueza. O Rei Wen acreditava que era favorável para o governo superar os obstáculos para o bem-estar público. O Duque de Zhou narra que trabalhar para o bem-estar do povo sempre trouxe boa fortuna. A administração ajudou o povo a superar desastres naturais e mudou a capital de Cheng para Feng, que é tanto um topônimo quanto a palavra chinesa que significa fartura.

(1) Nove na primeira posição. Aumento alterna para Observação (20)

O trigrama superior, Xun, origina-se de Qian. Quando Qian perde um elemento yang, transforma-se em Xun. O trigrama inferior é Zhen, que deriva de Kun. Quando Kun ganha um elemento yang, transforma-se em Zhen. No I Ching, contam-se diminuições e aumentos a partir da posição inferior. Aqui, a primeira linha é a primeira a aumentar. Normalmente, ela não consegue realizar muito. Durante o período de ganho, contudo, o que está acima amplifica o que está abaixo. Como o de cima oferece benefícios, o que está abaixo acumula bens. Uma situação favorável pode trazer suprema boa fortuna, mesmo quando a posição não é adequada para grandes realizações.

(2) Seis na segunda posição. Aumento alterna para Sinceridade Profunda (61)

O Texto dos Yao corresponde ao texto para a quinta linha do hexagrama anterior, Diminuição, porque este hexagrama é o inverso daquele. A segunda linha deste hexagrama equivale à quinta do anterior, mas agora aquele que aumenta está na primeira posição. O elemento yin é dócil, modesto e central. Interage com o elemento yang na quinta posição. Nesta posição, a pessoa pode obter benefícios. Como é fraca, precisa permanecer perseverante e reta. Nos tempos antigos, antes de fazer oferendas ao Céu, o rei fazia uma adivinhação. Se obtivesse esta linha, era um bom presságio. Para os antigos chineses, quem aceita benefícios dados em oferenda devia ser tão sincero e veraz quanto quem faz oferendas ao Céu.

(3) Seis na terceira posição. Aumento alterna para Lar (37)

O Texto dos Yao da terceira linha relaciona-se a uma antiga tradição. Na antiguidade, quando de acontecimentos infelizes, como, por exemplo, a morte de um nobre, fome, enchentes ou guerra, o senhor feudal os informava ao rei e aos estados vizinhos, buscando ajuda. Assim, o Texto dos Yao diz: "Ser aumentado. Envolvido em eventos infelizes. Nenhuma culpa." Quando o enviado ia aos outros estados para informar o infortúnio, levava presentes, como gui de jade e pedras para sinos de vento, simbolizando a veracidade e a sinceridade. Esta sinceridade é também indicada pelo fato de o enviado percorrer o caminho central, que é a chave para aliviar a tribulação. Normalmente, aquele que ocupa a terceira posição não está em situação favorável, mas graças à sua veracidade, sinceridade e busca do Caminho do Meio, o ganho é exatamente como deveria ser. Os antigos achavam que uma situação dificílima poderia temperar e fortalecer a capacidade e a habilidade de resistência. Mêncio disse:

> Quando o Céu está prestes a conferir uma grande missão a uma pessoa, ele primeiro exercita sua mente com o sofrimento e seu corpo com trabalhos árduos. Submete-a à fome e à pobreza e complica seus empreendimentos. Por todos esses meios, estimula sua mente, fortalece sua natureza e alivia sua incompetência.

Com este espírito, a situação aqui descrita é desfavorável, mas não há culpa.

(4) Seis na quarta posição. Aumento alterna para Sem Falsidade (25) ☰

O Texto dos Yao da quarta linha relaciona-se ao texto da terceira. A quarta linha é um ministro; a terceira representa o enviado que traz as informações. A quarta linha não é central, mas está no meio das seis linhas. Aquele que está nesta posição percorre o Caminho do Meio, e por isso o enviado aceita suas orientações. O ministro está próximo ao rei na quinta posição. O relacionamento entre eles, de confiança mútua, significa que podem realizar tudo com êxito, mesmo um empreendimento tão grande quanto mudar a capital. Nos tempos antigos, ao mudar a capital, o estado geralmente obtinha apoio dos estados vizinhos. "Trilhando o caminho central" também significa ser justo e imparcial. Quando a quarta linha de Obstáculo (12) ☰ move-se para a primeira posição, aquele hexagrama transforma-se neste. É isso que significa mudar a capital em benefício do povo.

(5) Nove na quinta posição. Aumento alterna para Nutrição (27) ☰

O elemento yang na quinta posição é firme e forte. É central, ocupa a posição do rei e interage com o elemento yin na segunda posição – um oficial, também central. A quinta linha é a chave para este hexagrama. Sinceridade e veracidade beneficiam seus corações. Não há dúvida de que será colhida suprema boa fortuna.

(6) Nove na sexta posição. Aumento alterna para O Começo (3) ☷

O tema deste hexagrama é diminuir o que está acima para aumentar o que está abaixo. A sexta linha chegou ao extremo, e, quando as coisas chegam ao extremo, mudam para seu oposto. Aquele que ocupa esta posição é egoísta e volúvel. Por ser ganancioso, ninguém quer ajudá-lo. Podem até atacá-lo. Se não mantiver o coração firme e constante, encontrará o infortúnio.

Referências adicionais para este hexagrama:

Imagem:	Vento sobre Trovão
Fórmula para recitação:	Vento sobre Trovão, Aumento
Elemento:	Madeira
Estrutura:	Três yang com três yin
Mês:	O primeiro mês do calendário lunar, ou fevereiro
Linha principal do hexagrama:	Nove na primeira posição
Hexagrama oposto:	Longa Duração (32) ☷
Hexagrama inverso:	Diminuição (41) ☷
Hexagrama correspondente:	Queda (23) ☷

43
GUAI • ELIMINAÇÃO

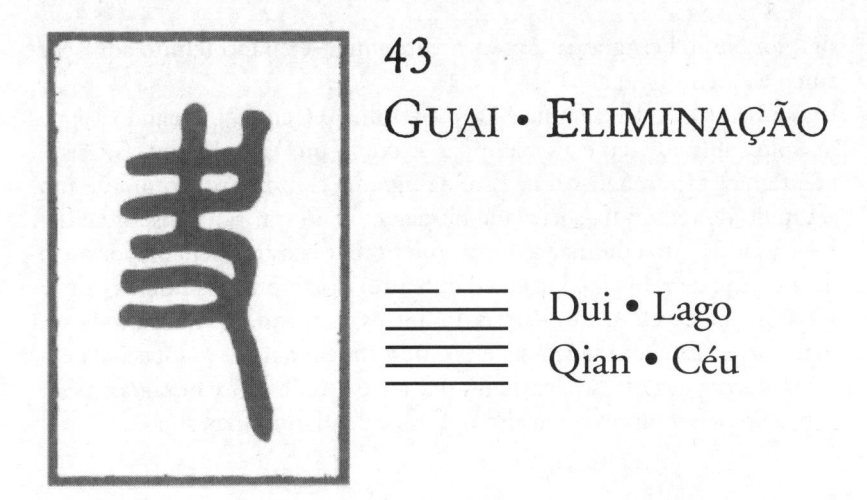

Dui • Lago
Qian • Céu

NOME E ESTRUTURA

Guai é um caractere chinês do passado remoto. Nos dias de hoje, é usado exclusivamente no I Ching; alguns dicionários chineses modernos nem mesmo o incluem. Originalmente, Guai significava separar. Mais tarde, o significado estendeu-se e ele passou a designar a dragagem de um canal para que um rio não transbordasse. Depois, com um radical de três pontos à esquerda, este ideograma pronunciava-se jue. Ainda mais tarde, estendeu-se o significado para englobar tomar uma decisão. Em chinês, tomar uma decisão equivale a deixar de lado a hesitação. A Seqüência do Hexagrama explica o nome guai por jue. Traduzido para o português, significa eliminar a hesitação. Wilhelm traduz Guai por Irromper (A Determinação). Blofeld usa o termo Resolução. Sigo a Seqüência dos Hexagramas, adotando a palavra Eliminação.

Seqüência do hexagrama: *Quando o aumento continua em excesso, certamente explodirá. Assim, depois do Aumento vem a eliminação da hesitação.*

O ideograma ilustra o significado original, separar. Em sua parte superior, há dois traços horizontais cruzados por dois verticais. Os dois traços horizontais e o vertical à direita representam um objeto. A linha vertical no meio representa o ato de separar. Sob a linha vertical central está o ideograma de uma mão, shou, com três dedos e um braço. A mão segura algo – não sabemos mais exatamente o quê – para separá-lo. Pode-se interpretar como separar o bem do mal ou separar a resolução da hesitação. Neste hexagrama, um elemento yin é separado (eliminado) por cinco elementos yang.

A estrutura do hexagrama é Lago ☱ sobre o Céu ☰. Quando a água no solo subir ao Céu e ali acumular-se como um lago de nuvens, certamente haverá um aguaceiro. Este hexagrama significa a ruptura de um acúmulo de tensão na sociedade humana, como um rio transbordando. É hora de o justo eliminar as forças inferiores e suas influências por meio de um ato de resolução. Há cinco linhas sólidas, representando os justos, sob uma maleável. As influências dos justos se misturam e ficam cada vez mais fortes. Em conseqüência, eles empreendem ações resolutas para eliminar forças negativas. Guai, Eliminação, é um dos doze hexagramas sazonais, representando o terceiro mês do calendário lunar chinês.

Decisão

> Eliminação.
> Expondo o assunto na corte do rei;
> Clamando com sinceridade:
> Há adversidade.
> Notifica a própria cidade:
> É desfavorável usar armas,
> É favorável ter para onde ir.

Comentário sobre a Decisão

> *Eliminação.*
> *É a resolução de eliminar algo.*
> *Os firmes eliminam o maleável.*
>
> *Forte e alegre.*
> *Eliminar com harmonia.*
> *Expondo o assunto na corte do rei.*
> *Uma maleável monta em cinco firmes.*
>
> *Clamando com sinceridade:*
> *Há adversidade.*
> *Expor o perigo é tornar brilhante a eliminação.*
>
> *Notificando a própria cidade,*
> *É desfavorável usar armas.*
> *Quem confia em armas*
> *Não tem saída.*

*É favorável ter para onde ir.
Depois que os firmes crescerem, encerrar-se-á a eliminação.*

Comentário sobre o Símbolo

*A água do lago se acumula no Céu.
Uma imagem de Eliminação.
Assim,
O homem superior concede sua riqueza aos que estão abaixo
E não considera seus próprios méritos.*

Texto dos Yao

1. Nove na primeira posição
   Fortalecendo os dedos dos pés.
   Prosseguindo, é incapaz de competir.
   Ao contrário, adquire culpa.

   *Incapaz de competir, ainda prossegue.
   Há culpa.*

2. Nove na segunda posição
   Alerta, clamando
   Tarde da noite.
   Há homens com armas.
   Não tema.

   *Há homens com armas: não tema.
   Ele obtém o caminho central.*

3. Nove na terceira posição
   Fortalecendo a face,
   Há infortúnio.
   O homem superior, eliminando, eliminando.
   Caminhando sozinho, encontra a chuva.
   Encharcado, furioso.
   Nenhuma culpa.

   *O homem superior, eliminando, eliminando.
   No final, nenhuma culpa.*

4. Nove na quarta posição
   Nas nádegas, nenhuma pele.

Indo avante, é difícil prosseguir.
Amarrar um carneiro;
O arrependimento desaparece.
Ouvindo as palavras,
Sem acreditar.

Indo avante, é difícil prosseguir.
A posição não é adequada.
Ouvindo as palavras, sem acreditar.
Ele é incapaz de compreender.

5. Nove na quinta posição
Ervas daninhas, eliminando, eliminando.
Percorrendo o caminho central, nenhuma culpa.

Percorrer o caminho central: nenhuma culpa.
O centro não é suficientemente brilhante.

6. Seis na sexta posição
Clamando sem resposta.
No final, há infortúnio.

O infortúnio de clamar sem resposta.
Não se pode ficar nem mais um minuto.

SIGNIFICADO

Este hexagrama expõe o princípio de eliminar o mal. Há cinco linhas sólidas e uma maleável. As cinco sólidas representam os justos; combinam sua influência e força para eliminar as forças obscuras. Assim, a linha sólida na quinta posição representa o líder dos justos (a linha principal do hexagrama), e a maleável na sexta representa a força obscura. Cinco linhas sólidas unem-se para eliminar o mal, mas o texto ainda alerta que as forças do mal são sinistras e traiçoeiras, seus estratagemas e intrigas não devem ser desprezados. Para eliminar o mal, deve-se expor sua natureza maléfica e, assim, ganhar o apoio do público. É melhor contar não só com a coragem, mas também com recursos.

Depois que a corte de Zhou recrutou muitos seguidores sobreviventes de Shang, ainda havia alguns elementos hostis à solta. O Rei Wen decidiu eliminar essas forças malignas. Aconselhou que a questão fosse trazida a público na corte do rei e notificou o povo. Era aconselhável não usar armas. O Duque de Zhou mostra que a eliminação das forças do mal não foi uma tarefa fácil. Não devia haver animosidade explícita, mas a eliminação deveria ser levada a cabo sem tolerância.

*(1) Nove na primeira posição. Eliminação alterna
para Grande Excedente (28)* ☰

O Texto dos Yao para a primeira linha deste hexagrama é o mesmo da primeira linha de Grande Força (34). Em Grande Força existem quatro elementos yang e dois elementos yin no topo. Aqui, há cinco elementos yang e apenas um yin no topo. Neste hexagrama, o yang foi uma etapa além do que fora em Grande Força. O trigrama inferior é Qian, a raiz de toda força. Por isso, o Texto dos Yao da primeira linha diz: "Fortalecendo os dedos dos pés." Quem ocupa esta posição pretende prosseguir para eliminar o mal. Contudo, é fraquíssimo, porque se encontra num estágio inicial. O espírito está disposto, mas a carne é fraca. Sua vontade é incapaz de lhe dar forças para fazer o que deseja. O momento e a situação são inadequados.

*(2) Nove na segunda posição. Eliminação alterna
para Abolir o Antigo (49)* ☰

O trigrama inferior, Qian, simboliza dar o alarme e gritar. Aqui, a linha sólida corresponde à sólida no centro do trigrama superior, Dui, que também representa noite e ataque. O Texto dos Yao diz: "Alerta, clamando tarde da noite. Há homens com armas. Não tema." A segunda e a quinta linhas não se correspondem, por isso não há razão para temer. A segunda linha é um elemento yang em uma posição yin, porém central. Nesta posição, a pessoa consegue moldar sua firmeza com docilidade e temperar sua força com sabedoria. Eliminando o mal, é capaz de permanecer alerta contra o ataque dos inimigos e não empreende nenhuma ação impensada. Busca o Caminho do Meio.

(3) Nove na terceira posição. Eliminação alterna para Alegre (58) ☰

Esta linha é um elemento yang em uma posição yang, no topo das três linhas yang do trigrama inferior. Ela é firme o suficiente para tomar a firme decisão de eliminar o mal qualquer que seja o perigo, mas seu rosto (face) expressa sua decisão, atraindo a inimizade das forças maléficas. Por outro lado, a terceira linha é um elemento yang que interage com o elemento yin na sexta posição, que representa o mal; portanto, os elementos yang que o cercam duvidam dele. Ele está isolado e aborrecido, como aquele que caminha sozinho e encontra chuva, mas, porque é firme e forte, não há culpa.

(4) Nove na quarta posição. Eliminação alterna para Necessidade (5) ☵

A quarta linha é um elemento yang em uma posição yin. Ultrapassou o centro, e sua posição é incorreta. Aquele que ocupa esta posição é instável e desconfiado. O trigrama superior, Dui, também representa um carneiro. A maneira certa de controlar um carneiro é amarrá-lo a uma corda, mas permitir que se mova sozinho. Se forçado a prosseguir, ele resiste. Ao eliminar o mal, não se deve dar o primeiro passo sozinho. Espera-se até que todos os carneiros estejam prontos para participar; assim, não haverá causa para arrependimento.

(5) Nove na quinta posição. Eliminação alterna para Grande Força (34) ☳

A quinta linha é um elemento yang em uma posição yang – firme e forte, central e correta. Ocupa a posição suprema de um rei, a mais alta de cinco linhas sólidas. Age como um líder no curso de eliminar o mal. Como está muito próximo ao elemento yin no topo, precisa ter a firme resolução. Percorrendo o caminho central, não criará causa para culpa.

(6) Seis na sexta posição. Eliminação alterna para Iniciar (1) ☰

A sexta linha é um elemento yin que representa o mal. Com um longo histórico de erros, não pode pedir ajuda a ninguém. Há infortúnio. Os antigos sábios acreditavam que, quando se plantam melões, colhem-se melões e, quando se semeia feijão, colhe-se feijão.

Referências adicionais para este hexagrama:

Imagem:	Lago sobre Céu
Fórmula para recitação:	Lago sobre Céu, Eliminação
Elemento:	Metal
Estrutura:	Cinco yang com um yin
Mês:	O terceiro mês do calendário lunar, ou abril
Linha principal do hexagrama:	Nove na quinta posição
Hexagrama oposto:	Queda (23) ☷
Hexagrama inverso:	Encontro (44) ☴
Hexagrama correspondente:	Iniciar (1) ☰

44
GOU • ENCONTRO

Qian • Céu
Xun • Vento

NOME E ESTRUTURA

Gou é um caractere da antiguidade remota, que atualmente aparece apenas no I Ching. Segundo o antigo dicionário de caracteres, Gou denota um casal, especialmente de marido e mulher. Posteriormente, veio a significar parear ou copular; além disso, significava bom. O Grande Tratado, um dos comentários mais importantes das Dez Asas, diz que Gou é conhecer ou encontrar. Tradicionalmente, é interpretado como uma reunião, um encontro entre um homem e uma mulher.

Seqüência do hexagrama: *Depois da eliminação, certamente haverá algo a encontrar. Assim, depois da Eliminação vem o Encontro.*

Este hexagrama é o inverso do anterior, Eliminação. Eliminação significa separar; Encontro é reunir. Depois da separação, as pessoas se reencontram; depois de se reencontrar, separam-se. Assim é a vida. Eliminação e Encontro complementam-se mutuamente. Wilhelm traduz Gou por Vir ao Encontro. Para Blofeld, é Contato (ou Ato Sexual, Reunião). Aqui, seguindo-se a sugestão do comentário, usa-se o termo Encontro.

O ideograma de Gou é simples. É composto de uma mulher e uma rainha. À esquerda há uma donzela rechonchuda. À direita está o ideograma hou, uma rainha. Como a rainha sempre segue o rei, hou também significa atrás. A rainha está em pé, fazendo reverência. Abaixo de seu corpo curvado, há uma boca aberta, kou, e acima desta um traço horizontal indicando o número um. Esta única pessoa com quem a rainha se encontra é o rei. Encontram-se e ficam juntos. A rainha cumprimenta o rei com respeito e reverência.

A estrutura do hexagrama é Céu ☰ sobre Vento ☴. O vento sopra por toda parte sob o Céu, encontrando cada ser. Este hexagrama deveria ser auspicioso. Contudo, há apenas uma linha maleável sob cinco sólidas, simbolizando que o elemento yin avança e se aproxima dos elementos yang. Quando o Rei Wen viu este acontecimento, aumentou a vigilância. Percebeu que uma pessoa indigna ainda se insinuava ardilosamente na corte. As crescentes influências negativas destituiriam as pessoas boas, uma após a outra. Embora eliminadas a escuridão e as dificuldades, suas influências negativas não tinham desaparecido totalmente. Essas influências permeavam várias áreas. Deve-se tomar cuidado com esta tendência e tomar precauções imediatas contra um possível infortúnio. Assim, a Decisão do Rei Wen e o Texto dos Yao do Duque de Zhou estão repletos de alertas. Mas os comentários de Confúcio ainda esclarecem o lado positivo. Este hexagrama é um dos doze hexagramas sazonais e representa o quinto mês do calendário lunar chinês.

Decisão

Encontro.
A donzela é forte.
Não se empenhe em desposar tal mulher.

Comentário sobre a Decisão

Encontro.
Encontrar alguém inesperadamente.
O maleável encontra os firmes.

Não se empenhe em desposar tal mulher.
A união não pode durar muito tempo.

Quando o Céu e a Terra se encontram
Todas as criaturas se mostram completamente.
Quando o firme encontra o central e o correto
Sua aspiração será atendida sob o Céu.

Grande, de fato, é o tempo e a importância de Encontro!

Comentário sobre o Símbolo

Sob o Céu, há Vento.
Uma imagem de Encontro.
Assim,
O príncipe dá os comandos
E os divulga nos quatro cantos de seu reino.

Texto dos Yao

1. Seis na primeira posição
   Prenda com um freio de metal.
   Perseverança e retidão: boa fortuna.
   Há para onde ir.
   Surge o infortúnio –
   Porco magro, impetuoso,
   Andando para cima e para baixo.

   Prenda com um freio de metal.
   Está amarrado – o caminho do yin.

2. Nove na segunda posição
   Sacola de palha,
   Há peixes.
   Nenhuma culpa.
   Desfavorável para os hóspedes.

   Saco de palha: há peixes.
   Não é adequado deixá-lo aproximar-se dos hóspedes.

3. Nove na terceira posição
   Nas nádegas, nenhuma pele.
   Indo avante, é difícil prosseguir.
   Adversidade.
   Nenhum grande dano.

   Indo avante, é difícil prosseguir.
   Seus passos não foram atados.

4. Nove na quarta posição
   Sacola de palha, nenhum peixe.
   Surge o infortúnio.

*O infortúnio da ausência de peixes.
Ele se mantém distante do povo.*

5. Nove na quinta posição
   Ramos de salgueiro envolvem o melão,
   Escondendo o brilho.
   Meteoritos descem do Céu.

   *Nove na quinta esconde seu brilho,
   Graças à sua localização central e posição correta.
   Meteoritos descem do Céu;
   Ele não abandona o regulamento do Céu.*

6. Nove na sexta posição
   Encontro em um chifre.
   Humilhação.
   Nenhuma culpa.

   *Encontro em um chifre.
   Chegando à posição mais elevada, há motivo para arrependimento.*

SIGNIFICADO

Este hexagrama analisa o princípio do encontro. Em chinês, reunir-se com uma pessoa (ou algo) inesperadamente é definido como encontro. Quando as pessoas se encontram, sentem-se atraídas, adaptando-se para construir um relacionamento harmonioso, ou rejeitam-se, criando conflito entre si. Na vida, às vezes, não se pode impedir o desentendimento e o conflito; mas as pessoas não devem entregar-se a eles e achar que o conflito é inevitável e insolúvel. Os antigos sábios defendiam a adoção de uma postura conciliadora. Aqui, um elemento yin se aproxima de cinco yang. Ele ousa agir porque sua força aumenta. Nesta situação, não se devem desprezar as medidas preventivas.

A estratégia do Rei Wen para eliminar as forças do mal era não mostrar nenhuma animosidade, mas agir sem tolerância. Sua administração inibiu os elementos negativos como se amarrasse carneiros. Mas eles ainda se insinuavam ardilosamente para obter o favor da corte. O Rei Wen percebeu que as forças do mal tinham sido eliminadas, mas sua influência ainda não desaparecera totalmente. Sua analogia era que a donzela era muito forte; não era bom desposar tal mulher. O Duque de Zhou diz que as forças do mal esperavam para prosseguir como um porco magro. Deveriam ser detidas como se amarradas com um freio de metal. É prudente conter sua influência, não permitindo que afetem outras pessoas, mas era mais prudente influenciar o povo com virtudes positivas.

(1) Seis na primeira posição. Encontro alterna para Iniciar (1) ☴

A primeira linha é um elemento yin começando a crescer sob cinco elementos yang. É melhor deter seu crescimento no início para que sua influência maligna não se espalhe ainda mais. O Texto dos Yao diz: "Prenda com um freio de metal. Perseverança e retidão: boa fortuna. Há para onde ir. Surge o infortúnio." Mas o elemento yin não está disposto a ficar para trás. É como um porco magro esperando para prosseguir. Quem ocupa esta posição deve manter-se alerta e tomar precauções, como quem usa um freio de metal para parar uma carruagem em movimento.

(2) Nove na segunda posição. Encontro alterna para Recuar (33) ☴

Este é um elemento yang em uma posição yin: central, mas incorreta. Não interage com o elemento yang na quinta posição, mas está próximo ao yin na primeira. Neste hexagrama, dá-se mais ênfase ao encontro que à integração porque as pessoas são influenciadas pessoalmente com mais facilidade do que a distância. Na verdade, o elemento yin na primeira posição tenta seguir em frente. É contido por este elemento yang, como um peixe em uma sacola de palha. É prudente conter uma força negativa e não deixá-la influenciar outras pessoas. Por isso, Confúcio diz: "Não é adequado deixá-lo aproximar-se dos hóspedes." Os hóspedes referem-se aos outros quatro elementos yang.

(3) Nove na terceira posição. Encontro alterna para Disputa (6) ☴

O Texto dos Yao desta linha começa exatamente igual ao da quarta linha de Eliminação (43), que é a forma inversa de Encontro. Esta linha é um elemento yang em uma posição yang – ultrapassou o centro. O caráter daquele que ocupa esta posição é fortíssimo. Está muito ansioso para procurar um companheiro. Procurar companhia faz parte da natureza humana, mas aqui a situação é desfavorável.

Há uma linha yin na primeira posição, a única neste hexagrama. Este elemento yang vai tentar encontrá-la. Contudo, ela já encontrou o yang na segunda. Assim, este yang volta os olhos para o ocupante da sexta posição. O elemento mais elevado não interage porque ambos são yang. Este yang está amarrado e não consegue nem prosseguir nem retornar. Sente-se pouco à vontade, sentado ou andando, como alguém sem pele nas nádegas. O Texto dos Yao diz: "Indo avante, é difícil prosseguir." Esta é uma situação adversa, mas a dificuldade em prosseguir significa que ele provavelmente não encontrará nenhum mal; portanto, não há grandes danos.

(4) Nove na quarta posição. Encontro alterna para Prosseguir Humildemente (57)

Este é um elemento yang em uma posição yin, nem central nem correta. Interage com o elemento yin na primeira posição, o qual é obstruído pelo elemento yang na segunda e não consegue ir adiante. "Sacola de palha, nenhum peixe" significa que não há amigos reunidos por perto. O infortúnio daquele que ocupa esta posição é que ele se mantém distante das pessoas. Em chinês, "saco" ou "sacola" também significa aceitar o próximo. Quando a pessoa é capaz de ser magnânima e tolerante, pode obter apoio.

(5) Nove na quinta posição. Encontro alterna para Instituir o Novo (50)

Esta é a linha principal do hexagrama, um elemento yang em uma posição yang – central, correta e ocupando a posição suprema. Representa uma pessoa de grande virtude, justa e poderosa. O Texto dos Yao diz: "Ramos de salgueiro envolvem o melão, escondendo o brilho." A pessoa que ocupa esta posição tem a brilhante qualidade de tolerar os comportamentos e opiniões alheios, e ainda assim evita que a influência negativa se dissemine. O melão representa o elemento yin na primeira posição. É doce, mas apodrece facilmente e é uma planta rasteira, denotando a influência insidiosa do mal.

O Comentário de Confúcio sobre o Texto dos Yao diz: "Ele não abandona o regulamento do Céu." Deve-se viver de acordo com o regulamento do Céu, a lei natural. A ascendência do mal é tão natural quanto o apodrecimento do melão, e sua influência se estende muito mais fácil e rapidamente que a do justo. Porém, entendendo a lei natural, aquele que é dotado de brilho pode irradiá-la tão facilmente quanto meteoritos caem do Céu. Ou seja, viva com virtude.

(6) Nove na sexta posição. Encontro alterna para Grande Excedente (28)

A sexta linha é um elemento yang em uma posição yin. Segundo o I Ching, aquele que está no topo não tem posição social. Está na extremidade do hexagrama, por isso se encontra isolado. O único elemento yin neste hexagrama está na primeira posição, muito distante deste para se encontrarem. O ocupante da posição mais alta é orgulhoso e não quer descer. O orgulho o leva a um beco sem saída, como se estivesse na ponta de um chifre. Não há como encontrar o elemento yin na primeira posição. Embora não haja motivo para culpa, existe arrependimento.

Referências adicionais para este hexagrama:

Imagem:	Céu sobre Vento
Fórmula para recitação:	Vento sob o Céu, Encontro
Elemento:	Metal
Estrutura:	Cinco yang com um yin
Mês:	O quinto mês do calendário lunar, ou junho
Linha principal do hexagrama:	Seis na quinta posição
Hexagrama oposto:	Retorno (24)
Hexagrama inverso:	Eliminação (43)
Hexagrama correspondente:	Iniciar (1)

45
CUI • REUNIR

Dui • Lago
Kun • Terra

NOME E ESTRUTURA

Originalmente, Cui designava feixes espessos de gramíneas. A partir daí, passou a significar agrupar objetos.

Seqüência do hexagrama: *Depois de encontrar-se, as coisas começam a se agrupar. Assim, depois do Encontro vem Reunir.*

Wilhelm traduz Cui por Reunião e Blofeld opta por Reunião, Agrupamento. Uso o termo Reunir. Reunir significa reunir *pessoas*. Tem o sentido de *fazer vir* e implica uma intimidade intencional. Agrupar expressa apenas uma idéia geral, normalmente sem uma implicação de ordem. Reunir é mais ativo e produtivo e tem um objetivo.

O ideograma tem duas partes. No topo, há dois feixes de grama. A parte inferior é o ideograma zu, responsável pelo som. Zu possui muitos significados. Atualmente indica, em geral, um soldado. Nos tempos antigos, a palavra significava criado, e anteriormente denotava o criado encarregado exclusivamente de fazer roupas para seu amo. O ideograma zu parece uma vestimenta com duas faixas em um cabide. Na confecção de roupas, intencionalmente se costuram pedaços de tecido. Consideradas como um todo, essas imagens representam o significado original do caractere: agrupar feixes espessos de palha ou reunir uma multidão.

A estrutura do hexagrama é Lago ☱ sobre Terra ☷. Em sua forma e conteúdo, este hexagrama tem estreita relação com União (8) ䷇. A estrutura de União é Água ☵ sobre Terra ☷. Um lago é um lugar onde se acumula grande quantidade de água. Os antigos chineses perceberam que este tipo de agrupamento de pessoas é mais poderoso que o de União. União simboliza uma pequena comunidade, por exemplo, um bairro, ao passo que Cui simboliza uma grande comunidade, como uma nação.

Em União, há somente uma linha sólida, na quarta posição. Este hexagrama tem duas linhas sólidas, na quarta e na quinta posição. Estas duas linhas sólidas, um rei e um ministro, são poderosas em sua liderança. Trabalham em harmonia para reunir as pessoas em uma comunidade maior, com fortes laços de união.

Decisão

> Reunir,
> Próspero e tranqüilo.
> O rei chega ao templo dos antepassados.
> É favorável ver um grande homem.
> Próspero e tranqüilo,
> É favorável ser perseverante e reto.
> Usar grandes animais: boa fortuna.
> É favorável ter para onde ir.

Comentário sobre a Decisão

> *Reunir.*
> *É reunir pessoas.*
> *Dedicado e alegre.*
> *O firme é central e tem correspondência.*
> *Assim, as pessoas vêm e se reúnem.*
>
> *O rei chega ao templo dos antepassados.*
> *Com piedade filial, faz as oferendas.*
>
> *É favorável ver um grande homem.*
> *Isso trará prosperidade e tranqüilidade,*
> *Reunindo as pessoas de maneira adequada.*
>
> *Usar grandes animais:*
> *Boa fortuna.*
> *Ele segue a vontade do Céu.*
>
> *Observando-se como todos os seres são reunidos,*
> *Pode-se ver a verdade do Céu, da Terra e de todos os seres.*

Comentário sobre o Símbolo

Lago sobre Terra.
Uma imagem de Reunir.
Assim,
O homem superior conserta suas armas
Para se proteger de acontecimentos inesperados.

Texto dos Yao

1. Seis na primeira posição
   Sinceridade e veracidade,
   Não até o fim.
   Confusa,
   Ainda reunindo.
   Se clamasse,
   Dar-se-iam as mãos: gargalhando.
   Não se preocupe.
   Prosseguir: nenhuma culpa.

   Confusa,
   Ainda reunindo.
   A mente está confusa.

2. Seis na segunda posição
   Reunidos: boa fortuna.
   Nenhuma culpa.
   Seja sincera e veraz;
   É favorável, mesmo com uma pequena oferenda.

   Reunidos: boa fortuna.
   Nenhuma culpa.
   O princípio central permanece inalterado.

3. Seis na terceira posição
   Reunir: suspiros.
   Nada é favorável.
   Prosseguir: nenhuma culpa.
   Leve humilhação.

   Prosseguir: nenhuma culpa.
   Há uma brisa suave acima.

4. Nove na quarta posição
   Grande boa fortuna: nenhuma culpa.

   Grande boa fortuna: nenhuma culpa.
   Nem mesmo a posição é adequada.

5. Nove na quinta posição
   Reunir.
   Há uma posição. Nenhuma culpa.
   Sem confiança.
   Sublimemente perseverante e reto.
   O arrependimento desaparece.

   Reunir: há uma posição.
   Sua vontade ainda não se tornou brilhante.

6. Seis na sexta posição
   Lamentando e suspirando.
   Lágrimas amargas, nenhuma culpa.

   Lamentando e suspirando,
   Lágrimas amargas.
   Ele não se sente seguro no topo.

SIGNIFICADO

Este hexagrama mostra uma condição de forte união entre um soberano e seu ministro. Para reunir as pessoas, um grande líder é importantíssimo. Além dele, deve haver uma crença comum. Por isso, o antigo rei chegou ao templo dos antepassados e ofereceu grandes animais ao Céu. Na antiga China, o Céu e os antepassados eram os dois vínculos mais fortes de união. Quando as pessoas têm fé no Céu e confiança em seu líder, ficam contentes em trabalhar juntas com um só coração e uma só mente, sobretudo em épocas difíceis.

O hexagrama tem duas linhas sólidas – na quarta e na quinta posição. Uma é o rei e a outra, o ministro; eles trabalham juntos harmoniosamente para reunir o povo. Reunir significa agrupar o povo para proteger o país. O rei e o ministro são igualmente importantes, mas o rei é o líder, o comandante-em-chefe. É conveniente que ele seja a linha principal do hexagrama.

Depois de eliminar o mal e encontrar o bem, o Rei Wen reuniu uma multidão no templo dos antepassados. Ofereceu um boi, um carneiro e um porco ao Céu e aos antepassados de Zhou e Shang para unificação e celebração. O Duque de Zhou guardou um memorando sobre a cerimônia. Muita gente foi reunida. A reunião foi bem-sucedida e terminou em grande boa fortuna. Não houve nenhuma culpa.

(1) Seis na primeira posição. Reunir alterna para Seguir (17)

A primeira linha é um elemento yin incorretamente situado em uma posição yang. Interage com o elemento yang na quarta posição. Eles desejam unir-se, mas há dois elementos yin obstruindo a passagem. Esta primeira linha representa uma mulher. Embora seja sincera, é incapaz de chegar ao fim. Se clamasse com sinceridade, aquele na quarta posição ouviria e viria. Então ela explodiria em risadas e daria a mão ao outro. O Texto dos Yao diz: "Não se preocupe. Prosseguir: nenhuma culpa." Esta linha nos conta que a sinceridade é um dos fatores básicos de uma união forte.

(2) Seis na segunda posição. Reunir alterna para Exaustão (47)

O elemento yin nesta posição interage com o elemento yang na quinta. Anseiam por ficar juntos. Esta linha yin está cercada por outros dois elementos yin, acima e abaixo. Ela está em uma posição yin, é dócil, modesta e central. Precisa da ajuda daquele que ocupa a quinta posição, que é um elemento yang em uma posição yang, firme, forte e também central. São o par perfeito. O Texto dos Yao diz: "Reunidos: boa fortuna. Nenhuma culpa. Seja sincera e veraz; é favorável, até mesmo com uma pequena oferenda."

As pequenas oferendas mencionadas faziam parte de uma cerimônia chinesa conhecida como *you*. A cerimônia primaveril da dinastia Shang e a cerimônia de verão da dinastia Zhou eram denominadas *you*. A primavera e o verão não são estações de colheita; assim, a oferenda era simples. A bênção baseia-se na sinceridade e na veracidade, não na riqueza material. Confúcio diz que a bênção desta linha deriva do caminho central em que ela se mantém.

(3) Seis na terceira posição. Reunir alterna para Influência Mútua (31)

Na terceira posição, encontra-se um elemento yin em uma posição yang – nem central nem correta. Não interage com a sexta linha porque são ambas yin. Não há maneira de reuni-las. Ela tenta unir a vizinhança. Contudo, o vizinho de baixo, o elemento yin na segunda posição, interage com o yang na quinta. O vizinho de cima, o elemento yang na quarta posição, interage com o yin na primeira. Por isso, o Texto dos Yao diz: "Reunir: suspiros. Nada é favorável." O texto ainda a incentiva a prosseguir, porque o yin na sexta é dedicado e gentil. Embora a união talvez não seja perfeita, não há nenhuma culpa, apenas leve arrependimento. O Comentário de Confúcio diz: "Prosseguir: nenhuma culpa. Há uma brisa suave acima." Esta brisa suave se refere ao elemento yin na sexta posição.

(4) Nove na quarta posição. Reunir alterna para União (8)

Este é um elemento yang em uma posição yin, nem central, nem correta. Contudo, ocupa o lugar do ministro, próximo ao rei. Pode reunir as pessoas que estão no trigrama inferior. Graças a essas excelentes condições, suas palavras e atos têm grande influência, mas ele deve agir com extrema cautela, porque alguém que exerce tanta influência a partir de uma posição inadequada pode suscitar as suspeitas do rei e do povo. Em geral, aquele que ocupa uma posição nem central nem correta, não se encontra em situação favorável. Entretanto, este elemento carrega o elemento yang na quinta posição e interage com o yin na primeira. É sincero ao reunir pessoas para o rei e o país. Embora sua posição não seja nem central nem correta, as outras condições são excelentes. Portanto, seus planos resultarão em grande boa fortuna, sem nenhuma culpa.

(5) Nove na quinta posição. Reunir alterna para Contentamento (16)

A quinta linha tem a qualidade de um líder brilhante; é um elemento yang em uma posição yang. É firme e forte, central e correto, e obtém o lugar supremo de um rei. Possui dignidade – não há motivo para culpa. Contudo, nesta situação, a pessoa tende a ser orgulhosa e voluntariosa. O texto alerta que não há confiança nesse rei. É preciso perseverar. Confúcio indica que sua vontade ainda não se tornou brilhante e que ele não deve ser insincero. O arrependimento somente desaparecerá se conseguir manter-se no caminho central, com perseverança e retidão.

(6) Seis na sexta posição. Reunir alterna para Obstáculo (12)

A sexta linha representa a última etapa da reunião de pessoas. Aqui está um elemento yin em uma posição yin. É fraco e incapaz de unir o povo. Sente-se isolado e abandonado e, por isso, lamenta, suspira e derrama lágrimas. Precisa, em vez disso, examinar sua motivação e conduta. Jogar a culpa no destino não é a postura certa a ser adotada.

Referências adicionais para este hexagrama:

Imagem:	Lago sobre Terra
Fórmula para recitação:	Lago sobre Terra, Reunir
Elemento:	Metal
Estrutura:	Dois yang com quatro yin
Mês:	O oitavo mês do calendário lunar, ou setembro
Linha principal do hexagrama:	Nove na quinta posição
Hexagrama oposto:	Grande Acúmulo (26)
Hexagrama inverso:	Crescimento Ascendente (46)
Hexagrama correspondente:	Desenvolvimento gradual (53)

46
SHENG •
CRESCIMENTO
ASCENDENTE

Kun • Terra
Xun • Madeira

NOME E ESTRUTURA

Sheng significa crescimento ascendente.

Seqüência do hexagrama: *A reunião num movimento ascendente chama-se crescimento ascendente. Assim, depois de Reunir vem Crescimento Ascendente.*

Originalmente, Shang significava subir, ascender, promover. Neste hexagrama, é promover na direção ascendente. Wilhelm traduz Sheng por Ascensão e Blofeld, por Ascender, Promoção. O símbolo deste hexagrama é madeira crescendo da terra; por isso, aqui se adota o termo Crescimento Ascendente.

O ideograma consiste em duas partes. A superior é um sol nascente. Os chineses dizem: "O sol brilhante está em crescimento ascendente no céu oriental." A imagem inferior é o ideograma sheng, que dá o som. Tradicionalmente, usa-se apenas esta parte inferior para representar o nome deste hexagrama. Sheng era uma antiga unidade de medida para cereais ou tecidos. Hoje, um sheng é aproximadamente um litro.

Este hexagrama é o inverso do precedente, Reunir. Reunir indica reunir *pessoas*. Crescimento Ascendente vai um pouco além, aprimorando a ação para realizar algo mais produtivo. Alguns estudiosos do I Ching afirmam que, enquanto Reunir significa unificar o povo para proteger o país, Crescimento Ascendente significa abrir as fronteiras do país. A estrutura do Hexagrama é Terra ☷ sobre Madeira ☴. Madeira sob a terra é uma imagem de crescimento ascendente.

No I Ching, há três hexagramas relacionados ao movimento de avanço: Prosseguir (35) ☷☲, Crescimento Ascendente e Desenvolvimento Gradual (53) ☶☴. A estrutura de Prosseguir é Fogo ☲ sobre Terra ☷ (a imagem do sol nascente) e o movimento é simplesmente progressivo: o Fogo representa o sul e este simboliza progresso. A imagem de Crescimento Ascendente é madeira irrompendo do solo e emergindo da terra. É um movimento de promoção de um nível inferior para um superior e está associado ao esforço de crescimento. A imagem de Desenvolvimento Gradual é Madeira ☴ sobre Montanha ☶. Sugere uma árvore crescendo aos poucos em uma montanha até atingir seu tamanho definitivo, enfatizando a lentidão. O crescimento gradativo mantém a árvore forte, firme e estável. Esta é a sabedoria da natureza. Ervas daninhas crescem rapidamente – não são nem fortes nem estáveis. Crescimento Ascendente significa progredir tranqüilamente. O trigrama inferior de Crescimento Ascendente é Madeira ☴; o superior, Terra ☷. Os atributos de ambos sugerem movimento tranqüilo sem retrocesso. Durante o período de crescimento ascendente, não há obstrução.

Decisão

> Crescimento Ascendente.
> Perfeitamente próspero e tranqüilo.
> É adequado ver um grande homem.
> Não se preocupe;
> Prosseguir em direção ao sul:
> Boa fortuna.

Comentário sobre a Decisão

> *O maleável ascende de acordo com o tempo.*
> *Dócil e submisso.*
> *O firme é central e obtém uma resposta.*
> *Há grande prosperidade e tranqüilidade.*
>
> *É adequado ver um grande homem.*
> *Não se preocupe;*
> *Há bênção.*
> *Prosseguir em direção ao sul: boa fortuna.*
> *Sua vontade será realizada.*

Comentário sobre o Símbolo

*No interior da terra, a madeira cresce.
Uma imagem de Crescimento Ascendente.
Assim,
O homem superior cultiva suas virtudes na ordem adequada.
Acumula as pequenas realizações
E as desenvolve cada vez mais e melhor.*

Texto dos Yao

1. Seis na primeira posição
   Com confiança, crescimento ascendente.
   Grande boa fortuna.

   *Com confiança, crescimento ascendente: grande boa fortuna.
   Os que estão acima concordam com sua vontade.*

2. Nove na segunda posição
   Sinceridade e veracidade.
   Então será favorável, mesmo com uma pequena oferenda.
   Nenhuma culpa.

   *A sinceridade e a veracidade do nove na segunda.
   Elas trazem alegria.*

3. Nove na terceira posição
   Crescimento ascendente
   Em uma vila vazia.

   *Crescimento ascendente em uma vila vazia.
   Não há motivo para hesitar.*

4. Seis na quarta posição
   O rei está empenhado em
   Fazer oferendas ao Monte Ji.
   Boa fortuna.
   Nenhuma culpa.

   *O rei está empenhado em fazer oferendas ao Monte Ji.
   Ele segue o caminho da realeza.*

5. Seis na quinta posição
   Perseverança e retidão: boa fortuna.
   Ascender passo a passo.

Perseverança e retidão: boa fortuna.
Ele alcança com grandeza o que deseja.

6. Seis na sexta posição
Escuridão, crescimento ascendente.
É favorável ser incessantemente perseverante e reto.

Escuridão, crescimento ascendente, alcançando a posição mais elevada.
Diminuirá sua riqueza.

Significado

Este hexagrama expõe o princípio do crescimento ascendente. O crescimento ascendente necessita do apoio do povo. As pessoas são uma fonte de força para atingir metas. Além disso, tal crescimento precisa seguir os passos do passado – a experiência proporciona uma referência preciosa. Aquele que deseja ascender precisa ter uma atitude verdadeira e sincera; caso contrário, o povo não o apoiará. O hexagrama usa a imagem da madeira crescendo dentro da terra. As raízes e o tronco de uma árvore fazem esforço para irromper do solo. Aplicado à sociedade humana, isto nos explica como abordar o progresso. Quando a fama e a posição crescem, não é por acaso, mas pela lei de causa e efeito. Deve-se cultivar a virtude, desenvolver o caráter, acumular conhecimentos e experiência e trabalhar arduamente para estabelecer credibilidade. Esse é o caminho adequado para abordar a promoção e o crescimento pessoal.

A Decisão do Rei Wen diz: "Crescimento Ascendente. Perfeitamente próspero e tranqüilo. É adequado ver um grande homem. Não se preocupe; prosseguir em direção ao sul: boa fortuna." Essa passagem se refere à promoção do elemento yang na segunda posição, que é central no trigrama inferior – uma localização auspiciosa. É a posição de um general que interage com o elemento yin na quinta, representando o rei. Como o segundo elemento é firme e resoluto e percorre o caminho central, é capaz de ver um grande homem; ou seja, ganha a oportunidade de promoção. Acredita-se que o grande homem seja o Rei Wen. "Prosseguir em direção ao sul" indica a expedição punitiva do Rei Wen em direção ao lugar chamado Shu, que era o antigo nome de Sichuan.

As linhas principais do hexagrama são as maleáveis na quinta e na primeira posição. O Comentário sobre a Decisão diz: "O maleável ascende de acordo com o tempo." O "maleável" designa o elemento yin na quinta posição, que cresce até a posição suprema. É dócil e humilde, e seu crescimento ascendente está de acordo com sua virtude, sem precisar conquistar favores. Contudo, a primeira linha é a raiz do trigrama inferior, Xun, Madeira, e também é adequada para ser a principal.

Depois de reunir a multidão com grande êxito, o Rei Wen foi ainda mais longe e abriu as fronteiras do reino. Decidiu avançar em direção ao sul, um lugar conhecido como Shu. O Duque de Zhou relata que a expedição punitiva em direção ao sul foi realizada com sinceridade e confiança. Antes de lançá-la, o Rei Wen fez uma cerimônia e apresentou oferendas ao Monte Ji, o lugar de origem dos Zhou. A expedição trouxe suprema prosperidade e tranqüilidade, e grande boa fortuna, como o Rei Wen previra.

(1) Seis na primeira posição. Crescimento Ascendente alterna para Progresso (11) ☷

A primeira linha é um elemento yin em uma posição yang na parte inferior do trigrama inferior, Madeira. Esta linha inferior sugere que a raiz de uma árvore penetra profundamente na terra. A segunda e a terceira linhas representam o tronco. A raiz consome nutrientes do solo enquanto o tronco e as folhas assimilam a luz do sol. As raízes não podem crescer sozinhas – devem crescer de acordo com o tronco. O comentário sobre o Texto dos Yao diz: "Os que estão acima concordam com sua vontade." A raiz e o tronco crescem solidamente com sinceridade e confiança. Há grande boa fortuna.

(2) Nove na segunda posição. Crescimento Ascendente alterna para Humildade (15) ☷

A segunda linha é um elemento yang em uma posição yin. O Texto dos Yao desta linha é o mesmo da linha maleável na segunda posição do hexagrama anterior, Reunir, no qual o elemento yin na segunda posição interage com o yang na quinta. Neste hexagrama, é exatamente o inverso – o elemento yang na segunda posição interage com o yin na quinta. Embora as posições sejam diferentes, o princípio é o mesmo. Para quem é sincero e veraz em seu coração, basta uma pequena oferenda para obter bênçãos. O comentário diz que sua sinceridade e veracidade trazem alegria. A primeira e a segunda linhas, portanto, contam-nos que uma postura sincera e verdadeira é adequada para obter o crescimento ascendente.

(3) Nove na terceira posição. Crescimento Ascendente alterna para Multidão (7) ☷

A terceira linha é um elemento yang em uma posição yang, na parte superior do trigrama inferior. Se houver crescimento ascendente, entrará no trigrama superior, Terra, que é composto por três linhas interrompidas. Estas deixam um espaço vazio no meio do hexagrama, simbolizando uma vila vazia. O elemento na terceira posição é firme, pretende crescer no sentido ascendente. A posição adiante está vazia. É da natureza humana temer o vazio, o desconhecido. Por isso, não há comentário sobre boa fortuna ou infortúnio. O comentário apenas aconselha: "Não há motivo para hesitar."

(4) Seis na quarta posição. Crescimento Ascendente alterna para Longa Duração (32) ☳

A quarta linha é um elemento yin em uma posição yin, correta. Ocupa a posição de um ministro. Nos tempos antigos, apenas o rei fazia oferendas ao Céu e à Terra. Senhores feudais e príncipes faziam oferendas às montanhas e aos rios. A pessoa que ocupa esta posição é nomeada pelo Senhor do Céu para encarregar-se da cerimônia de fazer oferendas à montanha. Sua sinceridade e lealdade máximas conquistam a confiança do Senhor do Céu. Há boa fortuna e nenhuma culpa. O Monte Ji também era conhecido como a Montanha do Oeste. Era o local de origem da dinastia Zhou.

(5) Seis na quinta posição. Crescimento Ascendente alterna para Reabastecimento (48) ☵

A quinta linha é um elemento yin em uma posição yang. Seu atributo é a fraqueza e sua posição, incorreta. Quem está nesta posição interage com o elemento yang na segunda, que é forte e firme. Obtém seu apoio e ascende à posição suprema. O Texto dos Yao diz: "Perseverança e retidão: boa fortuna. Ascender passo a passo." Ascender passo a passo é a melhor maneira de ganhar promoção. Assim, "Ele alcança com grandeza o que deseja", obtendo boa fortuna.

(6) Seis na sexta posição. Crescimento Ascendente alterna para Remediar (18) ☶

A sexta linha é um elemento yin em uma posição yin. Seu atributo é a fraqueza. O crescimento ascendente já chegou ao limite. Há escuridão. Nesta posição, a pessoa não se deve deixar embriagar pelo sucesso. Quando não se pode manter a perseverança e a retidão, vem a exaustão. Existe a possibilidade de perder a riqueza.

Referências adicionais para este hexagrama:

Imagem:	Terra sobre Madeira
Fórmula para recitação:	Madeira sob a Terra, Crescimento Ascendente
Elemento:	Terra
Estrutura:	Dois yang com quatro yin
Mês:	O décimo segundo mês do calendário lunar, ou janeiro
Linha principal do hexagrama:	Seis na primeira e seis na quinta posição
Hexagrama oposto:	Sem Falsidade (25)
Hexagrama inverso:	Reunir (45)
Hexagrama correspondente:	A Jovem que se Casa (54)

47
KUN • EXAUSTÃO

Dui • Lago
Kan • Água

NOME E ESTRUTURA

Kun significa dificuldade e tribulação. Sugere uma situação ou posição difícil. Nos tempos antigos, significava estar cercado por inimigos, pobre, extremamente cansado ou exausto.

Seqüência do hexagrama: *Quando o crescimento ascendente continua sem cessar, certamente se exaure. Assim, depois do Crescimento Ascendente vem a Exaustão.*

Wilhelm traduz Kun por Opressão (A Exaustão). Blofeld opta por Adversidade, Fadiga. Uso Exaustão. O ideograma de Kun é uma árvore colocada dentro de uma boca enorme, kou. Aqui, "boca" significa um cerco. O símbolo do hexagrama precedente é madeira crescendo para cima, de dentro da terra. O ideograma deste hexagrama é madeira confinada por um cerco. Não pode mais crescer. No fim, esgotar-se-á e morrerá. Antes da dinastia Zhou, o ideograma de Kun era representado por madeira e o sinal de parar, indicando que a madeira pára de crescer, fica exausta. A estrutura do hexagrama é Lago ☱ sobre Água ☵. A Água sob o Lago é uma imagem de um lago vazio, do qual toda a água se esgotou.

Exaustão define uma situação na qual a água foi drenada e a energia, esgotada. Esta é uma das situações mais difíceis descritas nos 64 hexagramas no I Ching, repleta de restrições, obstruções, opressão e exaustão. As seis linhas são desfavoráveis. A situação parece sombria e irremediável. Mas este é o melhor momento para ocultar as capacidades e ganhar tempo. Em uma situação exaustiva, ainda é preciso buscar prosperidade e tranqüilidade, mantendo-se perseverante e reto. Apenas o homem superior possui essas características, que trarão boa fortuna. No espírito do I Ching, uma situação de exaustão traz em si as sementes de grande regeneração. O sábio aceita toda situação com fé e sossego. Nem todo o mundo entende e acredita nessa verdade.

Decisão

Exaustão.
Próspero e tranqüilo.
Perseverança e retidão.
Grande homem: boa fortuna.
Nenhuma culpa.
Há palavras
Nas quais não se acredita.

Comentário sobre a Decisão

Exaustão.
O firme está coberto.

Enfrentando o perigo, ainda esteja alegre.
Em uma situação exaustiva,
Não perde a prosperidade e a tranqüilidade;
Só o grande homem é capaz de fazê-lo.

Perseverança e retidão.
Só o grande homem possui esses traços.
Terá boa fortuna
Porque é firme e central.

Há palavras
Nas quais não se acredita.
Aquele que dá importância às palavras
Cai na exaustão.

Comentário sobre o Símbolo

Lago sem água.
Uma imagem de Exaustão.
Assim,

O homem superior não poupa esforços
Para realizar sua inspiração.

Texto dos Yao

1. Seis na primeira posição
   Exausto, as nádegas no toco de uma árvore.
   Entra num vale sombrio.
   Três anos, não reaparece.

   Entra num vale sombrio.
   É escuro, sem clareza.

2. Nove na segunda posição
   Exausto com vinho e alimento.
   Um par de joelheiras vermelhas acaba de chegar.
   É favorável usá-las em oferendas cerimoniais.
   Prosseguir: infortúnio.
   Nenhuma culpa.

   Exausto com vinho e alimento.
   Ele está numa posição central;
   Há motivo para felicitações.

3. Seis na terceira posição
   Exausto com pedras.
   Apoiado em espinhos e cardos.
   Ao entrar em casa,
   Não vê a esposa: infortúnio.

   Apoiado em espinhos e cardos.
   Ele jaz sobre uma linha dura.
   Ao entrar em casa, não vê a esposa.
   Não é um bom presságio.

4. Nove na quarta posição
   Vindo, lentamente, lentamente.
   Exausto em uma carruagem dourada.
   Humilhação.
   Há um fim.

   Vindo, lentamente, lentamente.
   Sua vontade está direcionada ao inferior.

Embora a posição não seja adequada,
Há resposta.

5. Nove na quinta posição
   Nariz e pés cortados.
   Exausto com joelheiras vermelhas.
   Gradual e lentamente, há alegria.
   É favorável usá-las em oferendas cerimoniais.

   Nariz e pés cortados:
   Ele não realiza sua aspiração.
   Gradual e lentamente, há alegria.
   A linha é reta e central.
   É favorável usá-la em oferendas cerimoniais.
   Ele receberá bênçãos.

6. Seis na sexta posição
   Exausto por trepadeiras,
   perigo e perplexidade.
   Diz: "Prosseguindo: arrependimento."
   Provavelmente se arrepende,
   Depois prossegue: boa fortuna.

   Exausto por trepadeiras.
   Não lida com a situação adequadamente.
   "Arrependimento por agir. Há arrependimento."
   A boa fortuna vem quando ele prossegue.

SIGNIFICADO

Este hexagrama nos diz como lidar com situações ou momentos dificílimos. O texto é enigmático. A imagem do hexagrama sugere que as forças yin oprimem o yang, mas este não será vencido. O virtuoso e o sábio podem cair em uma situação de miséria, mas ela será apenas temporária. Já que sabem examinar a própria consciência e se arrepender, sempre aprendem com os erros do passado. Os homens inferiores podem ser bem-sucedidos e prósperos durante algum tempo, mas certamente acabarão na miséria. Recusam-se a entender a lei de causa e efeito – aquele que causa dano ao próximo acaba ele mesmo sofrendo dano.

Um lago sem água se seca, um homem sem dinheiro desanima. A pressão financeira é uma das situações da vida que mais causam tensão. Os antigos chineses nos advertem: "Um homem sem dinheiro é como um peixe fora d'água." Em tal situação, é difícil sobreviver. Esta verdade se aplica à pessoa e ao governo. Há diversas maneiras de entender a exaustão. O homem pode ficar exausto por não ter o suficiente ou por ter coisas em excesso. Quando alguém está preso em uma situação exaustiva, deve, com prudência, descobrir a causa e buscar a solução. É isto que o sábio faz. Queixas e ressentimento só agravam a situação. Os virtuosos exaurem-se com o Tao. Não se preocupam com as coisas materiais, apenas com a espiritualidade. Sua exaustão ocorre por ficarem completamente absorvidos, esquecendo-se até mesmo de comer e de dormir.

As linhas principais do hexagrama são as sólidas na segunda e quinta posição. A sólida na segunda está exausta com vinho e comida; a sólida na quinta, com "joelheiras vermelhas", simbolizando uma veste imperial. Veste imperial, em chinês, é zhu fu. Zhu significa vermelho vivo, Fu tem dois significados. Um denota a fita de seda usada para amarrar um selo oficial. O outro é uma veste imperial usada em oferendas cerimoniais; era uma veste que cobria os joelhos do oficiante quando este se curvava, ajoelhava e encostava a cabeça no chão. Somente oficiais de alto escalão podiam usar o zhu fu. Neste hexagrama, ele representa uma posição elevada.

A expedição ao sul encontrou dificuldades que deixaram a todos de ânimo sombrio. O Rei Wen manteve a perseverança e a retidão, sempre buscando a prosperidade e a tranqüilidade. O Duque de Zhou narra a história dessas tribulações. Houve ocasião para arrependimento, mas o Rei Wen acreditava que tudo terminaria em boa fortuna. As pessoas não criam na verdade. Por isso, para inspirar o entusiasmo da multidão, por duas vezes realizou cerimônias de sacrifício ao Céu e aos antepassados. Foi capaz de chegar ao fim.

(1) Seis na primeira posição. Exaustão alterna para Alegre (58) ☱

A primeira linha é um elemento yin em uma posição yang, na parte inferior do trigrama inferior, Água ou Escuridão. Representa aquele que está exausto e em situação difícil. Em geral, a primeira linha é relacionada aos dedos dos pés. Neste hexagrama, ela é relacionada às nádegas, que ficam na parte inferior quando se está sentado. Esta linha é descrita como uma pessoa sentada no toco de uma árvore. Não pode caminhar; é como um toco preso ao chão. É como se tivesse entrado em um vale sombrio e, por muito tempo (não necessariamente três anos), nada visse. A linha nos conta que, quando se está em uma situação sombria, é necessário obter esclarecimento e sabedoria.

(2) Nove na segunda posição. Exaustão alterna para Reunir (45) ☷

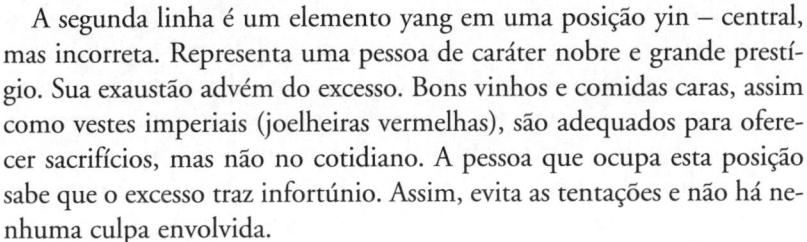

A segunda linha é um elemento yang em uma posição yin – central, mas incorreta. Representa uma pessoa de caráter nobre e grande prestígio. Sua exaustão advém do excesso. Bons vinhos e comidas caras, assim como vestes imperiais (joelheiras vermelhas), são adequados para oferecer sacrifícios, mas não no cotidiano. A pessoa que ocupa esta posição sabe que o excesso traz infortúnio. Assim, evita as tentações e não há nenhuma culpa envolvida.

Este hexagrama tem um aspecto incomum. No I Ching, geralmente, se a segunda e a quinta linhas são yin e yang complementares, interagem uma com a outra e há boa fortuna. Apenas neste hexagrama e em Pequeno Acúmulo (9) ☰ a segunda e a quinta linhas não interagem e, ainda assim, há boa fortuna. A razão é que, como o yang está sendo oprimido pelo yin, ele precisa do apoio de outro yang.

(3) Seis na terceira posição. Exaustão alterna para Grande Excedente (28) ☱

A terceira linha é um elemento yin em uma posição yang – nem central nem correta. Sustenta dois elementos yang na quarta e na quinta posição, como se carregasse duas pedras nos ombros. Está montado sobre outro elemento yang na segunda posição, como se estivesse apoiado em espinhos e cardos. Trata-se de uma situação em que é difícil prosseguir ou recuar. A única opção é retornar ao lar. Contudo, quando volta, ele não vê a companheira, que deveria estar na sexta posição, à qual corresponde a terceira. Infelizmente, a sexta linha é outro elemento yin e, portanto, elas não interagem. Assim, o Texto dos Yao diz: "Não vê a esposa: infortúnio." Em seu *Grande tratado*, Confúcio comenta sobre esta linha:

> *Exausto numa situação em que não deveria estar exausto,*
> *Certamente sua reputação fica humilhada.*
> *Ocupando o que não devia ocupar,*
> *É certo que cai em perigo.*
> *Humilhado e em perigo.*
> *O momento de perecer está bem próximo.*
> *Como pode ele ver sua esposa?*

(4) Nove na quarta posição. Exaustão alterna para Escuridão (29) ☵

Esta linha está exausta em uma carruagem dourada. Nos tempos antigos, o príncipe andava em uma carruagem dourada para saudar a noiva no casamento. A quarta linha está montada sobre o trigrama inferior, Kan. Kan representa água, mas também rodas e uma carruagem. A Água está abaixo e o Lago, acima. Lago representa a filha mais nova; Água, o filho do meio. Vão se casar. Esta é a ocasião mais alegre na vida, mas ele se sente exausto. Nos tempos antigos, o homem superior não se preocupava com a pobreza, mas com o Tao da Humanidade. Aquele que não podia realizar suas aspirações, mesmo em posição superior e num momento importante, ainda se lembrava dos que se encontravam em situação mais árdua.

A quarta linha é um elemento yang em uma posição yin – nem central nem correta – e interage com o yin na primeira. A primeira linha está presa em um vale sombrio. Esta linha yang deveria ir em frente para ajudar, mas está numa carruagem dourada. No I Ching, diz-se que uma linha ascendente "vai" e uma descendente "vem". Esta linha quer descer em direção à primeira. O trigrama inferior é Água; a linha não consegue mover-se rapidamente através dele. Por isso, o Texto dos Yao diz: "Vindo, lentamente, lentamente. Exausto em uma carruagem dourada. Humilhação. Há um fim."

(5) Nove na quinta posição. Exaustão alterna para Alívio (40)

Há dois tipos básicos de exaustão – por escassez ou por excesso. Este elemento não está exausto por nenhum dos dois motivos, mas porque suas aspirações não podem se realizar. Aqui há um elemento yang em posição yang, central e correto. Situado numa posição suprema, ele deseja dar rédeas soltas à sua vontade nobre. Contudo, está cercado por elementos yin na sexta e na terceira posição. Esses elementos yin são oficiais do alto escalão, cujos joelhos são vermelhos porque estão cobertos pela veste imperial. Ele está limitado por eles, como se seu nariz e pés estivessem cortados. Contudo, é central e correto e está no meio do trigrama superior, Alegria. O Texto dos Yao diz: "Gradual e lentamente, há alegria."

Sob condições normais, é desfavorável a quinta linha não interagir com a segunda. Mas, em uma ocasião exaustiva, a situação muda. Se os dois yang são sinceros e verdadeiros, como quem faz oferendas cerimoniais, conseguem apoiar um ao outro. No fim receberão bênçãos. A quinta e a segunda linhas mostram que a pessoa prudente lida com uma situação difícil com calma e tranqüilidade, como ao ofertar um sacrifício com devoção. Elas prosseguem lentamente, com autoconfiança. Entendem que a alegria virá gradualmente se mantiverem a esperança e a fé.

(6) Seis na sexta posição. Exaustão alterna para Disputa (6) ☱

O Texto dos Yao desta linha é claro. A sexta linha é um elemento yin em uma posição yin, ambas condições fracas. A linha está na extremidade do hexagrama. Montar em dois elementos yang é semelhante a ficar exausto ao rastejar por entre trepadeiras. Nesta posição, a pessoa é capaz de examinar a si própria e entender que agir trará infortúnio. Mas este é o fim da estrada – o ponto de mutação está próximo. Para aquele que realmente se arrepende dos erros anteriores, a sinceridade é auspiciosa. Seguindo em frente, virá a boa fortuna.

Referências adicionais para este hexagrama:

Imagem:	Lago sobre Água
Fórmula para recitação:	Água sob o Lago, Exaustão
Elemento:	Metal
Estrutura:	Três yang com três yin
Mês:	O nono mês do calendário lunar, ou outubro
Linha principal do hexagrama:	Nove na segunda e nove na quinta
Hexagrama oposto:	Ornamentação (22)
Hexagrama inverso:	Reabastecimento (48)
Hexagrama correspondente:	Lar (37)

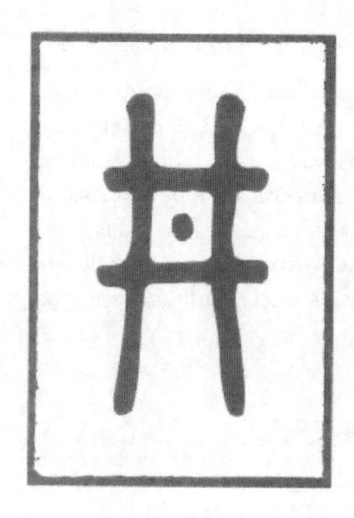

48
JING •
REABASTECIMENTO

Kan • Água
Xun • Madeira

NOME E ESTRUTURA

Jing é um poço, um lugar de reabastecimento. Este hexagrama é o inverso do anterior, Exaustão. O ideograma do hexagrama precedente mostra a madeira (uma árvore) mantida dentro de estreitos limites e exausta por tentar crescer. A imagem deste hexagrama é a irrigação da madeira, reabastecimento. Depois da exaustão, é preciso reabastecer. Exaustão e Reabastecimento são opostos, mas complementares. Wilhelm e Blofeld, como a maioria dos outros tradutores, traduzem Jing como O Poço. Adoto Reabastecimento porque o poço é um símbolo de reabastecer.

Seqüência do hexagrama: *Os que se esgotaram acima certamente retornarão ao que está abaixo. Assim, depois da Exaustão vem o Reabastecimento.*

O ideograma de Jing não mostra a imagem de um poço, mas do antigo sistema territorial Jing, adotado no início da dinastia Zhou. Dois traços horizontais e dois verticais se intersectam com um ponto no meio do quadrado, que representa um poço ou um balde. O ideograma jing é o desenho de um pedaço de terra dividido em nove partes iguais. Cada parte ocupava 100 mu, equivalentes a 6,5 hectares. Todas as terras pertenciam ao governo ou ao senhor feudal. A parte central era cultivada exclusivamente para benefício do governo ou do senhor feudal e era ali que ficava o poço. Era trabalhada conjuntamente pelas oito famílias que usavam as outras oito partes de terra. Quando um homem atingia determinada idade, recebia uma parcela de terra do governo ou do senhor feudal. Na velhice, devolvia a terra. Diariamente, as oito famílias trabalha-

vam primeiro na parte central. No tempo que lhes sobrava, trabalhavam em suas terras.
O poço abastecia todas as pessoas que viviam nas terras do senhor feudal. Posteriormente, quatro grupos de terra Jing passaram a formar uma vila. Como o povo da vila retirava água do poço, ele se tornou a praça do mercado e ganhou importância no cotidiano das pessoas. Por isso, o verdadeiro espírito de Jing é reabastecer o povo. Os vassalos trabalhavam a terra o dia todo e ficavam exaustos; iam ao poço se reabastecer. O Comentário sobre a Decisão diz: "O poço oferece reabastecimento; mas nunca se exaure."
A estrutura do hexagrama é Água ☵ sobre Madeira ☴. Esta imagem representou, para o antigo sábio, a figura de um poço. A água de um poço era um recurso praticamente inesgotável. Estava em uso constante, mas era continuamente reabastecida. Era a fonte da vida. Além disso, a imagem sugere que as raízes de uma planta retiram água do solo para nutrir o caule e as folhas.

Decisão

>Reabastecimento.
>Pode-se mudar o local de uma vila,
>Mas não o poço.
>Nem perde nem ganha.
>Ir e vir, retirar, retirar.
>Quase fora do poço,
>Quebra-se o balde: infortúnio.

Comentário sobre a Decisão

Penetrar na água e trazê-la para cima.
Indica um poço.
O poço oferece reabastecimento,
Mas nunca se exaure.

Pode-se mudar o local de uma vila,
Mas não o poço,
Porque as sólidas estão em posições centrais.

Quase fora do poço,
Ainda não se realizou a ação.
Quebra-se o balde;
Há infortúnio.

Comentário sobre o Símbolo

Água sobre Madeira.
Uma imagem de Reabastecimento.
Assim,
O homem superior incentiva as pessoas no trabalho
E as incita a ajudar umas às outras.

Texto dos Yao

1. Seis na primeira posição
   Lama no poço.
   Sem beber.
   Velho poço, nenhum pássaro.

   Lama no poço: sem beber.
   A posição é baixíssima.
   Velho poço, nenhum pássaro.
   Com o passar do tempo, foi abandonado.

2. Nove na segunda posição
   Fundo do poço –
   Carpas minúsculas.
   O balde vaza.

   Fundo do poço –
   Carpas minúsculas.
   Ninguém interage com ele.

3. Nove na terceira posição
   Dragou-se o poço.
   Sem beber.
   Tristeza em meu coração.
   Poderia ser usado e aproveitado.
   O rei é iluminado
   E recebe sua bênção.

   Dragou-se o poço, sem beber.
   Esta é a tristeza dos transeuntes.
   Que o rei seja iluminado e brilhante;
   Então receber-se-ão as bênçãos.

4. Seis na quarta posição
   Azuleja-se o poço.
   Nenhuma culpa.

   Azuleja-se o poço. Nenhuma culpa.
   Está renovado.

5. Nove na quinta posição
   O poço é puro.
   Bebe-se da fonte gelada.

   Beber da fonte pura e gelada.
   A posição é central e correta.

6. Seis na sexta posição
   O poço é plenamente aproveitado.
   Não cubra.
   Sinceridade e veracidade:
   Suprema boa fortuna.

   Suprema boa fortuna na posição superior.
   Grande realização.

Significado

O hexagrama mostra a sabedoria de reabastecer o povo. Para isso, o chefe de família ou o líder de uma comunidade deve, primeiro, encontrar uma fonte inesgotável. Segundo a sabedoria dos antigos, a única maneira de garantir que o suprimento seja inesgotável é fazer o melhor uso possível do povo e dos recursos, e deixar os produtos fluírem com fartura no mercado. Além disso, este hexagrama explora a sabedoria de empregar pessoas virtuosas. A água em um riacho é uma dádiva da natureza. A água em um poço resulta da ação dos seres humanos. Todas as correntes subterrâneas estão ali, mas, sem cavar, desperdiça-se a água. O mesmo acontece com pessoas capazes e virtuosas. Nos tempos antigos, escolher os virtuosos e os capazes era sempre uma tarefa importante para um grande rei.

A linha principal do hexagrama é incomum – o elemento yin na sexta posição. O elemento yang na quinta é o rei – firme e forte, central e correto. O Comentário de Confúcio sobre a Decisão diz: "Pode-se mudar o local de uma vila, mas não o poço, porque as sólidas estão em posições centrais." O firme é o rei na quinta posição. Ele é o poço, a fonte de reabastecimento. As coisas podem mudar, mas seu desejo de reabastecer o povo nunca muda. Esta linha tem os atributos corretos para ser a principal, mas não é.

Há outro elemento yang firme e forte, central e correto – o que está na segunda posição. Este elemento yang poderia também ser o principal, mas não é, porque este hexagrama diz respeito a retirar água do poço, ou escolher os virtuosos e os capazes em meio à multidão, tarefas que só a pessoa no topo pode fazer. O elemento yin na sexta posição simboliza um poço sem cobertura, indicando que seus recursos são plenamente utilizados. Esta linha representa a sociedade ideal – uma sociedade de grande harmonia na qual o líder e o povo trabalham em total cooperação e com unidade de propósito.

Depois do êxito da expedição enviada ao sul pelo Rei Wen, a população de Zhou aumentou e o território foi ampliado. Para reabastecer a latente capacidade produtiva do povo, o Rei Wen aboliu o antigo sistema de escravidão, libertando os escravos. Da mesma maneira, mudou também o antigo sistema de pessoal, recrutando novos oficiais aptos e talentosos. O Rei Wen declarou que o sistema poderia ser alterado, mas não o princípio. O antigo sistema já não funcionava bem, como um velho balde quebrado. Se continuasse em vigor, haveria infortúnio. O Duque de Zhou registra os problemas do antigo sistema. O novo sistema social e o novo sistema de pessoal funcionavam melhor, como se tivessem azulejado o poço. A água era pura e fria e poderiam usá-la novamente. A suprema boa fortuna veio em seguida.

(1) Seis na primeira posição. Reabastecimento alterna para Necessidade (5)

A primeira linha é um elemento yin em uma posição yang. Está no fundo do poço, onde há lama e nenhuma água. Ninguém bebe, nem mesmo um pássaro. O trigrama inferior é Xun, Madeira, que representa um galo. Portanto, o Texto dos Yao usa uma ave como símbolo. O poço é antiqüíssimo e mal cuidado. A situação é ruim. Se a pessoa nesta posição não souber viver de acordo com o momento e fazer ajustes, será abandonada.

(2) Nove na segunda posição. Reabastecimento alterna para Tribulação (39)

A segunda linha é um elemento yang em uma posição yin, simbolizando água no poço. Não interage com o elemento yang na quinta posição. Como a água não pode fluir do fundo até a boca, escapa por outra direção. A situação desta linha é semelhante à da primeira.

(3) Nove na terceira posição. Reabastecimento alterna para Escuridão (29)

A terceira linha é um elemento yang em uma posição yang, no topo do trigrama inferior. É água, não lama, mas ninguém a bebe. Esta linha indica que uma pessoa de sabedoria e virtude não é valorizada. Seu momento não chegou. A linha explica como um líder iluminado e brilhante deve reconhecer o potencial de pessoas virtuosas e inteligentes.

(4) Seis na quarta posição. Reabastecimento alterna para Grande Excedente (28)

A quarta linha é um elemento yin em uma posição yin. Sua posição é correta, mas seu atributo é ser fraquíssima. Isto simboliza que o poço está azulejado, mas ainda incapaz de fornecer grande quantidade de água. É hora de se preparar para o futuro. Um momento auspicioso está a caminho. Depois de concluir a renovação, haverá uma oportunidade para o avanço e o progresso.

(5) Nove na quinta posição. Reabastecimento alterna para Crescimento Ascendente (46)

A quinta linha é um elemento yang em uma posição yang, central e correta. Agora o poço é puro e a água, fria. Pode-se usá-lo. Com seu caráter firme e perseverante, junto com a posição adequada, aquele que ocupa esta posição é capaz de beneficiar a multidão.

(6) Seis na sexta posição. Reabastecimento alterna para Prosseguir Humildemente (57)

A sexta linha é um elemento yin em uma posição yin. Sua posição no topo do hexagrama simboliza que o poço é usado sem cobertura. Mostra o uso pleno dos recursos do poço. Em geral, no I Ching, a sexta linha não tem posição. A posição suprema é a quinta. Neste hexagrama, contudo, a sexta linha é a principal. A interpretação do I Ching não é dogmática e rígida – depende da situação. Além disso, esta linha representa uma sociedade ideal de grande harmonia na qual o líder e o povo trabalham em total cooperação e com unidade de objetivos.

Referências adicionais para este hexagrama:

Imagem:	Água sobre Madeira
Fórmula para recitação:	Água irrigando a Madeira, Reabastecimento
Elemento:	Água
Estrutura:	Três yang com três yin
Mês:	O quinto mês do calendário lunar, ou junho
Linha principal do hexagrama:	Seis na sexta posição
Hexagrama oposto:	Erradicação (21)
Hexagrama inverso:	Exaustão (47)
Hexagrama correspondente:	Diversidade (38)

49
GE • ABOLIR O ANTIGO

☱ Dui • Lago
☲ Li • Fogo

NOME E ESTRUTURA

Ge originalmente significava o couro de um animal. Depois de curtir a pele do animal, ela se transforma em couro. Assim, Ge também significava alternar, mudar, inovar. Posteriormente, o significado estendeu-se para englobar o de revolução, no sentido de abolir o antigo e abrir caminho para o novo. Toda ação necessita desse elemento.

Seqüência do hexagrama: *É preciso remover o lodo no fundo do poço. Assim, depois do Reabastecimento vem Abolir o Antigo.*

Wilhelm traduz Ge por Revolução (Mudança de pele ou pêlo nos animais) e Blofeld, por Revolução, Couro ou Pele. Uso a expressão Abolir o Antigo.

O ideograma de Ge é o desenho de uma pele natural de animal, com a cabeça, o corpo e a cauda estendidos sobre três traços horizontais representando três ramos. A pele está exposta ao sol para secar. A estrutura do hexagrama é Lago ☱ sobre Fogo ☲. O lago contém água, que pode extinguir o fogo. O fogo, por sua vez, é capaz de secar a água. A água vence o fogo e o fogo vence a água. Este fenômeno sugere uma imagem de revolução – abolir o antigo. O Comentário de Confúcio sobre a Decisão diz: "O Céu e a Terra abolem o antigo e trazem o novo; depois, as quatro estações completam suas mudanças. Tang e Wu... trouxeram o novo. Obedeceram à vontade do Céu de acordo com os desejos do povo. São realmente grandes o tempo e o significado de abolir o antigo!"

Este hexagrama tem estreita relação com Diversidade (38) ☱. Ambos são formados por Lago e Fogo. De acordo com o sistema dos oito trigramas, Lago representa a filha mais nova e Fogo, a filha do meio. Em Diversidade, a filha do meio está acima da filha mais nova (Fogo sobre Lago). Isto simboliza duas filhas, vivendo na mesma casa, que irão se separar, casando-se em famílias distintas. Naturalmente seus interesses vão se diversificar e divergir. Neste hexagrama, a filha mais nova está acima da filha do meio (Lago sobre Fogo). São incompatíveis, como o fogo e a água. Cada qual tenta mudar a outra e não se deixa mudar. Surge o conflito. O Comentário de Confúcio sobre a Decisão diz: "Água e Fogo se destroem. Duas filhas vivem juntas, mas seus pensamentos não estão de acordo. Isto se chama revolução."

Decisão

Dia adequado.
Nele, obtém-se a confiança do povo.
Sumamente próspero e tranqüilo.
É favorável ser perseverante e reto.
O arrependimento desaparece.

Comentário sobre a Decisão

Abolir o Antigo.
Água e Fogo se destroem.
Duas filhas vivem juntas,
Mas seus pensamentos não estão de acordo.
Isto se chama revolução.

Dia adequado.
Nele, obtém-se a confiança do povo.
Quando a tempestade revolucionária eclodir,
A fé estará de acordo com ela.

Uma inteligência iluminada alegra o povo.
Grande êxito vem por meio da justiça.
Como a revolução é adequada,
Todo o arrependimento desaparece.

O Céu e a Terra abolem o antigo e trazem o novo;
Depois, as quatro estações completam suas mudanças.

Tang e Wu aboliram o antigo e trouxeram o novo.
Obedeceram à vontade do Céu
De acordo com os desejos do povo.

São realmente grandes o tempo e o significado de abolir o antigo!

Comentário sobre o Símbolo

Fogo no meio do Lago.
Uma imagem de Abolir o Antigo.
Assim,
O homem superior observa as mudanças dos planetas
E coloca o calendário em ordem,
Esclarecendo o período das estações.

Texto dos Yao

1. Nove na primeira posição
   Amarrado com o couro de um boi amarelo.

   Amarrado com o couro de um boi amarelo.
   Em tais circunstâncias, não se deve agir.

2. Seis na segunda posição
   Dia adequado.
   Nele, abole-se o antigo.
   Prosseguir: boa fortuna.
   Nenhuma culpa.

   Dia adequado.
   Abolir o antigo.
   Agir traz êxito digno de louvor.

3. Nove na terceira posição
   Prosseguir: infortúnio.
   Perseverança: adversidade.
   Deve-se declarar três vezes a abolição do antigo,
   Com sinceridade e veracidade.

   Declarar três vezes a abolição do antigo.
   Além da revolução, o que mais ele pode fazer?

4. Nove na quarta posição
   O arrependimento desaparece.
   Seja sincero e veraz;
   Mude o antigo.
   Boa fortuna.

   Boa fortuna em mudar o antigo.
   Sua convicção está de acordo com sua crença.

5. Nove na quinta posição
   O grande homem
   Muda como um tigre.
   Não há necessidade de adivinhar;
   Há sinceridade e veracidade.

   O grande homem muda como um tigre.
   É brilhante e distinto.

6. Seis na sexta posição
   O homem superior
   Muda como uma pantera.
   Pessoas inferiores
   Mudam o rosto.
   Prosseguir: infortúnio.
   Manter a perseverança e a retidão:
   Boa fortuna.

   O homem superior muda como uma pantera,
   Brilhante e elegante.
   Pessoas inferiores mudam o rosto.
   São dedicadas a obedecer ao superior.

SIGNIFICADO

Este hexagrama usa a imagem do conflito entre Fogo e Água. Descreve a verdade da revolução. Esta não ocorre apenas para depor o antigo. Seu objetivo é instituir o novo. O novo deve ser melhor que o antigo; é um progresso, uma melhoria. A revolução não acontece por acaso, há sempre um motivo. Nunca se pode criar uma revolução. Por outro lado, se ela estiver a caminho, ninguém poderá detê-la. Seguir a vontade do Céu e agir de acordo com os desejos do povo é a única coisa que pode tornar a revolução desnecessária. Acima de tudo, seguir a vontade do Céu e agir de acordo com os desejos do povo é cuidar do povo e nutri-lo.

No discurso da história antiga da China, houve duas revoluções importantes. Uma foi a rebelião liderada pelo Rei Tang, que depôs o tirano Jie da dinastia Xia e fundou a dinastia Shang. A outra foi a revolução liderada pelo Rei Wu, filho do Rei Wen, que depôs o tirano de Shang e fundou a dinastia Zhou. Os chineses acreditavam que ambas as revoluções realizaram a vontade do Céu e os desejos do povo. Mêncio diz:

> O filho do Céu recebe instrução do Céu e se torna Rei. Haver ou não instrução do Céu depende dos desejos do povo. Os que se opõem aos desejos do povo opõem-se à vontade do Céu. É certo que serão abolidos pelo novo que o Céu autorizou.

Segundo a tradição da dinastia Zhou, antes de qualquer evento importante, deveriam realizar-se rituais solenes e adivinhações para ganhar a confiança do povo. Para os antigos chineses, o imperador era o Filho do Céu. O comando do imperador era tão verdadeiro quanto as revelações da adivinhação. Neste hexagrama, o Rei Wu estava se preparando para deflagrar uma revolução contra o tirano da dinastia Shang. Antes de agir, reformou o antigo sistema social, abolindo a escravidão. Assim, reabasteceu o povo e reforçou o território. Antes de abolir o antigo sistema, fez rituais solenes e adivinhações. Dos 34 hexagramas do Cânone Inferior, apenas a este é concedida a bênção auspiciosíssima de "sumamente próspero e tranquilo. É favorável ser perseverante e reto." O povo tinha confiança na mudança do antigo sistema; assim, todo o arrependimento desapareceu.

A linha principal deste hexagrama é a sólida na quinta posição. É firme e forte, central e correta, em posição suprema. Quem está nesta posição pode ser o líder da grande mudança. Tradicionalmente, acredita-se que este hexagrama tenha antecedentes históricos associados à revolução liderada pelo Rei Wu para depor o tirano da dinastia Shang no ano de 1066 a.C. Contudo, segundo a história, a revolução liderada pelo Rei Wu aconteceu quatro anos depois da morte do Rei Wen. Se for verdade, então o autor do I Ching não seria o Rei Wen, ou somente o Rei Wen. Seguindo a opinião tradicional de que o autor do I Ching foi o Rei Wen, sugiro que este hexagrama seja associado à abolição, pelo Rei Wen, do antigo sistema social, e à instituição do novo.

*(1) Nove na primeira posição. Abolir o Antigo alterna
para Influência Mútua (31)* ☱

A primeira linha representa a aurora da revolução. O momento não está maduro – não se deve agir levianamente. Devem-se consolidar as forças, como se amarrando-as com o couro de um boi amarelo. O boi é representado pela linha maleável na segunda posição no meio do trigrama inferior. A cor da posição central é o amarelo. Uma linha maleável pertence à família da Terra, que é representada por uma vaca. Portanto, usa-se o couro do boi amarelo como imagem. A primeira linha é um elemento yang em uma posição yang. Não interage com o elemento yang na quarta posição. Embora firme, está na parte inferior do hexagrama e não tem com quem interagir. Nesta situação, a pessoa não consegue agir produtivamente. Não deve agir em tais circunstâncias.

*(2) Seis na segunda posição. Abolir o Antigo alterna
para Eliminação (43)* ☱

A segunda linha é um elemento yin em uma posição yin – central e correta. É a linha principal do trigrama inferior, Li, ou Brilho. Quem está nesta posição é dócil e brilhante e interage com o elemento yang na quinta, que é firme e forte. Possuem o mesmo objetivo e podem apoiar um ao outro. O momento é certo e a situação, excelente. À medida que o dia adequado se aproxima, pode-se acelerar a revolução. Agir traz boa fortuna e sucesso. Mas ainda é preciso andar com passos firmes. Esta linha indica que, depois da adivinhação e do ritual solene, lançou-se a revolução contra o sistema antigo. Não houve resistência. A boa fortuna prevaleceu e não houve nenhuma culpa.

*(3) Nove na terceira posição. Abolir o Antigo alterna
para Seguir (17)* ☱

A terceira linha é um elemento yang em uma posição yang. Já ultrapassou a posição central. É hora de agir, mas quem ocupa esta posição costuma agir com pressa desnecessária. Portanto, o Texto dos Yao diz: "Prosseguir: infortúnio." Nesta posição, a pessoa deve manter a perseverança e a retidão e explicar o propósito da mudança repetidas vezes. Se o objetivo da mudança for profundamente debatido, poder-se-á restaurar a confiança. Quando se empreende uma ação para a mudança súbita, a comunicação com o povo é importante. Esta linha se relaciona a um evento histórico. Depois que o Rei Wu liderou, com êxito, a revolução contra o tirano de Shang, ele não implantou reformas radicais. Declarou o propósito da revolução três vezes. Além disso, perdoou os familiares do tirano, como o sábio Ji Zi, seu tio. Depois, consolou as pessoas do povo e ajudou-as a se instalar em seus locais de origem. Conquistou o amor e a estima do povo da dinastia Shang.

(4) Nove na quarta posição. Abolir o Antigo alterna para Já Realizado (63) ☷

A quarta linha é um elemento yang em uma posição yin – nem central nem correta. Há arrependimento. Quando esta linha se torna yin, este hexagrama alterna para Já Realizado (63) ☷, o que indica que o momento certo chegou. O arrependimento desaparece. A linha diz que quando chega o momento da revolução, a retidão de propósito, a sinceridade e a veracidade da liderança ainda têm papéis importantes. Esta linha é uma continuação da terceira. Depois que o Rei Wu declarou o propósito da revolução três vezes, o arrependimento por parte do povo desapareceu. O Rei Wu começou a renovar o sistema e fazer mudanças no pessoal. Da nova ordem resultou a boa fortuna.

(5) Nove na quinta posição. Abolir o Antigo alterna para Abundância (55) ☷

A quinta linha é um elemento yang em uma posição yang, central e correta, firme e forte e em lugar supremo. É o líder da grande mudança. Antes de efetuar a reforma, um grande homem muda a si mesmo. Assim, é capaz de conquistar a fé e a confiança do povo. Confiam nele por causa de sua virtude, mesmo antes de consultar o oráculo. O Texto dos Yao diz que o grande homem muda como um tigre, o que significa que seu mérito é tão brilhante e distinto quanto o pêlo do tigre. O grande homem desta linha denota o Rei Wen. Ele apoiou totalmente a revolução e as mudanças no sistema de pessoal. Baseando-se em seu prestígio, o povo confiou antes mesmo de consultar o oráculo.

(6) Seis na sexta posição. Abolir o Antigo alterna para Busca de Harmonia (13) ☷

A sexta linha nos conta que a revolução acabou. Obteve-se êxito. Agora é hora de a ordem pública retornar ao normal. A continuação do avanço revolucionário levará ao infortúnio. É crucial manter a perseverança e a retidão. É necessário aprender quando comandar uma revolução e, também, quando parar. Além disso, aquele que comandou a revolução deve, neste momento, renovar-se para fazer avanços construtivos. Os antigos chineses acreditavam que a cor e as pintas da pantera mudam segundo as estações do ano. Essa imagem simboliza como um sábio recomeça de acordo com a mudança do tempo. Esta linha é um alerta. Mesmo após o grande êxito de uma mudança, nem todos mudam sua opinião sinceramente. Os indivíduos inferiores mudam apenas o rosto; algum dia, voltarão a causar problemas.

Referências adicionais para este hexagrama:

Imagem:	Lago sobre Fogo
Fórmula para recitação:	Lago sobre Fogo, Abolir o Antigo
Elemento:	Metal
Estrutura:	Quatro yang com dois yin
Mês:	O terceiro mês do calendário lunar, ou abril
Linha principal do hexagrama:	Nove na quinta posição
Hexagrama oposto:	Infância (4)
Hexagrama inverso:	Instituir o Novo (50)
Hexagrama correspondente:	Encontro (44)

50
DING • INSTITUIR O NOVO

☲ Li • Fogo
☴ Xun • Madeira

NOME E ESTRUTURA

Originalmente, Ding denotava um antigo vaso chinês para sacrifícios com duas alças circulares e três ou quatro pés. Posteriormente, estendeu-se o significado para incluir a noção de instituir o novo. Fundia-se um ding em bronze, decorado com inscrições sagradas e desenhos auspiciosos de aves e animais. Esse tipo de vaso foi famoso durante o período das dinastias Xia, Shang e Zhou. O ding de três pés é redondo e o de quatro, quadrado.

Diz-se que Xia Yu, o fundador da dinastia Xia, fundiu nove ding, simbolizando nove continentes. Eram valorizados como bens de família. A capital localizava-se onde estivessem os nove ding. O Rei Tang levou-os para Shang, a capital da dinastia Shang; o Rei Wu mudou-os para Lo, a capital da dinastia Zhou. Quando uma nova dinastia começava ou coroava-se um novo imperador, a primeira coisa a ser feita era fundir um novo ding e nele inscrever a nova constituição, simbolizando o início de uma nova era. O imperador usava o ding para preparar oferendas de sacrifício para o Senhor do Céu e nutrir pessoas sábias e virtuosas. Por isso, os estudiosos chineses chamam a mudança de dinastia de *ding ge*, uma expressão derivada do I Ching. Ding é instituir o novo; ge, abolir o antigo.

Posteriormente, o ding passou a ser usado também no templo dos antepassados, em uma cerimônia comemorativa familiar. Para esse tipo de celebração, o ding era muito menor. Os alimentos preparados no ding eram servidos primeiro aos antepassados. Depois, o chefe da família distribuía a comida em tigelas para cada familiar, segundo sua posição na família. A cerimônia simbolizava a união da família e o amor entre seus membros.

Seqüência do hexagrama: *Para mudar as coisas totalmente, não há nada melhor que um ding. Assim, depois de Abolir o Antigo vem Instituir o Novo.*

Wilhelm traduz Ding por O Caldeirão, ao passo que Blofeld usa Um Vaso para Sacrifícios. Adoto o significado simbólico de Ding – Instituir o Novo. Este hexagrama é o inverso do precedente, Abolir o Antigo. Abolir o Antigo e Instituir o Novo são opostos, mas complementares. O ideograma de Ding figura exatamente uma vista frontal do antigo vaso para sacrifícios: uma tigela redonda na parte superior com duas alças e dois pés. A estrutura do hexagrama é Fogo ☰ sobre Madeira ☰. A madeira alimenta o fogo. É uma imagem de cozinhar. As seis linhas do hexagrama também formam o desenho de um ding. A linha maleável na primeira posição representa os pés. As três linhas sólidas na segunda, terceira e quarta posição são o corpo. A quinta, a linha partida, representa a boca do ding. A linha sólida na sexta posição serve como tampa, ou alça para transporte.

Decisão

> Instituir o Novo.
> Suprema boa fortuna.
> Próspero e tranqüilo.

Comentário sobre a Decisão

> *Ding.*
> *Uma imagem de um vaso para sacrifícios.*
> *Colocar madeira no fogo.*
> *É cozinhar.*
>
> *Quando o homem santo cozinhava*
> *Preparava oferendas ao Senhor do Céu.*
> *Quando dava um grande banquete,*
> *Nutria os santos e aqueles com virtudes valorosas.*
>
> *Por meio da docilidade,*
> *Seus ouvidos se tornam claros e os olhos, atentos.*
> *O maleável avança e ascende.*
> *Obtém a posição central*

E encontra correspondência com o firme.
Há suprema prosperidade e tranqüilidade.

Comentário sobre o Símbolo

Fogo sobre Madeira.
Uma imagem de Instituir o Novo.
Assim,
O homem superior retifica sua posição
E cumpre a vontade do Céu.

Texto dos Yao

1. Seis na primeira posição
   Vaso para sacrifícios, pés virados para cima.
   É favorável eliminar o ranço.
   Tomar uma concubina para ter um filho.
   Nenhuma culpa.

   Vaso para sacrifícios, pés virados para cima.
   Isto não é contrário à verdade.
   É favorável eliminar o ranço.
   É seguir o nobre.

2. Nove na segunda posição
   Vaso para sacrifícios: cheio.
   Meu companheiro está doente,
   Não pode se aproximar de mim.
   Boa fortuna.

   Vaso para sacrifícios: cheio.
   Cuidado com onde ele vai.
   Meu companheiro está doente:
   No fim, nenhuma culpa.

3. Nove na terceira posição
   Vaso para sacrifícios, orelhas removidas.
   Obstruem-se as atividades.
   O molho de faisão não é comido.
   Quando a chuva cai,
   O arrependimento desaparece.
   Termina em boa fortuna.

Vaso para sacrifícios, orelhas removidas.
Perde o que deveria ser.

4. Nove na quarta posição
Vaso para sacrifícios, pernas quebradas,
Derramou-se a sopa do príncipe.
Ele fica encharcado.
Infortúnio.

Derramou-se a sopa do príncipe.
E sua confiança popular?

5. Seis na quinta posição
Vaso para sacrifícios,
Orelhas amarelas, alça de ouro.
É favorável ser perseverante e reto.

Vaso para sacrifícios, orelhas amarelas.
Há substância firme no central.

6. Nove na sexta posição
Vaso para sacrifícios, anel de jade.
Grande boa fortuna.
Nada é desfavorável.

A alça de jade está na posição mais elevada.
O firme e o maleável se complementam adequadamente.

SIGNIFICADO

Este hexagrama usa a imagem de um vaso para sacrifícios para mostrar o quanto é importante honrar e nutrir as pessoas sábias e virtuosas para fazer crescer um novo país ou situação. A imagem deste hexagrama é uma forma inversa do anterior. O hexagrama anterior é um ato de revolução para abolir o antigo sistema ou condição. O objetivo da revolução não é meramente depor o velho mas, sobretudo, instituir uma nova situação e uma ordem melhor. Abolir o antigo é difícil; instituir o novo é ainda mais difícil. Tanto a abolição do antigo quanto a instituição do novo precisam de pessoas qualificadas e dotadas de uma habilidade extraordinária. Este hexagrama sugere uma maneira adequada de reorganizar a antiga ordem. O ponto-chave é respeitar os sábios e virtuosos e confiar neles para instituir a nova ordem. É igualmente importante eliminar os mesquinhos e os que não estão qualificados para as posições que ocupam.

A imagem deste hexagrama é Fogo ☲ sobre Madeira ☴. É a madeira que alimenta o fogo. É a imagem do preparo da comida. No I Ching, há quatro hexagramas que tratam de nutrição: Necessidade (5), Nutrição (27), Reabastecimento (48) e Instituir o Novo (50). Os três primeiros abordam a nutrição do indivíduo, do lar ou de um pequeno grupo. Este hexagrama trata de um grande grupo de pessoas e fala de uma cerimônia solene. Durante a cerimônia, oferece-se a comida primeiro aos mais venerandos – o Céu e a Terra, os antepassados e as pessoas virtuosas e honradas. A quinta linha representa a pessoa encarregada da cerimônia e a sexta, o homenageado. O Comentário sobre a Decisão diz: "Quando o homem santo cozinhava, preparava oferendas ao Senhor do Céu. Quando dava um grande banquete, nutria os santos e aqueles com virtudes valorosas." A linha principal do hexagrama é a maleável na quinta posição, o encarregado da cerimônia. Ele honra e nutre a pessoa de grande virtude e capacidade que ocupa a sexta posição.

Depois que o Rei Wen aboliu a escravidão e instituiu um novo sistema feudal, os métodos de produção mudaram, liberou-se a capacidade produtiva latente e a produtividade aumentou muito. O Rei Wen ficou feliz com as mudanças. Disse que a abolição do antigo e a instituição do novo trouxeram suprema boa fortuna, além de grande prosperidade e tranquilidade. O Duque de Zhou descreve os antigos sistemas imperfeitos como um vaso para sacrifícios virado de cabeça para baixo, dizendo que era favorável livrar-se do "ranço". Ao se deparar com a inveja de seus inimigos, o Rei Wen obteve o apoio dos sábios e virtuosos e colheu grande boa fortuna; nada era desfavorável.

(1) Seis na primeira posição. Instituir o Novo alterna para Grande Colheita (14) ☰

A primeira linha representa o início da nova ordem. A primeira coisa a fazer é abolir o antigo sistema. Um vaso para sacrifícios de cabeça para baixo, com os pés para cima, indica que foi tomada a decisão firme de limpar completamente a antiga ordem. Em geral, virar um vaso para sacrifícios de cabeça para baixo não é auspicioso. Contudo, a primeira linha representa o início – ainda não se preparou a comida. Vira-se o vaso de cabeça para baixo para eliminar os restos estragados. Transforma-se uma coisa ruim em boa.

O trigrama inferior é Xun ☴, que representa a filha mais velha. Depois que a primeira linha alterna de yin para yang, o trigrama inferior passa a ser Qian, um homem. Emprega-se o casamento como imagem. Como o vaso para sacrifícios não está na posição correta, usa-se uma concubina, em vez da esposa, como símbolo. Nos tempos antigos, os homens podiam ter concubinas, embora esse hábito fosse encarado como causa de problemas nas famílias. A prática só era aceitável com o objetivo de ter um filho. O elemento yin na primeira posição interage com a linha sólida na quarta, que representa um nobre. Por isso, o Comentário de Confúcio sobre o Texto dos Yao diz: "É seguir o nobre."

Em termos de antecedentes históricos, este hexagrama é uma continuação do anterior. O hexagrama precedente se relaciona à abolição do antigo sistema, liderada pelo Rei Wen. Este hexagrama debate a instituição de um novo sistema depois da vitória. O primeiro passo é abolir o sistema antigo e, depois, empregar um novo quadro de pessoal. As concubinas representam os funcionários de alto escalão da dinastia Shang. Os filhos representam seus seguidores. A política da dinastia Zhou era empregar na nova ordem os que trabalhavam para a dinastia Shang. Assim, poder-se-ia obter estabilidade e unidade.

(2) Nove na segunda posição. Instituir o Novo alterna para Viagem (56) ☰

O elemento yang na segunda posição simboliza a sensação de realização. Está no meio do trigrama inferior, dando a entender que existe bastante comida no vaso para sacrifícios. "Meu companheiro está doente" se refere à primeira linha, um elemento yin que, de certa forma, está errado. Como não consegue se aproximar da pessoa que está na segunda posição, há boa fortuna. Senão, a história seria outra. A mensagem desta linha é que, embora a pessoa seja firme e capaz, ainda deve ter cautela com o lugar para onde vai e com quem se associa. Depois da revolução liderada pelo Rei Wen, foi completada a tarefa de instituir uma nova ordem. Os eliminados ficaram com inveja, mas não podiam se aproximar da nova ordem.

(3) Nove na terceira posição. Instituir o Novo alterna para Ainda Não Realizado (64) ☰

O elemento yang na terceira posição representa o corpo do vaso para sacrifícios. Há bastante comida. A terceira linha é um elemento yang em uma posição yang, mas ultrapassa o centro. Há excesso de yang. A terceira posição é a intersecção entre o trigrama superior e o inferior, o que significa que, para aquele que ocupa esta posição, é hora de mudar. Esta linha não interage com a quinta, que representa a alça do vaso para sacrifícios. Por isso, o Texto dos Yao diz: "orelhas removidas". Quando se removem as alças, que parecem orelhas, de um vaso para sacrifícios, obstruem-se as atividades. O molho de faisão não comido indica que a pessoa que ocupa esta posição não obtém alimento do nobre na quinta. Porém, eles são yin e yang complementares. Quando encontram harmonia, é como se a chuva caísse. Lava-se todo o arrependimento e, no fim, há boa fortuna. Esta linha nos diz que havia certa obstrução afetando a reforma de pessoal após a revolução. Os benefícios da reforma não foram totalmente alcançados. Era preciso fazer outra tentativa para eliminar a obstrução, como a água de chuva que lava os detritos; então, o arrependimento desapareceria e a boa fortuna chegaria.

(4) Nove na quarta posição. Instituir o Novo alterna para Remediar (18)

A quarta linha é um elemento yang em uma posição yin. Interage com o elemento yin na primeira posição, que é um vaso para sacrifícios com os pés virados para cima. Esta linha representa o pé quebrado do vaso para sacrifícios. A situação é mais grave. A quarta linha está no topo do corpo do vaso e ao lado da quinta, que representa um príncipe. O texto diz que o pé estava quebrado, o vaso caiu e derramou a comida sobre as vestes do príncipe e sobre o chão. Esta linha se refere ao fato de que, durante a reforma, não se deve confiar trabalho importante a pessoas não qualificadas. Caso contrário, atrapalha-se toda a situação, como quando a sopa do príncipe derrama e, em conseqüência, ele fica molhado. Há infortúnio.

(5) Seis na quinta posição. Instituir o Novo alterna para Encontro (44)

A linha partida na quinta posição representa as duas orelhas do vaso para sacrifícios. Há uma alça presa a elas para transportar o vaso. A quinta linha está no meio do trigrama superior, Li. Li é brilho amarelo. Quando a quinta linha muda de yin para yang, o trigrama superior alterna de Li para Qian. Qian é ouro. Por isso, o Texto dos Yao diz: "orelhas amarelas, alça de ouro". A quinta linha é a principal do hexagrama. Encarrega-se da cerimônia, além de nutrir e honrar uma pessoa de grande virtude e habilidade. "Retifica sua posição e cumpre a vontade do Céu", diz o Comentário de Confúcio sobre o símbolo. Contudo, é um elemento yin em uma posição yang, precisa de apoio. Felizmente, interage com o elemento yang na segunda posição. Por isso, o Comentário de Confúcio sobre o Texto dos Yao diz: "Há substância firme no central." Esta linha é uma continuação da anterior. A linha anterior indica que a sopa do príncipe foi derramada. Esta linha nos conta que o Rei

Wen obteve o apoio de pessoas sábias e virtuosas. A situação melhorou, mas ainda era prudente manter a perseverança e a retidão.

(6) Nove na sexta posição. Instituir o Novo alterna para Longa Duração (32)

A sexta linha representa o anel para carregar o vaso de oferendas. Sem o anel, não se pode transportar o vaso de um lugar a outro. Esta linha representa uma pessoa de grande sabedoria e notável virtude. Acredita-se que se refere ao Rei Wen. É um elemento yang em uma posição yin, indicando que seu atributo é uma integração perfeita de yin e yang em proporções harmoniosas. Ele é ao mesmo tempo firme e dócil, como o jade, que é duro mas tem brilho suave. Aqui se tem a honra de ser escolhido para conselheiro do líder na quinta posição. É grande boa fortuna. Nada é desfavorável. Por isso, o Comentário de Confúcio sobre o Texto dos Yao diz: "O firme e o maleável se complementam adequadamente."

Referências adicionais para este hexagrama:

Imagem:	Fogo sobre Vento
Fórmula para recitação:	Vento sob o Fogo, Instituir o Novo
Elemento:	Fogo
Estrutura:	Quatro yang com dois yin
Mês:	O sexto mês do calendário lunar, ou julho
Linha principal do hexagrama:	Seis na quinta posição
Hexagrama oposto:	O Começo (3)
Hexagrama inverso:	Abolir o Antigo (49)
Hexagrama correspondente:	Eliminação (43)

51
ZHEN • AGIR

Zhen • Trovão
Zhen • Trovão

NOME E ESTRUTURA

Zhen significa bater, golpear ou tremer. No I Ching, é o símbolo do Trovão. Wilhelm traduz Zhen por O Incitar (Comoção, Trovão) e Blofeld, por Trovão. Aqui, eu levo em conta o significado de Trovão e uso o termo Agir.

Seqüência do hexagrama: *Para cuidar de um vaso para sacrifícios, ninguém é mais adequado que o filho mais velho. Assim, depois de Instituir o Novo vem Agir.*

O ideograma de Zhen origina-se de uma forma inscrita em objetos de bronze na dinastia Zhou. A forma original era muito complicada, com desenhos de chuva e raios. Essa imagem foi simplificada. A parte superior do ideograma é a chuva – água caindo das nuvens. O traço horizontal no topo representa o Céu, e o traço curvo em forma de *n* ilustra as nuvens. O traço vertical no meio simboliza o ato de cair. Os quatro pontos são as gotas de chuva.

A parte inferior do ideograma é o caractere chen. Atualmente, significa tempo, mas na antiguidade significava choque. Segundo o calendário lunar chinês, há 24 períodos solares no ano. Chen está relacionado ao terceiro período solar, denominado Despertar dos Insetos, que ocorre no sexto dia do terceiro mês do calendário lunar chinês. Durante este período, os trovões ribombam. O trovão proclama a chegada da primavera. Todos os animais e insetos hibernando despertam, e brotos minúsculos eclodem. Camponeses e lavradores se preparam para lavrar a terra.

A estrutura do hexagrama é Trovão ☳ sobre Trovão ☳. A ação é dupla e a força, dobrada. A imagem do trigrama é uma linha sólida enterrada sob duas maleáveis. A sólida pretende eclodir num movimento ascendente, contra a pressão da yin. É uma explosão de energia yang. Pode-se sentir que o tremor é imenso e possui poder extraordinário. É também uma imagem da interação de energia yin e yang que cria o trovão e o raio. Além disso, é a Terra, yin puro, unindo-se com yang puro, o Céu, pela primeira vez – concebeu-se o filho mais velho.

Um tremor é uma maneira de garantir um progresso tranqüilo, sem obstruções. Quando há um terremoto, todos têm medo. Depois, esquecem o medo e começam a conversar e rir, como normalmente fazem. Não aprendem nenhuma lição com o terremoto, e por isso ele não é benéfico. Apenas o sábio mantém-se em estado de alerta. Quando um trovão estremece cem li (uma unidade chinesa de comprimento equivalente a meio quilômetro), ele ainda consegue manter a calma e a tranqüilidade.

Decisão

>Agir.
>Próspero e tranqüilo.
>Vem o trovão – alarme! alarme!
>Rindo e conversando – ha, ha!
>O trovão estremece cem li.
>O cálice e a colher para sacrifícios não caem.

Comentário sobre a Decisão

>*Trovão: Agir.*
>*Próspero e tranqüilo.*
>
>*Vem o Trovão – alarme! alarme!*
>*O temor traz boa fortuna.*
>*Rindo e conversando – ha, ha!*
>*Depois, há um princípio a seguir.*
>
>*O Trovão estremece cem li.*
>*Surpreende o que está distante e assusta o que está perto.*
>*Ao vir, ele é capaz de proteger o tempo dos antepassados,*
>*E também o Estado,*
>*E encarregar-se de todos os sacrifícios.*

Comentário sobre o Símbolo

O Trovão é duplo.
A ação é dobrada.
Assim,
O homem superior, com a mente temerosa,
Cultiva suas virtudes e examina suas culpas.

Texto dos Yao

1. Nove na primeira posição
   O trovão vem – alarme! alarme!
   Depois, rir e conversar – ha, ha!
   Boa fortuna.

   O trovão vem, alarme, alarme:
   Estar alerta traz boa fortuna.
   Rir e conversar – ha, ha!
   Depois, há um princípio a seguir.

2. Seis na segunda posição
   O Trovão vem.
   Adversidade.
   Grande perda de tesouros.
   Transpondo nove colinas,
   Não busque.
   Sete dias: recuperado.

   O Trovão vem: adversidade.
   Repousa sobre uma linha sólida.

3. Seis na terceira posição
   O Trovão vem, deprimente, deprimente.
   Prosseguir como o trovão:
   Nenhum problema.
   O Trovão vem, deprimente, deprimente.
   A posição não é adequada.

4. Nove na quarta posição
   O trovão vem.
   Preso na lama.

   O trovão vem, preso na lama.
   Sua irradiação não consegue brilhar.

5. Seis na quinta posição
O trovão vem, para a frente e para trás:
Adversidade.
Nenhuma grande perda.
Alguma coisa acontecerá.

O trovão vem, para a frente e para trás. Adversidade.
Fazer é um risco.
Questões importantes são centrais.
Absolutamente nada é uma grande perda.

6. Seis na sexta posição
O Trovão vem, tremendo, tremendo.
Olhares aturdidos, aturdidos.
Prosseguir: infortúnio.
O Trovão não afeta o indivíduo,
Mas sim aos seus vizinhos.
Nenhuma culpa.
Os sogros murmuram.

O Trovão vem, tremendo, tremendo.
A pessoa não obtém a posição central.
Infortúnio, mas nenhuma culpa.
Tem ciência daquilo sobre o qual os vizinhos a alertam.

SIGNIFICADO

Este hexagrama é um dos oito guá resultantes formados pela duplicação de um dos oito trigramas. Aqui, o hexagrama resultante é Zhen ☳, Agir, e o trigrama é Trovão ☳. A estrutura do hexagrama é Trovão ☳ sobre Trovão ☳. Duplicado o Trovão, a energia potencial é tremenda. No I Ching, Trovão representa o filho mais velho do Céu e da Terra. Simboliza o início de um ser criado. Depois que o filho mais velho nasce, começa um novo ciclo, e uma nova geração se põe a caminho. Trovão é um trigrama da primavera. Um antigo adágio chinês diz: "Quando o trovão da primavera ribomba, miríades de seres na Terra despertam." Depois, a Terra fica verde novamente e os agricultores começam a trabalhar no campo. É uma imagem de prosperidade.

Agir aconselha as pessoas a adotar um coração e mente cautelosos ao lidar com uma nova situação antes de esperar êxito. Agir traz sucesso, e é tentador experimentar aumentá-lo. Mas o sábio se mantém calmo e tranqüilo. Em questões importantes, não deixa o entusiasmo levar ao fracasso. Com mente cautelosa, cultiva suas virtudes e analisa seus erros. Esta é a chave para o êxito. A linha principal do hexagrama é incomum – a sólida na primeira posição. Ela dá a entender que a energia positiva está agindo e ascendendo.

Depois que o novo sistema do Rei Wen foi instituído, as pessoas ficaram chocadas, como se atingidas por uma tempestade. Algumas ficaram alarmadas. Quando ouviram falar dos benefícios, conversaram e riram entre si. Contudo, o Rei Wen, do início ao fim, ficou tão calmo ao realizar a reforma quanto um sacerdote segurando o cálice e a colher para sacrifícios sem deixá-los cair. O Duque de Zhou lembra como o povo ficou feliz, mas não os proprietários de escravos. Previram-se perigosos contra-ataques, porque alguns familiares da mulher do tirano eram contra a reforma.

(1) Nove na primeira posição. Agir alterna para Contentamento (16) ☷

A primeira linha é a principal do trigrama inferior; é o início do trovão e do impacto. Quando vêm o trovão e o choque, a pessoa atenta às lições do passado terá boa fortuna. O hexagrama diz que, quando se tomam medidas preventivas ou empreende-se ação contra possíveis problemas, os responsáveis ficam livres do erro. Esta linha sugere que a reforma implantada pelo Rei Wen amedrontou o povo da dinastia Shang. Depois que as pessoas entenderam e experimentaram os benefícios, passaram a rir e conversar. Assim, houve boa fortuna.

(2) Seis na segunda posição. Agir alterna para
A Jovem que se Casa (54) ☶

Como a primeira linha representa a origem do impacto, a segunda é a primeira a ser atingida. A situação é perigosíssima. Prevê-se a perda de tesouros, e é necessário escalar nove colinas para escapar. Mas a segunda linha é um elemento yin em uma posição yin. Nesta posição, a pessoa pode agir de acordo com o Caminho do Meio. Não precisa ir atrás do que se perdeu; depois de sete dias, o objeto perdido voltará. Este hexagrama indica que, agindo-se corretamente, com sinceridade, pode-se transformar uma situação ruim em boa. Sete dias representam um ciclo. Assim que uma linha ascendente tiver ocupado cada uma das seis posições, na sétima mutação ela retorna à posição original. Quando o Texto dos Yao diz que depois de sete dias o objeto perdido voltará, é este o sentido. Esta linha conta que a reforma do Rei Wen desferiu golpes implacáveis contra o grupo rebelde. O perigo estava por toda parte. Membros do grupo rebelde fugiram para as colinas. Depois que entenderam a situação, retornaram.

(3) Seis na terceira posição. Agir alterna para Abundância (55) ☷

A terceira linha é um elemento yin em uma posição yang. Ultrapassou o centro. A posição é incorreta – o choque surpreende a pessoa que está aqui. Se o choque puder impeli-la a corrigir-se e recomeçar, ela ficará livre de erros. Esta linha nos conta que a reforma do Rei Wen causou nervosismo e intranqüilidade no povo e levou o rei à introspecção. Nenhum erro o impediu de ver a situação claramente.

(4) Nove na quarta posição. Agir alterna para Retorno (24) ☷

A quarta linha é um elemento yang em uma posição yin, nem central nem correta. Há dois elementos yin acima e outros dois abaixo, que restringem seu movimento. Assim, o Texto dos Yao diz: "Preso na lama." Quem está nesta posição perde-se na escuridão. Quando se baixa a guarda e age-se descuidadamente, mesmo se o êxito vier, não se sabe lidar com ele. Um dos principais aspectos do Tao do I é que os eventos sucedem-se em ondas. Depois que a reforma do Rei Wen ocorreu tranqüilamente por algum tempo, ela ficou presa na lama novamente.

(5) Seis na quinta posição. Agir alterna para Seguir (17) ☱

"O trovão vem, para a frente e para trás" sugere prosseguir e recuar. A linha é um elemento yin em uma posição yang – central, mas incorreta. Se prosseguir, chega à sexta linha – ao final da ação. Não há como continuar. Se retornar, sua linha correspondente na segunda posição também é um elemento yin, e não haverá interação. É uma situação desfavorável.

Esta linha descreve a época da reforma em que o Rei Wen analisou toda a situação. Ele permaneceu calmo e tranqüilo. Embora o choque da reforma afetasse todos em um raio de cem li, ele não poderia deixar o cálice (força política) e a colher para sacrifícios caírem. Não havia grandes perdas no momento, mas ele sentiu que questões importantes poderiam ser afetadas.

(6) Seis na sexta posição. Agir alterna para Erradicação (21) ☶

A sexta linha é um elemento yin em uma posição yin – correta, mas não central. O trovão e o choque a abalam do começo ao fim, deixando-a exausta. Agir traz infortúnio. Se o choque afetou apenas aos vizinhos, a pessoa pode manter-se alerta e tomar medidas preventivas. Não haverá nenhuma culpa. Caso contrário, os familiares do cônjuge murmurarão. No I Ching, o casamento freqüentemente simboliza uma aliança política. Esta linha, uma continuação da anterior, indica que a reforma não influenciou as alianças políticas, mas afetou os familiares da esposa do tirano. Naquele momento, não houve grande perda, mas o Rei Wen percebeu que alguns problemas graves poderiam surgir. O tema principal do hexagrama é preparar as pessoas para o impacto de uma nova situação. Deve-se sempre ter cautela, mesmo quando o êxito parece inevitável.

Referências adicionais para este hexagrama:

Imagem:	Trovão sobre Trovão
Fórmula para recitação:	O Trovão é duplo, Agir
Elemento:	Madeira
Estrutura:	Quatro yin com dois yang
Mês:	Equinócio da primavera
Linha principal do hexagrama:	Nove na primeira posição
Hexagrama oposto:	Prosseguir Humildemente (57)
Hexagrama inverso:	Quietude (52)
Hexagrama correspondente:	Tribulação (39)

52
GEN • QUIETUDE

☶ Gen • Montanha
☶ Gen • Montanha

NOME E ESTRUTURA

No dialeto do norte da China, gen significa franco, direto e brusco. Na linguagem escrita, é usado apenas no I Ching para representar um dos oito trigramas, Montanha, que simboliza a quietude. Wilhelm traduz Gen por Quietude, Montanha; Blofeld, por Desistir, Imobilidade. Neste livro, usa-se Quietude.

Seqüência do hexagrama: *Os acontecimentos não podem continuar em movimento incessante; precisam repousar. Assim, depois do Agir vem a Quietude.*

O ideograma de Gen tem duas partes. A superior é o desenho de um olho, mu. A inferior é uma forma remota de bi, que significava "nas proximidades". Um olho nas proximidades indicava alguém a olhar fixamente ou a contemplar algo, o que passou a ser o símbolo da quietude ou mobilidade. Este hexagrama é o inverso do anterior, Agir. São opostos, mas complementares. A estrutura do hexagrama é Montanha ☶ sobre Montanha ☶. O atributo da Montanha é a tranqüilidade. Quando a Montanha é dupla, é extremamente tranqüila. A estrutura de Montanha é uma linha sólida sobre duas maleáveis, indicando que o yang ascendeu ao topo. Não há espaço para ele continuar ascendendo; é hora de manter-se em repouso. Então, um novo ciclo começará.

Desde o início da cultura chinesa, os sábios enfatizaram a quietude. Quietude não é apenas manter o corpo imóvel, mas também a mente e o espírito, e se chama "sentar em tranqüilidade" ou "nutrir o espírito".

Quando alguém se senta imóvel em posição de lótus, assume a forma de uma montanha. Sentar-se imóvel ou, como dizem os ocidentais, meditar é um treinamento de autodisciplina. Durante essa prática, a pessoa pode controlar a mente e a respiração, perceber e reconhecer as próprias falhas e cultivar a virtude e a força interior. Mêncio diz: "Tenho a habilidade de cultivar meu espírito nobre e imperecível." Quem atinge um estado de quietude fica indiferente ao meio. Esse é o estágio mais elevado de desprendimento: não há nenhuma culpa no ser. Acredita-se que, quando o Céu está prestes a conferir uma grande missão a alguém, primeiro exercita a mente e o espírito do indivíduo com disciplina. A quietude tem por objetivo preparar a mente e o espírito para progredir quando chegar o momento.

Decisão

Quietude, às suas costas.
Não sente seu corpo.
Ao caminhar em seu pátio,
Não vê seu povo.
Nenhuma culpa.

Comentário sobre a Decisão

Montanha.
É a quietude.

Mantenha-se quieto quando for hora de se manter quieto.
Permaneça ativo quando for hora de permanecer ativo.
Quando a ação e o repouso não erram a hora,
Seu caminho se torna promissor e brilhante.

Quietude na tranqüilidade
É quietude na posição em que se deve ficar imóvel.

As linhas correspondentes acima e abaixo se repelem.
Não interagem uma com a outra.
Assim, ele não sente mais o corpo.
Mesmo ao caminhar no pátio,
Ele não vê mais o seu povo.
Não há nenhuma culpa.

Comentário sobre o Símbolo

Montanhas, uma sobre a outra.
Uma imagem de Quietude.
Assim,
Qualquer pensamento do homem superior
Não vai além de seus deveres em sua posição.

Texto dos Yao

1. Seis na primeira posição
   Quietude em seus dedos dos pés.
   Nenhuma culpa.
   É favorável ser perseverante e reto.

   Quietude em seus dedos dos pés.
   O que é correto ainda não está perdido.

2. Seis na segunda posição
   Quietude em suas panturrilhas.
   Não pode resgatar seu líder.
   Seu coração, infeliz.

   Não pode resgatar seu líder,
   Porque este não recua para ouvi-lo.

3. Nove na terceira posição
   Quietude em sua cintura.
   Distende seus músculos da espinha.
   Adversidade
   Incendeia o coração.

   Quietude em sua cintura.
   O perigo inflama o coração.

4. Seis na quarta posição
   Quietude em seu tronco.
   Nenhuma culpa.

   Quietude em seu tronco.
   Ele se mantém livre de ações imprudentes.

5. Seis na quinta posição
   Quietude em seus maxilares.
   As palavras têm ordem.
   O arrependimento desaparece.

Quietude em seus maxilares.
Ele está em harmonia com sua posição central.

6. Nove na sexta posição
Honesta e sinceramente quieto.
Boa fortuna.

A boa fortuna da honestidade e da sinceridade.
Ele mantém essas virtudes até o fim.

Significado

Dos 64 guá resultantes este é um dos oito formados pela duplicação de um trigrama. Aqui, o hexagrama resultante é Gen ☶, Quietude, e o trigrama é Montanha ☶. A Quietude expõe a verdade de saber quando e onde parar e, assim, evitar que a ação vá longe demais. De acordo com a estrutura do hexagrama, quando uma linha sólida aparece na primeira posição de Terra ☷, transforma-se em Trovão ☳. Seu atributo é agir. A ação se avoluma. Quando a linha sólida avança até a posição central, alterna para Água ☵. Seu atributo é fluir. A ação continua; progride, flui. Quando a linha sólida avança até o topo, o trigrama alterna para Montanha ☶. Seu atributo é a quietude. Nesta situação, é preciso parar de fluir e permanecer em repouso. O segredo do êxito é prosseguir quando é hora de prosseguir, e parar quando é hora de parar. Toda ação precisa estar de acordo com o tempo e a situação. Nunca aja subjetiva e cegamente. Quietude significa estar tranqüilo e estável. É uma fase de progresso. Avanço e tranqüilidade se complementam. Quietude é se preparar para um novo avanço. Todas as linhas deste hexagrama usam imagens de diversas partes do corpo para indicar momentos e situações específicos.

Quando o Rei Wen aboliu a escravidão e restabeleceu o sistema territorial Jing, as pessoas ficaram perplexas, como se tivessem sido atingidas por uma tempestade. Os que foram libertados estavam felizes, mas não os proprietários de escravos – sobretudo aqueles ligados ao tirano. Previam-se perigosos contra-ataques. O Rei Wen se retirou e sentou-se tranqüilamente para contemplar a situação e prever o futuro. O Duque de Zhou descreve as diversas etapas e estados de quietude do Rei Wen. Por fim, sua honestidade e sinceridade trouxeram boa fortuna. Ele manteve a virtude até o fim. Neste hexagrama, o Rei Wen empregou as palavras "seu", "sua", quatro vezes na Decisão, e o Duque de Zhou usou-as oito vezes no Texto dos Yao. Por isso, acredita-se que elas se refiram a uma pessoa específica, e pensa-se que essa pessoa é o próprio Rei Wen.

(1) Seis na primeira posição. Quietude alterna para Ornamentação (22) ☶

Os dedos dos pés ficam na parte inferior do corpo, como a linha inicial na parte inferior do hexagrama. A quietude nos dedos dos pés mantém todo o corpo tranqüilo. Antes de agir, quando se sabe onde parar antes de ir longe demais, não há nada de impróprio e, portanto, não há nenhuma culpa. A primeira linha é um elemento yin em uma posição yang. É dócil, fraco e talvez incapaz de se manter perseverante e reto. Por isso, o Texto dos Yao indica que é favorável manter a perseverança e a retidão.

(2) Seis na segunda posição. Quietude alterna para Remediar (18) ☶

A segunda linha é representada pelas panturrilhas. É um elemento yin em uma posição yin, central e correta. Nesta posição, a pessoa sabe quando agir e quando ficar quieta. Por outro lado, é uma posição subordinada, que segue o ocupante da terceira posição, o qual é um elemento yang em posição yang – voluntarioso, recusa-se a aceitar qualquer conselho e costuma ir a extremos. O elemento yin não consegue ajudá-lo a permanecer quieto em tal situação. Precisa seguir seu superior, e isso o entristece.

(3) Nove na terceira posição. Quietude alterna para Queda (23) ☶

A terceira linha está entre o trigrama superior e o inferior. Simboliza a cintura. A linha é um elemento yang em uma posição yang e ultrapassou o centro. Representa uma pessoa excessivamente voluntariosa e intransigente. Chega ao extremo e só nele se imobiliza. Há quatro elementos yin ao seu redor com os quais não consegue lidar harmoniosamente. A situação lhe causa problemas, como se tivesse machucado os músculos da espinha, e isso gera raiva em seu coração. Como pode ter paz?

(4) Seis na quarta posição. Quietude alterna para Viagem (56) ☶

A quarta linha representa o tronco do corpo, onde fica o coração. É um elemento yin em uma posição yin correta. Nesta posição, a pessoa é capaz de se manter livre de ações imprudentes. Sabe permanecer tranqüila em seu coração. Não há nenhuma culpa.

(5) Seis na quinta posição. Quietude alterna para Desenvolvimento Gradual (53) ☶

A linha maleável na quinta posição representa os maxilares. Quando se fala, os maxilares abrem e fecham. Como esta linha se localiza no centro, esta pessoa percorre o caminho central. "Quietude em seus maxilares" não significa ficar em silêncio, mas se refere a saber quando e onde falar e parar de falar. A posição da quinta linha não é correta, porque ela é um elemento yin em posição yang. Normalmente, haveria arrependimento. No entanto, ela consegue escolher as palavras corretamente e o arrependimento desaparece. Esta linha alerta que cada qual deve responsabilizar-se pelo que fala.

(6) Nove na sexta posição. Quietude alterna para Humildade (15)

A sexta linha representa a etapa final da quietude e é, portanto, a principal. Em seu tratado O Grande Conhecimento, Confúcio diz:

> *O caminho do Grande Conhecimento é ilustrar a virtude brilhante,*
> *Amar as pessoas e repousar numa conduta perfeitamente boa.*
>
> *Sabendo manter a quietude,*
> *a pessoa é capaz de determinar que objetivo deve buscar.*
> *Sabendo que objetivo deve buscar,*
> *a pessoa é capaz de atingir a calma da mente.*
> *Sabendo atingir a calma da mente,*
> *a pessoa é capaz de obter êxito no repouso tranqüilo.*
> *Sabendo obter êxito no repouso tranqüilo,*
> *a pessoa é capaz de deliberar cuidadosamente.*
> *Sabendo deliberar cuidadosamente,*
> *a pessoa é capaz de colher o que realmente deseja.*

Na etapa final da vida, ser capaz de manifestar a virtude brilhante, amar as pessoas e manter a bondade até o fim é uma verdadeira bênção, e haverá boa fortuna.

Referências adicionais para este hexagrama:

Imagem:	Montanha sobre Montanha
Fórmula para recitação:	A Montanha é dupla, Quietude
Elemento:	Terra
Estrutura:	Quatro yin com dois yang
Mês:	O décimo mês do calendário lunar, ou novembro
Linha principal do hexagrama:	Nove na sexta posição
Hexagrama oposto:	Alegre (58)
Hexagrama inverso:	Agir (51)
Hexagrama correspondente:	Alívio (40)

53
Jian • Desenvolvimento Gradual

☴ Xun • Madeira
☶ Gen • Montanha

Nome e estrutura

Jian significa gradual, desenvolver gradativamente ou progredir passo a passo. Wilhelm traduz Jian por Desenvolvimento (Progresso Gradual). Blofeld também o traduz por Progresso Gradual. Aqui, adoto o termo Desenvolvimento Gradual. O ideograma de Jian tem três partes. Jian era o nome de um rio que nascia nas montanhas da China central, num lugar denominado Dan-yang, no reino de Zhou. O rio Jian atravessava a ampla área da China central e, gradualmente, tornava-se largo e fundo à medida que fluía para leste, em direção ao oceano. Os antigos escolheram esse rio como símbolo do desenvolvimento gradual. A parte esquerda do ideograma é o símbolo da água, que parece o trigrama Água ☵ na vertical. As imagens no centro e à direita, reunidas, dão o som do caractere Jian.

Seqüência do hexagrama: *Os acontecimentos não podem continuar parados, sem movimento. Assim, depois da Quietude vem o Desenvolvimento Gradual.*

A estrutura do hexagrama é Madeira ☴ sobre Montanha ☶. Denota uma árvore que cresce, aos poucos, numa montanha. Enquanto o tronco da árvore cresce para cima, suas raízes se desenvolvem profundamente sob o solo. O progresso do crescimento ascendente e descendente mantém uma proporção positiva. Assim, a árvore permanece forte, firme e estável. Tal é a sabedoria da natureza. As ervas daninhas crescem rapidamente; não são nem fortes nem estáveis.

No texto do hexagrama, a analogia de uma jovem que se casa descreve um processo gradual de desenvolvimento. Na antiga China, antes do casamento, havia um processo de várias cerimônias. Primeiro, deveria haver o pedido. Depois que se chegava a um acordo, os noivos ofertavam presentes um ao outro, e depois se realizava a cerimônia de noivado. Essas cerimônias prosseguiam gradualmente. Neste hexagrama, todas as linhas, da segunda à quinta, estão corretas em suas posições. Isso simboliza a pureza e a retidão da virtude da jovem. Há boa fortuna. No Texto dos Yao, usa-se o pouso de um cisne em diversos lugares para demonstrar o processo de desenvolvimento gradual.

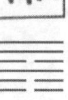

Decisão

Desenvolvimento Gradual.
A jovem é dada em casamento.
Boa fortuna.
É favorável ser perseverante e reto.

Comentário sobre a Decisão

Desenvolvimento Gradual.
Boa fortuna para a jovem dada em casamento.

O progresso tornará a posição adequada;
Prosseguindo, há mérito.
Avançando no que é correto,
A pessoa pode retificar seu país.

Quanto à sua posição,
É firme e central.
Quietude com docilidade:
Isto gera o movimento progressivo sem fim.

Comentário sobre o Símbolo

Na montanha, há árvores.
Uma imagem de Desenvolvimento Gradual.
Assim,
O homem superior leva uma vida de virtude
E melhora a moral e os costumes de seu povo.

Texto dos Yao

1. Seis na primeira posição
   Desenvolvimento gradual.
   O cisne se aproxima da margem.
   Sujeito pequeno: adversidade.
   Murmurações; nenhuma culpa.

   A adversidade do sujeito pequeno.
   Não se lhe deve imputar a culpa.

2. Seis na segunda posição
   Desenvolvimento gradual.
   O cisne se aproxima do penhasco.
   Comer e beber, alegremente, alegremente.
   Boa fortuna.

   Comer e beber, alegremente, alegremente.
   Ele não colhe sem semear.

3. Nove na terceira posição
   Desenvolvimento gradual.
   O cisne se aproxima do planalto.
   O marido parte numa expedição;
   Não retorna.
   A esposa concebe;
   Não dá à luz:
   Infortúnio.
   É favorável combater os invasores.

   O marido parte em uma expedição;
   Não retorna.
   Ele se mantém afastado de seu grupo.
   A esposa concebe;
   Não dá à luz.
   Ela perdeu o caminho adequado.
   É favorável combater os invasores.
   Cedendo cada qual à própria natureza, podem se proteger um ao outro.

4. Seis na quarta posição
   Desenvolvimento gradual.
   O cisne se aproxima da árvore;
   Provavelmente encontra um apoio plano.
   Nenhuma culpa.

Provavelmente encontra um apoio plano.
A pessoa é dócil e branda.

5. Nove na quinta posição
   Desenvolvimento gradual.
   O cisne se aproxima da colina.
   Mulher, três anos, não concebe.
   No final, ninguém a conquista.
   Boa fortuna.

   No final, nada pode derrotar.
   Obtém-se o desejado.

6. Nove na sexta posição
   Desenvolvimento gradual.
   O cisne se aproxima da avenida no alto do céu.
   Suas penas podem ser usadas na cerimônia.
   Boa fortuna.

   Suas penas podem ser usadas na cerimônia.
   Não se pode perturbar a seqüência do progresso.

SIGNIFICADO

Este hexagrama indica que depois de um período de quietude sobrevém a oportunidade de prosseguir. Quem segue adiante deve mover-se gradualmente. Aqui, usa-se a imagem do crescimento de uma árvore para expor a verdade do desenvolvimento. Todo desenvolvimento deve prosseguir de forma ordenada e progredir passo a passo. Os antigos sábios usaram como exemplo a idéia do casamento de uma jovem. Ela vai se casar, mas tem que esperar o momento oportuno. O cultivo do verdadeiro amor, da compreensão mútua e de um relacionamento harmonioso leva tempo. Esses atributos desenvolvem-se gradual e constantemente, passo a passo. Por isso, a Decisão diz: "Boa fortuna. É favorável ser perseverante e reto." Há duas linhas principais no hexagrama – a maleável na segunda posição – a jovem – e a sólida na quinta – o futuro marido.

Durante o período em que o Rei Wen cultivou a quietude, ele analisou a ascensão de seu reino que crescera e desenvolvera-se gradualmente. Percebeu que lhe tinha sido dada a missão de manifestar a vontade do Céu, como uma jovem é dada ao marido. Era a vontade do Céu pedindo-lhe que permanecesse fiel. O Duque de Zhou usa a imagem de um cisne para mostrar o progresso ordenado do Reino de Zhou. Ao voar, os cisnes seguem um ao outro, em ordem. Vão e vêm de acordo com as estações. Da mesma maneira, o Reino de Zhou prosseguiria na seqüência adequada, como um cisne vindo da água e aproximando-se da margem, do penhasco, do planalto, da árvore, da colina. Por fim, ele voa alto no céu, e as penas que caem podem levar aos outros um vislumbre do sagrado.

(1) Seis na primeira posição. Desenvolvimento Gradual alterna para Lar (37)

A primeira linha é o início do Desenvolvimento Gradual. É um elemento yin em uma posição yang, simbolizando um jovem, ainda imaturo para ocupar seu lugar na sociedade. Há murmurações e problemas. O homem imaturo precisa de apoio. Contudo, ele não interage com o elemento yin na quarta posição. Este elemento yin não é capaz de apoiá-lo. Uma vez que ele depende das próprias forças, não deve sofrer nenhuma reprimenda em seu progresso gradual.

(2) Seis na segunda posição. Desenvolvimento Gradual alterna para Prosseguir Humildemente (57)

A segunda linha é um elemento yin em uma posição yin – central e correta. Assim, o Texto dos Yao diz: "O cisne se aproxima do penhasco." O penhasco é um porto seguro para as aves. Este elemento yin interage com o yang na quinta posição, o lugar supremo para um rei. A pessoa na quinta posição sente-se disposta a apoiá-lo e provê-lo com uma boa vida. Aquele que ocupa a segunda posição é uma pessoa honesta, que não colheria sem semear. Seu trabalho justifica seus rendimentos. Há boa fortuna.

(3) Nove na terceira posição. Desenvolvimento Gradual alterna para Observação (20)

A terceira linha é um elemento yang no topo do trigrama inferior. O Texto dos Yao diz: "O cisne se aproxima do planalto." Para os cisnes, é melhor voar alto no céu ou permanecer próximo à água. É perigoso viver em terra seca. Há infortúnio. Esta linha não interage com o elemento yang na sexta posição porque ambos são yang. A pessoa que ocupa esta posição, agindo contra a vontade, envolve-se com o elemento yin mais próximo, na quarta posição. Infelizmente, eles não são compatíveis. Forma-se um relacionamento ruim. É por isso que "a esposa concebe; não dá à luz". Por outro lado, ambos estão em posições corretas. Se forem capazes de superar seus preconceitos e ceder aos próprios atributos, conseguirão se complementar e proteger um ao outro em momentos difíceis. Por isso, "é favorável combater os invasores".

(4) Seis na quarta posição. Desenvolvimento Gradual alterna para Recuar (33) ☶

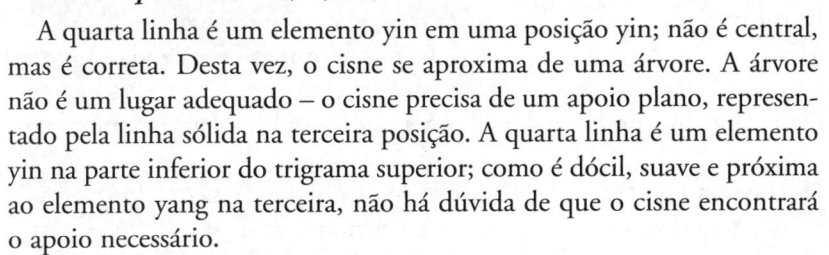

A quarta linha é um elemento yin em uma posição yin; não é central, mas é correta. Desta vez, o cisne se aproxima de uma árvore. A árvore não é um lugar adequado – o cisne precisa de um apoio plano, representado pela linha sólida na terceira posição. A quarta linha é um elemento yin na parte inferior do trigrama superior; como é dócil, suave e próxima ao elemento yang na terceira, não há dúvida de que o cisne encontrará o apoio necessário.

(5) Nove na quinta posição. Desenvolvimento Gradual alterna para Quietude (52) ☶

A quinta linha ocupa uma posição suprema. O cisne aproxima-se da colina. Este elemento yang interage com o elemento yin na segunda posição; são o par perfeito. Contudo, há duas linhas entre eles – o elemento yang na terceira posição e o yin na quarta. As pessoas que estão na quinta e na segunda posição não conseguem se ver. Por isso, o Texto dos Yao nos diz que, durante três anos, a mulher não concebe. Contudo, ambos ocupam posições corretas e centrais, são compatíveis e não empreenderiam ações imprudentes. Nada pode superar seu amor e, por fim, há boa fortuna.

(6) Nove na sexta posição. Desenvolvimento Gradual alterna para Tribulação (39) ☶

A sexta linha simboliza o cisne voando no céu. O Texto dos Yao desta linha é semelhante ao da sexta linha de Grande Acúmulo (26) ☰, que diz: "Como é desimpedida a via para o Céu!" Indica que a pessoa se tornou semelhante às nuvens, indo e vindo no céu, sem obstáculos. Na literatura chinesa clássica, sobretudo nos poemas, os cisnes representam os eremitas. O eremita é completamente livre de vínculos sociais, e as penas que dele caem (ações e palavras virtuosas) são sagradas.

Referências adicionais para este hexagrama:

Imagem:	Madeira sobre Montanha
Fórmula para recitação:	Madeira sobre Montanha, Desenvolvimento Gradual
Elemento:	Madeira
Estrutura:	Três yin com três yang
Mês:	O primeiro mês do calendário lunar, ou fevereiro
Linha principal do hexagrama:	Seis na segunda e Nove na quinta posição
Hexagrama oposto:	A Jovem que se Casa (54)
Hexagrama inverso:	A Jovem que se Casa (54)
Hexagrama correspondente:	Ainda Não Realizado (64)

54
Gui Mei • A Jovem que se Casa

☳ Zhen • Trovão
☱ Dui • Lago

Nome e estrutura

Gui originalmente significava dar uma jovem em casamento à família do marido. Posteriormente, o significado estendeu-se para incluir retornar. Mei significa uma jovem ou irmã mais nova. Assim, Gui Mei denota uma jovem que se casa.

Seqüência do hexagrama: *Durante o progresso e o desenvolvimento, certamente é preciso ter um lar ao qual retornar. Assim, depois do Desenvolvimento Gradual vem A Jovem que se Casa.*

Wilhelm traduz Gui Mei por A Jovem que se Casa e Blofeld, A Jovem Casadoura. Eu também uso o termo A Jovem que se Casa.

O nome do hexagrama é formado por dois caracteres. O ideograma do primeiro, gui, tem duas partes. A parte superior esquerda lembra duas flâmulas com uma borla no topo de um mastro, desfraldadas no cortejo de uma jovem que se casa. A parte inferior é o ideograma zhi, que significa "parar". No canto superior direito está o desenho de uma mão com três dedos e um braço. A parte inferior à direita é a imagem de uma vassoura. Juntas, essas imagens descrevem o cortejo de uma jovem que se casa. Ele pára na casa do noivo, onde a jovem se encarrega do lar, simbolizado pela vassoura. O ideograma do segundo caractere é Mei, feito de duas partes. O lado esquerdo é a imagem de uma jovem com o busto bem delineado. O ideograma à direita dá o som do caractere.

Este hexagrama é o inverso do precedente, Desenvolvimento Gradual. Desenvolver e retornar são opostos, mas se complementam. A estrutura do hexagrama é Trovão ☳ sobre Lago ☱. No I Ching, o Trovão representa o filho mais velho e o Lago, a filha mais nova. Essa imagem trouxe à mente uma jovem indo à casa do noivo para desposá-lo. A Decisão do Rei Wen sobre o hexagrama diz: "A jovem que se casa. Prosseguir: infortúnio. Nada é favorável." O casamento deve ser um dos eventos mais auspiciosos da vida. Por que traz infortúnio este hexagrama?

Diz-se que o sistema matrimonial se originou com o Imperador Amarelo, Huang-di (século XXVII a.C.), que tinha nove esposas, oito das quais escolhidas pela primeira. Na época da dinastia Zhou, esse sistema ainda vigorava. Quando a filha mais velha se casava, geralmente uma irmã mais nova era designada como segunda esposa. Às vezes, mais de uma irmã era incluída no casamento. Este hexagrama fala do casamento de uma irmã mais jovem como segunda esposa, cujo papel era ser concubina. Ela não possuía nenhum poder no lar. A segunda esposa tinha que ser totalmente submissa à primeira, ou haveria disputa pelo poder dentro da casa. A situação nem sempre era feliz. Na literatura chinesa, a concubina quase sempre simboliza um oficial de importância secundária ou uma situação de desgraça e vergonha. É aquele indivíduo que precisa obedecer ao que o superior diz mesmo quando isso se opõe à sua vontade.

Decisão

A Jovem que se Casa.
Prosseguir: infortúnio.
Nada é favorável.

Comentário sobre a Decisão

A Jovem que se Casa
Expõe a relação entre o Céu e a Terra.

Se o Céu e a Terra não se unirem,
Nenhum ser florescerá.
A Jovem que se Casa
Representa o fim e o começo das relações humanas.

Alegria com movimento,
Dar uma jovem em casamento.
Prosseguir: infortúnio.
As posições não são corretas.

Nada é favorável;
Maleáveis montadas em firmes.

Comentário sobre o Símbolo

Trovão sobre Lago:
Uma imagem de A Jovem que se Casa.
Assim,
O homem superior persiste no relacionamento eterno
E evita qualquer coisa que possa ferir a harmonia.

Texto dos Yao

1. Nove na primeira posição
   A jovem que se casa como segunda esposa.
   Coxo de uma perna,
   Ainda capaz de andar.
   Prosseguir: boa fortuna.

   A jovem que se casa como segunda esposa.
   Duas irmãs desposam um marido.
   É uma prática comum.
   Coxo de uma perna.
   Boa fortuna por ainda ser capaz de andar,
   Porque elas se ajudam uma à outra.

2. Nove na segunda posição
   Cego de um olho,
   Ainda capaz de ver.
   É favorável ser perseverante e reto.
   Uma pessoa solitária.

   Para uma pessoa solitária, é favorável ser perseverante e reta.
   O princípio eterno não muda.

3. Seis na terceira posição
   A jovem que se casa está esperando.
   Retorna como segunda esposa.

   A jovem que se casa está esperando.
   Ela não ocupa uma posição adequada.

4. Nove na quarta posição
   A jovem que se casa continua solteira.
   Casar tarde – o momento adequado.

   A decisão de ficar solteira
   É esperar pela pessoa certa.

5. Seis na quinta posição
   O Rei Yi deu a mão de sua irmã em casamento.
   Seus trajes não são tão belos quanto os da segunda esposa.
   A lua estava quase cheia.
   Boa fortuna.

   O Rei Yi deu a mão de sua irmã em casamento.
   Seus trajes não são tão belos quanto os da segunda esposa.
   Ela está na posição central.
   Ela valoriza mais o caráter nobre que os ornamentos.

6. Seis na sexta posição
   A mulher segura um cesto:
   Nenhum fruto.
   O homem sacrifica uma cabra:
   Nenhum sangue.
   Nada é favorável.

   A linha maleável no topo não tem frutos.
   Segura um cesto vazio.

SIGNIFICADO

Este hexagrama usa a imagem do casamento para mostrar o relacionamento humano entre um casal. A base de todo casamento é o amor. Carinho, atenção e compreensão mútua são elementos essenciais de um casamento feliz e harmonioso. Se a vida de casado não for harmoniosa, como poderá haver felicidade? Nos tempos antigos, era comum duas irmãs se casarem com o mesmo homem. Nesse caso, a irmã mais velha se tornava a esposa, e a mais nova naturalmente ocupava posição secundária, ajudando a irmã mais velha a cuidar da casa. As duas amavam-se e apoiavam-se. Em um clima assim, a vida familiar podia ser harmoniosa. Embora o sistema esteja ultrapassado, o princípio de cultivar e manter um relacionamento harmonioso ainda é útil.

Na antiga literatura chinesa, usava-se o relacionamento entre marido e mulher como analogia para descrever o relacionamento entre um rei e um oficial. No hexagrama precedente, o Rei Wen usou a imagem de uma jovem que se casa para descrever o relacionamento entre ele mesmo e o Senhor do Céu. Ele recebeu a missão de depor o tirano e resgatar o povo da tirania. Neste hexagrama, o Rei Wen empregou a imagem do casamento para descrever seu relacionamento com o tirano.

Durante o período em que cultivou a quietude, o Rei Wen lembrou-se de quando trabalhou na corte do tirano. Era exatamente a mesma situação de uma jovem que se casa. A princípio, ele não tinha nenhum poder na corte. Qualquer avanço traria infortúnio; nada era favorável. O Duque de Zhou escreve sobre os problemas do Rei Wen na corte. O Rei Wen manteve a docilidade e a tranqüilidade. Agiu com humildade – até mesmo suas vestes não pareciam tão belas quanto as dos demais.

(1) Nove na primeira posição. A Jovem que se Casa alterna para Alívio (40) ☷

A primeira linha é um elemento yang na posição mais baixa. Não interage com o elemento yang na quarta posição porque ambos são yang. Simboliza a irmã mais jovem seguindo a irmã mais velha no casamento, como segunda esposa, uma prática comum na antiguidade. Como segunda esposa, comparam-na a um coxo que ainda consegue andar. Esse sistema de casamento é, obviamente, inadequado para os dias de hoje, mas a mensagem é que cada qual deve agir de acordo com sua posição. A ajuda mútua traz harmonia e boa fortuna.

(2) Nove na segunda posição. A Jovem que se Casa alterna para Agir (51) ☷

A segunda linha ainda está em uma posição inferior. A primeira é um coxo ainda capaz de andar. Esta é cega de um olho, mas ainda consegue ver. Estão em situação parecida. Mas esta linha é um elemento yang no centro, simbolizando um caráter firme e forte. Embora esteja em situação sombria, mantém a perseverança. É aconselhável manter a autoconfiança e olhar o futuro positivamente.

(3) Seis na terceira posição. A Jovem que se Casa alterna para Grande Força (34) ☷

A terceira linha é um elemento yin em uma posição yang – nem central nem correta. Não interage com o elemento yin na sexta posição. Sob essas condições, a pessoa que ocupa esta posição nada pode fazer senão esperar. É melhor voltar para casa; ela poderá se casar como segunda esposa. Esta linha mostra que os que ocupam posições subordinadas ainda conseguem dar boas contribuições.

(4) Nove na quarta posição. A Jovem que se Casa alterna para Aproximação (19)

A quarta linha é um elemento yang em uma posição yin. Não corresponde ao elemento yang na primeira. O Texto dos Yao diz: "A jovem que se casa continua solteira. Casar tarde – o momento adequado." Ou seja, ela espera a pessoa certa. A mensagem desta linha é que, quando planeja um empreendimento importante, a pessoa deve analisar minuciosamente todas as possibilidades, sem agir às pressas.

(5) Seis na quinta posição. A Jovem que se Casa alterna para Alegre (58)

O Texto dos Yao diz: "O Rei Yi deu a mão de sua irmã em casamento." Este tópico aparece também na quinta linha de Progresso (11). O Rei Yi foi um rei da dinastia Shang. Esta linha é um elemento yin na quinta posição, o lugar de um rei. Aqui, representa a irmã do rei. Interage com o elemento yang na segunda posição e simboliza que o rei deu a mão da irmã em casamento ao seu subordinado. Este elemento yin ocupa uma posição central, indicando uma pessoa dócil e tranqüila. Sua virtude é clara como a lua cheia. Não é necessário que ela coloque trajes belos para mostrar seu prestígio. Por isso, seus trajes não parecem tão belos quanto os de sua dama de companhia, que a acompanha para desposar seu marido como segunda esposa. Esta linha, a principal do hexagrama, conta-nos que se deve valorizar a espiritualidade mais que o materialismo.

(6) Seis na sexta posição. A Jovem que se Casa alterna para Diversidade (38)

O Texto dos Yao diz: "A mulher segura um cesto: nenhum fruto. O homem sacrifica uma cabra: nenhum sangue. Nada é favorável." Nas antigas cerimônias matrimoniais, a noiva carregava um cesto de frutos como presente para o sogro e a sogra. O noivo matava uma cabra para oferecer o sangue em sacrifício aos antepassados, e usava-se a carne para a festa. Esta linha é um elemento yin em uma posição yin. Representa uma jovem com caráter fraco em uma situação ruim. Não interage com o elemento yin na terceira posição. Ou ela não consegue encontrar a pessoa certa, ou está noiva, mas não pode se casar, ou pode se casar, mas o casamento não é bom. Não há frutos no cesto e nenhum sangue sai da cabra sacrificada. São maus presságios. Parceiros, no casamento ou nos negócios, devem ser fiéis e sinceros. Caso contrário, surgem problemas.

Referências adicionais para este hexagrama:

Imagem:	Trovão sobre Lago
Fórmula para recitação:	Trovão sobre Lago, A Jovem que se Casa
Elemento:	Madeira
Estrutura:	Três yang com três yin
Mês:	O nono mês do calendário lunar, ou outubro
Linha principal do hexagrama:	Seis na quinta posição
Hexagrama oposto:	Desenvolvimento Gradual (53)
Hexagrama inverso:	Desenvolvimento Gradual (53)
Hexagrama correspondente:	Já Realizado (63)

55
FENG • ABUNDÂNCIA

☳ Zhen • Trovão
☲ Li • Fogo

NOME E ESTRUTURA

Feng significa cheio, pleno, abundante.

Seqüência do hexagrama: *Os que encontram um lar certamente colherão a abundância. Assim, depois de A Jovem que se Casa vem a Abundância.*

Wilhelm, assim como Blofeld, traduz Feng por Abundância (Plenitude). Também uso o nome Abundância. O ideograma de Feng usa a imagem de feijões florescendo para expressar a idéia de abundância. Esse ideograma tem duas partes. A inferior é uma panela ou caldeirão; a superior mostra os brotos e folhas de feijão. O desenho todo representa o florescimento e a fartura.

A estrutura do hexagrama é Trovão ☳ sobre Fogo ☲. O atributo do Trovão é a ação. O Fogo representa chama e eletricidade. Quando o trovão e os raios irrompem juntos, há energia em abundância. É um momento de excepcional grandeza e plenitude, como o sol ardendo ao meio-dia. Infelizmente, essa tremenda abundância não pode durar muito. Não há espaço para a fartura excessiva crescer, expandir-se. A época de abundância deve ser valorizada e bem usada.

Decisão

Abundância.
Próspero e tranqüilo.
O rei chega a este ponto.
Seja como o sol a pino.

Comentário sobre a Decisão

Abundância.
Denota grandeza.
Brilho com movimento,
donde a fartura.

O rei chega a este ponto.
Valoriza a abundância e a grandeza.

Não se preocupe.
Seja como o sol a pino.
O homem deve irradiar sua luz sobre a Terra.

Quando o sol chega a pino,
Começa o declínio.
Quando a lua está cheia,
Começa a minguar.
O aumento e a diminuição do Céu e da Terra
Seguem o curso do tempo.
Quanto mais não será isso verdadeiro para os humanos?
Quanto mais não será isso verdadeiro para os espíritos e deuses?

Comentário sobre o Símbolo

Trovão e raio vêm juntos.
Uma imagem de abundância.
Assim,
O homem superior decide os processos judiciais com clareza
E aplica as punições com minúcia.

Texto dos Yao

1. Nove na primeira posição
   Encontra seu senhor correspondente.
   Embora semelhantes, nenhuma culpa.
   Prosseguindo,
   Haverá estima.

   Embora semelhantes, nenhuma culpa.
   Se houver semelhança excessiva, haverá calamidade.

2. Seis na segunda posição
   Abundante, seu biombo.
   O sol está a pino;
   Pode-se ver a estrela polar.
   O avanço traz uma doença suspeita.
   Há sinceridade e veracidade para inspirar
   Boa fortuna.

   Há sinceridade e veracidade para inspirar.
   Veracidade e sinceridade brotam de sua vontade.

3. Nove na terceira posição
   Abundante, sua cortina.
   O sol está a pino;
   Podem-se ver estrelas minúsculas.
   Quebra seu braço direito: nenhuma culpa.

   Abundância, sua cortina.
   Não se deve tentar realizar grandes coisas.
   Quebra seu braço direito.
   No final, ele não seria empregado.

4. Nove na quarta posição
   Abundante, seu biombo.
   O sol está a pino;
   Pode-se ver a estrela polar.
   Encontra seu senhor de natureza semelhante.
   Boa fortuna.

   Abundância, seu biombo.
   A posição não é apropriada.
   O sol está a pino; pode-se ver a estrela polar.
   Há penumbra e nenhuma luz.
   Encontra seu senhor de natureza semelhante.
   Boa fortuna para agir.

5. Seis na quinta posição
   Pessoas brilhantes chegam.
   Há felicitações e elogios.
   Boa fortuna.

   Boa fortuna do seis na quinta.
   Há felicitações e bênção.

6. Seis na sexta posição
   Abundante, sua casa.
   Protegendo seu lar,
   Espia pelo seu portão.
   Tão silencioso, não há ninguém.
   Três anos, ele não aparece.
   Infortúnio.

   Abundância, sua casa.
   É como flutuar no Céu.
   Espia pelo seu portão.
   Tão silencioso, não há ninguém.
   Ele se mantém distante dos outros.

SIGNIFICADO

O nome do hexagrama é Abundância, mas um clima sombrio se faz sentir nas linhas. Este hexagrama nos lembra que depois da fartura vem o declínio. O período de abundância deve ser valorizado e desfrutado. Quando o trovão e o raio agem juntos, há uma energia tremenda e um som explosivo. Depois, vem um silêncio agourento. O som e a luz não duram muito tempo. Baseados neste fenômeno natural, os antigos chineses pensaram em como retardar o processo de declínio depois da extrema abundância.

O declínio depois da extrema abundância é uma lei da natureza, como as fases da lua. Contudo, nas questões humanas, podemos atrasar a vinda do declínio por meio de um gerenciamento minucioso. Quando um relacionamento ou uma empresa passam por um período de abundância e prosperidade, deve-se tomar muito cuidado para impedir a desarmonia e o excesso. As pessoas se acostumam à situação fácil, mas podem negligenciar a lei de causa e efeito.

O texto deste hexagrama é difícil de traduzir em linguagem moderna. O antigo texto era inscrito em pedaços de bambu, e o sábio simplificou-o ao máximo para expressar seu significado completo. Cada caractere equivale ao conteúdo de toda uma frase. Há oito casos em que as palavras "seu", "sua" são usadas no Texto dos Yao e quatro vezes em que se diz que o sol está a pino – uma na Decisão e três no Texto dos Yao. Elas ecoam umas às outras. Do que se fala aqui? A linha principal do hexagrama é a maleável na quinta posição. É a isto que a Decisão do Rei Wen se refere: "O rei chega a este ponto. Não se preocupe. Seja como o sol a pino."

Durante o período em que cultivou a quietude, o Rei Wen meditou sobre a abundância. Percebeu que depois dela haveria um declínio. Quando um rei possui abundância, não deve se preocupar com o declínio. Ao contrário, deve compartilhar sua abundância com o povo sem demora, porque o sol não dura muito tempo a pino. O Duque de Zhou mostra como a fartura da dinastia Shang foi mascarada pela tirania, como a luz do sol bloqueada por um biombo e cortinas. Como o Rei Wen era magnânimo e humilde, as pessoas brilhantes estavam dispostas a se reunir em torno dele. Assim, ele desfrutou a boa fortuna. O tirano de Shang, ao contrário, fechou sua abundância em seu próprio palácio; não se importou com o povo. Ao espiar pelo portão, não via nada do sofrimento e da tribulação do povo. O infortúnio aguardava o tirano.

(1) Nove na primeira posição. Abundância alterna para Pequeno Excedente (62)

A primeira linha é um elemento yang em uma posição yang – positiva e produtiva. Corresponde ao elemento yang na quarta posição, que é seu senhor.

(2) Seis na segunda posição. Abundância alterna para Grande Força (34)

A segunda linha está no meio do trigrama inferior, Li, ou Fogo, representando o sol. Não interage com o elemento yin na quinta posição, que representa um biombo. O Texto dos Yao diz: "Abundante, seu biombo. O sol está a pino; pode-se ver a estrela polar." Isto indica que a abundância está coberta por um biombo como em um eclipse solar: pode-se ver a estrela polar, embora o sol esteja a pino. É uma situação ruim. A ignorância ofusca a inteligência. A pessoa que ocupa a quinta posição não é tão brilhante quanto a que ocupa a segunda. Esta será objeto de suspeitas e de inveja se seguir o que está na quinta posição. Como a segunda linha é maleável, há uma abertura no meio, simbolizando humildade e um coração aberto. Quando a linha alterna para sólida, simboliza a veracidade. Assim, o Texto dos Yao recomenda veracidade e sinceridade.

(3) Nove na terceira posição. Abundância alterna para Agir (51)

A terceira linha é um elemento yang em uma posição yang, extremamente brilhante. Está no topo do trigrama inferior, mostrando que o brilho atingiu o clímax, como o sol a pino. Interage com o elemento yin na sexta posição, sua cortina. Este yin cobre o brilho da terceira linha mais que o da segunda. Na segunda linha, o brilho é eclipsado; aqui, é coberto por uma cortina. A situação desta linha é mais escura que a da segunda; até mesmo estrelas minúsculas podem ser vistas ao meio-dia. O braço direito quebrado é uma metáfora para a perda de um assistente apto. Contudo, a posição desta linha é correta e, por isso, não há culpa.

*(4) Nove na quarta posição. Abundância alterna
para Brilho Ferido (36)*

A primeira parte do Texto dos Yao referente a esta linha é a mesma da segunda linha. A segunda linha está no meio do trigrama inferior, ao passo que a terceira e a quarta estão no meio do hexagrama; assim, a situação da quarta linha é semelhante à da segunda. A quarta linha tem correspondência com a primeira. Ambas são yang, e suas situações são iguais. A primeira linha considera a quarta como "seu senhor correspondente". A quarta posição considera o elemento yang na primeira como "seu senhor de natureza semelhante". Durante o período de escuridão, buscar um companheiro positivo e empreender ação produtiva traz boa fortuna.

*(5) Seis na quinta posição. Abundância alterna
para Abolir o Antigo (49)*

A quinta linha é a principal do hexagrama, a posição suprema de um rei. Este é o rei que o Rei Wen menciona em sua Decisão. Trata-se de um elemento yin em uma posição yang, dando a entender que é magnânimo, dócil e humilde. Por isso, pessoas brilhantes estão dispostas a se reunir ao seu redor. Enfim, "felicitações e elogio" se aplicam aqui. Ao buscar a abundância, o líder deve ser magnânimo, dócil e humilde, além de respeitar os que são capazes e brilhantes.

(6) Seis na sexta posição. Abundância alterna para Brilho (30)

A sexta linha está em péssima situação, no final da ação. É a linha mais elevada do hexagrama, Abundância, e do trigrama superior, Trovão. Não há espaço para mais progresso. Sua abundância está fechada em casa, no escuro. Como elemento yin, é reservado, espia pelas portas. Durante "três anos", nada vê. Três anos representam um período de tempo, o número "três" deriva do fato de ser a sexta linha a terceira do trigrama superior. O infortúnio da sexta linha é que ela se mantém longe dos outros, tanto por ser arrogante e prepotente, quanto por exceder-se no luxo e no prazer.

Referências adicionais para este hexagrama:

Imagem:	Trovão sobre Fogo
Fórmula para recitação:	Trovão sobre Fogo, Abundância
Elemento:	Madeira
Estrutura:	Três yang com três yin
Mês:	O sexto mês do calendário lunar, ou julho
Linha principal do hexagrama:	Seis na quinta posição
Hexagrama oposto:	Dispersão (59)
Hexagrama inverso:	Viagem (56)
Hexagrama correspondente:	Grande Excedente (28)

56
Lü • Viagem

Li • Fogo
Gen • Montanha

Nome e estrutura

Lü significa viajar, deslocar-se. Nos tempos antigos, um exército de quinhentos soldados chamava-se Lü.

Seqüência do hexagrama: *Se a abundância chegar ao limite e vier a pobreza, certamente perderá a casa. Assim, depois da Abundância vem a Viagem.*

Wilhelm e Blofeld traduzem Lü por O Viajante, o Andarilho. Neste livro, adoto Viagem.

Foi um desafio criar um ideograma que expressasse o movimento. O ideograma deste hexagrama usa a imagem de um exército perseguindo o inimigo para expressar a idéia de viagem. A parte esquerda do ideograma é um caractere antigo, fang. Durante a dinastia Shang e no início da dinastia Zhou, as minorias na fronteira do norte eram denominadas fang. O ideograma de fang parece um guerreiro dançando, agitando os braços no ar. Os grupos minoritários geralmente faziam uma cerimônia dançante antes do combate. Do lado direito há três soldados. O líder no topo vai à frente, com dois soldados atrás de si. As cabeças dos soldados estão voltadas para o guerreiro inimigo, e seus pés se movem em direção a ele, dando a entender que o estão perseguindo.

Este hexagrama é o inverso do anterior, Abundância. A Abundância denota um período de excepcional grandeza e plenitude. Contudo, esse período não pode durar muito. A Abundância aconselha as pessoas a valorizar e fazer bom uso da plenitude, conservando o estado de fartura o máximo possível. O hexagrama Viagem sugere que, depois do declínio da

Abundância, a pessoa deve seguir em frente, explorar o novo mundo e começar outro ciclo. Se permanecer no antigo lugar e mantiver o mesmo ritmo, estagnará. Portanto, Abundância e Viagem são opostos no conteúdo, mas ainda complementares.

A estrutura do hexagrama é Fogo ☰ sobre Montanha ☷. A imagem de fogueiras ardendo na montanha, com suas chamas empurradas pelo vento de um lugar ao outro, é a origem do nome Viagem. Numa viagem, a vida não é estável e todos são desconhecidos. Ir de um lugar a outro causa cansaço físico e emocional. Sob tais circunstâncias, o viajante deve manter a perseverança e a retidão. Assim, haverá boa fortuna.

Decisão

Viagem.
Pequena prosperidade e tranqüilidade.
Viajante,
Perseverante e reto: boa fortuna.

Comentário sobre a Decisão

Viagem.
Pequena prosperidade e tranqüilidade.

O maleável é central no externo;
Segue os sólidos.
Se permanecer imóvel e apegar-se ao brilho,
Haverá chance para pequena prosperidade e tranqüilidade.

Viajante,
Perseverante e reto: boa fortuna.

O momento e a importância de Viagem são verdadeiramente grandes!

Comentário sobre o Símbolo

Fogo na Montanha.
Uma imagem de Viagem.
Assim,
O homem superior é prudente e preciso na punição
E não estende os períodos de prisão.

Texto dos Yao

1. Seis na primeira posição
Viajando,
Pensando em coisas triviais, coisas triviais.
É assim que se encontram calamidades.

   Viajando,
   Pensando em coisas triviais, coisas triviais.
   A intenção é baixa,
   Causando infortúnio.

2. Seis na segunda posição
Viajando,
Ficando em uma hospedaria
Com seus pertences.
Obtém um ajudante,
Com perseverança e retidão.

   Obtém um ajudante;
   No fim, nenhum descontentamento.

3. Nove na terceira posição
Viajando,
Sua hospedaria se incendeia.
Perde seu ajudante.
Perseverança: adversidade.

   Viajando:
   Sua hospedaria se incendeia.
   É muito triste.
   Ele trata seu ajudante com orgulho;
   É certo que haverá de perdê-lo.

4. Nove na quarta posição
Viajando:
Descansando em um abrigo.
Recebe as despesas de viagem.
"Meu coração não está feliz."

   Viajando, descansa em um abrigo.
   Ainda não obteve uma posição adequada.
   Recebe as despesas de viagem.
   Não está feliz em seu coração.

5. Seis na quinta posição
   Atirando em um faisão.
   Uma flecha: morto.
   No fim,
   Obtém fama e nobreza.

   No fim, obtém fama e nobreza.
   Elas vêm de cima.

6. Nove na sexta posição
   O pássaro queima o ninho.
   Primeiro o viajante ri,
   Depois lamenta e chora.
   Perde uma vaca no campo.
   Infortúnio.

   Como viajante na posição superior,
   É justo que ele seja queimado.
   Perde uma vaca no campo.
   Não se ouvirá nenhuma notícia.

SIGNIFICADO

Este hexagrama expõe o princípio da estabilidade e da unidade. Quando a abundância chega ao extremo, surge uma situação instável. O avanço e o progresso posteriores não são tão fáceis e tranqüilos quanto antes. O hexagrama usa a imagem da viagem para manifestar a verdade da mudança e do desenvolvimento na vida humana. A vida é uma jornada e somos todos viajantes. Cada evento em nosso cotidiano faz parte de um processo contínuo de mudança e desenvolvimento. Tempo e espaço são um processo. Cada acontecimento aprimora a mudança e o desenvolvimento. Precisamos corresponder às mudanças e descobrir a maneira mais conveniente de lidar com elas. Reagir a mudanças isoladas leva apenas a pequenos êxitos. Somente se correspondermos às mudanças dentro do processo todo é que poderemos alcançar grande êxito. Esse é o segredo do sucesso. Neste hexagrama, todas as linhas maleáveis trazem boa fortuna porque são dóceis, próximas das posições centrais e harmônicas com as outras. As linhas sólidas, ao contrário, não são tão auspiciosas porque tendem a ser voluntariosas, presunçosas e difíceis de lidar.

Durante o período em que o Rei Wen cultivou a quietude, ele recordou as mudanças e o desenvolvimento das dinastias Shang e Zhou. Percebeu que a vida de um país, e de um indivíduo, é uma jornada. Antes de encontrar um lugar definitivo para ficar, as chances de progresso e êxito são pouquíssimas. Apenas a perseverança e a retidão podem trazer boa fortuna. O Duque de Zhou descreve as diversas situações na jornada da vida. Quem se fixa em coisas triviais não cria boa fortuna. Com um lugar para ficar, dinheiro suficiente e um companheiro, a vida é melhor.

(1) Seis na primeira posição. Viagem alterna para Brilho (30)

A primeira linha descreve uma pessoa que se preocupa apenas com coisas triviais. Não tem meta nem carreira. Em sua jornada de vida, é apenas um viajante e olha unicamente para baixo. Cria o próprio infortúnio.

(2) Seis na segunda posição. Viagem alterna para Instituir o Novo (50)

A segunda linha representa a melhor situação de viagem. Ficar em uma hospedaria é seguro e confortável. Além disso, a pessoa tem dinheiro suficiente; não se preocupa com a possibilidade de ficar sem nada. Tem um garoto como ajudante, que é companheiro e criado fiel; assim, não existe insatisfação.

(3) Nove na terceira posição. Viagem alterna para Prosseguir (35)

A terceira linha é um elemento yang em uma posição yang na extremidade do trigrama inferior, Montanha ou Quietude. Não há como prosseguir. Além disso, está próxima do trigrama superior, Fogo – por isso, a hospedaria se incendeia. É muito voluntariosa e trata mal o ajudante, perdendo assim o criado e companheiro fiel. Em uma viagem, é preciso ser dócil e humilde e tratar as pessoas com lealdade e sinceridade.

(4) Nove na quarta posição. Viagem alterna para Quietude (52)

A quarta linha é um elemento yang em uma posição yin, não tão firme quanto a terceira linha nem tão dócil quanto a segunda. Quem está na segunda posição é capaz de ficar em uma hospedagem confortável. Nesta posição, pode-se apenas descansar em um abrigo. Ele está infeliz.

(5) Seis na quinta posição. Viagem alterna para Recuar (33)

A quinta linha é um elemento yin em uma posição yang – central, mas incorreta. Nesta posição, a pessoa segue o Caminho do Meio e mantém a docilidade; por isso, esta é a linha principal do hexagrama. Quando atira no faisão, uma única flecha mata a ave. Conseqüentemente, a pessoa obtém fama e nobreza. Nos tempos antigos, quem era nomeado oficial do governo presenteava o rei com faisões.

(6) Nove na sexta posição. Viagem alterna para Pequeno Excedente (62)

A sexta linha ocupa a posição mais elevada do hexagrama, simbolizada pela imagem de um pássaro. É um elemento yang, indicando um indivíduo de caráter orgulhoso e teimoso. Durante a viagem, esse tipo de pessoa não é bem-vindo. A imagem do ninho de um pássaro em chamas dá a entender que ele não consegue encontrar um lugar para ficar. Pode ter êxito por algum tempo, mas por fim lamenta e chora. Perde uma vaca no campo, indicando que perde um auxiliar importante; assim, cria seu próprio infortúnio.

Referências adicionais para este hexagrama:

Imagem:	Fogo sobre Montanha
Fórmula para recitação:	Fogo sobre Montanha, Viagem
Elemento:	Fogo
Estrutura:	Três yang com três yin
Mês:	O quarto mês do calendário lunar, ou maio
Linha principal do hexagrama:	Seis na quinta posição
Hexagrama oposto:	Restrição (60)
Hexagrama inverso:	Abundância (55)
Hexagrama correspondente:	Grande Excedente (28)

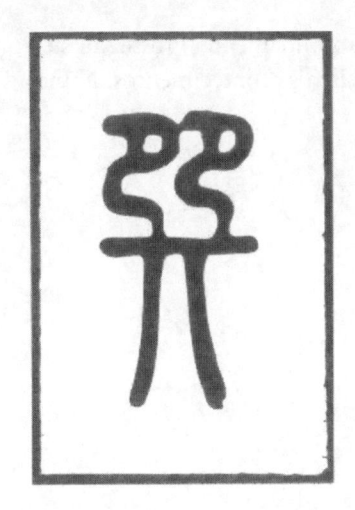

57
Xun • Prosseguir Humildemente

☴ Xun • Vento
☴ Xun • Vento

Nome e estrutura

Xun ☴ é um dos oito trigramas; duplicado, gera este hexagrama. Como trigrama, representa Vento ou Madeira. O Comentário sobre o Símbolo diz: "Seguir o vento: uma imagem de Prosseguir Humildemente." "Seguir o vento" sugere a idéia de ir em frente, mas esse prosseguir deve ser dócil, fluindo sem nenhuma resistência para onde quer que o vento vá. Aplicado às questões humanas, significa prosseguir humildemente ou renunciar à autoridade soberana.

Seqüência do hexagrama: *Quando o viajante não tem onde se abrigar, vem Prosseguir Humildemente.*

Wilhelm traduz Xun por A Suavidade (O Penetrante, Vento). Blofeld usa Submissão Voluntária, Suavidade, Penetração. Xun é uma ação, um procedimento. O ideograma emprega a imagem de duas serpentes para representar a continuidade da ação. A parte superior do ideograma mostra duas serpentes, si. A parte inferior é um ideograma de gong, que significa "juntos". Duas serpentes prosseguem juntas – o poder de prosseguir é duplo.

A estrutura do hexagrama é Vento ☴ sobre Vento ☴, ou Madeira sobre Madeira. No contexto da estrutura, uma linha maleável sob duas sólidas demonstra a personalidade submissa, humilde e obediente do elemento maleável. O atributo do vento é prosseguir suavemente. Os chineses consideram uma brisa suave com sol ou uma brisa suave com chuva leve como o melhor clima. Soprando mansamente, o vento vai a toda parte.

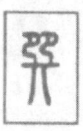

Com suavidade, a madeira penetra o solo profundamente. Prosseguir suavemente é a maneira mais eficaz de influenciar os acontecimentos. Nunca agride e, portanto, é facilmente aceito.

Decisão

> Prosseguir Humildemente.
> Pequena prosperidade e tranqüilidade.
> É favorável ter para onde ir.
> É favorável ver um grande homem.

Comentário sobre a Decisão

> *O símbolo do Vento está duplicado.*
> *É como repetir a ordem mais uma vez.*
>
> *O firme prossegue humildemente até a posição central e correta.*
> *Sua vontade pode se realizar.*
>
> *Os maleáveis submetem-se aos firmes.*
> *Há apenas pequena prosperidade e tranqüilidade.*
> *É favorável ter para onde ir.*
> *É favorável ver um grande homem.*

Comentário sobre o Símbolo

> *Seguir o vento:*
> *Uma imagem de Prosseguir Humildemente.*
> *Assim,*
> *O homem superior repete sua ordem*
> *E executa seu comando.*

Texto dos Yao

1. Seis na primeira posição
   Prosseguir ou retornar?
   É favorável ter a firmeza e a perseverança de um guerreiro.

   Prosseguir ou retornar?
   Sua mente fica perplexa.
   É favorável ter a firmeza e a perseverança de um guerreiro.
   Sua vontade é controlada.

2. Nove na segunda posição
   Prosseguir humildemente debaixo da cama.
   Sacerdotes e exorcistas são usados em profusão.
   Boa fortuna.
   Nenhuma culpa.

   A boa fortuna de empregá-los em profusão.
   Ele conquista a posição central.

3. Nove na terceira posição
   Prosseguir humildemente repetidas vezes.
   Humilhação.

   O arrependimento de prosseguir humildemente repetidas vezes.
   Ele perde sua sinceridade e veracidade.

4. Seis na quarta posição
   O arrependimento desaparece.
   No campo, apanhou três graus de caça.

   No campo, apanhou três graus de caça.
   Ele obtém mérito.

5. Nove na quinta posição
   Perseverança e retidão: boa fortuna.
   O arrependimento desaparece.
   Nada é desfavorável.
   Nenhum começo; há um fim.
   Antes de mudar, três dias.
   Depois de mudar, três dias.
   Boa fortuna.

   A boa fortuna do nove na quinta.
   Sua posição é correta e central.

6. Nove na sexta posição
   Prosseguir humildemente debaixo da cama.
   Perde seu meio de subsistência.
   Perseverança: infortúnio.

   Prosseguir humildemente debaixo da cama.
   No topo, o fim chegou.
   Perde seu meio de subsistência.
   Isto é infortúnio!

SIGNIFICADO

Este hexagrama é um dos oito entre os 64 hexagramas compostos pela duplicação de um trigrama – neste caso, Vento ☴. Prosseguir Humildemente explica por que o homem deve ser humilde e dócil. Em uma situação instável, a pessoa humilde e dócil pode fazer amizades, ganhar a confiança e obter o apoio das demais. Os antigos acreditavam que a humildade e a docilidade eram as qualidades morais básicas, e não eram, de modo algum, equivalentes à inferioridade e à fraqueza.

Este hexagrama usa a imagem de uma linha maleável que jaz humildemente sob duas sólidas. Simboliza a espera paciente pelo momento certo para a concretização de um objetivo. Além disso, os ventos seguindo-se uns aos outros simbolizam a força motriz que continuamente impulsiona em direção à realização. Em seus *Analectos*, Confúcio diz:

> Antes de manifestar o prazer ou a ira, a dor ou a alegria, a mente fica em estado de equilíbrio. Quando se manifestam esses sentimentos num grau adequado, eles ficam em estado de harmonia. Esse equilíbrio é a grande base de todas as atividades humanas, e essa harmonia é o caminho universal que todos buscam. Precisamos nos dedicar a alcançar esse estado de equilíbrio e harmonia e instituir a ordem adequada entre o Céu e a Terra. Assim, todas as coisas serão nutridas e florescerão.

Portanto, o equilíbrio é o potencial anterior à manifestação, e a harmonia é o resultado da correta manifestação desse potencial. Quando pretendemos realizar algo, tanto antes quanto depois, devemos dar cada passo de modo conveniente. A linha principal do hexagrama é a sólida na quinta posição. O Comentário sobre a Decisão diz: "O firme prossegue humildemente até a posição correta e central. Sua vontade pode se realizar."

Durante o período em que o Rei Wen cultivou a quietude, ele meditou sobre viajar, ser humilde e seguir em frente. Entendeu que se deve seguir em frente com humildade na jornada da vida. Quando se alcança apenas um pequeno êxito, ainda há espaço para mais. O grande êxito é o resultado do acúmulo de pequenos sucessos. O Duque de Zhou registra os resultados de diversas atitudes humildes. Quem progride dessa maneira necessita da firmeza e perseverança de um guerreiro. A excessiva humildade e submissão resulta na perda da autoconfiança. Prosseguindo humildemente com sinceridade e confiança, obtém-se boa fortuna. Quando pretende fazer uma mudança, deve considerar as questões minuciosamente antes de agir e reconsiderá-las depois de finalizada a ação.

*(1) Seis na primeira posição. Prosseguir Humildemente
alterna para Pequeno Acúmulo (9)* ☴

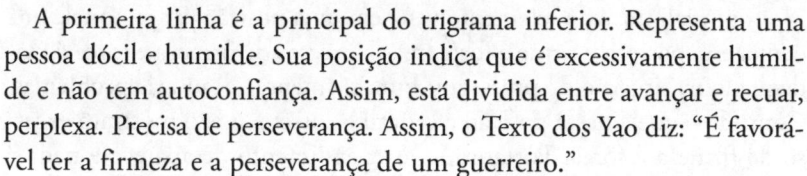

A primeira linha é a principal do trigrama inferior. Representa uma pessoa dócil e humilde. Sua posição indica que é excessivamente humilde e não tem autoconfiança. Assim, está dividida entre avançar e recuar, perplexa. Precisa de perseverança. Assim, o Texto dos Yao diz: "É favorável ter a firmeza e a perseverança de um guerreiro."

*(2) Nove na segunda posição. Prosseguir Humildemente
alterna para Desenvolvimento Gradual (53)* ☴

A segunda linha é um elemento yang em uma posição yin, representando um indivíduo leal e sincero. É humilde e dedicado como um sacerdote ou um exorcista orando diante do altar. Há boa fortuna e nenhuma culpa.

*(3) Nove na terceira posição. Prosseguir Humildemente
alterna para Dispersão (59)* ☴

A terceira linha é um elemento yang em uma posição yang, no topo do trigrama inferior. Aquele que ocupa esta posição não é realmente dócil e humilde, mas age repetidas vezes como um indivíduo dócil e humilde. Esta conduta hipócrita trará humilhação. Pode-se enganar os outros durante algum tempo, mas não para sempre.

*(4) Seis na quarta posição. Prosseguir Humildemente
alterna para Encontro (44)* ☴

Esta linha usa a analogia da caçada. Nos tempos antigos, dividiam-se em três graus os animais pegos em uma caçada. Aqueles atingidos no coração eram de primeiro grau. Podiam ser usados como sacrifício em cerimônias. Aqueles atingidos na perna pertenciam ao segundo grau e podiam ser usados para banquetes. Os atingidos no intestino eram do terceiro grau e apenas quem os apanhou poderia comê-los. A quarta linha é um elemento yin em uma posição yin. Não interage com ninguém – há duas linhas sólidas acima e abaixo dele. Nesta situação, existe arrependimento. Mas a posição é correta, um elemento yin na parte inferior do trigrama superior, dócil e humilde. Por isso, o arrependimento desaparece. Alcançará mérito, como quando se capturam três graus de caça no campo.

(5) Nove na quinta posição. Prosseguir Humildemente alterna para Remediar (18) ☷

A quinta linha é um elemento yang em uma posição yang. Aquele que ocupa esta posição é firme e forte, mas o excesso de firmeza e força é inadequado na situação de prosseguir humildemente, e causaria problemas. Contudo, aquele nesta posição é central e correto, e não mostrará excesso de firmeza e força. Portanto, o arrependimento desaparece e nada é desfavorável. "Nenhum começo; há um fim" significa que, embora a princípio nada de bom exista, por fim isso acontecerá. O Comentário sobre o Símbolo diz: "O homem superior repete sua ordem e executa seu comando." Este elemento yang é o homem superior em questão. O Duque de Zhou sugere que, antes de se pretender efetuar qualquer mudança, deve-se analisá-la por três dias e, depois de efetuada, reconsiderá-la por mais três dias. Então, o arrependimento desaparecerá e a boa fortuna virá.

(6) Nove na sexta posição. Prosseguir Humildemente alterna para Reabastecimento (48) ☷

A sexta linha está na extremidade de docilidade e humildade. Aquele que ocupa esta posição é excessivamente humilde e submisso, como se estivesse deitado debaixo da cama. A humildade e submissão excessivas levam à perda da autoconfiança. É o mesmo quando um viajante perde todo seu dinheiro. Mesmo se mantiver a perseverança e a retidão, haverá infortúnio.

Referências adicionais para este hexagrama:

Imagem:	Vento sobre Vento
Fórmula para recitação:	O Vento é duplo, Prosseguir Humildemente
Elemento:	Madeira
Estrutura:	Quatro yang com dois yin
Mês:	O oitavo mês do calendário lunar, ou setembro
Linha principal do hexagrama:	Nove na quinta posição
Hexagrama oposto:	Agir (51) ☷
Hexagrama inverso:	Alegre (58) ☷
Hexagrama correspondente:	Diversidade (38) ☷

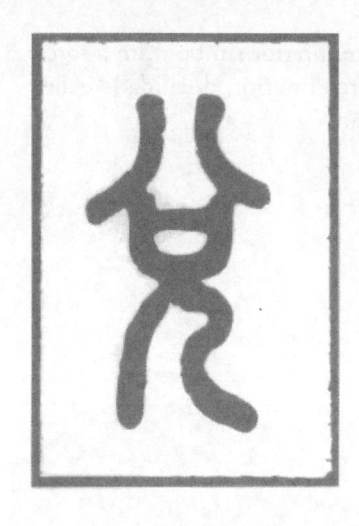

58
DUI • ALEGRE

☱ Dui • Lago
☱ Dui • Lago

NOME E ESTRUTURA

Dui é a raiz do caractere chinês "falar". Há uma boca aberta no meio do caractere, conversando e sorrindo. Dui tem vários significados. Originalmente, era falar com alegria, mas também significa troca no sentido de dar e receber. Dar e receber alegra as pessoas. Dui é o inverso do hexagrama anterior, Prosseguir Humildemente, que alegra as pessoas.

Seqüência do hexagrama: *Prosseguir humildemente alegra as pessoas. Assim, depois de Prosseguir Humildemente, vem Alegre.*

Wilhelm traduz Dui por Alegria, Lago, e Blofeld, por Alegria. Adoto o nome Alegre.

O ideograma usa a imagem de uma pessoa cantando e dançando para expressar a alegria. Tem três partes. No meio há uma boca aberta, cantando. A parte inferior é composta por duas pernas, que parecem estar em movimento, dançando. A parte superior representa dois braços agitando-se no ar, expressando alegria. A estrutura do hexagrama é Lago ☱ sobre Lago ☱. O atributo de Lago é a alegria. Quando o Lago é duplo, a alegria também é dupla. A tradição ocidental traduziu Dui como lago e as pessoas se acostumaram com essa tradução. Na verdade, deveria ser charco ou pântano. O arroz é a base da vida para os chineses, e os arrozais são charcos. Uma abundância de Dui, charcos, leva à fartura de alimentos – uma situação que alegra a todos.

No I Ching, a sexta linha representa a realidade externa; a primeira, a realidade interna. Uma linha maleável montada sobre duas sólidas forma Lago ☱. Assim, a linha maleável no topo representa a personalidade alegre e dócil. As duas linhas sólidas na parte inferior simbolizam a força e o princípio interior. A pessoa que tem força interior, docilidade e alegria é facilmente aceita em qualquer situação.

Decisão

Alegre.
Próspero e tranqüilo.
É favorável ser perseverante e reto.

Comentário sobre a Decisão

Alegre.
É um símbolo de alegria.

Os sólidos estão no centro,
E os maleáveis, fora.
Alegria favorece a perseverança e a retidão.
É agir de acordo com a vontade do Céu
E com os desejos do povo.

Quando a prioridade é dar alegria às pessoas,
Elas esquecem sua labuta.
Quando as pessoas estão dispostas a encontrar o perigo,
Esquecem o medo da morte.

Como é grande o poder de dar alegria às pessoas.
Estimula-as a fazer todo o possível!

Comentário sobre o Símbolo

Lagos unidos um ao outro.
Uma imagem de Alegre.
Assim,
O homem superior faz amizades,
Debatendo e praticando o Tao da Verdade.

Texto dos Yao

1. Nove na primeira posição
   Com harmonia interior, alegre.
   Boa fortuna.

Boa fortuna de ser alegre com harmonia interior.
Não há dúvida sobre sua conduta.

2. Nove na segunda posição
   Com sinceridade interior, alegre.
   Boa fortuna.
   O arrependimento desaparece.

   Boa fortuna de ser alegre com sinceridade interior.
   Ele tem fé em sua vontade.

3. Seis na terceira posição
   Com bajulação, vem em busca de alegria.
   Infortúnio.

   O infortúnio de vir em busca de alegria com bajulação.
   Ele não está em uma posição adequada.

4. Nove na quarta posição
   Deliberando sobre a alegria.
   Não está à vontade.
   Afaste-se da doença;
   Então há felicidade.

   A alegria do nove na quarta:
   Há motivo para felicitações.

5. Nove na quinta posição
   Sinceridade diante da decadência.
   Há adversidade.

   Sinceridade diante da decadência
   Porque sua posição é adequada e correta.

6. Seis na sexta posição
   Alegria induzida.

   A linha maleável no topo induz.
   Sua virtude não é brilhante.

SIGNIFICADO

Este é um dos oito hexagramas formados pela duplicação de um trigrama. Aqui, o hexagrama é Dui ☱, Alegre, e o trigrama é Lago ☱. Alegre expõe o princípio da alegria e felicidade. Quem é alegre e feliz torna os outros alegres e felizes. Quando a pessoa é capaz de fazer os outros alegres e felizes, sente-se alegre e feliz também. A alegria e felicidade podem promover relacionamentos harmoniosos.

Este hexagrama usa a imagem de uma pessoa externamente dócil e alegre, mas internamente firme e verdadeira. Analisa como se deve lidar com as questões humanas. Antes de agir, é preciso tomar uma decisão. Isto é usar a força interior. Mas, depois, também é preciso aceitar as idéias alheias e não seguir obstinadamente a própria opinião. Este é o caminho para cultivar a harmonia externa. Ao lidar com as pessoas, é preciso ser dócil e alegre, mas não bajulador e adulador. Ao lidar com os acontecimentos externos, é necessário ser firme e estável, mas não obstinado e teimoso. Assim, haverá progresso e êxito, e nada será desfavorável.

O Comentário sobre a Decisão diz: "Os sólidos estão no centro, e os maleáveis, fora." A linha sólida na segunda ou quinta posição poderia ser a principal. Contudo, como a quinta linha ocupa a posição suprema, ela é mais adequada para ser a principal do hexagrama.

Durante o período em que o Rei Wen cultivou a quietude, ele entendeu que era preciso conhecer o objetivo e a meta da jornada da vida e prosseguir alegre e humildemente naquela direção. O Duque de Zhou elucida a atitude adequada para alegrar as pessoas. A boa fortuna advém da sinceridade e harmonia interior e de um coração tranqüilo. Esta atitude alegra o indivíduo e os outros. Induzir alegria de forma dissimulada é um convite ao infortúnio.

(1) Nove na primeira posição. Alegre alterna para Exaustão (47)

Este é um elemento yang em uma posição yang. Das quatro linhas sólidas neste hexagrama, apenas a primeira não tem ligação com uma linha maleável. Firme e forte, alegra as pessoas com harmonia interior, não com bajulação. É a ela que Confúcio se refere quando diz: "O homem superior está em harmonia com o povo, mas não os acompanha em atos maléficos." Há boa fortuna.

(2) Nove na segunda posição. Alegre alterna para Seguir (17)

A segunda linha é um elemento yang no centro do trigrama inferior. Aquele que ocupa esta posição é fiel e sincero. Obviamente, alegrar as pessoas com confiança e sinceridade traz boa fortuna. Mas a posição desta linha não é correta. Pode haver arrependimento. Graças à fé na confiança e na sinceridade, o arrependimento desaparecerá.

(3) Seis na terceira posição. Alegre alterna para Eliminação (43)

O elemento yin na terceira posição é a linha principal do trigrama interno. Não é nem central nem correta e não interage com a sexta linha;

são ambas yin. Nesta posição, não há alternativa a não ser descer para agradar aos elementos yang na primeira e segunda posição. Segundo a cosmologia chinesa, a energia yang sobe e a energia yin desce. Neste hexagrama, o elemento yin na terceira posição desce para agradar aos dois elementos yang com bajulação. Contudo, estes são firmes e fortes – não correspondem. Há infortúnio.

(4) Nove na quarta posição. Alegre alterna para Restrição (60)
O elemento yang na quarta posição está próximo ao yin na terceira. O elemento yin não é nem central nem correto, levando esta pessoa a deliberar sobre com quem ser alegre. Não há paz em seu coração. Por fim, toma uma decisão e se recusa a ser seduzido pelo que está na terceira posição. Abandonando a escuridão pela luz, evita a doença. É um evento alegre e feliz. Há motivo para felicitações.

(5) Nove na quinta posição. Alegre alterna para A Jovem que se Casa (54)
A quinta linha é um elemento yang em uma posição yang – firme e forte e em posição suprema. Está próximo à sexta linha – um elemento yin em uma posição yin, representando um bajulador. O texto avisa que quem ocupa a posição suprema deve tomar cuidado com o perigo de confiar em tais pessoas, que costumam agradar aos outros para se beneficiar ou enganá-los. Há perigo.

(6) Seis na sexta posição. Alegre alterna para Cumprimento (10)
Esta sexta linha usa todos os tipos de métodos para atrair as pessoas para a direção errada; ou, por outro lado, se deixa enganar. O Texto dos Yao não menciona boa fortuna ou infortúnio, mas alerta que a alegria é induzida na direção errada. É a pior situação encontrada neste hexagrama. Cuidado com as conseqüências.

Referências adicionais para este hexagrama:

Imagem:	Lago sobre Lago
Fórmula para recitação:	O Lago é duplo, Alegre
Elemento:	Metal
Estrutura:	Quatro yang com dois yin
Mês:	Equinócio de outono
Linha principal do hexagrama:	Nove na quinta posição
Hexagrama oposto:	Quietude (52)
Hexagrama inverso:	Prosseguir Humildemente (57)
Hexagrama correspondente:	Lar (37)

59
HUAN • DISPERSÃO

Xun • Vento
Kan • Água

NOME E ESTRUTURA

Originalmente Huan significava a quebra, derretimento e desaparecimento do gelo invernal. Posteriormente, passou a significar separar e espalhar.

Seqüência do hexagrama: *Depois da felicidade e da alegria, vem a dispersão. Assim, depois de Alegre vem Dispersão.*

Wilhelm traduz Huan por Dispersão (Dissolução) e Blofeld, por Espalhar, Desintegração, Dispersão. Adoto o termo Dispersão.

O ideograma de Huan expressa seu significado original. A imagem à esquerda representa água. Assemelha-se ao trigrama Água ☵, posicionado na vertical. No canto superior direito há uma faca e abaixo, duas mãos com dedos e braços. No meio, dois pedaços de gelo. Como um todo, este ideograma representa uma faca usada para quebrar gelo, com duas mãos separando os pedaços de gelo. O gelo derrete e se transforma em água, finalmente dispersando-se e desaparecendo. A estrutura do hexagrama é Vento ☴ sobre Água ☵. O vento sopra sobre a água e dispersa as ondas. O trigrama inferior é Água; seu atributo, perigo. Simboliza a energia vital bloqueada no interior do indivíduo. O trigrama externo é Vento; seu atributo, penetração. Penetrar e romper o bloqueio leva à dispersão.

Este hexagrama deriva de Desenvolvimento Gradual (53) ䷴. Quando a linha sólida na terceira posição de Desenvolvimento Gradual desce à segunda posição, ele alterna para Dispersão. O Comentário sobre a

Decisão diz: "O firme vem [desce] sem obstáculo." Quando a linha maleável na segunda posição de Desenvolvimento Gradual ascende à terceira posição, aquele hexagrama alterna para este. A linha maleável na terceira é semelhante à maleável na quarta. O Comentário sobre a Decisão diz: "O maleável está em posição adequada. Ele sai [sobe] para encontrar seu semelhante acima."

Neste hexagrama, o elemento yang na quinta posição é central e correto. Representa o rei. Os elementos na terceira e quarta posição são ambos yin. Servem ao rei com total cooperação e unidade de objetivos. Assim, há êxito. Durante um período de dispersão, o rei deve chegar ao templo para orar e pedir a bênção do Céu. Quando as pessoas vêem a sinceridade e a verdade do rei, deixam-se influenciar e reúnem-se para defendê-lo e apoiá-lo. O trigrama superior, Xun, pode simbolizar Vento ou Madeira. Madeira sobre Água é um presságio favorável para atravessar grandes rios. Por isso, o Comentário de Confúcio sobre a Decisão diz: "O mérito vem de montar sobre a madeira."

Decisão

> Dispersão.
> Próspero e tranqüilo.
> O rei chega ao templo.
> É favorável atravessar grandes rios.
> É favorável ser perseverante e reto.

Comentário sobre a Decisão

> *Dispersão.*
> *Próspero e tranqüilo.*
>
> *O firme vem sem obstáculo.*
> *O maleável está em posição adequada.*
> *Ele sai para encontrar seu semelhante acima.*
>
> *O rei chega ao templo.*
> *Ele está na posição central.*
> *É favorável atravessar grandes rios.*
> *O mérito vem de montar sobre a madeira.*

Comentário sobre o Símbolo

O vento sopra sobre a água.
Uma imagem de Dispersão.
Assim,
O antigo rei oferece sacrifícios ao Senhor do Céu
E institui templos.

Texto dos Yao

1. Seis na primeira posição
   Empenhado em resgatar; um cavalo forte.
   Boa fortuna.

   Boa fortuna do seis na primeira.
   Segue sua natureza submissa.

2. Nove na segunda posição
   Dispersão.
   Apressando-se em direção ao momento oportuno.
   O arrependimento desaparece.

   Dispersão.
   Apressando-se em direção ao momento oportuno.
   Sua vontade se realiza.

3. Seis na terceira posição
   Dispersando o egoísmo.
   Nenhum arrependimento.

   Dispersando o egoísmo.
   Sua vontade é para os outros.

4. Seis na quarta posição
   Dispersando o grupo.
   Suprema boa fortuna.
   A dispersão traz um outeiro.
   Além da imaginação de pessoas comuns.

   Dispersando o grupo.
   Suprema boa fortuna.
   É brilhante e grande.

5. Nove na quinta posição
   Dispersando

Como o suor, falando em voz alta.
Dispersando os pertences do rei.
Nenhuma culpa.

Nenhuma culpa por dispersar os pertences do rei.
Ele está em uma posição adequada.

6. Nove na sexta posição
Dispersando a preocupação.
Sair,
Manter distância,
Ir embora.
Nenhuma culpa.

Dispersando a preocupação.
Mantenha a calamidade a distância.

SIGNIFICADO

O hexagrama usa a imagem do vento soprando sobre a água para demonstrar o ato de dispersar os ressentimentos das pessoas. Durante o período de dispersão, é fundamental ter um líder dotado de sabedoria e percepção. O rei aproximando-se do templo nos dá uma imagem de sua íntima ligação com o mundo espiritual. Atravessar grandes rios significa a tribulação e a dificuldade do trabalho. Perseverança e retidão devem ser as virtudes de um grande líder. Ele tem autoconfiança, por isso é capaz de viver e trabalhar em paz. A linha principal do hexagrama é a sólida na quinta posição. Esta linha representa o rei que se aproxima do templo para estabelecer um vínculo com o Senhor do Céu. Durante o período de dispersão, ele é o único que, na posição de honra, consegue estabelecer a ordem em toda a nação. A quarta linha representa o ministro do rei, enquanto a segunda é seu oficial. Fielmente ajudam o rei a unir o povo no período de dispersão.

Durante o período em que o Rei Wen cultivou a quietude, ele meditou sobre a alegria e a dispersão. Depois de as pessoas ficarem alegres, sua energia se dispersava e sua atenção se perdia. Nesse momento, era necessário um líder com sabedoria e percepção. Ele chegava ao templo e se comunicava com a divindade. Sua sinceridade e lealdade incentivavam o povo a trabalhar com total cooperação e unidade de objetivos. O Duque de Zhou narra que, para ajudar em tais momentos, é preciso ter a velocidade de um cavalo forte. A dispersão de grupos que serviam apenas a interesses próprios produziu uma união tão sólida quanto um outeiro.

*(1) Seis na primeira posição. Dispersão alterna
para Sinceridade Profunda (61)* ☴

A primeira linha é o início de Dispersão. A situação não é grave. Com a velocidade de um cavalo forte, é possível salvá-la. Assim, há boa fortuna. A primeira linha é um elemento yin, fraco, em uma posição yin. Depende da força de um cavalo veloz, que é representado pela linha sólida na segunda posição. Por isso, o Comentário sobre o Texto dos Yao diz: "Boa fortuna do seis na primeira. Segue sua natureza submissa." Sua natureza submissa o faz seguir a linha sólida na segunda posição.

(2) Nove na segunda posição. Dispersão alterna para Observação (20) ☴

A segunda linha é um elemento yang em uma posição yin – central, mas incorreta. Um elemento yang em uma posição central representa uma pessoa que tem sua opinião bem clara. O trigrama inferior, Água, também simboliza um cavalo. Quem ocupa a segunda posição pode ter opinião própria. Agarra o momento oportuno, apressando-se para salvar a situação de dispersão. Todo o arrependimento desaparece. Esta linha mostra que é importante agir de acordo com o momento.

*(3) Seis na terceira posição. Dispersão alterna
para Prosseguir Humildemente (57)* ☴

A terceira linha é um elemento yin em uma posição yang – nem central nem correta. Representa um indivíduo egoísta e inepto, mas, por ocupar uma posição yang, consegue superar a inépcia e livrar-se do egoísmo. Assim, pode fazer o bem aos outros. Não há arrependimento.

(4) Seis na quarta posição. Dispersão alterna para Disputa (6) ☴

A quarta linha é a posição de um ministro. É um elemento yin em uma posição yin, correta, mas não central. Embora corresponda àquele na primeira linha, ambos são yin; a quarta linha se recusa a formar o que seria uma união egoísta. Prefere servir ao rei na quinta posição, leal e fielmente. Seu ato de recusar um vínculo egoísta leva a uma união tão forte quanto um outeiro. Há suprema boa fortuna.

(5) Nove na quinta posição. Dispersão alterna para Infância (4) ☴

A quinta linha ocupa uma posição suprema, representando um líder brilhante. É um elemento yang em uma posição yang, central e correta. Como líder, faz um grande pronunciamento, comparado à dispersão do suor, que serve para aliviar e refrescar o corpo. Essa imagem simboliza que um pronunciamento feito por um rei brilhante nunca será sem virtude ou benefício. Por isso, o Texto dos Yao diz: "Dispersando como o suor, falando em voz alta." Ele também distribui seus bens acumulados. Não há nenhuma culpa. A quinta linha é uma continuação da anterior, que tratou de evitar um vínculo egoísta para promover a unidade do povo. Esta linha se volta para a dispersão das próprias riquezas para induzir a prosperidade florescente de toda a comunidade.

(6) Nove na sexta posição. Dispersão alterna para Escuridão (29)

A sexta linha chegou à extremidade de Dispersão. Está distante do trigrama inferior, Água, que representa o perigo; portanto, nesta posição, a pessoa consegue evitar a calamidade. O Texto dos Yao alerta: "Sair, manter distância, ir embora. Não haverá nenhuma culpa."

Referências adicionais para este hexagrama:

Imagem:	Vento sobre Água
Fórmula para recitação:	Vento sobre Água, Dispersão
Elemento:	Madeira
Estrutura:	Três yang com três yin
Mês:	O sexto mês do calendário lunar, ou julho
Linha principal do hexagrama:	Nove na quinta posição
Hexagrama oposto:	Abundância (55)
Hexagrama inverso:	Restrição (60)
Hexagrama correspondente:	Nutrição (27)

60
JIE • RESTRIÇÃO

Kan • Água
Dui • Lago

NOME E ESTRUTURA

Jie tem vários significados. Originalmente, indicava um nó de um caule de bambu. Como esses nós delimitam seções de caule, seu significado estendeu-se para "estabelecer os limites". Estabelecer limites significa restringir, e daí vieram os significados limitar, conter, economizar ou poupar. Esta conotação ampliou a definição para incluir um princípio moral. Poupar é restringir as despesas; o princípio moral restringe o comportamento. Todos esses significados têm o sentido de manter ou conter algo dentro de uma área específica. Wilhelm traduz Jie por Limitação, Blofeld usa Contenção. Para este livro, adota-se o termo Restrição, a fim de deixar claro que o tema principal do hexagrama é manter as pessoas, coisas ou atividades dentro de uma área definida.

Seqüência do hexagrama: *As coisas não podem se dispersar para sempre. Assim, depois da Dispersão vem a Restrição.*

O ideograma tenta expressar o significado original de Jie, estabelecer limites. Na parte superior, há dois conjuntos de folhas de bambu em forma de lança. Abaixo delas está o caractere ji, responsável pelo som. Ji significa imediata ou instantaneamente; estabelece uma restrição temporal. A parte esquerda de ji mostra uma semente de cereal com um broto minúsculo no topo e duas raízes pequeninas na parte inferior. À direita, há uma foice. Essas duas imagens sugerem a idéia de cortar o cereal e comê-lo imediatamente. Originalmente, a imagem à direita representava um antigo símbolo de verificação feito de bambu. Quando se parte um pedaço de bambu em dois, cada metade se torna um "símbolo de verificação" para a outra. Se os dois pedaços se correspondem, cada pessoa que possui um deles tem nas mãos uma credencial fidedigna. Era comum os antigos governos usarem símbolos feitos de bambu para verificar a identidade de um indivíduo em uma missão.

Este hexagrama é o inverso do anterior, Dispersão, um movimento de disseminação. Restringir é estabelecer uma fronteira para o movimento. São opostos, mas complementares. A estrutura do hexagrama é Água ☵ sobre Lago ☱. A água flui para o lago. Água em excesso caindo em um lago resulta em enchente, a menos que haja restrição. O espaço de um lago é restrito pelas margens. Apenas certa quantidade de água pode caber dentro dessas margens; caso contrário, haverá calamidade. É essa a origem do nome Restrição. Na antiga China, estabelecer limites sobre os gastos e conduta era considerado um sinal de excelência moral. Mas o excesso de restrição causa dor. Por isso, o Rei Wen não incentivou a restrição dolorosa.

Decisão

> Restrição.
> Próspero e tranqüilo.
> Não é adequado ser perseverante
> Na restrição amarga.

Comentário sobre a Decisão

> *Restrição.*
> *Prosperidade e tranqüilidade.*
>
> *Os firmes e os maleáveis estão igualmente divididos,*
> *E os firmes obtêm as posições centrais.*
> *Não é adequado ser perseverante na restrição amarga.*
> *Seu caminho leva ao fim.*
>
> *Passar o perigo com alegria,*
> *Exercer a restrição na posição adequada.*
> *Da posição correta e central,*
> *Seu avanço é sem limites.*
>
> *Quando o Céu e a Terra regulam sua restrição,*
> *As quatro estações completam sua função.*

Quando se colocam restrições nos regulamentos,
Os recursos não serão exauridos
E o povo não será ferido.

Comentário sobre o Símbolo

Água sobre Lago.
Uma imagem de Restrição.
Assim,
O homem superior cria números e medidas para restrição
E debate um código moral para a conduta social.

Texto dos Yao

1. Nove na primeira posição
   Não sai do pátio interno.
   Nenhuma culpa.

   Não sai do pátio interno.
   Ele sabe quando o momento é de facilidade
   E quando está bloqueado.

2. Nove na segunda posição
   Não sai do pátio externo.
   Infortúnio.

   Não sai do pátio externo.
   Infortúnio.
   Ele deixa passar o momento crucial.

3. Seis na terceira posição
   Nenhuma restrição,
   Então lamentos e suspiros.
   Ninguém mais tem culpa.

   Lamentos e suspiros pela falta de restrição.
   De quem é a culpa?

4. Seis na quarta posição
   Com facilidade, restrição.
   Próspero e tranqüilo.

   A prosperidade e a tranqüilidade da restrição com facilidade.
   Ele aceita o caminho do que está acima.

5. Nove na quinta posição
   Doce restrição.
   Boa fortuna.
   Prosseguir: estima.

   A boa fortuna da doce restrição.
   Ele repousa na posição central.

6. Seis na sexta posição
   Amarga restrição.
   Perseverança: infortúnio.
   O arrependimento desaparece.

   Amarga restrição.
   Perseverança: infortúnio.
   Seu caminho chega ao fim.

Significado

O hexagrama usa a imagem da água em um lago para mostrar a necessidade de regular o excesso e a escassez de água, e aplica esse princípio ao ajuste do certo e do errado na sociedade humana. A natureza da água é fluir. Quando a água flui, é fresca e limpa; quando pára, fica estagnada e suja. Se a água se move sem direção, desperdiça-se ou esgota-se. Se for represada de modo imprudente, causará enchentes e calamidades. Os antigos chineses acumularam experiência ao lidar com o Rio Amarelo, que, durante milhares de anos, transbordava uma vez por ano. Acostumaram-se a dragar o leito do rio e guiar a água, seguindo o princípio de ajustar o excesso e a escassez, para controlar a vazão. A partir dessa experiência, aplicaram às questões sociais o princípio de regular rios e cursos d'água.

O trigrama inferior é Lago. A água no lago sobe. Além da terceira linha, transbordará. O trigrama superior é Água. A natureza da água é fluir. Quando a água chega à sexta linha, deve parar. Caso contrário, haverá enchentes e calamidades. A mensagem do hexagrama é que, se há excesso de água, é preciso tomar precauções contra o transbordamento. Se há escassez de água, deve-se ficar atento a um possível período de seca. Em nosso cotidiano, devemos alcançar o equilíbrio entre excesso e escassez e percorrer o caminho central.

A linha principal do hexagrama é a sólida na quinta posição. Só uma pessoa de suprema sabedoria e em posição honrada é capaz de ajustar o certo e o errado e praticar o Tao da restrição.

Durante o período em que cultivou a quietude, O Rei Wen percebeu que, depois de superar a dispersão, as pessoas se reuniam para trabalhar com total cooperação e unidade de objetivos. Era hora de promover a restrição – estabelecer limites para os gastos e para o comportamento. A promoção da restrição traria êxito ao povo e ao governo, mas a restrição dolorosa não deve se tornar uma prática habitual. O Duque de Zhou enumera diversas consequências da restrição. Se o governo e o povo não observarem a restrição, haverá infelicidade. A restrição pacífica traz o sucesso e atrai a boa fortuna. A restrição dolorosa resulta em infortúnio.

(1) Nove na primeira posição. Restrição alterna para Escuridão (29)

A primeira linha é um elemento yang em uma posição yang. A pessoa que ocupa esta posição consegue destacar-se dos companheiros. Contudo, durante um período de restrição, entende que ainda não é adequado fazê-lo. Assim, ela se restringe e age cautelosamente, sem ir além do pátio. Não há nenhuma culpa. Esta linha sugere que a pessoa deve exercitar a restrição no que diz e tomar cuidado com o que faz.

(2) Nove na segunda posição. Restrição alterna para O Começo (3)

A segunda linha é um elemento yang em uma posição yin – central, mas incorreta. É hora de sair para agir, mas ele não o faz. Acha que sua posição é incorreta, e nenhuma linha no trigrama superior interage com ele. Limita-se ao pátio externo, mas esquece que está na posição central. Segue o princípio dogmaticamente e perde sua oportunidade. Por isso, o Comentário diz que ele deixa passar o momento crucial. Há infortúnio.

(3) Seis na terceira posição. Restrição alterna para Necessidade (5)

A terceira linha é um elemento yin em uma posição yang, nem central nem correta. Está no topo do trigrama inferior, Lago. A água chegou ao nível máximo, mas a pessoa que ocupa esta posição não conhece limites. No fim, lamentará e suspirará. Ela cria sua realidade; ninguém mais tem culpa. Por isso, Confúcio diz em seu comentário: "De quem é a culpa?"

(4) Seis na quarta posição. Restrição alterna para Alegre (58)

A quarta linha é um elemento yin, correto em uma posição yin. Aquele que ocupa esta posição é dócil e submisso. Segue o que está na posição suprema, a quinta linha, e compreende a situação de restrição. Por isso, aceita a restrição sem esforço.

(5) Nove na quinta posição. Restrição alterna para Aproximação (19) ☷

A quinta linha está na posição suprema, o lugar de um rei. É mencionada no Comentário sobre a Decisão onde Confúcio diz: "Passar o perigo com alegria, exercer a restrição na posição adequada. Da posição correta e central, seu avanço é sem limites." Ele aceita com prazer a situação de restrição. Pratica a frugalidade e incentiva o povo a viver uma vida sóbria. A boa fortuna prevalece. O progresso trará estima.

(6) Seis na sexta posição. Restrição alterna para Sinceridade Profunda (61) ☷

A sexta linha chegou ao limite da restrição. A restrição excessiva causa dor. O excesso e a teimosia trazem infortúnio. Nesta posição, quando a pessoa percebe o erro e se arrepende, então o arrependimento desaparece.

Referências adicionais para este hexagrama:

Imagem:	Água sobre Lago
Fórmula para recitação:	Água no Lago, Restrição
Elemento:	Água
Estrutura:	Três yang com três yin
Mês:	O sétimo mês do calendário lunar, ou agosto
Linha principal do hexagrama:	Nove na quinta posição
Hexagrama oposto:	Viagem (56)
Hexagrama inverso:	Dispersão (59)
Hexagrama correspondente:	Nutrição (27)

61
ZHONG FU •
SINCERIDADE
PROFUNDA

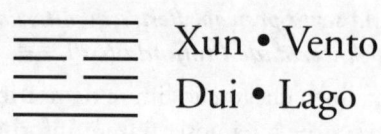

Xun • Vento
Dui • Lago

NOME E ESTRUTURA

Zhong significa essência, centro, meio, ou acertar o alvo. Fu significa sinceridade, confiança, honestidade, confiabilidade e fidelidade. Literalmente, Zhong Fu significa alcançar o âmago da sinceridade e da lealdade.

Seqüência do hexagrama: *Quando se instituem restrições, as pessoas tornam-se leais. Assim, depois da Restrição vem a Sinceridade Profunda.*

Wilhelm traduz Zhong Fu por Verdade Interior e Blofeld, por Confiança Interior e Sinceridade. Uso Sinceridade Profunda.

O nome do hexagrama é formado por dois caracteres chineses. O ideograma do primeiro, zhong, é o desenho de uma flecha que atinge o centro e atravessa o alvo. O retângulo representa o alvo e o traço vertical, a flecha. Apenas uma flecha atravessando o alvo pelo centro, sem deslocá-lo para a direita ou para a esquerda, pode atingir o equilíbrio. O segundo caractere, fu, é o desenho de uma galinha chocando sua ninhada. Na parte superior do ideograma está o pé da galinha, representando-a. A parte inferior é o desenho de um pintinho com as asas estendidas para cima. Criou-se a imagem de uma galinha chocando um pintinho para expressar sinceridade e fidelidade. Ao chocar a ninhada, a galinha precisa manter-se fiel à sua obrigação.

A estrutura do hexagrama é Vento ☴ sobre Lago ☱ – uma imagem do vento soprando sobre a água. A área acima de um lago é um espaço amplo. Quando o vento preenche esse espaço, ele parece vazio, embora esteja repleto da energia do vento. Da mesma maneira, a sinceridade vem do coração e é, muitas vezes, mais facilmente sentida do que vista. Nos tempos antigos, as pessoas comuns não podiam oferecer grandes animais em sinal de veneração ao Senhor do Céu. Ofereciam porcos e peixes na primavera e no outono. Por causa de sua profunda sinceridade e fidelidade, ainda recebiam bênçãos. Por isso, o Rei Wen diz: "Sinceridade profunda. Porcos e peixes. Boa fortuna."

Deste hexagrama, Confúcio obteve conhecimentos relativos ao Caminho do Meio. Em sua *Doutrina do Meio*, Confúcio diz:

Sob o Céu, somente o indivíduo possuidor da lealdade e sinceridade mais completas é capaz de desenvolver totalmente sua verdadeira natureza. Quando é capaz de desenvolver totalmente sua verdadeira natureza, é capaz de desenvolver totalmente a natureza de outros indivíduos. Quando é capaz de desenvolver totalmente a natureza de outros indivíduos, é capaz de desenvolver totalmente a natureza de todas as criaturas. Ao fazê-lo, é capaz de tomar parte nas funções de nutrição e transformação do Céu e da Terra e se torna um com o Céu e a Terra.

Decisão

Sinceridade Profunda.
Porcos e peixes.
Boa fortuna.
É favorável atravessar grandes rios.
É favorável ser perseverante e reto.

Comentário sobre a Decisão

Sinceridade Profunda.
Os maleáveis estão dentro
E os sólidos obtêm as posições centrais.

Alegria e humildade, com fidelidade e sinceridade profundas.
Pode-se transformar um país.

Porcos e peixes.
Boa fortuna.
Fidelidade e sinceridade profundas transformam porcos e peixes em bênçãos.

É favorável atravessar grandes rios.
O símbolo parece um barco vazio.
Fidelidade e sinceridade profunda são favoráveis

Com perseverança e retidão.
Correspondem ao princípio do Céu.

Comentário sobre o Símbolo

Vento sobre Lago.
Uma imagem de Sinceridade Profunda.
Assim,
O homem superior julga os casos criminais minuciosamente
E adia a execução.

Texto dos Yao

1. Nove na primeira posição
   Com facilidade e confiança:
   Boa fortuna.
   Buscar algo mais:
   Nenhuma paz.

   Com facilidade e confiança: boa fortuna.
   Sua vontade original não muda.

2. Nove na segunda posição
   Um grou chama de um lugar oculto.
   O filhote responde.
   "Tenho bom vinho.
   Você e eu compartilhamos."

   O filhote responde
   Da afeição do coração.

3. Seis na terceira posição
   Confronta um adversário.
   Ora toca o tambor, ora pára.
   Ora soluça, ora canta.

   Ora toca o tambor, ora pára.
   A posição não é adequada.

4. Seis na quarta posição
   A lua está quase cheia.
   Uma parelha de cavalos, perdeu um.
   Nenhuma culpa.

Uma parelha de cavalos, perde um.
Ele deixa seu companheiro, voltando-se para o que está acima.

5. Nove na quinta posição
   Sinceridade profunda
   Une outro, de mãos dadas.
   Nenhuma culpa.

   Sinceridade profunda une outro, de mãos dadas.
   Sua posição é correta e adequada.

6. Nove na sexta posição
   O canto do galo ascende ao Céu.
   Perseverança: infortúnio.

   O canto do galo ascende ao Céu.
   Como pode durar?

SIGNIFICADO

Este hexagrama expõe o princípio da sinceridade e da fidelidade. Os antigos chineses as consideravam como a origem de todas as virtudes. Sinceridade e fidelidade aproximam as pessoas – são a origem da boa convivência. A estrutura do hexagrama é Vento ☴ sobre Lago ☱. Vento representa a filha mais velha; Lago, a filha mais nova. Neste hexagrama, o mais velho e o mais novo estão nas posições adequadas. Amam-se e confiam um no outro. A natureza de cada um é tão harmoniosa com a do outro que um é gentil e o outro, alegre.

As duas linhas sólidas no topo representam o Céu, e as duas na parte inferior, a Terra. As duas linhas maleáveis no meio representam os seres humanos, os quais recebem nutrição do Céu e da Terra e herdam a natureza de sinceridade e fidelidade. É por isso que o Céu e a Terra nos criaram. As linhas interrompidas no meio parecem um coração aberto, livre de preconceitos e receptivo à verdade. Ambas seriam adequadas como linha principal do hexagrama. Contudo, como a sinceridade e a fidelidade dependem da força interior, a linha sólida na segunda ou na quinta posição deve ser a principal. A linha sólida na quinta posição é mais adequada porque ocupa a posição suprema. O Texto dos Yao deste hexagrama é difícil de entender. Cinco linhas não contém o nome do hexagrama; apenas a quinta linha o menciona. Ou seja, não há conexão direta entre o tema e o texto do hexagrama.

Durante o período em que o Rei Wen cultivou a quietude, sentiu-se feliz porque, depois de promover a restrição em seu país, o povo se acostumou a conter as despesas e morigerar o comportamento. Praticaram a instituição de limites com sinceridade e lealdade. Assim, mesmo o oferecimento de pequenos sacrifícios trazia boa fortuna. Era hora de progredir mais. O Duque de Zhou diz que aquele que é sincero e leal sente-se tranquilo e confiante. A sinceridade é tão natural quanto um grou chamando afetuosamente o filhote. Deve-se persistir na sinceridade e na fidelidade. Primeiro tocar o tambor e depois parar não é uma atitude adequada. Quem é sincero e fiel consegue tocar os outros e unir-se a eles. Compara-se o exagero ao canto do galo subindo ao Céu; não é prático nem lógico. Apenas traz infortúnio.

(1) Nove na primeira posição. Sinceridade Profunda alterna para Dispersão (59)

Esta linha é um elemento yang em uma posição yang, na parte inferior do hexagrama. Aquele que ocupa esta posição é sincero e fiel. Os antigos acreditavam que toda criança possui a sinceridade e a fidelidade. Essas virtudes fazem parte da natureza humana. Todos os males derivam de influências sociais negativas. Por isso, aquele que ocupa a primeira posição precisa ser sincero e fiel. Mantendo essas virtudes, pode-se sentir tranquilo e confiante. Há boa fortuna. Mas, ao contrário, quando busca algo além de sinceridade e fidelidade, não se sente à vontade.

(2) Nove na segunda posição. Sinceridade Profunda alterna para Aumento (42)

A segunda linha usa a imagem de um grou chamando de um local oculto para expor o poder da sinceridade. A segunda é a linha central do trigrama inferior, Lago. No I Ching, o Lago também representa o outono, quando grous chamam uns aos outros enquanto migram. A segunda linha corresponde à quinta. Como são ambas elementos yang, possuem um vínculo mesmo que não estejam próximas e não possam se ver; sua sinceridade e fidelidade ressoa, como grous respondendo uns aos outros. "Tenho bom vinho. Você e eu compartilhamos" exemplifica os méritos de partilhar a alegria com os semelhantes. A imagem do vinho advém do que acontece quando esta linha alterna para yin, formando o trigrama inferior Trovão ☳, que tem a forma de uma taça de vinho.

(3) Seis na terceira posição. Sinceridade Profunda alterna para Pequeno Acúmulo (9)

A terceira linha é próxima à quarta. São ambas yin. Por isso, o Texto dos Yao diz: "Confronta um adversário." A terceira linha ocupa a posição mais elevada do trigrama inferior, Lago. Interage com o elemento yang na sexta posição. Essas duas linhas chegaram ao extremo e tendem a alternar para seus opostos. Aquele que ocupa esta posição está confuso – primeiro toca o tambor, depois pára; primeiro soluça, depois canta. Esta linha diz que a pessoa deve permanecer sincera e fiel para não se sentir perdida.

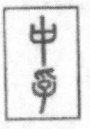

(4) Seis na quarta posição. Sinceridade Profunda alterna para Cumprimento (10)

A quarta linha ocupa a posição próxima ao rei, a posição mais alta na corte, representada pela lua cheia. Corresponde ao elemento yang na primeira. Além disso, comparam-se as duas linhas a uma parelha de cavalos. Contudo, a pessoa que está nesta posição decide seguir aquele na quinta linha porque é o mais sincero. Por isso, abandona-se o elemento na primeira, que é menos sincero. Assim, o Texto dos Yao diz: "Uma parelha de cavalos, perdeu um"; e o comentário diz: "Ele deixa seu companheiro, voltando-se para o que está acima." Esta é a coisa certa a fazer nesta situação.

(5) Nove na quinta posição. Sinceridade Profunda alterna para Diminuição (41)

A quinta linha ocupa a posição suprema. É um elemento yang em uma posição yang, firme e substancial, a linha principal do hexagrama, representando um indivíduo sincero e fiel. O Comentário sobre a Decisão diz: "Alegria e humildade, com fidelidade e sinceridade profundas. Pode-se transformar um país." Esta linha corresponde ao elemento yang na segunda posição, que também é sincero e fiel. Os dois se ligam, formando uma união e mostrando a importância da lealdade e da sinceridade mútua para reunir as pessoas. É incomum que duas linhas yang correspondentes formem tal vínculo, mas sua sinceridade perfeita possibilita este relacionamento especial.

(6) Nove na sexta posição. Sinceridade Profunda alterna para Restrição (60)

A sexta linha atinge o extremo da sinceridade e fidelidade. Nesta posição, o indivíduo é excessivamente autoconfiante, exibindo-se com vaidade como um galo cantando; seu canto se eleva, mas ele está preso ao chão. Não consegue avaliar adequadamente a si mesmo. Se perseverar em seu excesso de autoconfiança, haverá infortúnio. Qualquer declaração que não provenha da sinceridade e da fidelidade é como o canto de um galo. Não vale nada.

Referências adicionais para este hexagrama:

Imagem:	Vento sobre Lago
Fórmula para recitação:	Vento sobre Lago, Sinceridade Profunda
Elemento:	Madeira
Estrutura:	Quatro yang com dois yin
Mês:	O décimo primeiro mês do calendário lunar, ou dezembro
Linha principal do hexagrama:	Nove na quinta posição
Hexagrama oposto:	Pequeno Excedente (62)
Hexagrama inverso:	Sinceridade Profunda (61)
Hexagrama correspondente:	Nutrição (27)

62
XIAO GUO • PEQUENO EXCEDENTE

☷ Zhen • Trovão
☶ Gen • Montanha

NOME E ESTRUTURA

Xiao significa pequeno ou pouco. Guo tem vários significados: exceder, passar, atravessar, além do limite, depois, culpa, erro e outros. A lista é longa. Wilhelm traduz Xiao Guo por A Preponderância do Pequeno; Blofeld adota O Pequeno Sobrevive. Uso Pequeno Excedente.

Seqüência do hexagrama: *Quando as pessoas são sinceras e fiéis, certamente põem essas virtudes em prática. Assim, depois da Sinceridade Profunda vem o Pequeno Excedente.*

Na Decisão do Rei Wen, Xiao Guo denota Pequeno Excedente. Quando se age, é difícil não passar do limite. No Texto dos Yao do Duque de Zhou, o nome do hexagrama denota o ato de passar.

O primeiro ideograma deste hexagrama, xiao, significa pequeno. Há três traços: um curvado para a esquerda, outro para a direita e um reto, entre os dois. Simboliza o ato de dividir. Para os antigos, depois que se dividem as coisas, elas se tornam pequenas. O segundo ideograma, guo, tem duas partes. Três traços curvos na parte superior esquerda representam três pegadas seguindo adiante. Abaixo está o ideograma zhi, que significa parar. À direita, vê-se o ideograma guo, cuja função é dar o som do caractere. Parece o corte transversal de uma casa. Dois pilares erguem-se dos lados, com uma viga assentada sobre eles. Sob a viga há um quadradinho representando uma boca, símbolo de uma pessoa. A pessoa sob a viga e entre os pilares mostra que a estrutura é uma casa. Acima da viga há outra estrutura que impõe à viga uma carga adicional, simbolizando o excedente.

Este hexagrama é o inverso do anterior, Sinceridade Profunda. O Pequeno Excedente origina-se do excesso de sinceridade e fidelidade. A estrutura do hexagrama é Trovão ☳ sobre Montanha ☶. Os antigos observaram que o som do trovão enfraquece quando é bloqueado por uma montanha. Assim, ponderaram os prós e os contras do excesso e da falta.

Considera-se que o próprio hexagrama se assemelha a um pássaro. As duas linhas sólidas no meio representam o corpo; as duas maleáveis no topo e as outras duas na parte inferior representam as asas. Este hexagrama é uma continuação do anterior, Zhong Fu. Fu é uma galinha chocando a ninhada. Agora o pintinho cresceu. Para um galo ou galinha, não é favorável voar para cima. Voar para baixo é muito mais fácil e seguro, e há um lugar para descansar. Por isso, o Comentário sobre a Decisão diz:

O pássaro em pleno vôo deixa uma mensagem:
Não é adequado subir,
É adequado descer.
Grande boa fortuna!

Cada hexagrama compõe-se de seis linhas. Se três são yang e três yin, elas estão em equilíbrio. As linhas yang simbolizam o forte; as linhas yin, o fraco. Em Grande Excedente (28) ䷛, há quatro linhas yang e duas yin. Neste hexagrama, há quatro linhas yin e duas yang; portanto, o pequeno e fraco excede o grande e o hexagrama recebe o nome de Pequeno Excedente.

Decisão

Pequeno Excedente.
Próspero e tranqüilo.
É favorável ser perseverante e reto.
Podem-se fazer pequenos negócios,
Não grandes.
Um pássaro em pleno vôo deixa uma mensagem:
Não é adequado subir,
É adequado descer.
Grande boa fortuna.

Comentário sobre a Decisão

Pequeno Excedente.
Os pequenos excedem e prosseguem.

É favorável ser perseverante e reto
E agir de acordo com o tempo.

Os maleáveis conquistam as posições centrais.
Há boa fortuna em lidar com pequenos negócios.
Os sólidos não são nem centrais nem corretos.
Não se deve tratar de grandes negócios.

Há uma imagem de um pássaro voando.
O pássaro em pleno vôo deixa uma mensagem:
Não é adequado subir,
É adequado descer.
Grande boa fortuna!
Subir é contrário à situação;
Descer está de acordo com o tempo.

Comentário sobre o Símbolo

Trovão sobre Montanha.
Uma imagem de Pequeno Excedente.
Assim,
O homem superior pondera os prós e os contras de sua conduta:
A humildade excessiva é melhor que a arrogância excessiva no
    comportamento.
A tristeza excessiva é melhor que gastos excessivos em um funeral.
A frugalidade excessiva é melhor que o luxo excessivo nos gastos.

Texto dos Yao

1. Seis na primeira posição
    O pássaro voa a grande altura.
    Infortúnio.

    O pássaro voa a grande altura.
    Infortúnio.
    Nada se pode fazer para impedir o infortúnio.

2. Seis na segunda posição
    Superar o avô,
    Encontrar a avó.
    Não superar o rei;
    Encontrar o súdito.
    Nenhuma culpa.

*Não se pode alcançar o senhor.
O ministro não deve exceder o senhor.*

3. Nove na terceira posição
   Não vá longe demais.
   Guarde-se contra isto.
   Caso contrário, pode se ferir: infortúnio.

   *Caso contrário, pode se ferir.
   Que grave infortúnio!*

4. Nove na quarta posição
   Nenhuma culpa.
   Não vá longe demais; encontre-o.
   Prosseguir: adversidade.
   Deve estar alerta.
   Não aja;
   Seja constantemente perseverante e reto.

   *Sem ir longe demais, encontra-o.
   A posição é inadequada.
   Prosseguir: adversidade.
   Deve estar alerta.
   A situação não pode durar muito.*

5. Seis na quinta posição
   Nuvens se formam, mas não chove
   A oeste de onde estou.
   O príncipe atira,
   E o atinge na toca.

   *Nuvens se formam, mas não chove.
   A nuvem já está alta.*

6. Seis na sexta posição
   Sem encontrar, vai longe demais.
   Um pássaro em pleno vôo cai sobre a calamidade:
   Infortúnio.
   É isso que se chama calamidade e tribulação.

   *Sem encontrar, vai longe demais.
   Ele é muito arrogante.*

SIGNIFICADO

Pequeno Excedente, o nome do hexagrama, é difícil de entender. O texto não o define claramente. Em conseqüência da variedade de significados do hexagrama, os diversos estudiosos têm opiniões distintas. Está claro que, na Decisão do Rei Wen, Xiao Guo denota pequeno excedente. É um alerta contra o excesso. No Texto dos Yao do Duque de Zhou, significa passar, ultrapassar ou superar. Na Decisão, a palavra "não" é usada duas vezes; o Texto dos Yao usa "nenhum(a)" três vezes e "não", cinco. Os Textos dos Yao, com exceção da primeira, contêm muitas negativas. Obviamente, este hexagrama está repleto de alertas.

A Decisão do Rei Wen diz: "Um pássaro em pleno vôo deixa uma mensagem: não é adequado subir, é adequado descer." O Comentário de Confúcio reitera a mensagem de cautela: "Subir é contrário à situação; descer está de acordo com o tempo." Preste atenção a isto e tenha muito cuidado.

A estrutura do hexagrama, Trovão ☳ sobre Montanha ☶, dá a entender que o som do trovão é enfraquecido pelo bloqueio das montanhas. Este hexagrama representa o princípio de ponderar os prós e os contras do excesso e da falta. Em geral, a falta é melhor que o excesso. Por exemplo, comer de menos é melhor que comer demais. Quando as leis do trânsito limitam a velocidade em 80 km/h e a pessoa dirige a 65 km/h, tudo o que ela perde é tempo. Se exceder o limite de velocidade, poderá causar um acidente ou ser multada. Além disso, o Rei Wen disse que um pequeno excesso é admissível apenas em pequenos negócios, nunca em grandes.

A linha principal do hexagrama é a maleável na quinta posição. Em chinês, o significado exato de excesso é ultrapassar o Caminho do Meio. O excesso viola a Doutrina do Meio. Pequeno Excedente é um período de transição. Durante a transição, a falta é melhor que o excesso. Podem-se realizar pequenos negócios, mas não grandes.

Durante o período em que cultivou a quietude, o Rei Wen descobriu que, depois que as pessoas realizavam a sinceridade profunda e a fidelidade, costumavam se exceder. A experiência lhe ensinou que o excesso fazia a cumeeira vergar. Percebeu ele, então, que a escassez é melhor que o excesso. É preciso ser perseverante e reto para realizar pequenas coisas; assim, as pequenas coisas podem se acumular e se tornar grandes. Um pássaro não pode voar o tempo todo. Às vezes, é conveniente descer. O Duque de Zhou alerta que um vôo muito alto, como o de um pássaro, traz infortúnio. Em todos os encontros, a pessoa deve cuidar para não ir longe demais. Se não exercitar o autocontrole, seus próprios atos causarão infortúnio.

***(1) Seis na primeira posição. Pequeno Excedente
alterna para Abundância (55)***

A primeira linha é um elemento yin em uma posição yang. Seu atributo é a fraqueza. Interage com o elemento yang na quarta posição. Ela quer voar – não deve haver problema. Se quiser alcançar o que está além de seu alcance, contudo, ultrapassará o pequeno excedente. Quando não se pratica a restrição, há infortúnio.

***(2) Seis na segunda posição. Pequeno Excedente
alterna para Longa Duração (32)***

A segunda linha é um elemento yin em uma posição yin, central e correta. Neste hexagrama, o elemento yang na terceira posição representa o pai e aquele na quarta, o avô. O elemento yin na quinta posição representa a avó. A segunda linha corresponde à quinta. Assim, o Texto dos Yao diz: "Superar o avô, encontrar a avó." A segunda linha corresponde à quinta, mas elas não interagem – são ambas yin. O Texto dos Yao diz: "Não superar o rei; encontrar o súdito." Isto está de acordo com a Decisão: "Não é adequado subir, é adequado descer." Embora a pessoa nesta posição não consiga fazer contato com as pessoas que deseja encontrar, ela obterá de outra fonte a ajuda necessária.

***(3) Nove na terceira posição. Pequeno Excedente
alterna para Contentamento (16)***

A terceira linha é um elemento yang em uma posição yang. Representa um indivíduo firme e leal, que costuma prosseguir corajosamente, mas interage com o elemento yin na sexta posição, que é fraco. Nesta posição, o indivíduo não deve avançar nem subir. Deve tomar precauções adicionais, porque aquele que ocupa a quarta posição poderá prejudicá-lo.

***(4) Nove na quarta posição. Pequeno Excedente
alterna para Humildade (15)***

A quarta linha é um elemento yang em uma posição yin, firme e dócil, e não age em excesso. Interage com o elemento yin na primeira posição, um indivíduo inferior propenso a ascender. Como este aqui não reage em excesso, quando eles se encontram não deve haver nenhuma culpa; complementam-se. É preciso ficar alerta contra as reações excessivas; não insista em ser teimoso para sempre.

(5) Seis na quinta posição. Pequeno Excedente alterna para Influência Mútua (31) ☰

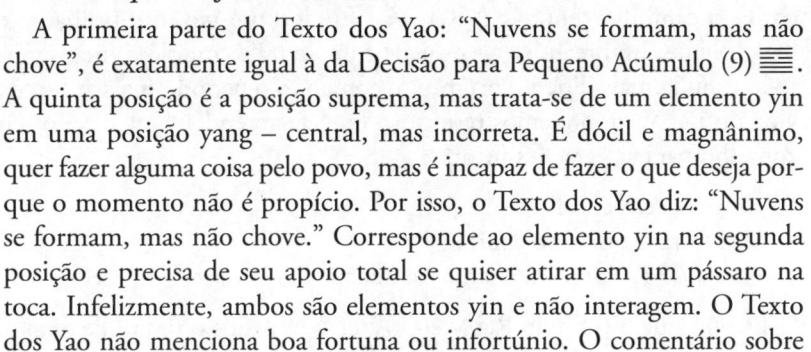

A primeira parte do Texto dos Yao: "Nuvens se formam, mas não chove", é exatamente igual à da Decisão para Pequeno Acúmulo (9) ☰. A quinta posição é a posição suprema, mas trata-se de um elemento yin em uma posição yang – central, mas incorreta. É dócil e magnânimo, quer fazer alguma coisa pelo povo, mas é incapaz de fazer o que deseja porque o momento não é propício. Por isso, o Texto dos Yao diz: "Nuvens se formam, mas não chove." Corresponde ao elemento yin na segunda posição e precisa de seu apoio total se quiser atirar em um pássaro na toca. Infelizmente, ambos são elementos yin e não interagem. O Texto dos Yao não menciona boa fortuna ou infortúnio. O comentário sobre o texto das linhas diz: "A nuvem já está alta"; há uma chance de chover.

(6) Seis na sexta posição. Pequeno Excedente alterna para Viagem (56) ☰

A sexta e a primeira linha são as duas asas do pássaro. Ambas são yin, querem voar, alcançar o que está além de seu alcance. Contudo, a primeira linha é fraca; se não usar do autocontrole, haverá infortúnio. Esta linha está no topo do hexagrama; atinge o extremo de Pequeno Excedente sem obstruções. Há infortúnio. Por falta de autoconhecimento e restrição, causa infortúnio a si mesma.

Sabendo-se que o Texto dos Yao da quinta linha deste hexagrama repete a Decisão de Pequeno Acúmulo (9) ☰, pode-se considerar este hexagrama, Pequeno Excedente, um resumo das experiências do Rei Wen relacionadas ao Cânone Inferior, o Tao da Humanidade. A Decisão de Pequeno Acúmulo diz: "Nuvens se formam, mas não chove a oeste." Ela conta que o Rei Wen ficou detido na prisão de You-li durante sete anos, por ordem do tirano de Shang. O Rei Wen percebeu que era hora de reunir forças e energia para depor o tirano. A terra natal do Rei Wen, Zhou, ficava a oeste de You-li. Por isso, a Decisão diz "não chove a oeste".

É relevante o fato de que o texto da Decisão de Pequeno Acúmulo se repita no texto das linhas deste hexagrama. O Rei Wen resumiu sua experiência de vida com seriedade, e incansavelmente ensinou seus descendentes e seu povo que a restrição e a sinceridade profunda eram os princípios mais elevados na vida. Durante o curso de sua existência, o Rei Wen vivenciou o processo de mudança e desenvolvimento tal como está apresentado no primeiro hexagrama, Iniciar: de um dragão oculto a um dragão alçando vôo, de dragões sem líder a um verdadeiro dragão. Como dragão verdadeiro, ele era o Filho do Céu. Sua obrigação era manifestar a vontade do Céu. Qual é a vontade do Céu? É compreender os desejos do povo. Este é o significado de "é adequado descer". Além disso, o tema central de Pequeno Excedente é evitar o excesso ao agir, percorrer o caminho central. O Rei Wen fundou um governo brilhante e benevolente. Empreender tal projeto é uma tarefa complexa, mas mantê-lo é ainda mais difícil. Portanto, recordando o período mais árduo da vida do Rei Wen, podemos resumir o que ele aprendeu e qual foi o seu conselho para as gerações futuras:

> Seja sincero e leal,
> Percorra o caminho central,
> E aja de acordo com a situação adequada e o momento certo.

Depois que o filho do Rei Wen, o Rei Wu, depôs o tirano de Shang, teve-se a impressão de que seu destino tinha se realizado. Contudo, segundo o Tao do I, foi exatamente nesse instante que ficou claro que seu destino ainda não estava cumprido.

Referências adicionais para este hexagrama:

Imagem:	Trovão sobre Montanha
Fórmula para recitação:	Trovão sobre Montanha, Pequeno Excedente
Elemento:	Madeira
Estrutura:	Quatro yin com dois yang
Mês:	O primeiro mês do calendário lunar, ou fevereiro
Linha principal do hexagrama:	Seis na quinta posição
Hexagrama oposto:	Sinceridade Profunda (61)
Hexagrama inverso:	Pequeno Excedente (62)
Hexagrama correspondente:	Grande Excedente (28)

63
Ji Ji • Já Realizado

Kan • Água
Li • Fogo

Nome e estrutura

Tanto Wilhelm quanto Blofeld traduzem Ji Ji por Após a Conclusão. Neste livro, traduzo-o por Já Realizado. Em chinês, o significado original do primeiro Ji é terminar uma refeição. Posteriormente, estendeu-se o significado para "já" ou "já concluído". O antigo ideograma desse caractere, inscrito em um osso oracular, mostra uma pessoa ajoelhada, à direita, com um recipiente para alimentos à esquerda. No ideograma gravado em um caldeirão de bronze da dinastia Zhou, o recipiente para alimentos é substituído por uma espiga e a pessoa ajoelhada é substituída por outra, em pé, ao lado da espiga, com a boca aberta. Originalmente, o segundo Ji significava atravessar um rio. O lado esquerdo do segundo ideograma mostra a água fluindo em um leito de rio. À direita, há três pessoas pilotando um barco. Três pessoas estão trabalhando juntas para superar uma dificuldade: uma imagem de pessoas colaborando para vencer um obstáculo. Consideradas como um todo, as duas partes do ideograma significam completar um curso de ação ou realizar um empreendimento.

A estrutura do hexagrama é Água ☵ sobre Fogo ☲. É característico da água fluir para baixo, enquanto o fogo se inflama para cima. Os movimentos ascendente e descendente se ajudam mutuamente. Assim, a água ferve. Esta imagem denota uma situação perfeita na qual tudo é correto. Este hexagrama tem estreita relação com o hexagrama 11, Tai, Progresso ䷊, um dos hexagramas mais auspiciosos. A estrutura de Progresso é Terra sobre Céu. Quando a segunda e a quinta linhas de Progresso trocam de lugar, Progresso ䷊ alterna para este hexagrama. Aqui, todas as linhas yang ocupam posições yang e todas as linhas yin ocupam posições yin. As linhas estão todas em equilíbrio e os movimentos estão na ordem correta. Assim, o hexagrama representa uma condição de equilíbrio, harmonia e absoluta retidão. É uma situação ideal.

Contudo, os sábios dotados de profunda experiência tiveram a percepção de que este era também um período de clímax. Depois do clímax, toda condição perfeita alterna para seu oposto. Por isso, os sábios recomendaram extrema cautela. Eles entenderam que, mesmo numa situação perfeita, ainda há imperfeição. Intencionalmente progrediam em pequenas etapas e alcançavam apenas um êxito moderado. Mantinham a perseverança e a retidão. Agiam para impedir que a boa fortuna do início se transformasse em desordem no fim.

Já Realizado parece um hexagrama auspicioso, mas a Decisão do Rei Wen não é muito auspiciosa e o Texto dos Yao do Duque de Zhou está repleto de alertas. A sabedoria dos antigos chineses é a marca essencial do I Ching. A sutileza da antiga sabedoria chinesa nasceu da experiência de que as mudanças só são possíveis em situações complexas. Em Ji Ji, tudo é perfeito demais. Quando as pessoas se encontram numa situação perfeita, quando atingem suas metas, tendem a perder a concentração e a motivação. É por isso que este hexagrama, Já Realizado, não pode encerrar o I Ching.

Seqüência do hexagrama: *Aqueles que excedem os outros certamente são capazes de cumprir seus deveres. Assim, depois do Pequeno Excedente vem Já Realizado.*

Decisão

Já Realizado.
Mesmo o pequeno,
Próspero e tranqüilo.
É favorável ser perseverante e reto.
Começo: boa fortuna.
Fim: desordem.

Comentário sobre a Decisão

Já Realizado.
Próspero e tranqüilo.
Apenas nos pequenos negócios há prosperidade e tranqüilidade.

É favorável ser perseverante e reto.
Porque o firme e o maleável estão nas posições corretas
E interagem com seus correspondentes.

Começo: boa fortuna,
Porque o maleável é central.
Fim: desordem.
Não há saída.

Comentário sobre o Símbolo

Água sobre Fogo.
Uma imagem de Já Realizado.
Assim,
O homem superior contempla a lei do aumento e diminuição
E toma medidas preventivas contra o possível declínio.

Texto dos Yao

1. Nove na primeira posição
   Arrastando suas rodas,
   Molhando sua cauda.
   Nenhuma culpa.

   Arrastando suas rodas.
   Cauteloso assim, não deve haver culpa.

2. Seis na segunda posição
   A mulher perde seus ornamentos.
   Não vai atrás.
   Em sete dias, recuperados.

   Em sete dias, recuperados.
   Está na posição central.

3. Nove na terceira posição
   O imperador Gao Zong ataca os Gui Fang.
   Três anos: vencidos.
   Pessoas mesquinhas não devem ser empregadas.

   Após três anos, venceu-os.
   Ele estava exausto.

4. Seis na quarta posição
   Para calafetar o vazamento,
   Empregam-se trapos.
   O dia todo
   De prontidão.

   O dia todo de prontidão,
   Há margem para dúvida.

5. Nove na quinta posição
   O vizinho do leste mata um boi,
   Mas não obtém tantas bênçãos quanto a oferenda simples do vizinho do oeste.

   O vizinho do leste mata um boi;
   Não está tão de acordo com o momento quanto o vizinho do oeste
   Que obtém muitas bênçãos,
   Porque a boa fortuna vem em grande medida.

6. Seis na sexta posição
   Mergulha a cabeça.
   Adversidade.

   Mergulhar a cabeça: adversidade.
   Como é possível suportar isto por muito tempo?

SIGNIFICADO

Este hexagrama resume a maneira chinesa de lidar com uma situação perfeita. Em geral, em uma situação em que tudo se completou, as pessoas deixam o êxito subir-lhes à cabeça. Querem cada vez mais êxito. Só os antigos sábios tinham consciência de que um período de perfeição é também um período de clímax. Depois, haverá um declínio. A estrutura do hexagrama é Água ☵ sobre Fogo ☲. O fogo ferve a água, mas, quando a água em ebulição transborda do recipiente, pode apagar o fogo. Por isso, Confúcio diz: "Assim, o homem superior contempla a lei do aumento e diminuição e toma medidas preventivas contra o possível declínio." E o Rei Wen nos alerta: "Começo: boa fortuna. Fim: desordem."

Os chineses sabem que é difícil realizar um projeto, mas preservar o que foi feito pelos antepassados ou predecessores ou pelo próprio indivíduo é mais difícil ainda. Quando um empreendimento chega ao clímax, a pessoa deve orientar-se para outra realização. É por isso que depois de

Já Realizado vem Ainda Não Realizado. Onde há um fim, há também um começo. O fim, na verdade, não é Já Realizado – é Ainda Não Realizado. A linha principal do hexagrama é a maleável na segunda posição. O Comentário de Confúcio sobre a Decisão diz: "Começo: boa fortuna, porque o maleável é central."

Durante o período em que cultivou a quietude, o Rei Wen refletiu sobre o passado, tendo em vista o presente. A ascensão e o declínio da dinastia Shang lhe deram conhecimento. Os chineses acreditam que toda entidade tem um período de vida predeterminado que não se pode alterar. O destino dos Shang já fora cumprido; eles não podiam mais realizar grandes feitos, apenas pequenas ações. O Duque de Zhou observa que a dinastia Shang passara por diversas etapas de progresso e êxito. Depois que o imperador Gao Zong venceu os Gui Fang, uma tribo do norte da China, ele expulsou os homens mesquinhos da corte, como quem calafeta com trapos o vazamento de um barco e fica de prontidão o dia todo. Isso desencadeou um período de prosperidade. Os Shang trabalharam arduamente e desfrutaram os resultados. Então a maré mudou. Tornaram-se mimados pelo êxito, o que é comparado a uma mulher tão rica que não se preocupa em recuperar as jóias perdidas. Toda a classe dominante dos Shang vivia mergulhada nos prazeres sensuais, como se imergissem a cabeça na água. O perigo não estava muito distante.

(1) Nove na primeira posição. Já Realizado alterna para Tribulação (39)

A linha inicial é um elemento yang em uma posição yang. Simboliza um caráter firme e perseverante. Este elemento interage com o elemento yin na quarta posição, que ocupa a parte inferior do trigrama superior, Água. No I Ching, Água também representa a roda de uma carroça. Durante o Período de Primavera e Outono (722-480 a.C.) da dinastia Zhou, o senhor feudal Zi Chan, do reino de Zheng, ajudou alguém a vadear um rio com uma carroça. Pediu a seus vassalos que segurassem as rodas para controlar a carroça. Isto é um alerta para que se tomem precauções na etapa inicial de um empreendimento. Outra história conta que o antigo sábio viu uma raposa atravessar um rio. A raposa era cuidadosa e ergueu a cauda para evitar molhá-la, mas a água era profunda e a cauda terminou molhada de qualquer modo. A ênfase aqui está em ter cautela: nada se pode fazer além de tomar precauções e depois aceitar as conseqüências, quaisquer que sejam. Por isso, Confúcio diz: "Cauteloso assim, não deve haver culpa."

(2) Seis na segunda posição. Já Realizado alterna para Necessidade (5) ☰

A segunda linha é um elemento yin em uma posição yin – central e correta. Interage com o elemento yang na quinta posição. Tudo parece estar em ordem. Contudo, como mencionamos acima, em seu Comentário sobre a Decisão, Confúcio diz: "Começo: boa fortuna... fim: desordem." O Texto dos Yao diz: "A mulher perde seus ornamentos. Não vai atrás." Como a mulher que é rica demais para procurar as jóias perdidas, há problemas adiante. Em chinês, esta linha é fu (uma mulher) sang (que perde) qi (seus) fu (ornamentos), wu (não) zhu (vai atrás). Aqui, a maioria das traduções para o inglês apresenta o segundo fu como "véu". Entretanto, nos tempos antigos, este fu era uma forma simplificada de "ornamentos". O hexagrama correspondente é Fogo sobre Água. Água também simboliza um véu, sendo esta a origem da interpretação de "véu". Na China antiga, um véu era tanto a cobertura sobre o rosto da mulher quanto a cortina de uma carruagem. Era um antigo costume que, quando a mulher saísse, ela se ocultasse em uma carruagem com cortinas. Se esta linha significa que a mulher perde o véu, ela não pode seguir adiante. Tem que esperar sete dias, representando um período de tempo, um ciclo. Contudo, no contexto deste hexagrama, é mais adequado traduzir o segundo fu por ornamentos.

(3) Nove na terceira posição. Já Realizado alterna para O Começo (3) ☳

Esta linha é um elemento yang em uma posição yang. Seu atributo é firme e forte. Empregaram-se eventos históricos para descrever a situação desta linha. O imperador Gao Zong (que reinou de 1324-1266 a.C.) foi um rei brilhante da dinastia Shang. Os Gui Fang eram os antepassados dos Nunos, um povo antigo do norte da China. Gao Zong conduziu uma expedição punitiva contra eles e, depois de três anos, venceu-os. O imperador concedeu recompensas àqueles que tinham grande mérito, mas não empregou na corte pessoas de caráter mesquinho, por mais que tivessem contribuído. Esta linha indica que lidar com o êxito não é fácil. Por um lado, devem-se tomar medidas preventivas contra possíveis problemas e, por outro, empreender cautelosamente ações que façam os planos funcionarem. Confúcio diz: "Após três anos, venceu-os. Ele estava exausto." Este é um alerta para nunca se usar a força levianamente.

*(4) Seis na quarta posição. Já Realizado alterna
para Abolir o Antigo (49)* ☷

O tema deste hexagrama é a travessia de um rio. A quarta linha está a ponto de atravessar um rio. Nos tempos antigos, quando um barco tinha um vazamento, usavam-se jaquetas forradas com trapos de algodão para estancá-lo. O comentário diz: "O dia todo de prontidão." Estar atento é o segredo para evitar acidentes. Esta linha é um elemento yin corretamente situado em uma posição yin. Seu atributo é ser cuidadoso e atento. Nesta posição, a pessoa deve prestar atenção ao que Confúcio diz em seu Comentário sobre o Símbolo: "O homem superior contempla a lei do aumento e diminuição e toma medidas preventivas contra o possível declínio."

*(5) Nove na quinta posição. Já Realizado alterna
para Brilho Ferido (36)* ☷

Esta linha ocupa a posição suprema deste hexagrama. Uma analogia profunda dá um aviso àquele que está nesta posição. Há dois vizinhos oferecendo sacrifícios ao mesmo tempo. Um mata um boi e o outro realiza uma cerimônia simples, com muita sinceridade. O que oferece o sacrifício simples recebe mais bênçãos do que o outro, que mata o boi.

Esta linha é um elemento yang em uma posição yang – central e correto. Simboliza o indivíduo que atingiu sua meta. Este é o clímax de uma situação realizada. Nesta posição, o homem torna-se orgulhoso e perde o entusiasmo de produzir resultados. De acordo com o I Ching, o leste é uma direção yang. A linha sólida na quinta posição é um elemento yang, representando o vizinho do leste que mata um boi para a oferenda. A linha maleável na segunda posição simboliza o vizinho do oeste, que é humilde, entusiasmado e produtivo e pode dedicar apenas sua sinceridade à oferenda. A primavera não é uma estação de colheita – não é adequado matar um boi. A essência da oferenda é a fidelidade e a sinceridade, não coisas materiais. Por isso, o vizinho do oeste recebe mais bênçãos. Acredita-se que o vizinho do leste se refira ao brutal tirano de Shang. O vizinho do oeste é o Rei Wen, sincero e magnânimo. Antes de a dinastia Zhou depor a dinastia Shang, o Rei Wen era chamado de o Senhor do Oeste.

(6) Seis na sexta posição. Já Realizado alterna para Lar (37) ☷

Esta linha está no topo do trigrama superior, Água; por isso, o Texto dos Yao diz: "Mergulha a cabeça." Esta linha yin está em uma posição yin – é fraca. Se fosse correr o risco de atravessar o rio, seria como uma raposa imergindo a cabeça na água. Como é possível suportar isto por muito tempo? Há perigo. Esta linha indica o final de um ciclo. Quando o sucesso inicial chega à etapa final, a pessoa deve conservá-lo, mas também preparar-se para um novo começo.

Referências adicionais para este hexagrama:

Imagem:	Água sobre Fogo
Fórmula para recitação:	Água sobre Fogo, Já Realizado
Elemento:	Água
Mês:	O décimo mês do calendário lunar, ou novembro
Estrutura:	Três yang com três yin
Linha principal do hexagrama:	Seis na segunda posição
Hexagrama oposto:	Ainda Não Realizado (64)
Hexagrama inverso:	Ainda Não Realizado (64)
Hexagrama correspondente:	Ainda Não Realizado (64)

64
WEI JI • AINDA NÃO REALIZADO

Li • Fogo
Kan • Água

NOME E ESTRUTURA

Wilhelm e Blofeld traduzem este hexagrama por Antes da Conclusão. Nesta tradução, uso Ainda Não Realizado. Este hexagrama é o inverso e o oposto do hexagrama precedente, Já Realizado. Wei significa ainda não, e ji originalmente significava "atravessar um rio". Posteriormente, estendeu-se o significado para incluir daqui até lá, do começo ao fim. Mais recentemente, passou a significar estar completo ou realizado. Quando esses dois caracteres se unem, significam Ainda Não Realizado.

O ideograma de wei é meticuloso – parece simples, mas seu significado é profundo. A origem do ideograma é uma árvore, mu. Acrescentou-se um segundo traço curvo cruzando a árvore e criou-se, assim, o ideograma de wei. Sem o traço horizontal, teríamos a imagem de uma árvore com as raízes crescendo para baixo e os galhos, para cima. A linha horizontal representa a terra. A parte da árvore sob a terra ainda está viva. Já cresceu tudo o que podia (completou seu crescimento) e agora começa um novo ciclo de crescimento. A estrutura do ideograma fornece a imagem vívida de uma meta alcançada, mas não completamente realizada. Há um novo ciclo a caminho. O significado do ideograma de ji, muito bem explicado no hexagrama anterior, é atravessar um rio, daqui até lá, ou do começo ao fim.

Seqüência do hexagrama: *A sucessão dos acontecimentos não tem fim. Assim, depois de Já Realizado, no fim, vem Ainda Não Realizado.*

É um fenômeno natural que depois do aumento venha a diminuição; antes da totalidade, há o vazio. Portanto, Já Realizado é o fim de Ainda Não Realizado; além disso, é o começo de um novo ciclo de Ainda Não Realizado. A estrutura do hexagrama é Fogo ☲ sobre Água ☵. A natureza do fogo é inflamar-se para cima e a da água, fluir para baixo. Suas ações se movem em direções opostas e se dissociam. Este movimento significa uma situação difícil.

Este hexagrama tem estreita relação com o hexagrama 12, Obstáculo ䷋, que é Céu sobre Terra. Quando a segunda e a quinta linhas de Obstáculo trocam de posição, Obstáculo alterna para este hexagrama, Ainda Não Realizado. Aqui, todas as linhas yang ocupam posições yin e todas as linhas yin estão em posições yang. Não há estabilidade perfeita nem retidão absoluta, mas ainda há equilíbrio. Ou seja, todas as linhas se relacionam harmoniosamente entre si. Esta configuração denota um período difícil, um período de confusão, mas ainda existe uma promessa de êxito. É o começo de um novo ciclo, uma transição da desordem para a ordem. Surge a responsabilidade de levar uma situação desordenada de volta à ordem. Por isso, o Comentário de Confúcio sobre o Símbolo diz: "O homem superior distingue minuciosamente a natureza das coisas e mantém cada uma delas em sua posição adequada."

Decisão

Ainda Não Realizado.
Próspero e tranqüilo.
Pequena raposa, quase do outro lado do rio,
Molha a cauda.
Nada é desfavorável.

Comentário sobre a Decisão

Ainda Não Realizado.
Há prosperidade e tranqüilidade,
Porque o maleável obtém a posição central.

Pequena raposa, quase do outro lado do rio.
Ainda não passou a linha central.

Molha a cauda. Nada é favorável.
Não há continuidade no fim.

Embora nenhuma linha esteja na posição adequada,
O forte e o fraco ainda interagem um com o outro.

Comentário sobre o Símbolo

Fogo sobre Água.
Uma imagem de Ainda Não Realizado.
Assim,
O homem superior distingue minuciosamente a natureza das coisas
E mantém cada uma delas em sua posição adequada.

Texto dos Yao

1. Seis na primeira posição
   Molhando a cauda.
   Humilhação.

   Molha a cauda.
   Despreza a própria limitação.

2. Nove na segunda posição
   Arrastando as rodas.
   Perseverança e retidão: boa fortuna.

   Boa fortuna do nove na segunda.
   É centrado e está de acordo com as ações adequadas.

3. Seis na terceira posição
   Ainda Não Realizado.
   Prosseguir: infortúnio.
   É favorável atravessar grandes rios.

   Ainda Não Realizado.
   Prosseguir: infortúnio.
   Sua posição não é adequada.

4. Nove na quarta posição
   Perseverança e retidão: boa fortuna.
   O arrependimento desaparece.
   Ataca os Gui Fang como o trovão.
   Três anos:
   Recompensas vêm de um grande reino.

Perseverança e retidão:
Boa fortuna.
O arrependimento desaparece.
Sua vontade se realiza.

5. Seis na quinta posição
   Perseverança e retidão: boa fortuna.
   Nenhum arrependimento.
   A luz do homem superior
   É sincera e veraz: boa fortuna.

   A luz do homem superior.
   De seu resplendor vem a boa fortuna.

6. Nove na sexta posição
   É sincero e veraz
   Enquanto bebe vinho.
   Nenhuma culpa.
   Mergulhando a cabeça,
   sincero e veraz,
   Perde a retidão.

   Bebendo vinho e molhando a cabeça.
   Não conhece o autocontrole.

SIGNIFICADO

Este hexagrama encerra os 64 hexagramas e as 386 yao do I Ching. Mas o princípio da mutação continua indefinidamente. Os acontecimentos no universo prosseguem e se alternam em ciclos. A etapa de Ainda Não Realizado gradualmente atingirá a etapa de Já Realizado. A etapa de Já Realizado é meramente a concorrência de certos eventos ou de uma determinada etapa em um ciclo de eventos. Se algumas ocorrências atingiram o estágio de Já Realizado, há sempre outras que estão em Ainda Não Realizado. O estágio de Já Realizado é também o estágio de Ainda Não Realizado. A etapa de Ainda Não Realizado é o começo, como a escuridão antes do amanhecer. O I Ching começa com Qian, Iniciar, e termina com Wei Ji, Ainda Não Realizado. Quando o desenrolar dos eventos chega ao fim de um ciclo – Já Realizado –, outro ciclo – Ainda Não Realizado – começa. Deste modo, o ciclo de mudanças e desenvolvimento se repete incessantemente.

Este hexagrama, Ainda Não Realizado, indica uma situação na qual a desordem é inicialmente dominante e, por fim, é substituída pela ordem. Este é exatamente o oposto do hexagrama precedente, Já Realizado, que diz: "Começo: boa fortuna. Fim: desordem." Em Ainda Não Realizado, a linha maleável no trigrama externo representa a transição de um período de desordem para ordem. Por isso, o Comentário de Confúcio sobre a Decisão diz: "Ainda Não Realizado. Há prosperidade e tranqüilidade porque o maleável obtém a posição central." A linha principal do hexagrama é a maleável na quinta posição. É a ela que Confúcio se refere ao dizer que o maleável obtém a posição central.

Além disso, a transição da desordem para a ordem é uma representação do I Ching como um todo. No começo ele oscila de um extremo ao outro, com seis linhas yang em Iniciar mudando para seis linhas yin em Corresponder, sem nenhum equilíbrio no meio. Ao chegar aos hexagramas finais, Já Realizado e Ainda Não Realizado, atingiu um perfeito estado de equilíbrio, com três linhas yin e três linhas yang alternando-se suavemente.

Durante o período em que cultivou a quietude, o Rei Wen refletiu sobre o passado, tendo em vista o presente. O destino da dinastia Shang fora cumprido; o destino de Zhou, ainda não. A situação era como a de uma pequena raposa que quase atravessara o rio. Havia êxito à espera, e nada era desfavorável. O Duque de Zhou registra a ascensão da dinastia Zhou. No começo, ela encontrou obstáculos, comparados às rodas se arrastando e à cauda molhada. O Rei Wen prosseguiu com extrema cautela. Depois que Zhou ajudou Shang a derrotar os Gui Fang, o arrependimento desapareceu e a boa fortuna reinou. A sinceridade e a veracidade no estabelecimento de alianças e na nomeação de senhores feudais, mesmo enquanto se bebia vinho, trouxeram boa fortuna e nenhuma culpa.

(1) Seis na primeira posição. Ainda Não Realizado alterna para Diversidade (38)

Os Textos dos Yao da primeira e segunda linhas deste hexagrama, Ainda Não Realizado, versam sobre o mesmo assunto das duas linhas iniciais do hexagrama precedente, Já Realizado. A linha inicial, na parte inferior do hexagrama, é como a cauda de uma raposa na extremidade do corpo. Esta linha é um elemento yin em uma posição yang, nem central nem correta. Fraqueza é seu atributo. Aquele posicionado no começo de Ainda Não Realizado Total é incapaz de atravessar o rio, ao contrário de seu correspondente no hexagrama anterior. Se tentar, a cauda pode se molhar, significando que quem despreza as próprias limitações sofre humilhação. Comparando este Texto ao Texto inicial do hexagrama anterior, podemos constatar que é bem sutil a distinção entre prosseguir brava e corajosamente e fracassar tolamente.

*(2) Nove na segunda posição. Ainda Não Realizado
alterna para Prosseguir (35)*

A segunda linha se refere ao período de dificuldade que antecede o êxito. É um elemento yang em uma posição yin – central, mas incorreta. Embora interaja com o elemento yin na quinta posição, este é fraco. Assim, aquele que ocupa a segunda posição só pode depender de si mesmo. Graças à posição central e ao caráter forte, consegue agir corretamente e manter a perseverança e a retidão, simbolizadas pelo arrastar de rodas. Arrastar as rodas significa trabalhar intensamente, sem se exibir nem se esforçar para eclipsar os outros. Assim, há boa fortuna.

*(3) Seis na terceira posição. Ainda Não Realizado
alterna para Instituir o Novo (50)*

O Texto dos Yao desta linha diz: "Ainda não realizado. Prosseguir: infortúnio. É favorável atravessar grandes rios." Parece haver uma contradição entre as duas frases. Poder-se-ia perguntar: se prosseguir agora traz infortúnio, como pode ser favorável atravessar o grande rio? Minha interpretação é que a pessoa deve ter *extrema* cautela à medida que segue adiante, por causa da estrutura do hexagrama.

De acordo com a estrutura, a terceira linha está posicionada entre o trigrama superior e o inferior; atingiu um ponto de transição. Além disso, a terceira linha ocupa o topo do trigrama inferior, Água. Embora Água represente perigo, e nesta posição já tenha chegado à beira do perigo, a pessoa também está prestes a deixar a área de perigo. Além disso, a terceira linha é um elemento yin em uma posição yang. Não é nem central nem correta e, de fato, ultrapassou o centro. Nesta posição, deve-se considerar esta condição específica; é melhor não empreender nenhuma ação arriscada. Deve-se ter muitíssima cautela; só assim se chega em segurança à outra margem.

*(4) Nove na quarta posição. Ainda Não Realizado
alterna para Infância (4)*

A quarta linha se deslocou do trigrama inferior, Água/Escuridão, para o superior, Fogo/Brilho. Quem está nesta situação consegue concluir a tarefa. Porém, a quarta linha é um elemento yang em uma posição yin – nem central nem correta. Este é o arrependimento. A perseverança e a retidão dissolvem o arrependimento e convidam à boa fortuna. Como esta pessoa está em uma posição incorreta, é difícil para ela manter-se perseverante e reta. Deve fazer um grande esforço para mobilizar a força e o espírito, como o rei que atacou a tribo Gui Fang durante um longo período. Só assim ele realiza sua vontade. A mensagem deste hexagrama é que, antes do êxito de um empreendimento, deve-se permanecer perseverante e reto, mobilizar a força e o espírito e fazer um grande e contínuo esforço para atingir a meta.

(5) Seis na quinta posição. Ainda Não Realizado alterna para Disputa (6) ☰☰

A quinta linha é um elemento yin em uma posição yang. Embora seja essa a posição suprema, é inadequada para esta linha. Felizmente, aquele que ocupa esta posição é dócil e humilde, e interage com o elemento yang na segunda posição, que é um poderoso defensor. Assim, perseverança e retidão trazem boa fortuna. Além disso, o trigrama superior é Fogo, a Luz. A quinta linha está no centro da Luz, sugerindo que é capaz de ser brilhante e virtuosa. Por isso, o Texto dos Yao diz que a luz do homem superior é sincera e veraz. Há boa fortuna.

(6) Nove na sexta posição. Ainda Não Realizado alterna para Alívio (40) ☰☰

Aqui o texto emprega uma analogia para expressar o significado deste hexagrama, dizendo: "É sincero e veraz enquanto bebe vinho: Nenhuma culpa." Aqui, beber vinho é por prazer, não para se exceder em prazeres sensuais. Nesta posição, a pessoa chegou ao final de uma situação não realizada; porém, mais cedo ou mais tarde, ela se realizará. Um sábio presta especial atenção ao momento que antecede a conquista do êxito. Por entender que após a escuridão haverá luz, mesmo enquanto desfruta o vinho mantém a perseverança e a retidão. Não há culpa. Quando o êxito está próximo, a maioria das pessoas fica com vertigem diante dessa perspectiva. Quando se perde o autocontrole, acaba-se encontrando problemas. Por isso, Confúcio alerta: "Bebendo vinho e molhando a cabeça. Não conhece o autocontrole."

Referências adicionais para este hexagrama:

Imagem:	Fogo sobre Água
Fórmula para recitação:	Fogo sobre Água, Ainda Não Realizado
Elemento:	Fogo
Mês:	O décimo primeiro mês do calendário lunar, ou dezembro
Estrutura:	Três yang com três yin
Linha principal do hexagrama:	Seis na quinta posição
Hexagrama oposto:	Já Realizado (63)
Hexagrama inverso:	Já Realizado (63)
Hexagrama correspondente:	Já Realizado (63)

Um resumo da história da Dinastia Zhou

Grande parte das referências e julgamentos no I Ching se baseia nos eventos que levaram à fundação da dinastia Zhou, em 1066 a.C. Para compreender verdadeiramente o I Ching, é conveniente se familiarizar com as informações dadas a seguir.

O povo original de Zhou era uma tribo agrícola que vivia na província hoje conhecida como Shaanxi, na China central. Qi, seu líder, ensinou-os a cultivar a terra. Era chamado de Rei Painço e reverenciado como deus da agricultura. Os Zhou dedicaram-se à agricultura geração após geração, e floresceram. Muitas gerações depois, foram invadidos por tribos estrangeiras, e seu líder, Lorde Tan Fu, mudou a tribo para um lugar denominado Zhou, no sopé do Monte Ji. Os povos das redondezas puseram suas famílias sob a proteção do governo magnânimo de Tan Fu, e a população de Zhou cresceu imensamente. Tan Fu aboliu o sistema de escravidão e restabeleceu o antigo sistema comunitário. A tribo tornou-se próspera e forte e passou a ser conhecida por tribo Zhou. Construíram muralhas nas cidades e casas para abrigar aqueles que vieram. Estabeleceram condados e Zhou se transformou num Estado.

Lorde Tan Fu foi sucedido por seu filho, Ji Li. Sob Ji Li, o povo Zhou tornou-se temido. O rei da dinastia Shang sentiu-se ameaçado e matou Ji Li. Depois, o filho de Ji Li governou Zhou com extrema cautela e humildade por cinqüenta anos. Em seus últimos anos de vida, ficou conhecido como o Senhor do Oeste e, postumamente, como Rei Wen.

O Rei Wen governou Zhou tão generosamente quanto o avô. Ganhou influência entre todos os estados vassalos. Quando havia uma disputa entre os estados, os governantes levavam-na diante do Rei Wen; sempre se conseguia um acordo sábio e justo. O imperador Yi, da dinastia

Shang, deu a mão de sua filha em casamento ao Rei Wen, com a sobrinha como consorte. O Rei Wen e suas esposas vestiam-se tão simplesmente quanto as pessoas comuns e trabalhavam nos campos ao lado delas. Ele compreendia a vida árdua de seu povo. Para reanimar o espírito e recuperar a produtividade de seu povo, o Rei Wen aboliu os restos do sistema de escravidão e lhes concedeu terras. Estabeleceram-se as etapas iniciais de um sistema feudal. Os escravos da dinastia Shang e de estados vizinhos fugiam para Zhou em busca de proteção.

Na época do Tirano de Shang, o Rei Wen foi convocado a servi-lo em sua corte. Implorou várias vezes ao Tirano que aliviasse os encargos insuportáveis que recaíam sobre o povo, mas foi ignorado. Por fim, o Rei Wen foi preso por sete anos e, durante esse tempo, percebeu que não havia como mudar a tirania da dinastia Shang. Depois de libertado, dedicou-se a nomear senhores feudais, preparando-se para depor o Tirano de Shang. Ao mesmo tempo, civilizou as tribos selvagens distantes. Na velhice, sua influência se estendia a mais de dois terços da China. Estavam lançadas as bases para depor o Tirano.

O Rei Wu, filho mais velho do Rei Wen, seguiu a vontade não realizada do pai, convocando duas reuniões para formar uma aliança. Mais de oitocentos senhores feudais vieram ao primeiro encontro. Imploraram ao Rei Wu que agisse contra o Tirano, mas o Rei Wu decidiu que o momento não era propício e continuou com os preparativos por mais dois anos. No primeiro mês lunar de 1066 a.C., o Rei Wu realizou uma cerimônia oferecendo sacrifícios ao espírito do Rei Wen e, carregando sua lápide, lançou uma expedição contra o Tirano de Shang. Os oitocentos senhores feudais vieram novamente com quatro mil carruagens. Depois de dois meses, as tropas tomaram a capital de Shang. Muitos soldados de Shang desertaram, passando para o lado do Rei Wu. Depôs-se o Tirano.

Mesmo depois de o Rei Wu depor a dinastia Shang, não houve paz. Internamente, a classe dominante de Shang resistiu e organizou contra-ataques. Externamente, havia noventa e nove pequenos estados e seiscentos e cinquenta e dois senhores feudais a serem reprimidos.

Ao retornar vitorioso, o Rei Wu escolheu um lugar chamado Gao para ser a capital. Proclamou-se Rei Wu, reverenciou o pai como Rei Wen e designou o irmão, o Duque de Zhou, como primeiro-ministro. Fundou-se a dinastia Zhou. Pela primeira vez na história chinesa, toda a China estava unida.

No oitavo mês de 1066 a.C., o Rei Wu adoeceu. Dois anos depois, veio a falecer. Seu filho, o Rei Cheng, foi o sucessor. Como o Rei Cheng era jovem, o Duque de Zhou atuou como regente. Os proprietários de escravos de Shang, aliados aos clãs do leste, aproveitaram a oportunidade para se rebelar. O Duque de Zhou lançou uma expedição punitiva e, depois de debelar a rebelião, fundou uma capital no leste, em um lugar chamado Lo, na província hoje conhecida por Henan. Instituiu um sistema de concessão de terras, conferindo à nobreza territórios e títulos hereditários. Ao mesmo tempo, fundou instituições e estabeleceu regulamentos, compôs música e incentivou a etiqueta social. Zhou prosperou mais do que nunca e floresceu por séculos.

Em 256 a.C., a dinastia Zhou foi deposta pela dinastia Chin. No todo, teve trinta e quatro reis e durou mais de oitocentos anos.

GLOSSÁRIO

Carregar: Uma linha "carrega" a que está acima dela, como um cavalo carrega o cavaleiro. Considera-se auspicioso uma linha yin carregar uma linha yang, apoiando-a. Comparar com *Montar*.

Central: A posição do meio do trigrama inferior ou superior; ou seja, a segunda ou a quinta posição. É considerada auspiciosa.

Correspondência: A relação entre posições em um hexagrama. A primeira e a quarta, a segunda e a quinta e a terceira e a sexta posições correspondem uma à outra. Ver também *Interação*.

Correta: Uma linha em posição adequada. Uma linha yang na primeira, terceira ou quinta posição é correta. Uma linha yin em qualquer uma dessas posições é incorreta. Uma linha yin na segunda, quarta ou sexta posição é correta. Uma linha yang em qualquer uma dessas posições é incorreta. Por exemplo, em ☰ todas as linhas são corretas; em ☷, todas são incorretas.

Elemento: Ao observar os padrões do mundo natural e compreender a interação incessante entre todas as coisas, os antigos chineses desenvolveram um sistema de cinco elementos para explicar os equilíbrios energéticos que compõem o mundo. Esses cinco elementos – Água, Fogo, Metal, Madeira e Terra – existem num pacto harmônico de mútua contenção e estímulo dentro de um processo contínuo de transformação. O texto original do I Ching não os menciona. Durante a dinastia Han (206 a.C. a 220 d.C.), a Escola de Numerologia e Símbolo do I Ching começou a integrar os hexagramas com os cinco elementos e muitos outros sistemas. Nas Referências Adicionais, indico o elemento associado a cada guá para aqueles que desejarem trabalhar com este sistema em suas adivinhações.

Guá: Hexagrama ou trigrama, um símbolo com seis ou três linhas.

Guá perfeito: O guá de seis linhas. É formado pela combinação de dois trigramas. É o hexagrama principal usado na adivinhação, que indica a situação atual.

Guá primário: O trigrama.

Hexagrama correspondente: O hexagrama formado pelo trigrama inferior correspondente (a segunda, terceira e quarta linhas do hexagrama original) e o trigrama superior correspondente (a terceira, quarta e quinta linhas). Ele dá o significado oculto de cada hexagrama.

Hexagrama futuro: O hexagrama formado depois que uma linha móvel no guá resultante alterna de yin para yang ou de yang para yin. Indica o potencial ou a tendência futura.

Hexagrama mensageiro: Ver *Hexagrama sazonal*.

Hexagrama sazonal: Os doze hexagramas sazonais, também conhecidos como mensageiros, são os doze hexagramas que representam o aumento e a diminuição da energia yin e yang no decorrer do ano. Cada um está associado a um mês. Ver o quadro dos hexagramas sazonais na página 180.

Interação: Linhas complementares (yin e yang) em posições correspondentes *interagem* uma com a outra. No I Ching, os opostos se atraem. Se a primeira e a quarta, a segunda e a quinta ou terceira e a sexta posições forem ocupadas por um par yin e yang, elas interagem uma com a outra e, juntas, trabalham bem. Por exemplo, em ☷ todas as linhas correspondentes interagem uma com a outra; em ☰, nenhuma. A interação da segunda e quinta linhas é importantíssima. Ver também *Correspondência*.

Inverso: Quando as seis linhas de um hexagrama são escritas em ordem inversa, obtém-se um hexagrama inverso. O inverso de ☷ é ☰.

Julgamento: As adivinhações feitas com o I Ching resultam em julgamentos de boa fortuna e infortúnio, alguns condicionais, outros absolutos, mas todos resultantes da ação objetiva e da intenção subjetiva do indivíduo. O I Ching não é um livro supersticioso; sempre atribui a responsabilidade do destino do indivíduo apenas a suas próprias ações. Há seis julgamentos principais de boa fortuna e infortúnio: adversidade, arrependimento, boa fortuna, culpa, humilhação e infortúnio. Obviamente, com cinco julgamentos negativos e apenas um positivo, o infortúnio é muito mais freqüente que a boa fortuna. Por isso, Confúcio alertou: "Pense três vezes antes de agir."

Adversidade: A adversidade fica entre o infortúnio e o arrependimento. A situação é difícil e perigosa; mas, se a pessoa usar de atenção e cautela e fizer esforço para melhorar, o resultado ainda poderá ser bom.

Arrependimento: O arrependimento quase sempre se refere a um erro cometido. Com este julgamento, a situação é remediável. Ao perceber o erro e decidir corrigir seu comportamento, a pessoa ainda pode obter um resultado bom. "O arrependimento desaparece" indica que o arrependimento conserta a situação.

Boa fortuna: Auspicioso. O resultado é bom.

Culpa: A culpa causa tribulações e problemas. Quando se consegue corrigir o erro e redimir a culpa, pode-se salvar a situação.

Humilhação: A humilhação traz sofrimento e angústia. Além disso, indica retrocessos e aborrecimentos. Quando a pessoa persiste nos caminhos do mal, recusando-se a se arrepender, o infortúnio virá.

Infortúnio: O infortúnio pode ocorrer inesperada e subitamente. Pode resultar de descuido, negligência ou falta de discernimento. O resultado não é bom.

Linha móvel: A linha de um hexagrama que está prestes a alternar de yang para yin ou vice-versa. Além disso, indica a etapa específica da situação em que nos encontramos.

Linha principal: É o yao principal de um guá, aquele sobre o qual a adivinhação se concentra. Nos oito trigramas, as linhas principais de Céu ☰ , Terra ☷ , Água ☵ e Fogo ☲ estão na posição central; as linhas principais de Vento ☴ e Trovão ☳ estão na posição de baixo; e as linhas principais de Lago ☱ e Montanha ☶ estão no topo.

Cada guá com seis yao tem uma linha principal que representa o tema central do hexagrama. Para ser a linha principal de um guá, o yao deve ser virtuoso e adequado ao momento e à posição. Na maioria dos casos, a linha principal reside na segunda ou quinta posição, porque essas duas posições são centrais, as mais favoráveis no I Ching. Como a quinta posição é superior à segunda, é a linha principal mais freqüente.

A linha principal de Iniciar (1) ☰ é o elemento yang na quinta posição. Firme, forte, central e correta, ela herda a pura energia yang do Céu e é a mais indicada para ser a linha principal.

A linha principal de Corresponder (2) ☷ é o elemento yin na segunda posição. Maleável, submissa, central e correta, ela herda a pura energia yin da Terra e merece ser a linha principal.

Ocasionalmente, um elemento yin na quinta posição pode ser o principal. Embora não seja correto ter um elemento yin na quinta posição, há certos hexagramas em que este yao evidentemente representa o tema central. A linha principal de Grande Colheita (14) ☲ é o elemento yin na quinta posição, cercado por cinco elementos yang que interagem com ele. O Comentário sobre a Decisão diz: "O maleável obtém a posição de honra, grande e central. O superior e o inferior interagem. Assim surge o nome de Grande Colheita." Grande Colheita é um hexagrama famoso por ser auspicioso.

Certos hexagramas possuem mais de uma linha principal. Há duas linhas principais no terceiro hexagrama, O Começo ☵. Os dois elementos yang de O Começo são corretos. O primeiro representa o início de uma situação e é, portanto, importantíssimo para este hexagrama. O elemento yang na quinta posição, a superior, representa a realização final das metas iniciadas neste hexagrama. Ambos são importantes, e ambos atuam como linhas principais.

Montar: Uma linha monta a linha abaixo dela, como o cavaleiro monta o cavalo. Considera-se auspicioso uma linha yang montar uma linha yin, governando-a. Comparar com *Carregar*.

Oposto: Quando cada linha de um hexagrama alterna para seu oposto, isto é, de yin para yang ou de yang para yin, forma-se um hexagrama oposto. O oposto de ☷ é ☰.

Períodos solares: Os chineses dividem o ano em 24 períodos solares, cada um nomeado segundo um fenômeno natural que melhor representa aquela parte do ano. Os períodos solares são:

Início da primavera
Água de chuva
Despertar dos insetos
Equinócio de primavera
Brilho puro
Chuva dos cereais

Início do outono
Limite do calor
Orvalho branco
Equinócio de outono
Orvalho frio
Descida da geada

Início do verão
Grãos crescidos
Grãos na espiga
Solstício de verão
Calor ligeiro
Calor intenso

Início do inverno
Neve ligeira
Neve intensa
Solstício de inverno
Frio ligeiro
Frio intenso

Posição: A posição de cada linha. Contam-se as linhas de baixo para cima, começando com a posição "inicial" e terminando no "topo". A sexta posição é própria para um sábio ou eremita; alguém afastado das questões humanas. A quinta posição é, em geral, adequada para um rei ou governante. A quarta posição é para um ministro ou conselheiro. Como é muito próxima à do governante, exige-se cautela. A terceira posição é de transição – da situação interna para a externa. É uma posição instável. Geralmente, a segunda posição é para um oficial ou general. É favorável se não for diretamente controlada pelo governante (quinta linha) e tiver interesses em comum com ele. A primeira posição é para quem está prestes a ingressar ou ainda não ingressou na sociedade, ou que, por qualquer motivo, tenha pouco poder sobre a situação.

Radical: A raiz de um caractere chinês, geralmente modificada por um segundo caractere. Por exemplo, cada caractere relacionado à água – lago, oceano, lágrima, sopa etc. – tem o caractere para água ☵ à esquerda, modificado por um segundo caractere à direita.

Trigrama externo: Ver *Trigrama superior.*

Trigrama inferior: O símbolo inferior com três linhas, também conhecido por trigrama interno.

Trigrama interno: Ver *Trigrama inferior.*

Trigrama superior: O símbolo superior de três linhas, também conhecido por trigrama externo.

Vizinhas: As linhas adjacentes são chamadas vizinhas. Se uma linha é yang e a outra yin, formam um vínculo forte chamado "união". É especialmente importante para a quarta e a quinta linhas se unirem, porque a quinta representa um líder e a quarta, seu ministro.

Yao: Uma linha de um guá, yin (maleável, interrompida) ou yang (firme, sólida).

ÍNDICE REMISSIVO

A biografia do Príncipe Chun Shen
  (Si-ma Qian), 219
A Jovem que se Casa [Gui Mei], 423-9
  Agir alterna para, 407
  Alegre alterna para, 453
  Alívio alterna para, 329
  Aproximação alterna para, 181
  como hexagrama correspondente,
    123, 175, 231, 371
  como hexagrama oposto/inverso,
    422
  Diversidade alterna para, 317
  Grande Força alterna para, 289
Abolir o antigo [Ge], 387-94
  Abundância alterna para, 435
  Busca de Harmonia alterna para,
    139
  como hexagrama inverso, 402
  como hexagrama oposto, 72
  Eliminação alterna para, 349
  Influência Mútua alterna para, 268
  Já Realizado alterna para, 487
  Seguir alterna para, 167
abundância
  e harmonia, 141, 143
  limitações na, 29, 238, 430, 437-8
Abundância [Feng], 430-6
  Abolir o Antigo alterna para, 393

Agir alterna para, 408
Brilho alterna para, 258
Brilho Ferido alterna para, 302-3
como hexagrama inverso, 442
como hexagrama oposto, 459
Grande Força alterna para, 289
Pequeno Excedente alterna para, 478
adivinhação, 7-18
  e oferendas cerimoniais, 23, 342
  função da, 2-3, 69
  ideograma da, 190
  interpretação da, 163
adversidade. *Ver* tribulação
afastamento eremítico, 174
Agir [Zhen], 403-9
  A Jovem que se Casa alterna para, 427
  Abundância alterna para, 434-5
  como hexagrama inverso, 415
  como hexagrama oposto, 448
  Contentamento alterna para, 159
  Erradicação alterna para, 196
  Retorno alterna para, 216
  Seguir alterna para, 168
água
  como símbolo de
    ladrão/invasor, 78
    mente inquieta, 97
    natureza feminina, 264

perigo/dificuldades, 76-8
um poço, 249-50
fonte de, 380-4
natureza da, 463, 481, 490
regulação da, 463
Água [Kan]
atributos da
cor, azul-escuro, 246
escuridão, 319, 323, 325, 376
perigo, 454, 458-9
como trigrama, 4, 13, 63
como símbolo de
direção, 40, 247, 264, 319
doença, 160
filho do meio, 378
perigo/dificuldades, 62, 494-5
roda e carruagem, 485
sangue, 63
véu, 486
ideograma de, 115
Ver também Escuridão
Ainda Não Realizado [Wei Ji], 489-95
Alívio alterna para, 330
como hexagrama correspondente, 310, 324, 422, 488
como hexagrama oposto/inverso, 488
Disputa alterna para, 85
Diversidade alterna para, 315
Infância alterna para, 71
Instituir o Novo alterna para, 400-1
Obstáculo alterna para, 490
Prosseguir alterna para, 295-6
ajuste, princípio do, 242-3
Alegre [Dui], 449-53
A Jovem que se Casa alterna para, 428
como hexagrama inverso, 448
como hexagrama oposto, 415
Cumprimento alterna para, 113
Eliminação alterna para, 349
Exaustão alterna para, 376
Restrição alterna para, 464
Seguir alterna para, 167
alívio, buscar, 342-3
Alívio [Jie], 325-31
A Jovem que se Casa alterna para, 427

Ainda Não Realizado alterna para, 495
como hexagrama correspondente, 153, 203, 304, 415
como hexagrama inverso, 324
como hexagrama oposto, 310
Contentamento alterna para, 159
Crescimento Ascendente alterna para, 326
Exaustão alterna para, 378
Longa Duração alterna para, 276
Multidão alterna para, 92
Amarelo, rio, 463
amigos
ausência de, 356
como fonte de contentamento, 156, 160
fazer/conservar, 40-1, 321, 323-4, 328, 336, 435, 446, 450
qualidade dos, 330, 336
amor
ao próximo, 305, 415
como tesouro, 147
mútuo, 94, 97, 264, 276
no casamento, 421, 426
no lar, 308, 310
amoreira, 130
Ano Novo chinês, 210
ansiedade, desaparecimento da, 103, 106
antepassados, 50, 85, 172-3, 359-61
apego
à escuridão, 282-4
ausência de, 214, 284, 411
correção no, 247
Ver também Brilho
apoio, busca de
de outros países, 342-3
e comunicação, 166-7
para ação militar, 28, 61
público, 322, 348, 391, 393, 455, 474
apoio de terceiros
capaz e virtuoso, 122, 174, 228-9, 383, 385, 401-2

como subordinados, 122, 153,
    181-2, 323, 328-9, 335, 337, 457
  durante o desenvolvimento, 130, 420
  e progresso, 129, 368, 369
  força do, 84
  no começo, 120
  obtenção, 152-3, 155, 356, 446
Aproximação [Lin], 176-82
  A Jovem que se Casa alterna para,
    428
  como hexagrama inverso, 180, 189
  como hexagrama oposto, 284
  como hexagrama sazonal, 180
  Diminuição alterna para, 337
  Multidão alterna para, 91
  Progresso alterna para, 121
  Restrição alterna para, 465
  Retorno alterna para, 215
arrogância, 25, 28, 435
  Ver também indivíduo voluntarioso
atenção, 121
atitude, 113, 129, 216
  adequada, 70 , 222, 252, 256, 282-3,
    363, 469
  e a busca de harmonia, 314-5, 452
  e a resolução de problemas, 172,
    250
  negativa, 97, 252, 317
  positiva, 63, 79, 250, 257-8, 322
augúrio das oito pedras semipreciosas,
  14-5
Aumento [Yi], 338-44
  como hexagrama inverso, 337
  como hexagrama oposto, 278
  Lar alterna para, 309-10
  Nutrição alterna para, 237-8
  O Começo alterna para, 63
  Observação alterna para, 187
  Obstáculo alterna para, 339
  Sem Falsidade alterna para, 223
  Sinceridade Profunda alterna para,
    470
aumento e diminuição, lei do, 177,
  206-7, 214-5, 483-5, 487, 490
autocomplacência, 148, 157-9

autoconhecimento
  ausência de, 113, 245, 296, 479
  cultivo do, 252
  e o exame da própria consciência,
    186-7, 216
  métodos de, 189
  para corrigir erros, 375, 379
  para aumentar a virtude, 319-20, 411
avanço, condições para o, 136, 368
aves, 124, 183, 253, 277, 476-9
  galinhas, 466, 474-5
  galo, 152, 382, 384, 469-71

Bai Yi, 301-2
bajulação, 126, 269, 451-3
benéfico. *Ver* favorável e benéfico
bens materiais, 141
  em momentos difíceis, 251
  vs. espiritualidade, 428
Blofeld, John, xxi
boa fortuna
  como resultado, 230, 238, 257
  e progresso, 79, 127, 129-30, 222
  e justiça, 85
  na resolução de disputas, 81, 84
boa fortuna, condições para a, 181
  afastar-se do mal, 212-3, 215
  modéstia, 337
  no líder, 29, 182
  percorrer o caminho central, 258
  perseverança, 76, 96, 180, 235, 238,
    295
bois
  como oferenda, 361, 484, 487
  e não agir, 281, 283, 389, 392
  e tribulação, 313, 316, 325
bondade, 121
brilho, como símbolo, 247, 256-7, 298
brilho, ocultar o, 42, 44-5, 282-3,
  354, 356, 372, 434-5
  Ver também Brilho Ferido
Brilho [Li], 253-61
  Abundância alterna para, 435
  Busca de Harmonia alterna para,
    138-9

como hexagrama inverso, 247, 259
como hexagrama oposto, 252
como trigrama, 191, 195
Erradicação alterna para, 195
Grande Colheita alterna para, 145
Ornamentação alterna para, 202
Viagem alterna para, 441
Brilho Ferido [Ming Yi], 298-304
   Abundância alterna para, 435
   como hexagrama inverso, 297
   como hexagrama oposto, 86
   Humildade alterna para, 151
   Já Realizado alterna para, 487
   Ornamentação alterna para, 203
   Progresso alterna para, 120-1
   Retorno alterna para, 216
Buda, como Guan-yin, 184
Busca de Harmonia [Tong Ren], 132-9
   Abolir o Antigo alterna para, 393-4
   Brilho alterna para, 258
   como hexagrama inverso, 146
   como hexagrama oposto, 93
   Iniciar alterna para, 27
   Lar alterna para, 310
   Recuar alterna para, 283
   Sem Falsidade alterna para, 223

cabras, como sacrifício, 290, 426, 428
caça, como analogia, 96, 98-9, 277, 300, 302, 441, 445, 447
calendário lunar chinês, 180, 403
   primeiro mês, fevereiro, 72, 116, 120, 123, 344, 422, 480
   segundo mês, março, 79, 168, 286, 291, 297, 331
   terceiro mês, abril, 86, 161, 175, 346, 350, 394
   quarto mês, maio, 27, 29, 93, 100, 107, 442
   quinto mês, junho, 146, 270, 310, 352, 357
   sexto mês, julho, 114, 280, 284, 436, 459
   sétimo mês, agosto, 129, 131, 278, 337, 465
   oitavo mês, setembro, 187, 189, 203, 231, 364, 448
   nono mês, outubro, 207, 209, 224, 304, 379, 429
   décimo mês, novembro, 40, 44, 47, 196, 210, 245, 415, 488
   décimo primeiro mês, dezembro, 210, 217, 238, 472, 495
   décimo segundo mês, janeiro, 64, 153, 177, 180, 182, 317, 371
caminho central
   e a verdadeira obediência, 181
   e delicadeza/sabedoria, 230, 258, 349
   e eliminar o mal, 348-9
   e evitar o excesso, 479-80
   e liderança, 363
   e o alívio da tribulação, 343
   e o caminho do Céu, 267
   e o sucesso, 275-7
   e progresso, 229
   na resolução de conflitos, 81, 83-4
   no começo, 62
   princípio do, 121, 173
   Ver também Caminho do Meio
Caminho do Meio, princípio do, 283, 441
   como caminho do Céu, 25-6, 467
   como moderação, 310
   e a justiça, 195-6
   e a liderança, 181, 288
   e a limitação, 289
   e dar/receber, 336
   e o autoconhecimento, 216
   e o sucesso dos empreendimentos, 45-6
   e recuo construtivo, 283
   na situação mais segura, 79
   origem do, 53-4, 467
   permanência do, 53-4
   violação do, 477
   Ver também caminho central
Cânone Inferior, 479
   função do, XXIII, 264

ordem do, 272, 333
tema principal do, 5, 38, 261
Cânone Superior
    função do, XXIII, 253-4, 264
    ordem do, 19, 247, 253-4, 272, 333
    tema principal do, 5, 26, 38
carneiro
    como oferenda, 361
    e força, 287, 289
    o jeito certo de amarrar um, 348, 350, 354
carruagem, 199-201, 206, 327, 330, 374, 377-8
    e as classes sociais, 201
    e o matrimônio, 377-8
cartas divinatórias, 14-5
causa e efeito, lei de, 50, 222, 368, 375, 433
cautela, em situação desfavorável, 84, 246, 250-1, 256, 494-5
    Ver também paciência; espera
cautela, na escolha, 62
    de associados, 208, 324, 400
    de palavras e atos, 42, 44-5, 184, 235, 413, 415
    do líder, 167-8
    para trabalhos importantes, 401
cautela, prevenção, 49, 478-9, 486-7
    ao seguir em frente, 476, 478-9
    contra influências negativas, 352, 354-5
    durante ações extraordinárias, 243-4
    em ocasiões favoráveis, 329, 482
    no começo, 28, 90, 257, 406-9, 485
    no cumprimento do dever, 111
    para evitar acidentes, 483-4, 486-7
cavalos
    brancos, para sinceridade, 199, 202
    e a perseverança de uma égua, 38-41
    e força, 300, 302, 456-8
    em grupo, separação de, 468-9, 471
Céu [Qian]
    atributos do
        a cor azul, 46, 49, 54
        ascensão, 143
        energia, 109

força, 109, 286
grandeza, 115, 128, 141, 225, 285
poder criativo, 228, 279
progresso, 229
redondo, 44, 85-6
virtudes, 22, 257, 301, 219
como símbolo de
    direção, 40, 247, 264
    firmeza/força, 76-7, 136, 219
    guerreiro, 113
    marido, 106
como trigrama, 4, 13, 247
e Iniciar, 21-2, 38-9
Chang Liang, 51
chi, irradiação do, 21
Chin, dinastia, 51, 498
Chu Ke Liang, 51-2
ciclos
    crescimento contínuo, 489
    de energia yang, 179-80, 210-1
    de gerações, 406
    de sete dias, 214, 407, 486
    de sete meses, 177-8, 214
    Ver também mudança; Natureza, lei da
cisnes, 417-21
classes sociais, 45
    cortesia entre, 111, 250-1
    e a adivinhação, 8-9
    e as sanções legais, 193-4
    e os modos de conduta, 200-1, 263, 329-30
    roupas para, 92, 376-7
O Começo [Zhun], 55-64, 319
    atributos de, XXII
    Aumento alterna para, 344
    como hexagrama inverso, 72
    como hexagrama oposto, 402
    Já Realizado alterna para, 486
    linhas principais de, 59-60, 64, 502
    Restrição alterna para, 464
    Retorno alterna para, 216
    Seguir alterna para, 167
    União alterna para, 98
comer e beber. *Ver* Necessidade; nutrição

companheiro
  como benefício, 441
  de mesma opinião, 106
  escolha de um, 167, 194, 208, 330,
    435, 471
comunicação, 119, 143, 164, 166, 457
comunidade/vizinhança
  buscar unidade na, 94, 359, 362-3
  harmonia na, 122, 137, 151, 165, 191
  justiça na, 191
  manter o contentamento na, 165
conduta
  código moral de, 111-2, 301, 303-4,
    462
  de acordo com a posição, 427
  excessiva, 474-5
  inconstante, 118, 122
  orientação para a, 22-3, 25
  restrições de, 460-1, 463-5, 469-70
  Ver também etiqueta; má conduta
confiança
  em situações desfavoráveis, 77, 79,
    246, 251-2, 378, 427
  insuficiente, 293, 295, 447-8
  na figura superior, 91, 391, 393
conflito
  como disputa, 80, 83-6, 91
  entre as pessoas, 97, 165, 229, 354,
    388
  fim do, e vitória, 92
Confúcio, obras de
  Analectos, 120-1, 191, 276, 308,
    324, 446
  Comentários, 5, 16, 30-1
  Doutrina do meio, 26, 467
  O grande conhecimento, 159, 415
  O grande tratado, 5, 9, 128, 351, 377
  O livro das canções, 61, 70
  O livro dos poemas, 309
confucionismo, 22, 30, 50-4, 214-5
conhecimentos, acúmulo de, 36, 104-5,
  243, 368
contentamento, 40, 147
contentamento, fontes de, 147, 156,
  160, 165, 310

Contentamento [Yü], 154-61
  Agir alterna para, 407
  Alívio alterna para, 329
  como hexagrama inverso, 153
  como hexagrama oposto, 107
  Corresponder alterna para, 45
  Pequeno Excedente alterna para, 478
  Prosseguir alterna para, 297
  Reunir alterna para, 363
correção, 179, 257, 275
correspondência, como atributo, 223
Corresponder [Kun], 38-54
  como hexagrama correspondente,
    47, 209, 217, 238
  como hexagrama oposto, 29
  como hexagrama sazonal, 40, 44,
    180
  Contentamento alterna para, 159-60
  e a energia yang, 212, 39, 47
  Humildade alterna para, 152
  Iniciar alterna para, 29
  linha principal de, 44, 47, 54, 502
  Multidão alterna para, 91-2
  Queda alterna para, 208
  Retorno alterna para, 215
  União alterna para, 99
  Ver também Terra
cortesia, 31, 108-9, 111-2, 147, 215
costumes morais, 200, 277
Crescimento Ascendente [Sheng],
  365-71
  como hexagrama inverso, 364
  como hexagrama oposto, 224
  Humildade alterna para, 152
  Longa Duração alterna para, 277
  Multidão alterna para, 92
  Progresso alterna para, 120
  Reabastecimento alterna para, 385
  Remediar alterna para, 174
criação, 22, 25, 38-9, 59-60
criados, 281, 283, 358, 439, 441
Cumprimento [Lü], 108-14
  Alegre alterna para, 453
  como hexagrama inverso, 107-8
  como hexagrama oposto, 153

Disputa alterna para, 84
Diversidade alterna para, 316
Iniciar alterna para, 28
Sem Falsidade alterna para, 223
Sinceridade Profunda alterna para, 471

dar e receber, 154, 335-7, 341, 449-53
Decisões
 e a situação geral, XXIV-XXV
 e o Rei Wen, XIX, XXI, 5, 16
 escolas confucionistas e as, 22
delicadeza, de caráter, 427
 associada ao sexo, 277
 com firmeza, 349, 402
 de acordo com a situação, 277, 301-2
 e a modéstia, 310, 337
 e o alívio da tribulação, 330
 e o crescimento ascendente, 369
 em situação desfavorável, 299
 Ver também Prosseguir Humildemente
Desenvolvimento Gradual [Jian], 366, 416-22
 como hexagrama correspondente, 131, 168, 224, 364
 como hexagrama oposto/inverso, 429
 Lar alterna para, 309
 Observação alterna para, 188
 Prosseguir Humildemente alterna para, 447
 Quietude alterna para, 414-5
 Recuar alterna para, 284
 Tribulação alterna para, 324
Deus, conceito chinês de, 30, 221-2
dever, 108-13, 237-8, 482
devoção, 39
Dez Asas, XVII, XXI, 5-6
 quinta asa, 9
 sétima asa [Wen Yen], 30-7, 48-9
 décima asa, 202
Diminuição [Sun], 332-7
 Aproximação alterna para, 182
 como hexagrama inverso, 344
 como hexagrama oposto, 270
 Diversidade alterna para, 316
 Grande Acúmulo alterna para, 229-30
 Infância alterna para, 69
 Nutrição alterna para, 236-7
 Ornamentação alterna para, 197
 Progresso alterna para, 332, 335-6
 Sinceridade Profunda alterna para, 471
dinheiro, 197, 375-6, 441
disciplina, 91, 207, 411
dispersão, de grupos, 457
Dispersão [Huan], 454-9
 como hexagrama inverso, 465
 como hexagrama oposto, 436
 Desenvolvimento Gradual alterna para, 455
 Disputa alterna para, 85
 Escuridão alterna para, 252
 Infância alterna para, 71
 Observação alterna para, 187-8
 Prosseguir Humildemente alterna para, 447
 Sinceridade Profunda alterna para, 470
Disputa [Song], 80-6
 Ainda Não Realizado alterna para, 495
 como hexagrama inverso, 79, 80
 como hexagrama oposto, 304
 Cumprimento alterna para, 112
 Dispersão alterna para, 458
 Encontro alterna para, 355-6
 Exaustão alterna para, 379
 Obstáculo alterna para, 129
 Ver também conflito
disputas, resolução de, 496
 Ver também conflito
Diversidade [Kui], 311-7
 A Jovem que se Casa alterna para, 428
 Ainda Não Realizado alterna para, 493

Índice remissivo • 511

Brilho alterna para, 312
    como hexagrama correspondente, 79, 107, 386, 448
    como hexagrama inverso, 310
    como hexagrama oposto, 324
    Cumprimento alterna para, 113
    Diminuição alterna para, 336-7
    Erradicação alterna para, 194-5
    Grande Colheita alterna para, 145
divindades, 247
    comunicação com as, 457
    Mãe Terra, 39
    Patriarca Celestial, 22
    Senhor do Céu, 340, 370, 395, 427, 457, 467
docilidade
    como atributo, 109, 148
    e o caminho central, 230, 258, 310
    excessiva, 174
doença
    dos companheiros, 397, 400
    e as forças obscuras, 281, 283
    evitar, 451, 453
    persistência apesar da, 157, 160-1
    suspeita, 432
Dong Chong-su, 216
dragões
    e Iniciar, 23-5, 27-9, 31-5
    em combate, 42-3, 46
    para ilustrar a mudança, 479
Duque de Zhou
    como irmão do Rei Wu, 44-5, 497
    como primeiro-ministro, 174
    como regente, 174
    e a expedição punitiva, 498
    e os Textos dos Yao, XIX, XXI, 5, 17
    reformas sociais do, 215, 268, 498

educação
    dos adversários, 91, 193-4
    dos familiares, 50, 305, 309
    dos jovens/ignorantes, 65-9, 71-2
    e punição, 193-4, 196, 200
    moral, por meio do exemplo, 69, 184
    Ver também etiqueta

egoísmo
    como erro, 181
    eliminação do, 121, 267, 269, 456, 458
    expressão do, 137
    oposição ao, 80
elefantes, 154
elementos, 499
eliminação, como separação, 351
Eliminação [Guai], 345-50
    Abolir o Antigo alterna para, 392
    Alegre alterna para, 452-3
    como hexagrama correspondente, 146, 278, 291, 402
    como hexagrama inverso, 357
    como hexagrama oposto, 209
    como hexagrama sazonal, 180, 346
    Grande Excedente alterna para, 243-4
    Grande Força alterna para, 290
    Iniciar alterna para, 29
    Necessidade alterna para, 78
Encontro [Gou], 351-7
    como hexagrama correspondente, 139, 270, 284, 394
    como hexagrama inverso, 350
    como hexagrama oposto, 217
    como hexagrama sazonal, 180, 352
    Disputa alterna para, 85
    Grande Excedente alterna para, 245
    Iniciar alterna para, 27
    Instituir o Novo alterna para, 401-2
    Prosseguir Humildemente alterna para, 447
    Recuar alterna para, 283
energia yang, 77
    ciclos de, 210-1
    e Iniciar, 21, 38-9, 47
    e o trovão, 157, 285-6
    no décimo primeiro mês, 177, 179
    retorno da, 214-6
envelhecimento, 153, 255, 257-8
equilíbrio, 26-7, 446
    do excesso com a escassez, 148, 24
    na natureza pessoal, 268

no matrimônio, 244-5
equinócio, 409, 453
Erradicação [She He], 190-6
   Agir alterna para, 408-9
   Brilho alterna para, 257
   como hexagrama inverso, 203
   como hexagrama oposto, 386
   Diversidade alterna para, 315-6
   e Seguir, 163
   Nutrição alterna para, 237
   Prosseguir alterna para, 295
   Sem Falsidade alterna para, 223-4
erro, 69
erros
   afastar-se dos, 169, 181, 210-7, 379, 458, 465
   aprender com os, 375, 407-8
   correção de, 338
   Ver também Queda
esclarecimento, 68, 71, 376
escuridão
   afastar-se da, 215-6, 435
   e tribulação, 299, 301, 323
   perigo na, 161, 247, 251, 302, 370
   substitui o contentamento, 161
   superar a, 208, 299, 302-3
Escuridão [Kan], 246-52
   como hexagrama inverso, 252
   como hexagrama oposto, 259
   como símbolo, 247
   Dispersão alterna para, 459
   Exaustão alterna para, 377-8
   Multidão alterna para, 92
   Reabastecimento alterna para, 385
   Restrição alterna para, 464
   União alterna para, 98
espera
   como quietude, 319, 321, 328
   e conservação da força conservadora, 63, 280, 283
   e obtenção de força, 25-8, 76, 288, 392
   pelo momento favorável, 77-9, 251, 446
   por oportunidades, 428

   Ver também cautela; Necessidade; paciência
esperança, 122, 125, 246, 378
estações do ano, 461
   e os atributos do Céu, 22, 25
   inverno, 22, 210, 214, 252
   mudança/transformação das, 198, 214, 277-8, 388-9
   outono, 22, 453, 470
   primavera, 22, 116, 362, 406, 409, 487
   seqüência ordenada, 185, 420
   verão, 22, 214, 259, 362
estudiosos, 188
etiqueta, 263
   e o Duque de Zhou, 215, 268, 498
   entre líderes, 251
   Ver também Ornamentação
exaustão, 377-8
Exaustão [Kun], 372-9
   Alegre alterna para, 452
   Alívio alterna para, 330
   como hexagrama inverso, 386
   como hexagrama oposto, 203
   Disputa alterna para, 85-6
   e Seguir, 163
   Escuridão alterna para, 251
   Grande Excedente alterna para, 244
   Reunir alterna para, 362
êxito. *Ver* sucesso
experiência, 104, 243, 295, 368

faisões, 397, 401, 440-2
falatório, 75, 77, 300, 406, 418, 420
falcões, 328-9
famílias
   antepassados, correções para os, 171-4
   conseqüência do mal para as, 48-51
   constituir, 67, 69-70, 308-9
   cultivar a, 235, 305
   relacionamentos nas, 70, 137, 395-6
   Ver também Lar
favorável e benéfico [li]
   como virtude auspiciosa, 163, 179

como virtude do céu, 22, 25-7, 30-1, 219
Ver também Li
fé
  em situação desfavorável, 77, 246, 252, 303-4, 378
  manter a, 25
  na vontade do Céu, 221
felicidade, 116, 119, 122, 124-5
fidelidade, 84, 168, 370, 457
  Ver também Sinceridade Profunda
flexibilidade, 39
flexibilidade, princípio da, 76, 78
fogo
  como símbolo, 85, 264
  natureza do, 481, 490
Fogo [Li]
  atributos do, 143, 254
  como símbolo de
    brilho interior, 136
    direção, 40, 264, 366
    filha do meio, 312, 388
    luz, 296, 495
    olho, 110, 112-3
    raios, 430
    sol, 247, 292, 434
  como trigrama, 4, 13
  Ver também Brilho
força, 76-7
  acúmulo de, 25, 101, 104-5, 228, 230, 245
  como resistência, 343
  de caráter, 80, 112, 411, 450
  e ações imprudentes, 228
  excessiva, 448
  moral vs. física, 288
  obstruída, 601, 74, 474, 477
  potencial, 406
  preservação da, 92, 280, 283
  símbolo de, 219
  Ver também Grande Força
força militar
  contra Shang, 28, 91, 172-3, 187, 200-1
  e humildade, 144, 153

ficar em guarda contra, 349
origem/elementos da, 87-8, 90
força vital, 55-6, 61
forças luminosas, recuo das, 282-3
forças obscuras. *Ver* mal
fraqueza, 79
  como atributo, 316, 322, 368-9, 385, 478, 493-4
  como indisposição/deficiência, 336-7
  no começo, 268, 349
Fu Xi, 1, 4, 13, 86, 247, 254, 265

ganância, 236, 296, 344
Gao Zong, 483, 485, 486
generosidade, 121, 174
Grande Acúmulo [Da Xü], 225-31
  como hexagrama inverso, 224
  como hexagrama oposto, 364
  Diminuição alterna para, 336
  Grande Colheita alterna para, 145
  Necessidade alterna para, 225-6
  Ornamentação alterna para, 201
  Pequeno Acúmulo alterna para, 107
  Progresso alterna para, 122
  Remediar alterna para, 173
Grande Colheita [Da You], 140-6
  Brilho alterna para, 257
  como hexagrama auspicioso, 502
  como hexagrama inverso, 139, 143
  como hexagrama oposto, 100
  Diversidade alterna para, 316
  Grande Acúmulo alterna para, 230
  Grande Força alterna para, 290
  Iniciar alterna para, 28
  Instituir o Novo alterna para, 399-400
  Linha principal de, 143, 146, 502
Grande Excedente [Da Guo], 239-45
  como hexagrama correspondente, 259, 436, 442, 480
  como hexagrama inverso, 245
  como hexagrama oposto, 238, 239
  Eliminação alterna para, 349
  Encontro alterna para, 356
  Exaustão alterna para, 377
  Influência Mútua alterna para, 268

Longa Duração alterna para, 277
Reabastecimento alterna para, 385
Grande Força [Da Zhuang], 285-91
   A Jovem que se Casa alterna para, 427-8
   Abundância alterna para, 434
   como hexagrama inverso, 284
   como hexagrama oposto, 189
   como hexagrama sazonal, 180, 286
   Eliminação alterna para, 350
   Grande Colheita alterna para, 146
   Longa Duração alterna para, 276
   Progresso alterna para, 121-2
grande homem, como adulto, 167
grous, 468, 470
guá perfeito, 1, 3-5, 25, 31, 35, 500
guá primário. *Ver* trigrama
   e os pontos cardeais, 40, 254, 264
   linha principal no, 165, 500
   origem do, XXI, 1, 4-5, 85-6, 247
   trigrama, 13, 21
guerra, 87-8, 90
   a maldade da, 88
   saques de, 173, 200-1
Gui Fang, derrota da tribo, 483, 485-6, 491, 493-4

Han, dinastia, XXI, 51, 216, 219, 499
harmonia
   com a natureza, 22, 116, 223
   com as pessoas, 299, 328, 354, 384-5, 452
   como atributo, 25, 36, 446, 450-1
   condições de, 157, 385
   criação da, 119
   do Céu com a humanidade, 2, 9
   no lar, 306, 308-10
   obstrução à, 138, 191, 401
   para permitir o progresso, 116, 181
   preservação da, 165-6, 433
harmonia, busca de
   e abundância, 141, 143
   na diversidade, 312, 314-5
   nas alianças, 1324, 136-7
   Ver também Busca de Harmonia

Henan, província de, 498
heng
   como crescimento, 25-6
   como oferenda em sacrifício, 23
   e a adivinhação, 23, 163
   e a dinastia Zhou, 180
   e a força da vida, 55-6
   e o verão, 22
   Ver também próspero e tranqüilo
herança, 82, 85
hexagrama correspondente, 18, 500
hexagrama futuro, XXV, 17, 29, 500
hexagrama oposto, 30, 35
hexagramas mensageiros, lista de, 180
hexagramas sazonais, lista dos, 180
hipocrisia, 202, 223-4, 390, 393-4, 447
hóspedes, 76, 79, 355
Huang-di, Imperador Amarelo, 424
Hui-yuan, 267
humildade, 71
   como atributo, 39, 44-6, 427
   como tesouro, 147
   como virtude, 146, 148, 151, 368-9
   do líder, 145, 149-51
   e aceitação da educação, 68
   excessiva, 445-8, 475
   na oferenda sacrificial, 244
   perante um conselheiro, 296
   símbolo de, 43, 45-6
   Ver também delicadeza, humildade; Prosseguir Humildemente
Humildade [Qian], 149-53
   Brilho Ferido alterna para, 301-2
   como hexagrama inverso, 161
   como hexagrama oposto, 114
   Corresponder alterna para, 44-5
   Crescimento Ascendente alterna para, 369
   Pequeno Excedente alterna para, 478
   Quietude alterna para, 415
   Tribulação alterna para, 323-4
humilhação
   ao desprezar as limitações, 493

do ignorante, 67-8, 71-2
do Tirano, 120
e a dependência em relação a outra pessoa, 245
na conduta hipócrita, 447
na corte de Shang, 295
na exaustão, 377-8
no egoísmo, 134, 137
Hunan, província de, 23

ignorante. *Ver* Infância
imparcialidade, 80
imperador
    como Filho do Céu, 26, 142, 145, 179, 391, 479
    deveres do, 26
    e oferendas sacrificiais, 395
    qualidades do, 29, 213, 216
    símbolos de virtude do, 22
    Tao do imperador, 27
independência, 236-7
indivíduo voluntarioso
    confiança dos outros num, 363
    inflexibilidade do, 244
    nos relacionamentos, 106, 202, 441
    num conflito, 84
    recusa conselhos, 196, 414
    Ver também arrogância
indivíduos inferiores
    afastar-se dos, 280-4
    aumento na fortuna dos, 126-7, 129, 375
    conquistar os, 289
    e o mérito, 145
    em posições elevadas, 90-3, 104, 282-3, 289, 329
    fingimento dos, 393-4
    ponto de vista dos, 185, 187
Infância [Meng], XXIII, 65-72
    Ainda Não Realizado alterna para, 494-5
    como hexagrama inverso, 64-5
    como hexagrama oposto, 394
    Diminuição alterna para, 336
    Dispersão alterna para, 458-9

Multidão alterna para, 93
Queda alterna para, 70, 207
Remediar alterna para, 173-4
influência
    do líder, 181, 363, 455, 496-7
    dos lares, 309
    negativa, 130, 354-6, 470
    resistência à, 181, 201-2
    sobre os seguidores, 153, 165-6
    Ver também Influência Mútua
Influência Mútua [Xian], 263-70
    Abolir o Antigo alterna para, 392
    como hexagrama inverso, 278
    como hexagrama oposto, 337
    e recuar, 284
    Grande Excedente alterna para, 244
    Pequeno Excedente alterna para, 479
    Reunir alterna para, 362-3
    Tribulação alterna para, 323
infortúnio
    alterna com a felicidade, 122, 124, 125
    buscar alívio para o, 342-3
    evitar o, 22-3, 224, 251, 336
    inesperado, 223
    no oitavo mês, 177-80
infortúnio, causas de
    atitude negativa, 97
    autocomplacência, 158-9, 289
    disputa, 81
    disseminação da decadência, 206-8
    liderança deficiente, 92-3
    obstáculos, 124-5
    proximidade do perigo, 75, 78
    Ver também má conduta
Iniciar [Qian], 21-37
    Busca de Harmonia alterna para, 133, 137
    como hexagrama correspondente, 29, 245, 350, 357
    como hexagrama sazonal, 27, 180
    Corresponder alterna para, 47
    Cumprimento alterna para, 112-3
    e Corresponder [Kun], 25, 29, 389, 40, 50

Eliminação alterna para, 350
Encontro alterna para, 355
Grande Colheita alterna para, 145-6
linha principal de, 27, 29, 36, 501
Pequeno Acúmulo alterna para, 106
Ver também Céu
iniciativa. *Ver* sublime e iniciador
inquietude, 97, 216
Instituir o novo [Ding], 395-402
   Ainda Não Realizado alterna para, 494
   como hexagrama inverso, 394
   como hexagrama oposto, 64
   Encontro alterna para, 356
   Grande Colheita alterna para, 144-5
   Longa Duração alterna para, 277-8
   Remediar alterna para, 174
   Viagem alterna para, 441
Instruções para o lar (Yan zhi-tui), 309
intenção, 80, 83
interesse público, 133
introspecção. *Ver* autoconhecimento
isolamento
   como afastamento do mundo, 71, 189, 241-2, 433, 435
   como perda da realidade, 71
   como reclusão, 110, 112
   e separação, 356, 363
   libertar-se do, 51
   na diversidade, 314, 316-7

Já Realizado [Ji Ji], 481-8
   Abolir o Antigo alterna para, 393
   Brilho Ferido alterna para, 303
   como hexagrama correspondente, 317, 331, 429, 495
   como hexagrama oposto/inverso, 492-3, 495
   Lar alterna para, 310
   Necessidade alterna para, 78
   O Começo alterna para, 62
   Ornamentação alterna para, 197-8
   Progresso alterna para, 481
   Tribulação alterna para, 322
Ji Li, 26, 112, 496
Ji Zi, 299-301, 303-4, 393

Jin, dinastia, 30, 267
julgamento, itens do, XXIII, 500-1
justiça, 80, 85, 138, 184
   Ver também Erradicação

Lago [Dui]
   atributos de, 109, 162, 177, 263, 449
   como símbolo de
     boca, 269-70
     direção, 40, 265
     filha mais nova, 122, 162-3, 264, 312, 378, 388, 424, 469
     outono, 470
   como trigrama, 4, 13, 265
   Ver também Alegre
Lao-tsé, 16, 53, 147, 153, 214
Lar [Jia Ren], 305-10
   Aumento alterna para, 342-3
   Busca de Harmonia alterna para, 138
   como hexagrama correspondente, 86, 114, 379, 453
   como hexagrama inverso, 317
   como hexagrama oposto, 331
   Desenvolvimento Gradual alterna para, 420
   Já Realizado alterna para, 487-8
   Ornamentação alterna para, 202-3
   Pequeno Acúmulo alterna para, 105-6
   Ver também famílias
Legge, James, XVII, XXI
li
   como colheita de grãos, 23
   como florescer, 25-6
   e a adivinhação, 23, 163
   e a dinastia Zhou, 180
   e a força vital, 55-6
   e o outono, 22
   Ver também favorável e benéfico
liderança
   é correto que haja uma, 92
   qualificações para a, 30, 99, 401
   Ver também Aproximação
líderes
   escolha dos, 164, 167, 188, 385, 398-9

etiqueta entre, 251
oferendas cerimoniais dos, 168, 342,
   360-1, 369-70, 376, 395
qualidades dos, 184, 363, 435
   amor fraterno, 305
   humildade, 151, 328
   Iniciar/Corresponder, 29
   sabedoria/prudência, 457
símbolos de virtude dos, 22
linhas principais, conceito de, 43,
   501-2
Liu Bei, 52-3
Liu Pong, 51
Liu Yen-wen, XV-XVI
Livro das Cerimônias da dinastia Zhou,
   3, 8-9
Longa Duração [Heng], 271-8
   Alívio alterna para, 329-30
   como hexagrama inverso, 270
   como hexagrama oposto, 344
   Crescimento Ascendente alterna
      para, 370
   Grande Excedente alterna para, 245
   Grande Força alterna para, 288-9
   Instituir o Novo alterna para, 402
   Pequeno Excedente alterna para, 478
Lorde Fan Tu, 496
Lorde Kang, 292
Lorde Zi Chan, 485
lua [Kan], 141, 155, 247, 254
lucro. *Ver* Aumento

má conduta, 350
   confiança excessiva, 471
   correção da, 193-5, 215
   evitar a, 22-3, 39
   exagero, 470
   falta de limites, 478-9
   ganância, 234, 236, 296, 344
   teimosia, 442, 465
   Ver também Queda
Madeira, como trigrama, 443
   Ver também Crescimento Ascendente
magia das oito moedas, 13-4
magnanimidade

de caráter, 29, 99, 143, 181, 315,
   356, 435
do grande país, 153
do mestre/professor, 68
e satisfação, 148
em fundar um império, 173
mal
   conseqüência do, 48, 50
   descontrolado, 196, 207, 258
   e ausência de virtude, 296
   eliminação do, 191, 345-50, 354
   recuar do, 282-4
   resistência ao, 207-8, 215, 356
   retorno depois do, 211, 258
   supressão do, 142, 207-8, 355
marido e mulher, 263
   boa fortuna para, 67, 70
   como analogia, 426-7
   equilíbrio entre, 244-5
   união de, 103, 106, 271-2, 275,
      351-2
   Ver também Lar; Influência Mútua
matrimônio
   aliança política como, 60, 400, 408
   como processo gradual, 417, 419-20
   do príncipe exausto, 377-8
   do Rei Wen, 60, 120, 122, 497
   e a esposa secundária, 424
   escolha do consorte, 57, 61-3, 69-70
meditação, 16, 159, 183-4. *Ver
   também* Quietude; Observação
medo, 103, 106, 370, 450
Mêncio, 235, 301-2, 310, 319, 343,
   391, 411
Mestre Yin, XIII, XV-XVI, XVIII, 12, 17
modéstia, 29, 144, 147, 310, 337
Montanha [Gen]
   atributos de, 148, 169, 279, 283
      elevar-se, 263-4
      quietude, 208, 228-9, 233, 268,
         279, 283, 319, 413
   como símbolo de
      animal feroz, 237
      colinas e jardins, 202
      cama ou casa, 207

direção, 40, 265, 319
família, 69
filho mais novo, 70, 169, 226, 264, 271
marido, 70
ouro, 70
como trigrama, 4, 13, 265
Ver também Quietude
mudança
bem-sucedida, 393-4, 407
contínua, 1-2, 25, 247, 440, 492
preparação para a, 445-7
Ver também Abolir o Antigo; ciclos
mulheres
avós, 293, 295-6, 475, 478
concubinas, 397, 399-400, 424
ponto de vista das, 187-8
rainhas, 50, 202, 208
subordinação das, 271, 275, 427
Ver também Lar; marido e mulher
multidão
benefício para a, 341-2, 385
cuidar da, 104
ganhar a confiança da, 294, 296
harmonia com a, 299
liderança da, 90-1, 177
mobilização da, 150, 155, 158, 171, 213
Multidão [Shi], 87-93
Alívio alterna para, 330
Aproximação alterna para, 180
como hexagrama inverso, 100
como hexagrama oposto, 139
Corresponder alterna para, 44
Crescimento Ascendente alterna para, 369-70
Escuridão alterna para, 252
Infância alterna para, 71-2

Natureza, lei da, 119, 121-2, 124, 127-8, 214
natureza humana, 167, 469-70
natureza pessoal, 201-2
classificação por, 133, 134
desenvolvimento da, 467

equilíbrio na, 268
respeito à, 39, 202-3, 221
Necessidade [Xü], 73-9, 399
como hexagrama inverso, 86
como hexagrama oposto, 297
Eliminação alterna para, 350
Já Realizado alterna para, 486
Pequeno Acúmulo alterna para, 107
Progresso alterna para, 122
Reabastecimento alterna para, 384
Restrição alterna para, 464
nove, como elemento yang, 4, 11
nutrição
comer e beber
comer em excesso, 374, 376-7
e Necessidade, 73, 75
enquanto espera, 77, 79
vinho, 468, 470-1, 492-3, 495
e os sábios, 233, 236, 238
guardar, 101
hexagrama relacionado à, 399
recusa de, 301-2
Ver também Pequeno Acúmulo
Nutrição [Yi], 232-8, 399
Aumento alterna para, 343
como hexagrama correspondente, 252, 459, 465, 472
como hexagrama inverso, 238
como hexagrama oposto, 245
Diminuição alterna para, 336
e Necessidade, 233
Erradicação alterna para, 195
Ornamentação alterna para, 201-2
Queda alterna para, 207
Retorno alterna para, 216-7

O significado correto dos ritos (dinastia Tang), 11
obediência, 153, 181
Observação [Guan], 183-9
Aumento alterna para, 342
como hexagrama inverso, 180, 182-3
como hexagrama oposto, 291
como hexagrama sazonal, 180, 187

Desenvolvimento Gradual alterna
  para, 420-1
Dispersão alterna para, 458
Obstáculo alterna para, 130
Queda alterna para, 208
União alterna para, 99
Obstáculo [Pi], 124-31
  como hexagrama inverso, 123
  como hexagrama oposto, 123-5
  como hexagrama sazonal, 129, 180
  Disputa alterna para, 84
  Observação alterna para, 188
  Progresso alterna para, 119, 122, 125
  Prosseguir alterna para, 296-7
  Recuar alterna para, 283
  Reunir alterna para, 363
  Sem Falsidade alterna para, 222-3
obstáculos
  como infortúnio, 124-5
  em momentos de tribulação, 322
  estar livre de, 136, 366, 421
  para progredir, 493
  o pequeno, 116, 125-6
  Ver também indivíduos inferiores
opinião pública, 80
opostos, alternância para os
  como lei da Natureza, 121-2, 214
  e a confusão emocional, 471
  e a posição mais elevada, 63, 203, 343, 482
  e o momento adequado, 25-7
  e o *status* mais elevado, 51, 182, 228
opostos, fusão dos, 50
oráculo, consulta do, 2-3, 8-18, 393
  Ver também adivinhação
oráculo das três moedas, 11-2
oráculo de varetas de caule de milefólio, 8-13, 97
orgulho
  como obstáculo, 160, 356-7, 487
  como qualidade indesejável, 29, 442
  é motivo de arrependimento, 25, 29
  evitar o, 142-4, 148
orientação, 22-3, 28, 39, 62

Ornamentação [Bi], 197-203
  Brilho alterna para, 258
  Brilho Ferido alterna para, 303-4
  como hexagrama inverso, 196
  como hexagrama oposto, 379
  Diminuição alterna para, 197
  Grande Acúmulo alterna para, 229
  Já Realizado alterna para, 198
  Lar alterna para, 310
  Nutrição alterna para, 237
  Quietude alterna para, 414
ornamento, 202, 204
ossos oraculares, 23, 481

paciência
  do professor, 72, 178
  e força obstruída, 74
  e influência mútua, 268-9
  em situação desfavorável, 85, 129, 302
  na busca de alianças, 134, 137-8
  Ver também cautela; espera
pantera, 390, 393-4
paz
  condições para a, 85, 88, 136, 141, 151, 174
  negociações de, 91
  Tai traduzido por, 115-6, 125
peixe, 206, 353, 355-6, 467
Pequeno Acúmulo [Xiao Xü], 101-7
  como hexagrama inverso, 114
  como hexagrama oposto, 161
  Grande Acúmulo alterna para, 230
  Iniciar alterna para, 28
  Lar alterna para, 309
  Necessidade alterna para, 79
  Prosseguir Humildemente alterna para, 447
  Sinceridade Profunda alterna para, 470-1
Pequeno Excedente [Xiao Guo], 473-80
  Abundância alterna para, 434
  como hexagrama inverso, 480
  como hexagrama oposto, 472
  Contentamento alterna para, 159

Humildade alterna para, 152
Influência Mútua alterna para, 269-70
Longa Duração alterna para, 276
Viagem alterna para, 442
perigo, 76-8
  das reações exageradas, 245, 478
  e disputa, 81, 84
  e exaustão, 377
  eliminação do, 229, 407
  em superar o líder, 99, 295
  na inflexibilidade, 244
  nas associações, 452-3
  no avanço, 227-30
  potencial, 87, 128, 238-9
  prevenção do, 44, 230
  recuar do, 84
  Ver também Escuridão; situação desfavorável
perseverança
  e novos empreendimentos, 61
  e superação de obstáculos, 131
  na busca de solidariedade, 95, 97
  no desenvolvimento, 158, 276, 359, 363
  no procedimento normal, 74-5, 77
  Ver também Longa Duração
perseverante e reto [zhen]
  ao resistir à influência, 201-2
  como virtude auspiciosa, 163, 179, 303
  como virtude do Céu, 22, 25-7, 301, 219
  nos relacionamentos, 275-6
  presságio auspicioso, 63
  Ver também zhen
pessoa [ren], 132, 183, 218, 232, 305-6
pessoas brilhantes, 142, 145, 432, 435
  Ver também brilho, ocultar o
ponto de vista dialético, 50
porcos, 305
  como analogia, 314, 317, 353, 355
  como oferendas, 279, 362, 467
presságios, 63, 428
procrastinação, 174

professor/mestre, 68-9, 87, 178, 207
progresso
  com restrições, 297, 464-5
  condições para o, 177, 191, 201, 229, 441
  e boa fortuna, 124, 222, 389
  e o momento propício, 27-8, 224, 230, 322, 413, 458, 464
  hexagrama relacionado ao, 366
  limites do, 104, 107, 370, 378, 435, 440-1
  oportunidade de, 129-30, 186, 188, 389, 392, 419
  perigo no, 107, 228
Progresso [Tai], 115-23
  Aproximação alterna para, 181
  Brilho Ferido alterna para, 302
  como hexagrama auspicioso, 481
  como hexagrama inverso, 131
  como hexagrama oposto, 125, 131
  como hexagrama sazonal, 120, 180
  Crescimento Ascendente alterna para, 369
  Grande Acúmulo alterna para, 230
  Grande Força alterna para, 289
  Necessidade alterna para, 79
  Obstáculo alterna para, 119
prosperidade
  chegada da, 121, 399, 406
  como atributo, 25, 27, 40
  compartilhada, 103-4, 107, 434, 459
  condições para a, 148, 257, 335-6
  do país, 116, 335-6, 369
  e Grande Colheita, 141
  e Progresso, 125
  manter a, 119, 433
próspero e tranqüilo [*heng*]
  como virtude auspiciosa, 163, 179
  como virtude do Céu, 22, 25-7, 30-1, 219
  Ver também heng
Prosseguir [Jing], 292-7, 366
  Ainda Não Realizado alterna para, 494

como hexagrama inverso, 304
como hexagrama oposto, 79
Contentamento alterna para, 161
Erradicação alterna para, 194
Obstáculo alterna para, 130-1
Queda alterna para, 208
Reabastecimento alterna para, 385
Viagem alterna para, 441
Prosseguir Humildemente [Xun], 443-8
como hexagrama inverso, 453
como hexagrama oposto, 409
Desenvolvimento Gradual alterna para, 420
Dispersão alterna para, 458
Encontro alterna para, 356
Pequeno Acúmulo alterna para, 105
Remediar alterna para, 174
punição
e justiça, 155, 191-4, 196, 468
evitar a, 69, 71-2, 91
formas de, 250, 252, 316
objetivo educacional da, 193-4, 196, 200
precisão e minúcia nas, 431, 438
pureza, 273-4, 280-1, 284

Qi do norte, dinastia, 309
Queda [Bo], 204-9
como hexagrama correspondente, 64, 100, 189, 344
como hexagrama inverso, 217
como hexagrama oposto, 350
como hexagrama sazonal, 180, 207
Corresponder alterna para, 46-7
Infância alterna para, 70
Nutrição alterna para, 236
Observação alterna para, 188-9
Prosseguir alterna para, 296
Quietude alterna para, 414
Ver também erros; má conduta
Quietude [Gen], 410-5
como hexagrama inverso, 409
como hexagrama oposto, 453
Desenvolvimento Gradual alterna para, 421

Humildade alterna para, 153
Ornamentação alterna para, 201
Queda alterna para, 207-8
Remediar alterna para, 173
Viagem alterna para, 441

raposas, 327, 329, 485, 490, 493
ratos, 294-5
Reabastecimento [Jing], 380-6, 399
como hexagrama inverso, 379
como hexagrama oposto, 196
Crescimento Ascendente alterna para, 370
Escuridão alterna para, 251
Grande Excedente alterna para, 244-5
Necessidade alterna para, 77
Prosseguir Humildemente alterna para, 448
Tribulação alterna para, 323
realização
avançar rumo à, 108
condições para a, 228, 322, 324, 340, 342
cumprimento do dever, 108-13, 482
da grandeza. *Ver* Aproximação
da virtude, 50-1
de mérito, 445
do destino, 493
impulso de, 446, 487
realizações, acúmulo de, 367
receptividade, 39, (submissão) 91-2
Recuar [Dun], 279-84
Busca de Harmonia alterna para, 136-7
como hexagrama inverso, 291
como hexagrama oposto, 180, 182
como hexagrama sazonal, 180, 280
Desenvolvimento Gradual alterna para, 421
Encontro alterna para, 355
Influência Mútua alterna para, 270
Obstáculo alterna para, 130
Viagem alterna para, 441-2

recuo
    construtivo, 63, 92, 153, 281-2
    do perigo, 82, 84
    e conservação da força, 92, 280, 283
    e o momento oportuno, 28
registro de lares, 94
Rei Cheng (filho do Rei Wu), 174, 497
Rei Painço (Qi), 496
Rei Tai-jia, 174
Rei Tang, 98-9, 120, 173, 187, 391, 395
Rei Wen
    alianças do, 60, 978, 105, 112, 136, 151, 493
    como Senhor do Ocidente, 487
    e as Decisões, 5, 16
    e os hexagramas, 1, 26-7, 254, 264-5
    morte do, 391
    retorno a Zhou, 28, 303
Rei Wen, ações como governante, 407-9, 496-7
    ações militares, 368-9, 376, 384
    bem-estar público, 342
    colocação de refugiados, 243, 315, 322, 335, 392-3
    eliminação do mal, 348-9, 361-2
    estabilidade familiar, 268, 308-9
    fim da escravidão, 384, 399, 407, 413, 497
    redistribuição de terras, 3801, 413, 497
    reforma governamental, 222, 384, 393, 400, 479-80
    Ver também sistema feudal
Rei Wen, concentração meditativa do
    dinastia Shang, 485, 493
    disputa, 413
    jornada da vida, 440-1, 452
    liderança, 434, 457
    progresso de Zhou, 419-20, 493
    promover a restrição, 464, 469-70
    prosseguir humildemente, 446, 452
Rei Wen, na corte de Shang, 497

casamento do, 60, 120, 122, 497
cautela do, 109, 112, 493
comedimento político do, 84, 288, 295
como líder militar, 91, 136, 144
humildade do, 26, 151, 427, 434
prisão do, 26-8, 56, 77, 299, 479, 497
Rei Wu, 497
    cautela do 28, 44-5
    doença do, 180, 497-8
    e a reversão da decadência, 207, 215, 222
    e as reformas do pós-guerra, 180, 194, 200-1, 243, 392-3
    e o fim da escravidão, 391
    humildade do, 45-6
    rituais cerimoniais do, 168, 173, 187, 391
Rei Wu, revolução do, 480
    alianças para a, 166, 497
    como cumprimento, 467
    elogiada por Confúcio, 61
    preparações para a, 445, 166, 172-3
    progresso da, 46-7, 250-1, 256-7
    Ver também Rei Wen; dinastia Zhou
Rei Yi, 60, 118, 120, 122, 428, 496
Reino de Zheng, 485
Remediar [Gu], 169-75
    como hexagrama oposto/inverso, 168-9
    Crescimento Ascendente alterna para, 370
    Grande Acúmulo alterna para, 229
    Infância alterna para, 70
    Instituir o Novo alterna para, 401
    Prosseguir Humildemente alterna para, 448
    Quietude alterna para, 414
respeito, 50, 76, 151, 251
ressentimento, 457
ressonância, 51, 138-9, 149, 152, 184, 470
Restrição [Jie], 460-5
    Aproximação alterna para, 181

Índice remissivo • 523

como hexagrama inverso, 459
como hexagrama oposto, 442
Escuridão alterna para, 251
Necessidade alterna para, 78
O Começo alterna para, 61-2
Sinceridade Profunda alterna para, 471
retidão, 32, 37, 42, 44, 48, 98, 108-9, 111, 286, 288-9
Ver também perseverante e reto
retificação, 51
Retorno [Fu], 179, 210-7
    Agir alterna para, 408
    Aproximação alterna para, 180-1
    Brilho Ferido alterna para, 302
    como hexagrama correspondente, 72, 93, 182, 337
    como hexagrama inverso, 209-10
    como hexagrama oposto, 357
    como hexagrama sazonal, 180, 210
    Corresponder alterna para, 44, 210
    Nutrição alterna para, 238
    O Começo alterna para, 63
retribuição, 50
Reunir [Cui], 358-64
    como hexagrama inverso, 371
    como hexagrama oposto, 231
    Contentamento alterna para, 160
    Exaustão alterna para, 377
    Influência Mútua alterna para, 269
    Obstáculo alterna para, 131
    Seguir alterna para, 166
    União alterna para, 98-9
reverência
    na adivinhação, 23
    na oferenda sacrificial, 244, 251
    nas adaptações, 243-4, 257
    ressonância da, 184, 187
revolução. *Ver* Abolir o Antigo
riquezas, 221
    acúmulo de, 107, 228, 230, 342
    dispersão de, 457, 459
    perda de, 368, 370

sabedoria
    acúmulo de, 113, 230

    com força, 348-9
    cultivo de, 258
    do líder, 457, 464
    e beleza interior, 203
    e Infância, 65
    em situação desfavorável, 375-6, 378
    simbolizada pelo brilho, 256
sábios
    e a humildade, 151
    e a nutrição, 233, 236, 238
    e o desprendimento, 172, 174, 284
    e os costumes morais, 200
    em situações difíceis, 172, 250
    preparativos para a ação, 59
    sabem quando recuar, 202, 279-80, 283-4
    símbolo dos, 421
    virtudes dos, 32, 44-5, 189, 228
sangue, 49, 54, 63, 78, 106
Seguir [Sui], 162-8
    Abolir o Antigo alterna para, 392-3
    Agir alterna para, 408
    Alegre alterna para, 452
    como hexagrama oposto/inverso, 175
    Erradicação alterna para, 163
    Exaustão alterna para, 163
    O Começo alterna para, 623
    Reunir alterna para, 362
    Sem Falsidade alterna para, 224
seguir cegamente, 169, 188
seis, como elemento yin, 4, 11
Sem Falsidade [Wu Wang], 218-24
    Aumento alterna para, 343
    Busca de Harmonia alterna para, 137-8
    como hexagrama inverso, 231
    como hexagrama oposto, 371
    Cumprimento alterna para, 112
    Disputa alterna para, 219, 222
    Erradicação alterna para, 195-6
    Obstáculo alterna para, 129
    Recuar alterna para, 218
    Seguir alterna para, 168
    Ver também verdade

serpentes, e a continuidade, 443
Shaanxi, província de, 496
Shang, dinastia
   aliança de Zhou com a, 60, 493
   declínio da, 46-7, 119-20, 128-9, 172, 322, 434, 485
   derrota da, 46-7, 56, 173, 497-8
   destino da, 119, 295
   e a adivinhação, 2, 23
   e Ji Li, 26, 496
   expansão da, 282-3
   origem da, 119-20, 187, 391
   refugiados da, 77, 315, 322, 329, 335, 497-8
   tesouros da, 173, 200-1
   vitórias da, 56, 486, 493
   Ver também Rei Wen; Tirano de Shang
Shao Yun, 11, 14
Shu Ching, 305
Shu Han, dinastia, 51
Sichuan, província de, 368
Si-ma Qian, 219
simplicidade, 203
sinceridade
   benefícios da, 343, 367, 369-70
   diante de uma disputa, 84
   durante o desenvolvimento, 104-5, 368
   e a união, 168
   na adivinhação, 23
   na busca de união, 95, 979, 105, 362
   na comunicação, 119
   na oferenda sacrificial, 484, 487
   nos relacionamentos, 272, 314-5
   ressonância da, 184, 201
   revelada na conduta, 187, 335-6, 455
   símbolo da, 202
   Ver também Sinceridade Profunda
Sinceridade Profunda [Zhong Fu], 466-72
   Aumento alterna para, 342
   como hexagrama inverso, 472
   como hexagrama oposto, 480
   Cumprimento alterna para, 113
   Diminuição alterna para, 337
   Dispersão alterna para, 458
   Pequeno Acúmulo alterna para, 106
   Restrição alterna para, 465
   Ver também sinceridade
sistema feudal
   código de ética do, 111-2
   e Rei Wen, 56, 158, 399, 413
   instituição do, 56-7, 155, 493, 497-8
   liderança do, 177
   vantagens do, 56, 59-60
situação desfavorável, 372-9
   cautela em, 28, 44, 109, 229, 246, 250-1, 256
   confiança em, 779, 246, 251
   e escuridão, 247
   e Queda, 204-9
   remediar, 173, 256, 259-60
   transformação de, 250
   Ver também perigo
situação difícil, 172, 343, 490, 492-3
   Ver também perigo; Exaustão
sol [Kun], 143, 155, 211, 247, 254, 292, 434
solstício, 210, 212, 214, 252, 259
sublime e iniciador [yuan]
   como virtude auspiciosa, 163, 179
   como virtude do Céu, 22, 25-7, 30-1, 219
   Ver também yuan
submissão
   das forças do mal, 207-8
   de reinos insignificantes, 257
   e condição secundária, 424
   e Corresponder, 38-9, 44, 50
   Ver também subordinação
subordinação
   ao indivíduo virtuoso, 215
   da esposa, 271, 275, 424, 426-7
   do papel principal, 166
   Ver também submissão
subordinados
   assistente, perda de um, 435

como apoio, 122, 181-2, 323, 328-9, 335, 337
como seguidores, 316, 414
conflitos entre, 229
contribuições dos, 427
receptividade dos, 29, 43
tolerância para com os, 173
sucesso
  antes de retirar-se do mundo, 174
  declínio do, 482, 484-5
  desenvolvimento do, 446
  desprendimento do, 128
  e o caminho central, 275-7
  na retidão, 179
  na revolução, 393, 406-7
  obstáculo ao, 160, 174, 408
  potencial, 219, 493-5
  temporário, 172
sucesso, condições para o, 143, 148, 222
  acompanhar as mudanças, 406-7, 440
  afastar-se do mal, 215
  ceder alegremente, 177
  estabilidade, 441
  humildade, 148
  instituição da justiça, 191, 388
  momento oportuno, 413
  recompensa merecida, 200-1
  resolução de conflitos, 229
Sui, dinastia, 183
Sung do Sul, dinastia, 11, 153
suspeita, 51, 167
Szechuan, província de, 51

Tang, dinastia, XXIV, 11
Tao da Humanidade, 38, 44, 149, 264, 378, 479
  Ver também Cânone Inferior
Tao da Terra [Di Tao], 43, 49-52, 54, 149, 214
Tao do Céu [Tian Tao], 54
  como caminho adequado, 105
  como iniciador, 38, 44, 50
  como verdade, 219
  e beneficiar os outros, 107
  e criação/propagação, 214

e o aspecto yang da natureza, 5, 19
nos Comentários, 30, 149, 177, 179
realização do, 47
representado por Qian, 27
  Ver também Cânone Superior
Tao Te Ching, 53, 147, 153
taoísmo, 16, 50-3
  e a meditação, 183-4
  e o movimento cíclico, 214
  filosofia do, 214
tartaruga, 2-3, 8, 22-3, 234, 236, 335, 340
Terra [Kun], 38-9, 43
  atributos da
    ceder, 177
    cor amarela, 46, 49, 54, 195-6, 257, 283, 329, 392
    delicadeza, 148
    grandeza, 115, 225, 285
    quadrada, 44-5
    receptividade, 47, 211
    submissão, 38-9, 155, 283, 296
  como trigrama, 4, 13, 39, 247
  como símbolo de
    direção, 40, 247, 264, 319, 326
    escuridão, 303
    mãe, 211
    multidão, 155
    o pequeno, 116, 128
    solo do país, 216
    virtude do sábio, 44
  e Corresponder, 21, 38-9, 43, 47, 50
texto vinculante, 22
tigre
  como analogia, 303, 390, 393
  lutar com um tigre com as próprias mãos, 117, 120-1
  olhar fixo e ávido do, 234, 237
  pisar sobre a cauda do, 109-11, 113
Ting Jihua, XV-XVI
Tirano de Shang, 304
  castigos impostos pelo, 26-7, 77
  derrota do, 28, 496
    como revolução, 301-2, 391, 400
    e o momento oportuno, 44-7, 120

mudanças resultantes da, 187,
    200-1, 222, 236, 251
má conduta do, 46-7, 434
natureza suspeitosa do, 26, 84, 151
rejeitava bons conselhos, 302-3,
    497
Ver também Shang, dinastia
tolerância, 356
tomada de decisões, 112-3, 270, 349,
    452
tranqüilidade. *Ver* próspero e tranqüilo
transigência, 81, 83
tribos minoritárias
  educação das, 69, 91
  hostis, 77, 136, 144
  Ver também Gui Fang
tribulação
  alívio da, 121, 325, 328, 343
  previsão de, 230
  símbolo de, 299
Tribulação [Jian], 318-24
  como hexagrama correspondente,
      161, 196, 297, 409
  como hexagrama inverso, 331
  como hexagrama oposto, 317
  Desenvolvimento Gradual alterna
      para, 421
  Humildade alterna para, 152-3
  Influência Mútua alterna para, 269
  Já Realizado alterna para, 485
  Pequeno Excedente alterna para,
      318
  Reabastecimento alterna para,
      384-5
  União alterna para, 98
Trovão [Zhen], 122
  atributos do
    ação, 59, 61, 155, 160, 162, 166,
        211, 233, 339, 413, 430
    força e atividade, 271
    inquietação, 216
    movimento, 277, 286, 325
  como figura do leste, 40
  como símbolo de
    arbustos, 137

estar vivo, 160
filho mais velho, 59, 122, 163,
    211, 271, 275, 403, 406, 424
força, 60
movimento, 219
como trigrama, 4, 13
som do, 219, 474, 477
Ver também Agir
Tze Si, 53

união
  busca, 58, 61, 94-100, 245, 319
  do Céu e da Terra, 119, 272
  do rei com o ministro, 457-8
    apoio público para, 360-2
    e grande acúmulo, 159-60
    em momentos difíceis, 249-51
    governar, 174, 343
  do rei com o oficial, 322-4
  entre as pessoas, 119, 139, 457-8,
      464, 470-1
  na comunidade, 94, 359, 362-3
  nas famílias, 106, 396
  Ver também Reunir; harmonia
União [Bi], 94-100
  como hexagrama inverso, 93-4
  como hexagrama oposto, 146
  Corresponder alterna para, 45-6
  Escuridão alterna para, 251
  O Começo alterna para, 61
  Observação alterna para, 189
  Reunir alterna para, 363
  Tribulação alterna para, 323

vacas, 221, 223, 254, 257, 392, 442
veado, e caçar sem guia, 58, 62
Vento [Xun]
  atributos do
    delicadeza, 244, 271
    modéstia, 310
    penetração, 276, 454
    seguir, 169
  como símbolo de
    ave/galo, 152, 277

direção, 40
esposa, 106
filha mais velha, 169, 271, 275, 399, 469
muro alto, 138
perna, 110, 112-3
tranqüilidade, 240
como trigrama, 4, 13, 443
Ver também Prosseguir Humildemente
veracidade
   benefícios da, 343, 367, 369
   durante o desenvolvimento, 104-5, 368
   e a busca de união, 95, 104-5
   na comunicação, 119
   nos relacionamentos, 314-5, 333
   Ver também Sem Falsidade
vergonha, 127, 130
vestuário/peças de roupa
   e humildade, 43, 45-6, 427-8
   e posição social, 92, 376-7
viagem, 446
Viagem [Lü], 437-42
   Brilho alterna para, 257
   como hexagrama inverso, 436
   como hexagrama oposto, 465
   Instituir o Novo alterna para, 400
   Pequeno Excedente alterna para, 479-80
   Prosseguir alterna para, 296
   Quietude alterna para, 414
   Recuar alterna para, 284
vinho, 468, 470, 492-3, 495
virtude
   acúmulo de, 101, 104-5, 107
      Ver também Grande Acúmulo
   cultivo da, 44, 215, 235, 258, 299, 319, 367-8, 407, 411
   do rei, 188-9, 299
   influência por meio da, 152, 324, 355
   nos auxiliares, 174, 188, 383, 385
   realização da, 51

revelada na conduta, 187-9
virtudes, fonte das, 469
vitalidade, 21, 26
vizinho. *Ver* comunidade/vizinhança

Wang Kuo-wei, 22-3
Wang Pi, 30
Wei Zi, 303
Wen Yen, 30-7, 48-9
Wilhelm, Richard, XIII, XVII, XXI

Xia, dinastia, 120, 391, 395

yao (linhas)
   análise dos, 168
   descrição dos, 34
   equilíbrio nos, 244-5, 482, 490, 493
   Maior/Menor, 11
   móveis, 11, 16-8, 501
   posição dos, 43-4, 104-5, 503
yao móveis, 11, 16-8, 501
Yen-hui, 215
Yin, dinastia, 174
yuan
   como origem, 23, 35
   e a adivinhação, 23, 97, 163
   e a dinastia Zhou, 180
   e a primavera, 22
   e o brotar, 25-6, 55-6
   Ver também sublime e iniciador

zhen
   como frutificação, 25-6
   e a adivinhação, 23, 163
   e a dinastia Zhou, 180
   e a força vital, 55-6, 160
   e o inverno, 22
   Ver também perseverante e reto
Zhou, dinastia
   decadência na, 207, 215, 222
   desenvolvimento da, XXIII, 243, 342, 399, 419-20
   destino da, 493

disputas na, 84
e a adivinhação, 3, 89, 391-2
e o Monte Ji, 367, 369-70, 496
expansão da, 97-8, 119-20, 129, 257, 369, 384
fortalecimento da, 84, 342
fundação da, 180, 243, 370
prosperidade para a, 335-6, 342
vitórias da, 136, 144
Ver também Rei Wen; Rei Wu

Zhou I, XX-XXIII, 3
Zhu Xi, 153

Tabela dos Trigramas e Hexagramas

Encontre o ponto de intersecção dos trigramas superior e inferior para obter o número de seu hexagrama

Trigrama superior

	Qian	Zhen	Kan	Gen	Kun	Xun	Li	Dui
Qian	1	34	5	26	11	9	14	43
Zhen	25	51	3	27	24	42	21	17
Kan	6	40	29	4	7	59	64	47
Gen	33	62	39	52	15	53	56	31
Kun	12	16	8	23	2	20	35	45
Xun	44	32	48	18	46	57	50	28
Li	13	55	63	22	36	37	30	49
Dui	10	54	60	41	19	61	38	58

Trigrama inferior

Impressão e acabamento:

Orgrafic
Gráfica e Editora
tel.: 25226368